한국 행정사의 이해

장동희 · 최종연 공저

도서출판 대영문화사

머 리 말

행정학이 이 나라에 들어온 지도 60여 년의 세월이 지났으며, 학문적으로 괄목할 만큼 발전을 이루었고 어느 학문에 비해서도 손색이 없을 만큼 국가와 사회 발전에도 기여했다고 본다. 그러나 한국 행정학은 '토착화'라는 면에서는 다소 미흡한 면이 많다고 하겠다.

학문이나 문화가 토착화된다는 것은 그리 쉬운 일은 아닐 것이다. 토착화란 어느 나라를 막론하고 그 민족의 역사나 문화를 도외시하고는 불가능하기 때문이다.

우리 나라의 행정학은 우리 민족의 역사와 전통에 바탕을 두고 정립되어야 한다는 것이 필자의 소견이다. 우리 민족의 전통은 인본주의적 사상과 묘합(妙合)의 원리를 기초로 하고 있다. 이러한 인본주의적 사상과 묘합의 원리에서 행정 현상을 고찰한다면, 그 현상은 어디까지나 인간을 중심으로 그 이념과 제도가 유기적으로 이해되어야 하고, 행정 이념·행정 주체·행정 제도는 개별의 것임과 동시에 동일한 것으로 파악되어야 한다.

어느 민족에게나 자기 민족의 역사를 이해하지 못하고 그 시대의 현실적인 문제 해결에만 몰두하고 거기에 만족했을 때 그 민족의 미래는 암울하고 희망이 사라지는 것을 세계사 속에서 경험했을 것이다.

21세기는 세계화 시대이다. 이 시기에 폐쇄적이거나 배타적인 사고는 바람직하지 못하다. 서구는 물론이고 세계 어느 나라, 어느 민족을 막론하고 우수한 문화, 우수한 기술, 우수한 학문은 우리가 적극 받아들여야 한다. 그러나 누구의 것을 받아들여야 하는 것이 문제가 아니라 이것들이 우리 문화와 어떻게 접목하고 어떻게 하면 우리 문화 속에서 꽃을 피우고 열매를 맺게 할 것인가를 고민하고 노력해야 한다. 행정학도 마찬가지이다. 즉 우리 민족에게는 우리 민족에게 걸맞은 행정문화가 형성되어야 하고, 정립되어야 한다.

어느 시대이거나 문화는 사상에 영향을 미치게 되고, 사상은 곧 이념화되어 민족의 정체성을 결정하는 데 중요한 요소로 작용한다. 일반적으로 사회 구성원 전체의 사상이나 이념도 중요하지만 그 중에서도 지도자(지배자, 리더)와 지도자 집단이 갖는 사상과 이념은 사회 전반에 미치는 영향이 막중하기 때문에 더욱 중요하다. 이 책을 집필하면서 가장 기본적인 뼈대로 삼은 것은 다음의 두 선학의 시사(示唆)였다. 그 하나는 이기백의 「한국사의 발전과 지배 세력」에 입각한 사관(史觀)이다. 이는 한국사 연구의 초점을 인간 중심으로 하여야 한다는 것으로 우리 민족사의 흐름 속에서 인간을 발견해야 한다는 것이다. 여기서의 인간은 단순히 개인을 의미하는 것이 아니라 역사를 움직이는 사회적 세력으로서의 인간 집단을 의미한다. 다른 하나는 김운태의 「한국 행정학의 독자적 모델 정립」에 관한 관심과 연구이다. 이는 행정학에서 우리 나라 고유성을 설명할 수 있고, 우리 나라 행정 발전 방향이나 의미를 규정해 줄 수 있는 특수한 모형을 정립할 필요가 있다는 점을 일깨워 주었다.

이 책에서는 행정환경과의 연계 속에서 역사 속의 지배 세력인 행정 주체 및 이념에 중점을 두고 고찰했으며, 논리적 체계성을 정립하기 위해 연대별・국가별로 ① 행정환경, ② 행정 주체 및 이념, ③ 행정 제도, ④ 행정 정책 및 관리, ⑤ 행정의 특징 등의 항목 순으로 전개했다.

그리고 집필 범주는 고조선에서 대한민국 임시정부까지로 했으며, 시대 구분은 고대・중세・근대 등의 삼대 구분 방법을 바탕으로 하고 왕조적 구분 방법을 병행했다.

고대는 고조선에서 통일신라, 중세 (1)은 고려, 중세 (2)는 조선 건국에서 후기, 근대 (1)은 개항기에서 대한제국, 근대 (2)는 대한민국 임시정부(조선총독부 포함)로 구분했다. 대한민국과 북한의 행정에 대해서는 근간 대학이나 학회에서 '한국정부론', '북한학' 등으로 활발하게 연구가 이루어지고 있어 이 책에서는 생략했다.

또한 한국 행정사가 한국사를 기초로 하고 있어 이 책에서 인용되는 용어가 생소하거나 난해한 경우가 많아 그럴 경우에는 독자의 이해를 돕기 위해 한글과 한자를 동시에 병기했다. 근래에 독도 문제나 중국의 동북공정(東北工程) 문제 등으로 인해 우리의 국사에 대한 관심도가 높아지고 있는 것은 매우 바람직한 현상이라고 생각한다. 이와 같은 맥락에서 행정학을 연구하고 공부하는 행정학도는 물론 한국 행정사에 관심이 있는 비학문 분야에 종사하는 많은 분들도 이 책을 참고해 우리 나라의 행정사를 이해하는 데 도움이 되었으면 한다.

이 책이 발간되는 데에는 한국도시문화연구소의 박현우 실장, 친구의 학술 활동을 자랑스러워하는 남한산성의 신명수 사장, 한국행정사학회 발전을 위해 많은 지원을 아끼지 않은 분들, 20여 년의 세월 동안 정을 나누어온 '웅지클럽'의 형제들, 그리고 가족과 친지 등 많은 지인과 친구의 도움에 감사드린다.

끝으로 이 책을 흔쾌히 출판해 주신 대영문화사의 임춘환 사장님과 임직원들에게도 감사드린다.

2007년 1월
태조산과 안서호가 어울려 보이는
연구실에서

차 례

PART_Ⅳ 중세(2) : 조선 시대의 행정

PART_Ⅴ 근대(1) : 개화기의 행정

제1편
서 론

제 1 장 왜 한국 행정사를 연구해야 하는가?

제1절 한국 행정학의 발전 과정

행정학이 다른 사회과학에 비해 학문적으로 자리매김한 것은 비교적 역사가 짧은 편이다. 우리 나라는 개방과 개화가 늦었고 일본의 식민 지배라는 특수한 역사적 상황으로 인해 현대 행정학의 도입과 발전이 더욱 늦어진 것이다.

물론 역사적으로 볼 때 우리 나라에도 우리 나름대로의 행정 제도나 정책이 존재해 왔으나 그것이 현대의 서구적 학문과는 연구의 내용이나 방법면에서 많은 차이가 있고, 특히 오늘날의 행정학은 미국 중심의 행정 연구를 위주로 하기 때문에 우리 나라 역사 속의 행정은 연구 자체가 소홀히 다루어져 왔다.

한국의 행정학은 해방 직후 미군정이 실시된 후 미국 학풍의 영향을 받게 되면서부터 발전하기 시작했다. 한국에서 행정학이 하나의 독립된 학문으로 성장해 많은 대학에서 행정학과와 전문행정대학원이 설치되고 오늘의 성숙된 학문으로의 위치를 누리기까지에는 많은 진통을 겪어야 했다. 현재의 미국 행정학이 정치학 영역에서 벗어나려는 진통 속에서 성장해 왔다면,

한국의 행정학은 일본 식민지 통치 속에서 유럽 대륙의 영향을 받은 공법(公法)으로부터 독립해 사회과학의 한 분야로 존립하기 위한 노력을 바탕으로 발전되었다(박응격, 1984: 28).

우리 나라에서 행정학이 전개되는 과정을 보면 1946년 8월 '국립서울대학교 설립에 관한 법령'에 의해 미국 학제를 모방한 행정학과(정원 60명)가 서울대학교 법과대학에 설치되었고, 뒤이어 1948년에 부산대학교 법과대학에 행정대학과(정원 20명)가, 그리고 1955년에 고려대학교와 중앙대학교 법정대학에 행정학과(정원 50명)가 각각 설치되었다. 이렇듯 해방을 계기로 행정학과가 대학에 설치됨으로써 외형적 내지 객관적 조건은 크게 변화했다고 볼 수 있다. 그러나 당시 행정학은 공법학 체계(公法學體系)로 인식되어 다루어짐으로써 그 독립성이 상실된 채 행정의 위치·성격·본질에 관한 이론적 기초를 마련하지 못하고, 법률학 특히 행정법학의 일부로 논의되거나 정치학의 한 분과목으로 다루어져 왔다.

그러나 1954~55년경에 이르러 행정 연구를 행정법학으로부터 독립시켜 정치학적으로 연구하려는 데 중점을 둔 계몽적인 움직임이 일어나기 시작했다. 즉 , 당시 서울대학교 법대 정인홍 교수를 중심으로 행정학 강의나 저서(정인홍, 『행정학』, 1955)를 통한 학구적 활동을 통해서 싹트기 시작했다. 특히 1956년 여름에는 미국의 리그스(Fred W. Riggs)가 객원교수로 내한하여 공무원훈련원에서 3주간의 강의를 했으며, 그는 동년 10월에 재차 내한했는데, 이 때 국내의 학계 및 실무계의 행정학도들이 중심이 되어 한국행정학회를 창설했다.

그러나 우리 나라의 행정학이 독립적 이론 기반을 구축하게 된 직접적인 계기는 미국 정부의 대한(對韓) 기술 원조사업의 일환으로서 대한민국 정부 및 서울대학교와 미국 미네소타대학교 간의 교환계획(exchange program)에 대한 계약 체결에서 찾을 수 있다. 즉, 이 계약에 따라 1956년 미국 미네소타대학교의 와프(George A. Warp) 행정학 교수가 내한하여 구체적인 원조계획에 관한 조사를 했다. 1957년 9월 그의 조사 보고에 따라 서울대학교 법과대학에 행정이론과 그 응용 방법에 관한 연구를 지원함과 아울러 선도적인 고급공무원 양성기관으로서 서울대학교 행정대학원을 창설했다.

또한 국무원 사무국 산하에 설치되어 있었던 공무원 훈련기관인 국립공무원훈련원(현 중앙공무원교육원 전신)에 대한 확충 원조계획을 적극적으로 추진했다.

해방 이후 미국의 대한 경제 원조와 특히 6·25 전쟁 후의 대한 부흥 원조계획 추진이 피원국인 한국 정부의 행정 체계의 후진성과 불합리성으로 인해 소기의 성과를 올리지 못하고 있다고 인식한 미국 정부는 한국에 대한 행정 기술 원조를 추진했다.

이와 같은 행정 기술 원조에 따라 한국 정부는 장차 행정대학원과 국립공무원훈련원의 교수 요원을 확보하기 위해 1957년과 1958년에 걸쳐 각각 11명씩의 교수 후보자를 국내 학계와 실무계에서 선발, 미네소타대학교에 파견해 행정학을 연구하게 했다. 동시에 매코클(S. MaCorkle)을 비롯한 9명의 미국 교수와 드라하임(E. R Draheim), 버그(Bill Berg) 등 약간명의 공무원 훈련 실무가를 초청해 동 대학원과 국립공무원훈련원의 운영을 위해 각기 협조하도록 했다.

따라서 당시 행정학에 대한 전문적 지식과 기술적 훈련을 습득한 인재가 극히 부족했을 뿐만 아니라, 이론면에서도 행정학의 전통이 거의 없었던 우리 나라의 입장에서 볼 때 서울대학교 행정대학원의 발족과 국립공무원훈련원의 확장 운영은 국내 학계와 실무계에 큰 영향을 가져왔다. 미국의 미네소타대학교에서 행정학 과정을 마치고 돌아온 교수들이 1959년부터 서울대 행정대학원의 교과 과정에 의거해 강의를 맡게 되자 행정학은 본격적으로 파급되기 시작했다.

한편 국립공무원훈련원이 새로운 계획과 내용으로 현직 중앙정부 각 부처의 고급 공무원(국장과 과장급)들에게 차례로 교육훈련을 실시했던 바, 공무원들에게 교육훈련에 대한 적극적인 의의를 인식시키는 데 도움이 되었다. 그리고 새로운 이론과 실제 간의 적합한 균형을 모색함으로써 행정기술의 능률과 발전뿐만 아니라, 행정이론의 실증적 전개를 위해서도 큰 도움이 되었다. 이러한 공무원 교육훈련은 점차 그 실효성이 인식되어 산발적으로 정부의 각 부처별로 실시되어 오던 중 5·16 군사정변 이후 '중앙공무원교육원설치법'이 제정·공포됨에 따라 종래의 국립공무원훈련원은 오늘의 중앙공무원교육원으로 개편되어 그 기능이 더욱 강화되었으며, 각 부처별 및 지방의 도・시별의 훈련기관도 설치되었다.

이와같이 한국에서 행정학의 발달 과정은 국내 학계의 행정학에 대한 점진적인 인식과 더불어 적극적으로 행정학을 교육 및 훈련시킬 수 있는 기관들이 창설됨으로써 종래의 구각을 벗어나 미국을 중심으로 서구에서 발달한 신흥 과학으로서의 행정학 이론이 도입되고 보급되기에 이르렀다. 1960년대에 들어와서는 여러 행정학 교수들에 의한 행정학 저서가 속속 간행되기 시작했으며, 또한 행정학에 대한 인식과 그 중요성이 높아져 많은 대학에 행정학과가 신설되었고, 이에 비례해 행정학 교수와 행정학도도 격증하는 등 이른바 행정학 붐이 일어났다(박연호, 1981: 26-28).

1965년경부터는 다음과 같은 현상이 나타나기 시작했다.

① 행정 연구의 대상을 한국 행정 자체에 두어야 한다는 생각이 대두되었다.

② 한국 행정을 단순히 연구의 대상으로 하는데 그치지 않고, 그 초점과 문제 의식을 한국의 행정 발전, 나아가서는 사회 변화와 발전을 이루는 데 두게 되었다.

③ 과학적 연구를 위한 관심이 높아짐으로써 방법론의 소개가 이루어지기 시작했다. 특히 사회과학에서 중요시되고 있는 비교 방법이 많이 이용되기 시작했다. 이러한 방법을 바탕으로 하여 세계적인 비교 연구에 관심을 가지게 되었고, 특정 지역의 사회문화가 갖는 편견에서 탈피하려는 노력을 하게 되었다. 1970년대부터는 도입된 이론의 수정만이 아니라 한국적인 새로운 이론의 형성을 위한 시도가 활발하게 추구되었다.

1970년대 초까지는 대부분의 연구가 서술적이고 규범적인 것이었으며, 행정 현황의 파악, 도입된 이론과 실제와의 대비에 의한 검증, 그리고 문제 해결을 위한 처방적・기술적(記述的) 성격을 지니고 있었다.

1970년대 중반부터는 행정학의 연구 범위가 확대되고 연구 수준도 급격하게 향상되었다. 이 때 외국에서 새로운 이론이 많이 도입되었으며, 그 중 대표적인 것으로는 행정관리에 관한 각종 기법 및 이론, 행정동기이론,

MBO, OD 등을 비롯해 관리과학 · 정책과학 등을 들 수 있다. 그리고 국내의 여러 대학에서도 이러한 과목들이 개설되어 행정학의 영역이 상당히 확대되었다.

한편, 지금까지는 행정학의 기술적 측면이 지나치게 강조되어 과학성이 결여된 경향이 강했는데, 이에 대한 반성으로서 행정학의 과학성을 높이려는 노력이 또한 고조되었다. 즉, 1970년대 중반부터는 도입된 이론의 형성을 위한 시도가 좀더 철저한 과학적 방법에 의해 이루어지기 시작했다(박동서, 1978: 64-67). 1980년대에 들어와서 한국 행정학의 연구 경향은 대체로 다음과 같았다(유종해, 1987: 321).

① 그 동안의 정책 연구에서는 정책 형성에 관한 내용이 조직이론 속에 간단히 언급되는 정도였으나, 대학원에 정책학 전공이 생기면서 정책 집행이나 정책평가에 관한 연구가 활발해졌다.

② 과학적 이론의 추구를 위한 행정 연구의 위주에서 점차 가치 측면에 대한 연구로 관심이 확대되고 있다.

③ 계량적 연구 경향은 1970년대 이래 여전히 지속되고 있다.

④ 방향론의 측면에서 더욱 강조되고 있다.

⑤ 한국적 행정학에 관한 연구를 추구하고자 하는 노력이 고조되어 가고 있다.

그러나 아직까지 한국의 행정학은 미국의 행정이론을 소개하는 데 그침으로써 이들 행정이론을 한국 행정 실정에 적합하도록 토착화시키지 못하고 있는 것이 한국 행정학의 현실이다(박연호, 1981: 28).

근래 한국에서 사회과학의 토착화라는 말이 많이 제기되고 있는데, 그것은 사회과학에서 과학이라는 용어를 사용하고는 있지만, '갑'국의 사회과학이론이 '을'국에 그대로 적용되지 못하는 한계에서 비롯되는 것이라고 하겠다(박동서, 1981: 71).

미국의 100여 년의 행정학사는 수많은 방법론상의 변천을 보여 주었으며, 특히 제2차 세계대전 후에는 정치학 · 사회학 · 심리학 · 경제학 · 경영학 등 인접 과학의 연구 성과를 포괄하는 각양각색의 행정학설이 형성되고 발전되어 왔다. 그런데 한국 행정학계는 현대의 미국 행정학을 무비판적으로 일시에 도입할 수밖에 없는 특수한 사정에 놓여 있었다. 그것은 8 · 15 해방 이후 모든 면에서 미국의 영향을 받았기 때문이다. 이로 인해 한국의 행정 이론과 행정 현실 간에는 괴리 현상이 나타나게 되었고, 나아가서는 행정의 정상적인 목표 달성이 의문시되는 상황에 놓이게 되었다.

여기서 한국 행정학은 한국 행정이 처해 있는 생태론적 상황을 충분히 참작하고 미국의 관계이론을 도입해야 하며 좀더 새롭고 독립적인 이론모형을 수립해야 하는 부담을 안게 된 것이다. 특히 행정의 주변을 형성하고 있는 사회문화적 요소 내지 정치 · 행정적 환경에 대한 분석을 착실하게 전개해 나가는 작업으로부터 출발하지 않으면 안 되게 된 것이다. 따라서 한국 행정학은 한국의 고유한 문화 · 종교 · 지리 · 가치관 · 사회구조 등 문화적 특유성에 확고한 기초를 두어야 할 것이 진실로 요청된다(박문옥, 1980: 110-114).

제 2 절 전통적 가치와 토착화의 필요성

1 전통적 가치

서구의 근대 사회를 형성 · 발전시켜 온 원동력은 무엇보다도 '근대인'이라 하는 '원자론적 개인'이다. 서구에서 이와 같은 원자론적 개인이 등장하게 된 것은 르네상스를 거쳐 자연법 내지 계몽기에 이르러 이지적 사고가 시작되면서부터이다. 회의론 · 기계론적 자연관 · 자연법 · 이신론 · 쾌락설의 등장은 이성적 · 합리적 인간의 탄생을 의미한다.

그와같이 하여 등장한 원자론적 개인은 자연이나 전체와 대립하는 고립화된 인간이고, 추상적인 것이었다. 자연이나 전체와 대립되었다고 하는 것은 자연이나 전체를 그러한 인간의 지배하에 두고 그의 의지에 따라 생활목적에 이용하려고 하는 태도이다. 따라서 자연은 이미 호기심을 불러일으킬 수 있는 신비적인 것이 아니고, 이성에 의해서 분명하게 해명되고 수식화될 수 있는, 자연과학적인 합리론으로 이루어진 기계적인 것이 되었다. 결국 자연은 신비적인 것에서 기계적인 것으로 옮겨가게 되었다.

그리하여 인간은 자연을 인공적으로 개조하여 별개의 자연을 제조하려고 하는 사고를 하게 되었고, 그 사고를 기초로 하여 기술을 개발하고, 기계를 발명하게 되었다. 그리고 이러한 사고 방향은 단순히 실용적인 발명에 그치지 않고, 자연·종교·도덕·법률·국가의 영역에도 적용되었으며, 그러한 것들을 합리적·기계적으로 해석하게 되었다. 드디어 인간은 자연과의 조화를 추구하는 것이 아니라, 자연을 정복하여 그의 지배하에 복종시키려고 하는 인간 중심적인 행동을 하게 된 것이다. 이러한 서구의 근대적 사고는 인류의 무한한 진보의 추진 요소인 것처럼 보이지만, 실은 문화와 인간성의 무서운 파괴 요소로 작용하고 있다. 그것은 근대적 사고가 본래적으로 비논리성으로 일관되어 왔으며, 자연주의에 바탕을 두고 있기 때문이다. 자연주의라는 것은 자연만이 유일한 실재라고 생각하고, 인간도 자연적 사물에 포함시켜 그것들과 똑같이 생각하고 특별한 가치를 인정하지 않으며, 또한 세계를 그 자체로서 존재하는 기계적 자기 완결적인 존재라고 보는 입장이다.

따라서 자연주의는 본질적으로 문화와 인간성의 부정으로 통하게 된다. 왜냐하면 문화라고 하는 것은 인간에 대해 단순한 물적 가치 이상의 가치를 인정하는 가치관을 전제로 할 때에 형성될 수 있기 때문이다. 서구의 '근대적 사고'는 그것이 지닌 본질적인 비논리성으로 인해, '세계 상실'과 '인간 상실'의 현대적 위기를 초래했다(大谷愛人 外, 1982: 61-62).

현대 문명의 위기는 르네상스로부터 시작된 인간의 본능, 특히 파괴적 본능이 해방된 반면, 이를 제어하는 주인인 자아의 상실에 기인하기 때문에, 이 위기의 극복은 본능을 조절·자아가 회복되거나 길러져야만 가능한 것이다. 서구의 르네상스는 틀림없이 자아의 실현과 인간성 해방의 요소를 지니고 있었다. 그러나 르네상스가 해방시킨 인간성은 성적 충동, 타인을 말살하려는 경쟁심, 타민족을 정복하려는 침략적·공격적인 본능, 자연의 정복과 파괴의 충동, 이기심 등이 주류를 이루고 있다. 서양에서도 진정한 자아의 회복을 부르짖고 있다. 그리하여 실존주의 사상과 정신분석, 카운슬링 등의 정신 치료, 이와 관련된 인간주의, 심리학, 그리고 동양 사상에 대한 관심 등에서 그 실마리를 찾아보고자 하나, 이는 비주류적이라고 하겠다(이동식, 1983: 95-96).

현대는 과학 기술의 유례 없는 발전과 이에 따른 급격하고 광범한 사회 변화를 몰아왔고, 이런 변화는 그 폭과 속도에서 장차는 현재와 비길 수 없이 넓고 빠를 것으로 예상된다. 앞으로 인류 사회가 지혜와 기술을 동원해서 인구·에너지·원료·식량, 그리고 공해 등의 중대한 문제들을 능히 해결해 나갈 것이라는 낙관적인 전망도 있지만, 물질주의·인간 소외·윤리 상실 등 이미 현재에도 심각해지고 있는 인간의 정신적 문제들은 앞으로 더욱 심각해질 것이고, 정신과 사회의 여러 문제들은 앞으로 급속한 발전과 변화를 겪는 과정에서 더욱 심각해질 것으로 보이며, 이에 대처하는 데 전통적 가치에 대해 깊은 고찰이 있어야 할 것이다(고병익, 1984: 56-57).

1945년 해방 이후 한국에는 대중문화가 생성될 사회적 기반이 사실상 거의 없으면서도 미국의 대중문화를 무비판적으로 수용했기 때문에 외래의 대중문화가 한국인의, 그리고 한국의 물질문화와 규범문화 및 관념문화에 지배적인 영향을 미쳤다. 오늘날 한국인에게 미친 대중문화의 병리(病理)로서는 인간의 불안·긴장·무관심을 조성하는 소외 현상과, 향락제일주의의 소비문화, 그리고 편견과 안일을 자극하는 본능문화 등이 그 대표적인 특징이라 하겠다. 이와같이 외래의 대중문화가 한국 사회, 특히 젊은 세대에게 만연되어 그 병리를 드러내고 있다. 이것은 한국 민족문화의 주체성을 손상시키는 것으로, 한국의 지도층에게 책임이 있다. 해방 후 계속하여 외래문화는 30여 년간 교육과 생활문화를 통해 뿌리를 내리려 했으며, 많은 문화적 갈등이 야기되었다. 무엇보다도 세대 간의 갈등과 정치·행정 규범의 갈등이 심각하다(김운태, 1984: 74-75).

어떤 전통도 그것이 전통으로 고정되고 나면 보수적이 되고 현상 유지적인 성격이 되기 때문에 현실 개혁의 추진력은 감퇴된다. 개혁의 시기에는 저해적인 요인으로 작용하기 쉬으므로 전통의 조정·선택이 불가피하며, 필요에 대응해서 재창조를 해야 한다(고병익, 1984: 55-56). 특히 물질과 기계, 그리고 비인간화된 조직이 지배하는 현대적 상황 속에서 인간 주체적인 한국의 전통적인 가치를 되살리는 일은 매우 중요하다. 우리는 한국의 전통적 가치의 부정적인 면과 긍정적인 면을 다 같이 발굴해 정리해야 한다. 그러나 이제는 긍정적인 면의 발굴이 더욱 요청되며, 전통에 대한 자학적이고 부정적인 태도는 지양되어야 한다.

우리 나라에서 현재 시행되고 있는 공무원 시험 제도는 1949년 8월 12일 국가공무원법의 제정으로 그 기초가 마련되었다. 그 후 다시 1963년 4월 17일에 새로운 국가공무원법을 공포함으로써 그 제도적 장치가 정비되었다. 그러나 1949년의 공무원법은 사실상 일정(日政) 시대 칙명(勅命)의 일부를 번역하고 거기에다 약간의 민주적 요소를 가미한 것에 불과했다. 그 당시 한국의 많은 식자(識者)들은 구미 제도의 도입만이 발전의 지름길이라고 생각했으며, 이러한 풍조는 오늘날의 지식층에도 만연되어 있다.

물론 가까운 일본이 메이지유신(明治維新) 이래 서양의 제도를 도입해 문명 개화에 노력한 결과 세계 수준의 문명국으로 발전했던 예가 없는 것은 아니지만, 우리에게는 재고의 여지가 있다고 하겠다.

20세기 초 중국의 경우도 이와 비슷했다. 즉, 청조 말 북경사변(北京事變)의 결과 중국은 일본을 포함한 연합국에 의해서 북경이 점령당하는 수모를 당해야 했다. 구태의연했던 중국은 그 당시 자국을 신흥 일본과 비교해 평가했다. 그리고 일본이 그렇게 발전할 수 있었던 것은 메이지유신 이래 서양의 제도를 과감히 수입한 결과라고 생각했다. 그리하여 중국은 일본과 같이 구제도를 폐지하고 서양의 제도를 채택하기 시작했으며, 1904년에는 유서 깊은 과거 제도를 폐지했다. 그러나 여기서 우리는 두 가지 역사적 사실을 기억하고 유념해야 할 것이다.

즉, ① 서양의 인사 제도는 근원적으로 중국 수(隋)나라의 과거 제도에 자극되어 창설되었다는 것과, ② 과거 제도가 우리 나라에 도입(고려 광종 9년, 958년)된 이래 발전되었고, 특히 조선 시대를 거치는 동안 중국의 과거 제도보다 훨씬 더 정치화(精緻化)되었다는 점이다.

행정의 근대화란 곧 구미화(歐美化)를 의미하는 양 우리 고유의 전통적 행정문화를 구태적인 것으로 일축하고 있다는 것은 유감된 일이 아닐 수 없다. 우리가 진정한 의미의 근대화를 실현하기 위해서는 온고지신(溫故知新)의 철학을 확립하지 않으면 안 된다. 그것은 하나의 행정 제도가 역사적인 전통을 가지고 있지 못한 경우에는 아무리 우수한 제도를 들여온다 하더라도 사회에 뿌리를 내릴 수 없다. 전통적인 행정문화 속에서 좋은 점을 발굴해 음미하고 그것을 현실에 알맞게 발전시켜 나가는 태도야말로 진정한 근대화의 작업이다(박연호, 1982: 16-17). 그리고 전통을 수용하는 자세가 중요한 의미를 가진다는 것을 이해해야 한다. 유교는 신라 시대와 조선 초기에는 분명히 전진적인 구실을 했지만, 조선 말기에는 오히려 전진을 저해하는 구실을 했던 것이다(이기백, 1983: 161).

이와같이 동일한 전통이라고 하더라도, 그것을 우리가 어떻게 수용하느냐에 따라서 역사 발전에 순기능 또는 역기능을 하게 된다는 것을 명심해야 한다.

2 전통적 가치의 특징

문화의 형성과 발전은 복잡한 양상을 띠고 있다. 오랜 역사를 지닌 한국 민족의 문화도 그 예외는 아니어서 매우 복잡하다.

한국 문화에는 고유한 요소 이외에 외래의 이질적인 요소들이 많이 도입・융합되어 있다. 외래 요소에는 다음과 같은 것이 있다. 즉, ① 만몽 계통, ② 중국 계통, ③ 남방 계통, ④ 인도・서역 계통, ⑤ 북방 계통(스키타이), ⑥ 서구 계통 등이다(진단학회 편, 1970: 17-21).

이와 같은 세계의 여러 문화적 요소는 한국 민족의 성격과 한반도의 풍토적 조건이라는 도가니 안에서 융합되어 한국 문화의 훌륭한 재료가 되었다. 다기(多岐)한 문화적 요소의 섭취는 한국 민족에게 좋은 자극제가 되었고 새로운 문화 창조의 활력소가 되었다. 여기서 우리가 크게 주목해야 할 것은 문화 수용 과정에서 볼 수 있는 긴장감이다. 고급문화를 수입할 때 수용자 측의 자체 능력이 열세일 때는 그 고도의 문화를 동화시키지 못한 채 외래문화에 흡수되고 만다는 사실이다. 그런데 한국의 경우에는 어느 특정 외래문화에 동화되는 일 없이, 도리어 그것들을 주체적으로 소화해 자기의 것으로 만들었다. 우리가 불교나 유교를 수입할 때도 주체적인 입장에서 체계화의 슬기를 보여 주었다. 그리고 그 능력을 바탕으로 하여 세계 문화 발전에 공헌해 온 것이 사실이다. 이것이야말로 한국인의 진정한 능력이요, 한국 문화의 특징이라고 할 수 있다. 그것은 다름 아닌 우리 민족 고유의 '화(和)'의 능력으로서 오늘날에까지 이어지고 있다(한기언, 1983: 438). 우리는 이러한 한국 민족의 전통을 재인식하고 오늘에 부응해 발전시켜 나가야 한다. 이 '화'의 사상은 '한'사상이라고도 일컬어지고 있다.

그런데 이 '화' 또는 '한'의 사상을 중국의 음양설(陰陽說)과 서구의 변증법(辨證法)에 대비해 특색을 찾아본다면 다음과 같이 정리할 수 있다. 즉, 변증법은 모순과 갈등을 전제로 하는 정(正)·반(反)·합(合)의 원리이므로 이원론(二元論)적 무한 반복에 근거한다. 그리고 음양설은 비록 태극에 의해서 생성된 것이라 하더라도 '음극즉양생(陰極則陽生), 양극즉음생(陽極則陰生)'하는 것으로, 영원한 음양 이원의 독립에 의해 존재할 따름이다. 그러므로 변증법이나 음양설은 그것이 비록 일시적으로는 모순과 반목을 극복한 조화와 합의 경지를 이룬다고 하더라도, 또 다른 독립을 생성하게 되는 영원한 이원론에 근거하고 있다고 할 수 있다. 이러한 견해를 가지게 되는 근거로서는 중국의 음양설이 또 다른 오행설과 합작해 '이오지정(二五之精)'이라는 원리로 되어 송대(宋代) 역학의 정수가 되었음을 보더라도 알 수가 있다.

여기서 우리는 '화' 또는 '한'사상이란 이원론적 음양설이나 변증법적 논리로서가 아니라 진정 양극적 대립의 '태일지형(太一之形)'으로서만이 이해될 수 있는 또 다른 하나의 우주론적 원리라는 사실을 상기해야 한다. 그리고 그 '화'의 사상은 흔히 '이이일(二而一)'이라는 말로 표현되어 왔다(이을호, 1986: 181-183). 이 '화'의 사상은 각자가 그 직분과 기능을 다함으로써 이루어지는 것이며, 개인의 주체와 그 직능을 근본적으로 무시하는 전체주의적인 평등과는 본질적으로 다르다. 그것은 또한 민본(民本)과 위민(爲民)을 강조하는 것으로서 민주적 정치·인간 존중 사상과 동일한 내용의 의미를 지닌다. 이 '화'의 사상은 역사의 발전 단계에 따라서 화랑 정신, 육두품

(六頭品)의 지성, 그리고 선비 정신 등으로 끊이지 않고 발현되어 왔다. 우리는 그러한 시각에서 우리 민족의 저력을 발견해야 하는 것이다(김운태 외, 1985: 6-7).

3 토착화의 필요

미국의 행정학이 1950년대 말 한국에 도입된 초기에는, 행정학도들이 한국 행정을 연구의 대상으로 삼지 않고, 외국에서 개발된 이론을 소개하고 서구 제국의 행정을 국가별로 소개하는 데 그쳤다. 1960년대 이후에는 한국 행정을 포함시키고는 있었으나, 서구적인 것을 우선하고 한국 행정을 끝으로 소개했다. 이와같이 한국의 행정 연구는 그 기반이 너무나 취약한 상태에서 미국의 행정학을 그대로 도입했기 때문에, 연구의 자율성 및 현실적합성은 극히 미약했다.

더욱이 행정을 대상으로 하여 과학화에 더욱 이바지할 수 있는 연구 방향을 모색하고 이에 기초한 연구를 하는 것이 1960년대 후반에 와서 요구되었으나 별 성과가 없었으며, 겨우 기초 단계인 사실의 파악이 부분적으로 이루어지고 있었을 뿐이다(박동서, 1978: 67-69).

한국의 행정학은 그 학문적 발달을 위해 주변 학문의 발달과 더불어 이들과 밀접한 관계를 유지해야 하지만, 실제는 그렇지 못한 상태에서 외국의 행정학을 그대로 이식했기 때문에 분재(盆栽)와 같이 되어 있다. 따라서 한국 행정학의 내용은 조직관리법·인사행정법·재무행정법 등 기술적 행정학의 성격을 띠게 되었고, 여기에 비교행정·발전행정·지방행정·기획론·정책론·공공관계론 등이 추가됨으로써 관리론적 방법에 토대를 두게 되었다(김운태, 1969: 48-54).

사회과학의 한 분과인 행정학에서 자연과학에서와 같은 고도로 보편성을 지닌 과학적 이론이 이루어지기를 기대한다는 것은 극히 어려운 일이다. 따라서 한국 행정의 특성을 좀더 깊이 있게 파악하기 위해서는 상황적 접근에 입각해 연구하고, 그 결과를 통해서 한국 행정을 이해하고 발전을 기해야 할 것이다(박동서, 1981: 70).

그런데 행정의 토착화란 세계 속에서 한국의 것을 찾고, 외국 이론과의 교착 속에서 한국 이론의 독특한 것을 찾는 것이지 한국의 고유한 것만을 찾는 것을 의미하는 것은 아니라는 사실을 명심해야 한다. 그러므로 토착화의 제1차적 단계에서는 외국 이론을 배척할 것이 아니라, 이것을 도입하되 좀더 체계적으로 소화하고 이해해야 한다. 다만, 토착화를 위해서는 한국의 본질에 맞는 행정 체제는 무엇이며, 또 그러한 체제는 어떠한 준거 기준에서 찾아야 하며, 도입된 외국 이론이 어느 면에서 우리의 실정에 맞는가 또는 맞지 않는가, 그리고 토착화의 필요성이 인식된다면 어떤 방법으로 토착화할 것인가를 연구해야 한다(박동서, 1981: 71).

토착화의 준거 기준이란 한국 행정 현상의 특유한 성격을 찾는 것인데, 토착화의 가장 보편적이고 포괄적이며 지속적인 변수를 문화 상황으로 보는 문화결정론적 접근 방법이 있다(백완기, 1982: 12).

문화결정론적 접근 방법은 행정 체제는 문화적 상황과 일치해야 한다는 논리를 기초로 하는 점에서는 타당성 있는 방법이다. 그러나 기존의 한국의 전통적인 문화가 서구의 근대적 문화 가치와 배치되는 관계에 있을 때에는, 어떠한 행정 체계를 세워야 하느냐의 어려운 문제에 직면하게 되고, 이 때에는 서구를 모방하려고 하는 문화변형이론이나 태도변화이론을 발전시키려 했다(백완기, 1982: 218-233). 이것은 현대 국가와 현대 사회를 이룩하는 데 아시아적 전통문화는 저해 요인을 많이 내포하고 있으며, 이러한 전통문화의 많은 부분을 제거 내지 개조하지 않으면 안 된다는 사고에 기초를 두고 있다. 근래까지 대체로 현대 사회와 아시아적 전통은 두 가지의 양립되기 어려운 대립 개념으로 이해되는 면이 많았다.

1950년대와 1960년대에 이른바 근대화의 논의가 활발해졌을 때까지도, 전통적인 생활 방식과 제도를 어떻게 조정 내지 극복해 현대 사회를 이루는가에 논의가 집중되었다. 그러나 지난 1세기 동안 아시아적 전통에 대한 세찬 부정적인 평가에도 불구하고 그 전통은 아시아의 어느 지역에서도 놀라울 만큼 잠재적 또는 현재적으로 존속되고 있음이 나타났다(고병익, 1984: 55-56).

여기서 우리는 문화 유형에는 불변성을 속성으로 하는 기본적이고 구조적인 것이 있는가 하면, 가변성을 속성으로 하는 제2차적 유형이 있다는 것을 인정할 필요가 있다. 전자를 기층문화(基層文化)라 한다면, 후자를 표층문화(表層文化)라 할 수 있다. 이는 마치 언어의 구조는 불변적인 속성을 가지고 있는 데 대해, 언어를 구성하고 있는 단어들은 가변적 속성을 지니고 있는 예와 유사하다(源了圓, 1982: 36-40).

동양의 학문은 종합적이고 포괄적인데 반해 서양의 학문은 분석적이고 개별적이라고 특징지어 설명한다. 동양의 문화를 선(線)의 문화라고 한다면, 서양의 문화는 점(點)의 문화라고 할 수 있다. 전체 속에서 부분의 존재를 인정하는 동양적 사상과, 부분에서 시작해 전체를 형성하는 서양적인 사상은 시작에서부터 그 모양을 달리하고 있음을 간과해서는 안 된다.

그리고 한국의 사상과 문화는 전통적인 것으로 보고, 서구의 그것들은 현대적인 것으로 조급하게 양분해 버리는 오류를 범해서도 안 된다. 그 대신 한국의 사상과 문화를 종적으로 구분해, 과거적인 것과 현재적인 것으로 분류해, 전자를 전통적인 것으로, 후자를 현대적 사상과 문화로 보아야 한다. 그리하여 과거를 바탕으로 한 현재, 전통을 뿌리로 한 현대 문화라는 개념 속에서 한국의 것들을 이해하고 발전시켜 나가야 한다.

이와같이 역사적 접근법의 저변에 깔려 있는 기본 전제는, 과거와 현재의 사건이 여러 양태로 연관되어 있다는 것이다. 그래서 과거를 이해하는 것이 현재의 문제를 능률적으로 해결하는 첩경이라고 생각한다. 그러므로 과거의 문명에 관한 고전적 연구는 현재의 문화와 도덕적 고충을 재평가하는 데 도움이 되고 이러한 역사적 접근법은 행정학 연구에도 커다란 공헌을 할 수 있다(박동서 외, 1982: 29-31). 그러나 아직까지 한국 행정학은 학문의 전통적 유산을 거의 외면한 채 학문의 보편과학적 체계화에 집착해 외래 학풍의 수용에 몰두한 나머지 한국적 고유성을 설명할 수 없게 되었고, 또 한국에서 행정 발전의 방향이나 의미를 규정해 줄 수 있는 행정사에 대한 연구가 소홀히 취급되어 왔다(김운태, 1981: 3).

제3세계이론인 '종속이론'의 주장이 정치와 경제 분야에만 국한되지 않으리라고 본다. 자기 나라의 문화, 학문을 제대로 이해하지 못하면서 특정 국가의 그것들을 맹목적으로 따라간다면 이것도 역시 문화적 종속이요, 학문적 종속이라고 할 수 있다.

오늘날 우리 나라의 행정학은 여타 학문과 마찬가지로 지나치게 서구(특히 미국) 편향적이어서 이것이 학문적 종속이 아닌가 우려된다.

유교문화권에서는 그들의 삶을 영위하는 지혜를 주로 역사에서 찾았다. 그들은 신학적 계시나 철학적 이론에서보다는 과거의 역사적 사실을 바탕으로 하여 행위 기준을 설정했던 것으로, 이러한 전통은 앞으로도 우리가 계승·발전시켜 나가야 할 귀중한 문화적 유산이라 하겠다.

따라서 한국 행정학도 앞으로 한국 행정사를 하루속히 정립하여, 이에 준거해 행정 이념을 도출하고, 그것을 바탕으로 하여 행정이론을 체계화하며 또한 행정정책을 입안해야 할 것이다.

제 2 장 어떻게 한국 행정사를 정립할 것인가?

제 1 절 행정사 정립의 필요성

일반적으로 어떤 학문이든 역사와 이론, 그리고 정책 분야로 구분해 연구가 이루어지고 있다. 한국 행정학도 이론 및 정책 분야와 함께 행정사에 대한 연구가 요청되고 있다.

인간은 문화적 · 역사적 존재로서, 그 민족의 특수한 문화적 양식과 역사적 전통의 제약 속에서 생존하고 생활을 영위한다. 하나의 행정 원리가 모든 국가에 똑같이 타당성을 가지고 적용될 수 없는 것은, 각각의 국가는 '특수한 역사적 전통과 특이한 생활 양식', 세계관 또는 민족적 심리를 지니고 있기 때문이다(박문옥, 1980: 103). 따라서 한국의 행정이론과 행정정책도 한국 행정사의 전통을 바탕으로 하여 정립되고 수립될 때에 비로소 우리가 당면하는 현실적 행정 문제를 가장 적절하게 해결할 수 있을 것이다.

현재까지 한국 행정학은 비교적 짧은 기간에 성장한 신흥 과학이었던 관계로 대부분의 외국, 특히 미국의 행정이론을 우리 나라의 행정 실정에 적합하도록 토착화시키지 못하고 있다. 최근 이들 이론에 대한 토착화 노력이 일부 학자들 간에 이루어지되고 있는데, 이는 한국 행정학이 해결해야 할 가장 기본적인 과제이다(박연호, 1981: 28). 따라서 우리 나라에서는 현재까지의 행정 연구에 대해 다음과 같은 문제점이 지적되고 있다.

한국 행정이 추구해야 할 행정철학 내지 가치나 방향에 대해 충분한 연구가 이루어지지 않았다. 미국 이론의 토착화, 즉 한국화에 주력하지 않았고, 우리의 행정 현실에 부합하는 행정 체계의 준거 기준을 확립하지 못했다. 그리고 한국 행정에 부합하는 주체성 있는 이론을 개발하는 노력이 부족했으며, 미국 행정이론을 우리의 필요에 비추어 재음미하는 작업이 경시되어 왔다(김규정, 1983: 56-57). 그러므로 한국 행정학의 토착화를 이루는 기본 바탕은 한국 행정사를 하루속히 정립하는 것이라 하겠다. 앞으로는 한국 행정의 이론과 정책, 그리고 역사에는 동등한 중요성이 부여되어야 하고, 이 세 분야는 입체적이고 종합적으로 다루어지는 것이 요망된다.

행정사 정립의 길은 한국의 행정적 전통을 발굴하고 현대적으로 발전시켜 나가며 수용하는 데서 찾아야 한다. 전통에 바탕을 두지 않는 삶은 허약하고 거짓되고 창조력을 상실하게 된다. 전통은 물론 과거로부터 이어온 것을 말한다. 이 전통은 때로는 그 사회 및 사회의 구성원인 개인의 몸에 배어 있는 것이다.

그러나 전통은 인습과 구별될 뿐더러 또한 단순한 유물과도 구별된다. 현재의 문화 창조와 관계 없는 것을 우리는 문화적 전통이라고 부를 수는 없기 때문이다. 그러므로 어느 의미에서는 고정 불변의 신비로운 전통이라는 것이 존재한다기보다는 오히려 우리 자신이 전통을 찾아내고 창조한다고 보아야 한다. 따라서 현재 학계에서 논의되고 있는 전통고유론이나 전통부재론은 전통 일면만을 주장하는 견해라고 보아야 한다. 전통은 어떤 실체적인 것으로 존재하는 것이 아니지만, 그렇다고 없는 것도 아니라고 말할 수 있다. 그리고 그것은 우리 삶의 본래의 모습이라고 하겠다. 시간적으로 과거·미래의 중간 지점에 위치하는 현재와 그 현재 속에 과거와 미래를 포용하고 있는, 이른바 '건설적인 현재'와는 구별해서 고찰할 필요가 있고, 이 건설적인 현재는 우리가 말하는 전통과 동일한 의미를 지닌다고 할 수 있다(박종홍, 1976: 38-46).

한국 행정사 정립의 기반이 되는 한국 행정의 전통으로는 다음과 같은 것을 들 수 있다. 즉, ① 한국인이 지니고 있는 공동체적 친화의 원리와 그것을 바탕으로 한 대동주의(大同主義), ② 정의를 추구하려는 결백한 성벽 또는 근본주의적 정의 의식, ③ 인간을 하늘(天)같이 귀중하게 여기고 하늘 앞에서 한결같이 애민하는 인본주의적 평등 사상, ④ 경천애인(敬天愛人)의 정치 사상을 바탕으로 하는 권위주의적인 상관적 조화 사상, ⑤ 원시 씨족 사회 이래로 계승되어 온 각종 민주적 제도와 한국인의 자주성·자유주의·저항 정신, ⑥ 도참 사상·음양론·역학론을 바탕으로 한 미래적 이상 세계, 혁신적인 개혁 사상 및 정치·행정 문화 속의 진보주의 등이다.

이 중 오늘날 한국의 행정 전통으로서 특별히 강조해야 할 것은 '화(和)'의 원리로서, 민족사적으로 홍익인간(弘益人間)의 이념과 원효(元曉)의 화쟁 사상(和諍思想), 대각(大覺)·보조(普照)의 선교합일사상(禪敎合一思想), 이이(李珥)의 '이이일(二而一)'의 묘합사상에서 잘 천명되고 있으며, 이는 한국 민족의 사고 원형이라고 할 수 있다(김운태 외, 1984: 160-178).

한국 민족은 조화의 사상에 투철한 민족이다. 이것을 가리켜 '한'의 사상이라고 하고 또 '멋'이라는 말로 표현하고 있는데, 이것은 또한 한국 민족의 저력이다. 우리 민족이 외래의 사상에 접할 때, 그것에 의해서 소멸당하지 않고, 자기를 주체로 한 동질화가 가능했던 것은 바로 이 조화 사상을 바탕으로 하고 있는 자체 소화 능력이 자리잡고 있었기 때문이다. 이러한 한국 민족의 조화 능력이야말로 가장 소중한 것으로서, 우리는 한국 행정사를 정립할 때 이를 가장 염두에 두고 임해야 할 것이다.

제 2 절 행정사의 시대 구분과 연구 방법

1 시대 구분 방법

역사의 발전을 체계적으로 인식하려 할 때에 시대 구분의 문제가 대두

된다. 그리고 이 시대 구분을 어떻게 처리하느냐 하는 것은 역사를 인식하는 태도 내지 방법을 의미하게 된다. 이것은 행정사 연구에서도 동일한 의미를 지닌다.

한국사에 대해서도 일찍부터 이러한 시대 구분에 많은 관심을 두어 왔다. 그러나 대체로 왕조 중심의 구분론이 줄곧 관용되어 왔으며, 20세기 초에 이르기까지도 변함이 없었다. 그러다가 서양의 역사 연구 방법을 받아들이면서부터 시대 구분 방법에서 여러 가지 새로운 시도가 행해졌으며, 그러한 경향은 오늘에 이르고 있다.

그리고 시대 구분에 대한 정설은 아직 형성되지 않고 있는 실정이다. 그러나 우리는 한국사를 인류의 보편성에 입각하면서도 한국 민족의 특수성을 살리는 방향에서 이해해야 한다. 따라서 한국사의 시대 구분은 한국사의 이해뿐만 아니라 세계사의 이해에도 기여할 수 있어야만 그 참된 의미를 살릴 수 있을 것이다. 그런데 우리는 지금껏 유럽사의 이론으로 한국사를 어떻게 이해해야 하는가 하는 데만 급급했다. 이것은 한국사의 이해에 놀랄 만한 참신성을 가져왔다. 그러나 그것은 처음에 독적했던 것과는 달리 도리어 한국사의 세계사적 이해를 저해하고 한국사를 변형된 역사로 만드는 결함을 가지고 있었다.

전형적인 것과 변형적인 것의 차이는 선진적인 것과 후진적인 것과의 차이와는 달리 사회의 본질적인 것의 차이이다. 이러면서도 기본적으로는 동일 발전 단계를 거쳤다고 하는 것은 강변이요 억지이다. 그것은 서양의 우월과 동양의 열등, 따라서 한국의 열등을 역사적으로 정당화시키는 구실을 하는 이론이 된다. 정체성이론(停滯性理論)을 비판하고 세계사적 발전 법칙에 입각하려 한 것이 이러한 결과를 가져온 것으로서, 그 원인은 유럽사의 이론을 곧 세계사의 이론으로 오해한 데서 찾을 수 있다. 그러므로 한국사의 연구에서는 한국사에 나타나 있는 발전 법칙이 어떤 것이었나를 구체적인 연구를 통해 찾아내도록 노력해야 한다. 한국사 연구에서의 이러한 태도는 한국사를 연구하는 사람의 주체성의 인식이라고 해도 좋을 것이다(이기백, 1983: 46-62).

그러나 한국사라 하더라도 그것은 한국사를 움직이는 어떤 고유한 특수성에 의해서 지배된 것은 아니다. 그것은 세계 모든 나라의 역사에 한결같이 적용될 수 있는 보편성 법칙 밑에 놓여 있다. 따라서 한국사와 세계사와는 서로 뗄 수 없는 긴밀한 관계를 가지고 있다고 할 수 있다. 서로가 도움을 주고받아야 한다. 최근 우리 나라에서는 한국사의 중요성을 강조하는 나머지, 이를 세계사와 떼어 놓으려는 경향이 농후한데, 이는 결코 환영할 만한 일은 아니다(이기백, 1983: 141).

이 책에서는 보편성과 특수성의 이론적 조화라는 견지에서, 보편적인 사회 발전 단계에 의한 구분과 특수성에 입각한 시대 구분 방법을 혼합해서 한국사의 시대 구분을 시도해 보려고 했다. 이러한 방법은 사실상 사회 발전 단계에 입각해서 시대 구분을 하고 싶지만 현재의 연구 수준으로는 불가능하기 때문에 왕조에 의한 구분을 겸용한 것이다(이기백, 1983: 14).

통일신라 시대까지는 고대, 고려 시대와 조선 시대는 중세, 조선 시대 말 개항 이후는 근대로 구분하려는 것이다.

한국사에서 근대의 기점에 대한 견해는 아직 일치를 보지 못하고 있는 실정이다. 그러나 강화도조약(한일수호조약 또는 병자수호조약)을 통한 일본과의 접촉은 조선왕조로서는 근대화의 새로운 이정표를 찾게 된 큰 의의를 지닌 시점이라고 해석할 수 있다. 따라서 이 때를 근대의 기점으로 잡고 있다(고병익, 1983: 261).

이 책은 다음과 같은 체제로 서술되고 있다. 즉, ① 제1편 서론, ② 제2편 고대 : 부족국가 · 삼국 · 통일신라 시대의 행정, ③ 제3편 중세(1) : 고려 시대의 행정, ④ 제4편 중세(2) : 조선 시대의 행정, ⑤ 제5편 근대(1) : 개화기의 행정, ⑥ 제6편 근대(2) : 조선총독부와 대한민국 임시정부의 행정으로 되어 있다. 대한민국의 행정은 근래 '한국정부론' 분야에서 많은 연구가 이루어지고 있어 생략했다.

2 행정사의 연구 방법

행정사는 일반 역사의 특수 영역이라고 할 수 있으므로 일반 역사의 연구 결과에 토대를 두고 연구되어야 한다. 따라서 여기에서는 일반 한국사의 기존 연구 결과에 바탕을 두고 한국 행정사를 고찰했다.

행정의 개념이나 성격은 시간적·공간적 차원이나 행정문화의 특징에 따라 가변적이다. 다만 행정은 어떤 나라를 막론하고 전통적으로 사회 질서를 유지하는 사회 안정 기능이나 특정 국가 사회의 체제를 유지하는 기능에 중점을 두어 왔다. 그리고 행정의 개념은 접근 방법에 따라 상이하게 나타난다. 그러나 이 책에서는 행정을 통치의 행동적·실천적 측면이란 관점에 중점을 두고 고찰했다(김규정, 1983: 5-6). 그것은 시(時)·공(空)을 초월해 행정의 가장 본질적인 특성이라고 생각했기 때문이다.

행정을 통치의 행동적·실천적 측면이라는 내용을 기초로 하여, 한국 행정사를 다음과 같은 두 가지 관점에서 고찰했다. 즉, ① 누가 통치의 지배권을 장악하고 있었는가이다. 여기서 통치의 지배력을 장악한 사람이란 어떤 개인을 지칭하는 것이 아니라, 지배 집단을 의미한다. ② 통치권을 장악한 지배 세력이 어떠한 방법으로 통치권을 행사했는가이다. 여기에는 두 가지 내용이 포함된다. 하나는 지배 세력이 피지배층을 어떻게 통치했는가 하는 점과 또 하나는 지배 세력 내에서 그들 간의 결속을 어떻게 유지해 나갔는가 하는 것이다. 이 두 내용은 서로 밀접한 관계를 가지고 영향을 주고받았다고 하겠다(이기백, 1983: 170).

물론 여기서 주권재민(主權在民)의 근대적 헌법 원리가 일반화되어 있는 현대에서 통치자 또는 피치자라는 말은 시대착오적인 사용이라는 점에서 비판의 대상이 될 수도 있다. 그러나 오늘날에도 국민은 통치의 주체임과 동시에 객체의 위치에 자리하고 있으며, 또한 국민은 동질적으로 구성되어 있는 것이 아니고 여전히 소외집단이 존재한다는 점을 고려하면 그러한 용어의 사용이 반드시 시대착오적인 것은 아니다.

통치 현상에 대해 이와같이 접근하는 것은 어떤 의미에서는 이른바 '엘리트이론(elite theory)'과 '집단이론(group theory)'을 종합적으로 적용하는 것이라고도 할 수 있다.

엘리트이론은 어떠한 사회에서도 엘리트의 역할은 예외 없이 지배적이라고 말한다. 자유 선거와 자유 경쟁, 그리고 대중의 정치 참여가 활발히 진행된다고 하더라도, 여론 또한 엘리트에 의해서 통제되는 것이라고 본다. 그리하여 엘리트와 일반 대중 간에는 쌍방적인 영향 관계를 보여 주지 않고 있다고 한다. 이러한 논리는 시장구조는 항상 다수의 소비자보다는 소수자인 공급자에 의해서 더 크게 좌우된다는 갤브레이스(Kenneth Galbraith)의 경제 논리와 맥락을 같이한다.

그러나 엘리트이론이 엘리트의 역할을 강조하고 있다고 하여 그것이 반드시 피통치 계급에 대한 억압이나 또는 민주정치 질서의 파괴와 연결되는 것은 아니다. 많은 정치사회학자들이 엘리트집단의 응집성을 강조해 엘리트에 의한 통치를 비민주적인 것으로 인식해 왔다. 그러나 라스웰(Harold Lasswell)이나 달(Robert Dahl) 같은 정치학자는 현대와 같은 산업사회에서는 다양한 엘리트들이 상호 경쟁의 상태에 놓여 있으므로 어느 한 특정 엘리트에 의한 민주적 규범의 위반은 다른 엘리트에 의해서 저지되고 있다고 주장한다. 그리하여 피통치 계급의 사람들도 권력으로부터 보호받게 된다고 한다. 그리고 엘리트이론은 정부조직 이면의 정치적 역학 관계를 분석하는 데 중점을 두고 있으므로, 정부조직의 비동태적인 제도의 측면에 주안점을 두고 있는 제도론과는 구별된다.

다음, 집단이론은 집단 간의 상호 작용이야말로 통치 과정의 핵심이라고 본다. 그리하여 집단 간의 상호 작용 및 경쟁의 구조에 초점을 맞춘다. 즉, 일반 대중을 정치에 무감각하다고 보고 있는 엘리트이론과는 달리 집단이론은 체제 내의 모든 개인이 정치적 능력을 가지고 있다고 본다. 그렇지만 개인은 오직 집단을 통해서만 정치적 의미를 가질 수 있게 된다고 말한다. 일반적으로 집단이론은 전체로서의 집단이 개인보다 훨씬 중요한 것으로 평가해 통치 과정에서 집단을 기본 단위로 보고 있다. 그리고 통치 체제는 계속적으로 진행되는 상호 작용 관계에 놓여 있는 많은 집단으로 구성된 거대한 네트워크로 본다. 이러한 통치 체제는 집단 간의 상호 작용을 관리하는 데 근본적 기능이 있다고 보는 것이다.

이러한 집단이론은 제도적 접근의 정태적 방법을 거부한다는 데서, 엘리트이론과는 구별된다. 즉, 엘리트이론이 갖는 일반 대중의 정치적 무능과 통치 체제의 계층성을 부정하고, 비계층적인 세계에서 집단 간의 대립과 균형을 강조한다는 점에서 엘리트이론과는 차이가 있다(안병만, 1985: 30-36).

이 책에서는 행정 현상을 분석할 때 그 기본 단위를 사회적 집단이라는 데 두고, 다시 사회적 집단 가운데는 지배 세력을 가진 집단이 있어서, 그 사회를 주도해 나가고 있다고 보고 있다.

물론 어떤 행정 현상을 이해하기 위한 방법론을 논할 때에는 사실상 어느 것이나 완전하다고 할 수는 없다. 오로지 연구의 목적에 따라, 어떠한 접근 방법을 택하는 것이 가장 보편적 기준을 제공할 수 있겠는가 하는 것이며, 또한 일종의 학문적 훈련을 위한 토양을 구축할 수 있겠는가의 문제에 귀착된다(박문옥, 1980: 35).

결국 이것은 방법론의 종합성을 요청하는 계기가 되겠지만, 한국 행정사를 연구할 때 엘리트이론이나 집단이론에 기초를 두면서 생태론적 접근 방법과 체제론적 접근 방법도 포함해 종합적으로 접근하려고 한다.

이 책에서는 한국 행정사를 서술할 때 행정 현상을 ① 행정환경, ② 행정 주체 및 이념, ③ 행정 제도, ④ 행정정책 및 관리, ⑤ 행정의 특징 등의 부문으로 분류해 고찰했다.

제 3 절 행정사의 평가 기준

1 지배 세력과 행정 주체

한국 행정사는 역사적 발전 단계에 따라서 집권자와 지배 세력, 그리고 피지배자가 어떻게 형성되었고, 어떠한 관계를 가지고 살아왔느냐 하는 점에 중점을 두어 고찰하고 평가되어야 할 것으로 생각한다.

한국 행정사를 다룰 때는 한국사의 대세를 파악하는 노력을 할 필요가 있다. 여기서 말하는 대세란 각 역사적 단계에서의 지배 세력을 의미한다.

따라서 그 대세는 인간 중심으로 파악되어야 한다. 왜냐하면 그들이 집권집단이고 행정의 주체이기 때문이다.

그리고 역사적 사건을 평가하는 데는 그 당시의 역사적 발전 단계를 기초로 해야 한다. 왜냐하면 사대부가 사회적 지배 세력으로 있던 당시의 행정을 민중이 사회적 지배 세력으로 등장한 시대에 견주어 평가한다는 것은 역사 발전의 결과만을 고집하고 그 과정을 소홀히 다루는 데서 연유하는 오류라고 할 수 있다. 따라서 역사의 발전을 가늠할 수 있는 기준인 역사적 흐름의 대세를 단계적으로 어떻게 파악하느냐 하는 문제는 한국 행정사 연구에서 핵심적 요소라고 하겠다. 그것은 통치의 가장 바람직한 질서와 이상, 그리고 평가 기준은 역사적 대세의 해당 단계에서 찾아야 하기 때문이다. 그러므로 통치의 내용은 역사적 대세의 흐름에 뒤져서도 안 되지만, 관념적으로 지나치게 앞지르려고 해서도 안 되는 것으로서, 그것은 현실적으로도 불가능했다. 그리고 이 책에서는 역사적 대세의 흐름을 다음과 같이 이해하고 있다.

부족국가가 형성되는 과정에서는 부족사회의 대표자이던 부족장들이 지배 세력으로 등장했고, 이들이 연맹체를 조직하고 연맹왕국의 지배 세력으로 존속했다. 그러다가 삼국 시대가 되면서 그 중의 유력한 맹주격인 국왕의 권력이 확대되고, 거기에 버금가는 왕비족(王妃族)이 가담해 지배 세력을 이루었다(이기백, 1983: 248-250).

결국 삼국 시대에는 골품제하에서 왕족과 귀족신분만이 지배층이 되었는데, 신라의 혈연적인 진골(眞骨) 체제가 이를 나타낸다.

그 후 고려에서는 문벌(門閥) 귀족이 지배층이 되었는데, 그것은 종래의 편협한 진골 귀족보다 개방된 것이었다. 그러나 이것 역시 문벌이 중시되는 폐쇄성을 가진 점에서 한계성을 지니고 있었다. 이에 고려의 문벌 귀족사회는 무신란(武臣亂)에 의해 붕괴되고 권문세족(權門勢族)이 고려 후기의 지배층이 되었지만 새로이 신진 사대부가 대두해 조선의 양반관료 사회를 성립시켰다. 이것은 능력에 따라 관리가 될 수 있다는 좀더 진전된 형태였다. 그리고 이 양반관료 사회도 조선 후기에는 점차 붕괴되고 근대에 들어와서는 개화 세력의 성장에 따라 국민이 정치에 참여하는 민주사회로 발전하게 되었다. 이와같이 한국사의 지배 세력은 고대 이후 점차 개방되고 확대되어 갔으니, 이는 한국사의 발전을 나타내는 것이었다(변태섭, 1987: 528).

역사적 대세란 어떤 의미에서는 그 시대를 살아가는 민족에 대한 도전이라고 할 수 있다. 각 시대마다 훌륭한 통치자는 이러한 도전에 지혜롭게 응전해 그 역사적 발전 단계에 걸맞은 행정문화를 구축하고, 그 나름대로 국리민복(國利民福)과 역사 발전에 기여했다고 평가하는 것이 바람직하다.

그러나 만약에 역사적 대세에 역기능적 역할을 한 통치자는 냉엄한 역사의 심판을 면할 수 없게 된다. 그리고 우리는 우선적으로 도덕적인 기준에 입각해 통치자의 행동을 판단하고, 그를 옹호도 하고 비난도 한다. 그러나 국가의 중요한 정책 결정에서 과오를 저질렀을 때도, 그것이 도덕과는 직접적으로 관련을 가지지 않는다고 하더라도 역사의 비판은 면제되지 않는다. 그것은 우리의 전통적 지도자상은 수기치인(修己治人)의 능력을 구비한 선도자였기 때문이다. 향내적(向內的)인 수기와 향외적(向外的)인 치인은 둘이 될 수 없으며, 하나로 조화를 이루어야 한다. 역사적으로 행정문화가 잘못 형성되었던 것은 흔히 수기치인이 분리되어 어느 한쪽에 치우치고 경화(硬化)되어 있었기 때문이라고 하겠다. 그리고 오늘날에는 수기는 행정의 민주화, 치인은 행정의 능률화와 동일한 의미로 발전적으로 고쳐 부를 수가 있다.

2 지배 세력과 행정 이념

현대 행정학에서는 행정 이념을 행정이 지향하고자 하는 최고 가치와 지도정신이라고 정의하면서 행정 이념을 형평, 정의, 공익 등 본질적 가치와 본질적 가치의 현실화를 위한 수단적 가치로서 민주성, 효과성, 능률성, 합법성 등이 있다(조계표, 2004: 119)고 주장한다. 물론 국가사회의 역사적·문화적 가치와 규범에 의해 형성되므로 고정불변의 것이 아니고 시대와 국가에 따라 변한다고 한다.

그러나 오늘날 행정학에서 주장하고 있는 행정 이념은 주권재민(主權在民)이 실현되고 민주화가 이루어진 수준에서의 이념이라고 해도 무방하다. 물론 고대국가에서나 중세의 전제 봉건국가에서도 '국태민안(國泰民安)', '국리민복(國利民福)' 등이 집권자나 집권 세력이 주장하는 정책적 슬로건이기도 했다. 그러나 대부분의 역사가 증명하듯이 이 시기에는 집권자 1인 또는 소수의 집권 세력을 위한 행정이었다고 할 수 있다. 더구나 이 시대에는 정치와 행정의 구분이 없어 정치가와 행정관료와의 구분 또한 없었던 관계로 오늘날과 같은 의미의 행정 이념과는 개념적으로 차이가 많았다.

그러기 때문에 행정사적 측면에서 행정 이념은 오늘날과 같은 개념으로 이해하기에는 다소 무리가 있을 것으로 여겨진다. 우선 행정 이념은 정치집단의 이념과 밀접할 것으로 본다. 정치집단 중에서도 집권 세력의 이념이나 집권 과정 등과 직접적으로 관련이 있다고 보인다. 왜냐하면 이들의 이념이 정책으로 채택될 것이고, 이 정책을 구체적으로 실현하는 것이 행정이기 때문이다.

현대 정부에서도 이념적 성향이 다른 집권 지배 세력이 진보 정당일 경우와 보수 정당일 경우 채택하는 정책에서 많은 차이가 나타나고 있는 것이 좋은 사례라고 할 수 있다.

이 책에서는 시대별·국가별 지배 세력인 통치집단 구성원들이 누구인지(행정 주체)와 그들이 가지고 있었던 이념을 분석하고, 어떠한 정책을 시행했으며, 그 결과(제도와 정책)는 어떠했는지를 중심으로 연구했다.

제 2 편

고대: 부족국가 · 삼국 · 통일신라 시대의 행정

제 3 장 부족국가 시대의 행정

제 1 절 부족국가의 형성 과정

1 구석기 시대

인간의 문화는 구석기 · 신석기 · 청동기문화의 단계로 계기적(繼起的)인 발전 과정을 경유했음이 일반적인 형태이다. 더욱이 으리 주변 여터 나라에서는 구석기 유물이 발견되었기 때문에 우리 역사에서도 신석기에 앞서서 구석기문화가 존재했을 가능성은 충분히 있다. 우리 나라의 구석기 시대 연구는 1960년대에 그 존재 규명과 연대 측정이 이루어져 대개 3만 년 전후의 후기석기 시대로 판명했었다.

그러나 1970년대에는 그 발굴 지역도 확대되고, 또한 그 연대가 전기 구석기 시대로 소급되었다. 그것은 최근에 발굴된 석장리와 점말 동굴의 유물에서 확인할 수 있다. 그러나 다른 나라의 경우처럼 우리 나라도 구석기 시대의 인간이 신석기 시대의 인간과 혈연적 · 계통적인 관계가 이르어지지 않고 있으며, 따라서 구석기인은 현재 우리 민족과 혈연상 관련이 없다.

석장리(石壯里)에서 주거지가 발견되었고, 개 · 새 · 돼지 · 물고기의 모양을 새긴 입체 조각이 발견되고 있어 당시의 생활을 추측할 수 있다. 즉, 당시의 인간들은 박편석기(剝片石器)나 타제석기(打製石器)에 의해서 원시적인 수렵 · 어로 및 자연물 채취 생활을 영위했으며, 동굴이나 토굴에서 무질서하게 잡거(雜居)했다.

그러나 물감을 이용해 그림을 그리고 조각을 하는 등 원시적인 예술 생활을 했음은 그들 원시인의 생활의 일면을 나타내 준다(변태섭, 1977: 116-118).

2 신석기 시대

신석기 시대는 무엇보다도 마제석기(磨製石器)의 사용이 대표적인 특색이고, 정착 생활에 따른 토기의 이용은 원시 농경과 함께 두 번째의 특색이라 하겠다.

신석기 시대의 경제 생활은 수렵과 어로(漁撈)에 의한 자연 채취의 단계가 점차 진보되어 유치한 도구에 의한 원시적 방법이지만 농경 생활에 의존했다고 하겠다. 따라서 신석기인의 식생활은 수렵과 농경에 의존했으며, 의복은 방추차(紡錘車) · 골침(骨針)에 의한 초보적 직조에 의존했고, 주(住)는 움집에서 집단 생활을 영위했다. 또한 사회 생활은 혈연 중심의 씨족제(氏族制)로서 생산과 분배가 평등함에 따라 사유 재산은 발생될 수 없었으며, 원시적 민주체인 씨족사회에서 각 씨족의 중대 문제가 결정되었다.

신석기문화의 씨족제 사회는 모계(母系) 중심으로 족외혼(族外婚)이었으나 후기에 가서는 부계(父系)로 변화했다. 선사 시대의 신앙은 다신교(多神敎)로서 농경에 영향을 주는 자연숭배 사상이 기본이 되었다. 자연숭배 사상은 농경 생활을 지배하는 자연의 경외(敬畏)에서 나온 것으로, 산 · 강 · 하늘 · 자연물 등 일체를 숭배하는 사상이었다.

그 중에서도 특히 영향력이 큰 태양신을 숭배하는 태양숭배 사상이 강했다. 또한 애니미즘 · 샤머니즘 · 토테미즘 · 조상 숭배 등이 널리 유행했으며, 특히 애니미즘은 영혼 불멸 사상으로서 계세 사상(繼世思想)과 부장(副

葬)·순장(殉葬)의 풍습을 남겼다.

무당을 인간과 신과의 중간 존재로 믿는 샤머니즘은 무당이 인간의 정치·사회·신앙 생활을 지배한다는 것으로 제정 일치(祭政一致) 사회의 우두머리를 뜻하는 것이었다. 또한 자기 조상을 어떤 동물에서 찾는 토테미즘이 세계적인 공통성을 가지고 있었다.

우리 나라의 신석기 시대는 대략 기원전 3~2천 년경부터 시작되어 대륙에서 청동기가 전래된 기원전 10세기까지를 말한다. 이 때는 풍부한 유물·유적을 통해 구석기 시대와는 달리 뚜렷한 사회성을 찾아볼 수가 있으며, 한국의 신석기 시대는 즐문석기(櫛文石器)로 대표되고 있다(변태섭, 1977: 118-121).

3 청동기 시대

한국에의 청동기 전래는 대체로 두 차례에 걸쳐 이루어졌다. 제1차(기원전 10~8세기)는 북방계의 청동기문화로서 반월형 석도(半月形石刀)나 유구석부(有溝石斧) 등을 포함해 농업이 본격화되게 한 문화를 말한다.

제2차 전래(기원전 4세기)는 두 방면으로부터 전래되었다. 하나는 북방계의 청동기문화였고, 다른 하나는 철기와 함께 들어온 중국계의 청동기문화이다.

이 때의 유물은 북방계의 동물형 대구(動物形帶鉤)와 한족의 명도전(明刀錢)이 대표적이다. 특히 이 때는 세형 동검(細形銅劍)으로 대표되는 한국의 독자적인 청동기 시대가 시작되었으며, 상당히 국가조직이 발전해 부족국가가 나타난 시기에 해당한다.

청동기의 전래는 ① 생산 활동을 증대시켰기 때문에 생산력이 크게 발달하게 되었다. 따라서 생산과 분배가 상승함에 따라 사회는 크게 진보되었다. ② 생산력의 발전은 씨족 내부에 빈부와 권력의 차이를 가져왔다. 그리하여 혈연 중심의 씨족사회는 붕괴되었고, 족장권(族長權)이 강화됨에 따라 현격한 계급 사회를 가져옴으로써 정치적 사회를 이르게 했다.

이 때 씨족원(氏族員)으로서 노예의 지위에 있던 계층을 하호(下戶)라고 불렀으며 이들은 생산에 종사했다. 부족장 계급은 이들의 생산 활동에 의존해서 정치적 권력과 경제적 부(富)를 축적해 나갔다. 이들 족장들이 가지고 있던 권력과 부를 단적으로 표시해 주는 것이 지석묘(支石墓)이다. ③ 기원전 10~8세기에 청동기문화를 성립시킨 무문토기인(無文土器人)은 우리 민족의 주인공으로서 한민족의 직접적인 조상이 되었다. 이들은 알타이에 속하는 퉁구스 계통으로서 한반도와 중국의 동북방 일대에서 동이(東夷)문화권을 형성하고 발전시켜 나갔다(변태섭, 1977: 123-125).

4 금속기 혁명과 부족국가의 대두

청동기문화로 변질되기 시작한 한국 사회는 철기의 영향으로 그것이 더욱 가속화되었다. 특히 철제 농구의 사용으로 벼농사를 비롯한 농업이 본격화되고, 또한 한(漢)문화의 유입으로 한의 제도·문자(漢字)가 들어와 씨족 공동체는 친족 공동체로 바뀌게 되었다.

금속기문화의 전래에 따라 한반도에는 점차 부족국가가 발생했으나 한반도가 동시에 국가 형태를 갖춘 것은 아니었다. 먼저, 중국의 문화를 쉽게 받아들일 수 있었던 대동강 유역은 그 지리적 호조건에 의해 최초로 국가를 형성할 수 있었다. 그것이 고조선이었다. 이어 금속기 전래의 통로가 되었던 만주 송화강 일대의 부여가, 그리고 압록강 중류에 고구려가 각각 선진 국가의 형태를 갖추게 되었다.

그러나 지리적으로 척량산맥(脊梁山脈)이 위치해 금속기 유입이 차단된 동해안 함흥 일대의 남북에는 각각 옥저(沃沮)와 동예(東濊)가 후진 국가로 출발했다. 그리고 한강 이남에는 비교적 서서히 삼한이 나타나 점차 한반도가 부족국가 시대를 이루게 되었다.

부족국가(部族國家)란 종래의 씨족공동체가 무너지고 하나의 부족이 정치적 사회를 이룩해 족장이 정치적 지배자로 등장한 최초의 국가 형성을 말한다.

고구려 5부의 각 부는 하나의 부족국가이며, 삼한 78개국의 각국도 하나의 부족국가라 할 수 있다. 이들 부족국가는 하나의 부족을 단위로 하고 대개 족장이 조그만 성을 근거로 소국을 다스렸기 때문에 근래에는 성읍(城邑)국가라고도 부르고 있다.

이들 부족국가는 철기의 사용과 더불어 여러 나라가 연합해 하나의 커다란 연맹체를 형성하게 되었는데 이것이 부족연맹국가이다. 고조선을 비롯해 부여·고구려 등은 이미 부족연맹 국가의 단계에 이르렀고, 이들 부족연맹국가는 중앙에 있는 왕에 의해 지배되었으므로 이를 연맹왕국이라고 브른다.

대륙의 금속기의 전래로 대개 기원전 4세기경 고조선의 출현으로 시작된 한국의 부족국가와 연맹국가는 한(漢)문화의 잔재가 소결되고 완전한 고대국가가 성립된 서기 4세기까지 7~8세기 간에 걸쳐 존재했다. 이 시대는 비록 왕권이 확립되지 못하고 정치적인 제도가 정비되지 못했으나 분명히 계급의 분화, 사유재산의 인정, 사회 규범의 존재 등으로 상당한 정치적·사회적 성장과 각성을 나타내고 있었다. 그리하여 다음에 올 고대국가 성립의 바탕이 되었던 것이다. 그것은 외래문화의 영향으로만 이룩된 것이 아니라 우리 나라 내부에서도 이미 사회적 발전을 걷고 있었음을 뜻하며, 최초의 역사 시대로서의 의의를 갖는다고 하겠다. 특히 철기문화의 발달로 기존의 신석기·청동기문화의 충돌이 불가피했기 때문에 소도(蘇塗)와 같은 신구 문화의 완충 역할이 요구되기도 했다(변태섭, 1977: 126-128).

제 2 절 고조선의 행정

1 고조선

고조선은 원래 대동강 유역의 평양에 자리잡고 있었던 것 같다. 이 성읍국가는 평양 부근의 평야를 지배하는 조그마한 정치적 사회였을 것이다.

그 군장은 단군 왕검(檀君 王儉)이라고 칭했고, 그는 곧 제정(祭政)을 겸하는 존재가 아니었던가 한다. 단군 왕검이 태양신을 나타내는 것으로 여겨지는 환인(桓因)의 손자였다는 것은 그가 정치적 지배자로서의 위엄과 권력을 가지고 있었음을 상징코자 한 것 같다.

이 고조선 성읍국가는 이어 대동강과 요하(遼河) 유역 일대의 흩어져 있는 여러 성읍국가들과 연합해서 하나의 커다란 연맹체를 형성하고, 그 통치자는 왕이라고 호칭하기에 이르렀다. 이 단계의 고조선은 연맹왕국이라고 부르는 것이 적합할 것이다. 따라서 같은 고조선이라고 하지만 여기에는 커다란 사회적 발전이 있었음을 알 수 있다.

이러한 사회적 변화의 시기를 확인하기는 힘드나, 기원전 4세기 이전이었을 것으로 보인다. 그것은 주(周)가 쇠약해지고 연(燕)이 왕을 칭할 무렵에 고조선에서도 스스로 왕을 칭했다고 했기 때문이다. 이 왕이라는 칭호는 조그마한 성읍국가의 군장에게보다는 연맹국가에 적합한 표현이다. 이 즈음에 고조선은 연을 칠 계획을 가지고 있었다고 하는데, 이것 또한 연맹왕국으로의 성장 없이는 불가능한 일이다.

이 때 연과는 요하를 경계선으로 하여 서로 대립하고 있었으며, 연이 고조선을 교만하고 잔인하다고 한 것을 보면 고조선이 강대한 독자적 세력을 자랑하고 있었음을 알 수 있다(이기백, 1984: 26-27).

이와같이 고조선은 중국 대륙을 석권한 한제국과 대립할 만큼 국가적 발전과 왕권의 신장이 이루어져 있었다. 그러나 지명이 붙은 상(相)·경(卿) 등의 성읍국가의 지배 세력이 연맹해 거대한 세력을 이루었을 뿐, 정부조직의 흔적은 보이지 않는다(서태윤, 1985: 122-123).

2 위씨조선

준왕(準王)의 왕조에 대해서는 기자(箕子)의 동래(東來)에 의해서 건국된 기자조선이라는 전설이 있지만, 이것이 중국계의 식민지가 아니라 조선인의 고유 왕조였다는 사실은 의심할 여지가 없다고 하겠다. 이 준왕의 왕조를 대신해 들어선 위씨조선도 역시 토착인의 국가였음은 다를 바가 없었다. 연왕 여관(盧綰)이 한(漢)에 반기를 들고 흉노(匈奴)로 망명할 때 위만은 그 무리 1,000여 명을 이끌고 조선에 들어왔는데, 그를 연인(燕人)이라 하여 위씨조선을 중국인의 식민지 정권으로 보는 견해도 있지만, 그가 입국할 때 상투를 틀고 조선인의 옷을 입은 것으로 보아 연 지방에 살던 조선인임에 틀림없다.

또한 그가 정권을 빼앗은 후 국호를 전과 같이 '조선'이라 한 것도 역시 그가 조선인이었기 때문이라 생각된다. 준왕의 왕조에 이어 위씨조선을 함께 고조선에 포함시키는 것도 이런 까닭이다.

이와같이 위씨조선은 준왕의 고조선과 마찬가지로 조선인의 토착국가였지만 여기에는 역시 연에서 망명해 온 한인계의 유이민(流移民)이 많았다. 우거왕 때의 장군이었던 왕겹(王唊)은 한인(漢人)으로 추측되는데, 이는 전쟁이나 기술 계통에 한인의 지식이 이용되었음을 나타낸다. 이리하여 위씨조선은 중국의 선진적인 철기문화를 수용해 좀더 발달된 사회를 이룩하고 국력이 강성해졌다(변태섭, 1987: 55-56).

당시의 관제를 보면 왕을 중심으로 '경상(卿相)'과 '장군'의 직이 있었는데, 이것은 문무 양반의 재상이었을 것으로 생각된다. 위만의 관제 중 특수한 것은 중앙의 대신직(조선상 : 朝鮮相)과 지방장관(니계상 : 尼谿相)을 구분하지 않고, 다 같이 '상(相)'이라 했는데, 이것은 당시 우리 나라 관제의 특징이라 할 수 있다(정시채, 1986a: 22-23).

제 3 절 부여의 행정

고조선 다음으로 발전된 부여(夫餘)는 만주 평야의 농안·장춘 등지를 중심으로 일찍 금속기문화의 영향을 받아 선진 부족국가를 이룩했다. 지리적 조건으로 농업을 주로 하여 반농(半農)·반목(半牧)의 성격을 띤 평화애호 국가였다. 고구려와 중국 사이에 끼여 독립적 발전이 저해된 나라였지만 부여족의 종주 국가였다(변태섭, 1977: 137).

부여에는 8만여 호가 정착되어 있었고 행정기구는 상당히 발달되어 있었다. 선거에 의해서 선출된 군왕을 중심으로 우가(牛加)·마가(馬加)·저가(猪加)·구가(狗加) 등 축명(畜名)이 붙은 관직의 보좌를 받는 중앙행정기구가 조직되어 있었다. 왕은 족장들이 선거한 족장 대표에 불과했고, 대부분 족장인 제가들이 모든 국정을 제가회의에서 결정했다. 여기서 왕의 선거, 화전(和戰)의 결정은 물론 범죄 결정의 사법적 권력도 행사했다.

이러한 대관 직명에 마·우·저·구 등의 가축명이 붙은 것은, 축산경제시대의 산물이라는 견해가 지배적이다. 이러한 제가는 중앙의 장관인 동시에, 사출도(四出道)의 행정구역을 관할하는 지방 장관일 뿐만 아니라, 일단 유사시에 군사를 이끄는 군 지휘관이었다. 즉, 사출도가 구역 내의 읍락(邑落)을 지배하고, 읍락에는 족장인 호민(豪民)이 촌민인 하호를 다스렸다. 여기서 사출도란 국도를 중심으로 하여 사방으로 통하는 가도(街道)로서 당시의 지방행정구역이었다.

부여의 행정기구는 전제왕권이나 중앙집권 제도에는 달하지 못했지만 제가(諸加) 중심의 지방분권적인 연합정권의 단계에는 이르렀다고 하겠다(서태윤, 1985: 123).

제 4 절 옥저·동예의 행정

지금의 함경도와 강원도 북부의 동해 지방은 일찍이 임둔이라 일컫던 부족집단이 있었다. 그러다가 한의 침공을 받아 이곳에는 한(漢)의 임둔군(臨屯郡)이 설치되었고, 기원전 82년에 임둔군이 철폐되었으나 역시 한의 지배에서 벗어나지는 못했다. 기원전 75년에 현도군(玄菟郡)이 만주의 흥경(興京)으로 물러가게 되자 이 지역은 한의 지배에서 벗어나게 되었다.

그러나 이 지역의 부족집단에는 이 부족집단을 통솔할 만한 세력이 성장하지 못해 고구려의 지배하에 놓이게 되었다. 이들은 한족과의 투쟁에서 고구려의 후방 기지 역할을 했다. 함흥 평야를 중심으로 북부의 부족사회를 옥저라 일컬었고, 원산 부근 안변 지방을 중심으로 하는 북부의 부족사회를 동예라 일컬었다.

옥저나 동예는 모두 그들 사회 전체를 통할하는 맹주 세력이 없었고, 읍락의 거수(渠帥)들이 있었을 뿐이다. 거수는 족장에 해당한다. 따라서 이곳에는 부족연맹의 형태로 통합된 국가조직이 형성되어 있지 않았던 것 같다. 이들은 고구려에 복속되었다(남도영, 1984: 38-39).

제5절 삼한 지역의 행정

한강 이남 지역에서는 한족(韓族)의 진(辰)국이 성장하고 있었다. 진국은 기원전 2세기 경 위씨조선의 방해로 한(漢)과의 교통이 저지되었고, 한군현이 설치된 후에는 그들의 토착 사회에 대한 분리정책으로 정치적 발전에 제약을 받았지만 남방의 여러 군장(君長) 사회 가운데 중심 세력으로 대외관계를 주도하고 있었다.

그 후 진국은 북쪽에서 내려온 유이민에 의해 철기문화가 보급되면서 사회가 더욱 발전해 지역에 따라 마한(馬韓)·진한(辰韓)·변한(弁韓) 등의 연맹체들이 나타나게 되었다. 그러나 실제로 삼한은 신지(臣智)니 읍차(邑借)니 하는 장수에 의해 다스려지는 70여개의 소국으로 나뉘어 있었으며, 이들 소국들은 바로 군장 사회의 모습을 하고 있었다.

『위지(魏志)』에 의하면, 마한은 대략 50여국으로 나뉘어 있었고, 그 가운데 대국은 만여 가(家), 소국은 수천 가(家)로 총 10여만 호였는데, 진왕이 목지국(目支國)을 다스렸지만 제국(諸國)에도 각각 장수가 있어 큰 것은 신지라 하고 그 다음은 읍차라 했다. 또한 변·진한은 모두 24개국으로서 대국은 4,5천 가, 소국은 6,7백 가로 총 4,5만 호였는데, 이들 국(國)에는 각각 거수가 있어 세력이 큰 것은 신지라 하고 작은 것은 차례로 험측(險側)·번예(樊濊)·살해(殺奚)·읍차 등으로 불렀다 한다.

여기에 장수(將帥) 또는 거수(渠帥)에 의해 다스려졌다는 70여개 '국(國)'이 바로 독립적인 군장 사회이다. 다만 목지국의 군장이 진왕의 위치에 있었다는 것이 삼한이 군장 사회에서 점차 국가 단계로 넘어가고 있음을 나타내는 것이다.

『위지(魏志)』 동이전(東夷傳)에는 이들 삼한 70여국이 군장 사회에서 점차 유력한 정치 세력이 나타났는데, 진왕이 그러한 중심 세력의 하나로 보인다. 원래 진국에는 진왕이 있었다고 하지만 그는 상징적인 존재로서 주로 종교 행정이나 전쟁 때의 통솔자의 역할을 했을 따름이다.

그러나 진왕은 마한의 한 나라인 목지국을 다스리면서 스스로는 왕이 되지 못하고 여러 소국의 공립(共立)에 의해 진왕이 되어 삼한의 땅을 아우르고 세세(世世)로 계승했다는 것을 보면 목지국이 삼한의 중심 세력이었음을 알 수 있다. 그러니까 목지국은 삼한의 여러 소국 가운데 한 나라였으나, 그 신지가 진왕으로 받들어져 세세로 계승한 만큼 우세한 정치적 세력을 이루고 있었다. 그러나 목지국은 끝내 연맹체의 위치에 머물고 통일적인 국가 형태로는 발전하지 못한 것으로 보인다.

목지국 외에도 백제국 · 사로국 · 구사국 등이 삼한 지역의 중심 세력으로 대두하고 있었다. 백제국은 마한 50여국 가운데 하나로 한강 유역에 자리잡은 군장 사회였다. 사로국(斯盧國)은 진한 12개국 가운데 하나로 경주 평야에서 성장한 군장 사회였는데, 이것이 마침내 초기 국가인 백제 · 신라로 각각 발전했다. 다만 낙동강 하류 지역인 변한의 유력한 군장 사회였던 구사국(狗邪國)은 변한 12개국의 중심이었으나, 신라 · 백제의 틈바구니에 끼여 집권적인 통일국가로 발전하지 못했다.

마한 · 진한 · 변한 등의 삼한은 중심 세력에 의한 연맹체의 구별로 보인다. 즉, 마한은 목지국의 진왕이 맹주가 되었고, 진한은 사로국, 변한은 본(금관)가야가 중심 세력이었던 연맹체의 단계를 나타낸 것이다. 그러나 이 가운데 백제국이 마한을 정복하고, 사로국이 이웃의 여러 소국을 병합해 초기 국가로 발전했던 것이다(변태섭, 1987: 45-46).

제6절 한사군의 행정

한사군(漢四郡)은 고조선을 멸망시킨 한무제(漢武帝)에 의해서 설치된 군현으로서 400여 년간의 중국 식민지 시대라고 볼 수 있다. 그러나 사군 중에서 끝까지 남은 것은 낙랑뿐이고, 임둔·진번은 20여 년 만에 없어졌으므로, 우리는 한사군을 크게 강조할 이유가 없다. 따라서 한사군 시대는 낙랑 시대로 대표되며, 그 문화를 낙랑문화라고 부르는 이유도 알 수 있다. 그러므로 우리는 낙랑문화가 어떤 유물·유적을 남겼으며, 그것이 어떤 영향을 남겼는가에 의의를 두어야 할 것이다.

낙랑문화는 한문화이지만 4세기간이나 존속했기 때문에 그에 다른 많은 영향을 남기게 되었다.

첫째, 정치적인 면으로는 중국의 정치적 분열책으로 민족국가 흥기(興起)가 저지된 바 있다. 그러나 오랫동안 외족의 지배를 받음으로써 우리 민족의 각성과 한족에 대한 반항 의식을 고취시켜 민족 의식을 일깨웠으며, 또한 중국 정치 제도의 영향으로 고대 국가를 형성하는 데 큰 계기를 마련해 주었다.

둘째, 경제적인 면에서는 철기의 광범한 전파와 사용으로 농업이 급격히 발달하게 되었으며, 그에 따라 경제적·사회적 계급의 격차를 증대시켰다.

셋째, 사회적인 면에서는 한문화의 영향으로 한민족의 습속(習俗)이 유행되어 민족 고유의 미풍양속이 타락되었으며, 공동체적인 유대가 깨어지면서 법속(法俗)이 복잡해져 8조가 60여조로 늘어났다. 그러나 이러한 상황하에서 원시적인 토착문화가 더욱 발전되어 갔다.

넷째, 문화적인 면에서 한자의 전래는 우리 민족주의의 발전에 크게 공헌했으며, 학술·공예 등의 전반적인 문화에 큰 발전의 기틀을 마련해 준 바 있다.

낙랑문화는 종래 그 영향을 크게 강조해 왔다. 그러나 낙랑 그 자체가 커다란 국가가 아니라 대동강 유역의 조그만 조계(租界)에 불과했기 때문에 우리는 그 의의를 지나치게 이야기할 수는 없는 것이다. 다만 야금술(冶金術)을 비롯해 제염술(製鹽術), 그리고 도작(稻作) 농업을 가져 주었다는 데 더욱 큰 의의가 있다(변태섭, 1977: 133-136).

한사군의 관제는 군현으로 조직되었는데, 군은 지금의 도에, 현은 지금의 군에 해당되며, 각 군에는 여러 속현이 있었다.

군에는 '태수'와 '승(丞)'을 두되, 변군(邊郡)에 병마를 맡은 '장사'를 두었으며, 대군에는 태수 밑에 수 개의 속현을 다스리는 '도위관'을 두었다. 또한 현은 '대현(만호 이상)'과 '소현(만호 이하)'으로 구분해, 대현에는 '령', 소현에는 '장'을 두고, 그 밑에 승(承) · 위(尉) 등의 관직을 두었으며, 향직으로는 '삼로'가 있었다.

군 위에는 군을 통할하는 '주자사'가 있었는데, 한사군은 요동 · 요서 등의 여러 군과 같이 북경에 있는 유주자사에 속했다.

이와같이 한사군의 관제는 중국의 관제를 그대로 적용했으며, 군 · 현의 중요한 관리들도 대개 중앙정부로부터 직접 임명 · 파견되었다(정시채, 1986a: 24).

참고적으로 낙랑의 위치에 대해서는 사학자들의 연구에 따라서 많은 차이가 있다. 일반적으로 낙랑의 위치를 대동강 유역으로 알고 있으나 고조선을 멸망시킨 직후의 낙랑의 위치는 만리장성과 근접한 지역이었고 대동강 유역의 낙랑은 '최씨 낙랑'이라는 주장도 있다(윤내현, 1988: 33).

제4장 삼국 시대의 행정

제1절 고대 국가의 성립 과정

우리 나라 각지에서 성장한 정치 세력 가운데 초기 극가를 형성하는 데 성공한 것은 고조선·부여·고구려·백제·신라였다. 옥저(沃沮)의 중심 세력인 옥저 현후나 동예의 불내예후국, 그리고 삼한의 목지국(目支國)과 구사국(狗邪國)은 국가 형태로 발전하지 못한 채 소멸되고 말았다. 그러나 초기 국가를 이룬 이들 여러 나라도 모두 순조롭게 발전을 거듭한 것은 아니었다. 고조선은 한의 침략으로 멸망했고, 부여는 인접한 고구려에 병합됨으로써 마침내 고구려·백제·신라만 남아 고대 국가로 발전할 수 있었다.

고대 국가란 초기 국가의 발전된 형태로서 왕권의 강화와 중앙집권적인 정치 체제의 성립을 지표로 한다. 초기 국가에서 국가 형태는 이루어졌지만 아직 국왕권(國王權)이 미약하고 종래의 지방 군장 세력이 잔존하고 있었다. 그러나 이제는 중앙의 국왕권이 세습에 의해 절대화되고, 지방의 군장 세력은 국왕권 밑에 편입되어 그 독립성을 상실하게 되었다.

또한 고대 국가의 특징은 밖으로 정복사업을 전개해 광대한 영토 국가를 확보하는 데 있었다. 초기 국가의 형성도 이웃의 여러 소국을 정복해 복속시키면서 이룩되었으나, 이제 고대 국가는 강력한 국왕권과 중앙집권적인 정치력을 바탕으로 활발한 정복사업을 전개해 더 넓은 영토를 확대할 수 있었다.

따라서 고대 국가는 정복에 의해서 확보한 넓은 영토를 통치하고자 강력한 왕권을 중심으로 정비된 중앙집권적 통치 조직의 편성을 필요로 하게 되어 관료제가 마련되었다. 이렇게 보면 고대 국가는 안으로 왕권의 강화 및 국가 조직의 정비와 밖으로는 정복 사업의 전개에 따른 영토의 확장을 그 특징으로 했으며, 우리 나라에서는 삼국에 이르러 이러한 고대 국가의 완성을 보게 되었다(변태섭, 1987: 68-69).

제 2 절 고구려의 행정

1 행정환경

1) 지리적 불리와 극복

고구려는 지리적으로 압록강 중류 동가강(佟佳江) 유역에 자리잡아 일찍 금속기문화를 받아들였다. 그러나 산악 지방이라는 불리한 여건에 싸여 있었기 때문에 지리적 난관을 극복하지 않을 수 없었다. 그렇기 때문에 불굴의 투지와 활발한 정복 과정을 통해서, 특히 중국 세력과의 항쟁에서 발전되었다.

2) 대중국 항쟁과 한반도 방파제

고구려는 정복적 · 호전적 · 적극적인 성격을 띠었으며, 중국의 침입으로부터 백제 · 신라를 보호해 준 방파제 역할을 함으로써 한민족의 생활권을 확보해 줄 수 있었다. 동시에 대륙 선진 문화를 일찍 받아들였던 고구려는 그 문화를 백제 · 신라 및 일본에 전수해 준 문화 중개자 내지 문화 전파자로서의 역할을 다했다. 그것은 신라 불교의 전수나 담징(曇徵)의 도일(渡日)에서 쉽게 이해될 수 있다.

3) 지도층의 내분과 정치적 혼란

대륙을 호령하던 고구려는 6세기 말 수나라와 격돌하게 된 이래 4차의 전쟁이 있었으나, 살수대첩으로 그들을 격퇴했다. 이어 당나라와도 7세기 중엽에 3차의 충돌이 있었으나, 안시성(安市城) 혈전으로 그들의 침략적 야욕을 분쇄시켰다.

그러나 수차에 걸친 외침과 그 방비로 국력은 소모되었고, 인적·물적 손실이 격화되어 점차 그 세력이 약화되었다. 더구나 연개소문(淵蓋蘇文)의 독재정치에 의한 민심의 이반과 그의 사후에 일어난 고구려의 지배층 분열은 국민적 유대를 무너뜨려 점차로 쇠퇴의 길을 걷게 되었다. 여기서 우리는 지도층의 내분은 민족집단을 해치고 국가 멸망의 원인이 된다는 역사적 교훈을 배우게 되었다(변태섭, 1977: 145-147).

2 행정 주체 및 이념

1) 왕족과 왕비족의 등장

고구려의 신분 제도에 대해서는 잘 알 수 없으나 특수계층만이 수상인 대대로(大對盧)에 취임할 수 있었고, 또 이를 선거할 수 있는 일정한 귀족층이 있었던 것 같다. 아마도 그것은 왕족과 왕비족이 중심이 되었을 것으로 생각된다.

왕족인 계루부(桂婁部) 고씨(高氏)와 고추가(古鄒加)의 존경을 받을 자격을 가지고 있는 것은 전왕족(前王族)인 소노부(消奴部)와 왕비족인 절노부(絶奴部)였다는 사실 속에서 이를 짐작할 수 있다. 그 밑으로는 또 여러 신분층으로 나뉘어 있었고, 상이한 신분 사이에서는 결혼이 자유롭지 못했던 것 같다.

2) 귀족 연합을 토대로 한 왕권의 강화

고구려가 고대 국가로 발전한 이후에는 강력한 왕권 아래 행정조직이 편성되고 정비되었다. 우선 고대 국가 고구려에서는 계루부의 고씨가 세습적으로 왕위에 올랐을 뿐만 아니라, 형제 상속에서 부자 상속제로 발전해 왕권이 더욱 공고해졌다.

이제 고구려는 왕족인 고씨가 대대로 왕위를 계승해 대외 발전의 중핵(中核)이 되었다. 지금 남아 있는 광개토왕비나 장군총 등 왕릉의 거대함은 당시 왕권이 강력했음을 보여 준다.

한편 종래 5부족의 족장들은 귀족으로 전화(轉化)해 고위 관직에 임명되고 정치에 참여했다. 이 가운데 왕족인 계루부가 제1귀족의 지위에 있었음은 물론이고, 이 밖에도 전 왕족 소노부와 왕비족인 절노부의 대인이 고추가의 존칭을 받고 귀족 신분의 중심을 이루었다. 이와같이 고구려에서는 국왕과 귀족이 연합해 행정을 주도해 나갔다(변태섭, 1987: 93-94).

3 행정 제도

1) 부족국가 시대의 행정기구

일찍 부족국가를 이룩한 고구려에는 원래 5부족의 연립에서 출발해 처음에는 소노부에서 왕이 나왔으나, 점차 계루부(고씨)가 왕위를 독점 · 계승했다. 왕 아래 부족장인 대가(大加)가 있고, 그 중에 대표격인 상가(相加)가 있으며, 대로(對盧)와 패자(沛者)가 최고의 관직이었다. 왕이나 대가들은 각기 영성(靈星) · 사직(社稷)을 갖고 있으며, 사자(使者) · 급의(皀衣) · 선인(先人) 등의 가신(家臣)을 갖고 있었으나 왕권은 미약했다.

2) 고대 국가 성립 후의 행정기구

(1) 중앙행정기구

부족 중심의 정치에서 점차 왕을 중심으로 한 일원적(一元的)인 관제가 형성되면서 고구려는 대대로 이하 12관등을 갖게 되었다. 즉, 대대로·대막리지·태대형·울석·태대사자·급의두대형·대사자·대형·소사자·소형·제형·선인 등이 그것이다. 대대로는 대로를 이은 수상의 직을 맡았으며 형(兄)과 사자(使者)라는 것이 특히 눈에 띈다.

형은 족장의 뜻으로 고대 국가로의 발전 과정에서 관료로 전환된 것으로 보인다. 사자는 조부(租賦)의 임(任)을 띤 일반 씨족원의 등용이라 생각된다. 그러나 후기에 오면서 대막리지(大莫離支)가 군국의 대권을 쥔 수상이 되었으며, 대대로가 3년마다 교체된다는 것 이외에는 구체적인 관서(官署)의 기록이 없다.

(2) **지방행정기구**

고구려는 서울과 지방을 각각 5부로 나누었고, 지방의 5부에는 욕살(褥薩)이란 최고 군사를 임명했으며, 그 아래 각 성에는 처려근지(處閭近支 : 도사[道使])를 파견했다. 따라서 과거 부족 세력의 근거지였던 성이 하나의 지방행정구역으로 흡수된 것이며, 이곳을 중심으로 군사적·행정적 기능을 다했다고 생각된다.

수도의 5부(部)도 종래의 족제(族制)의 구분이 행정적인 성격으로 변형되었으며, 평양 천도 이후에는 국내성(지금의 통구)·한성(지금의 재령)이 평양성과 함께 3경제(三京制)라 일컬어졌으며, 정치적·군사적 요지로 삼았다(변태섭, 1977: 162-165).

(3) **군사행정기구**

국민개병주의 제도였으므로 국민 전체가 하나의 군사조직체가 되었고, 따라서 국왕은 군의 최고 사령관이었다. 남자는 16세가 되면 입영했고, 입영 후 3년이 되면 제대를 하고 가정으로 돌아와 농업에 종사했다. 그러나 국가 유사시에는 다시 출정해 전투에 임했다. 국민들은 무예에 능했고 무용(武勇)을 숭상했으며, 모든 국민이 정병(精兵)의 기능을 했다.

고구려의 병제(兵制)는 3위(衛) 6군(軍)으로 편성되어 있었다. 3위군은 왕성을 수비했고, 6군은 6개 군으로 나뉘어 지방을 방위했다.

국민개병주의를 채택한 결과, 지방행정의 장인 욕살·처여근지 등은 동시에 군의 사령관을 겸임했다. 따라서 군의 최고 사령관은 막리지이며, 전국 각부의 군정(軍政)은 욕살이, 각 성의 군정은 처여근지가 관장했다. 그러나 순수한 군관도 있었으며 대모달 · 말객 등의 직위가 그것이다(정시채, 1986a: 43-44).

〈표 4-1〉 고구려의 관제표

명 칭	별 칭	관 등	비 고
대대로	토졸	1품	가장 중요한 관직으로서 국가의 기밀과 법률의 개정 · 징발 · 관작 수여 등을 관장함. (1품~종3품)
태대형	막하하라지	정2품	
울절	오졸	종2품	
태대사자	알사	정3품	
급의두대형	중리위두대형	종3품	
대사자		정4품	
대형		정5품	
벌위사자		종5품	
상위사자	을기	정6품	
소형	선지	정7품	
제형	예속	종7품	
과절		정8품	
불절		종8품	
선인(先人)	선인(仙人)	정9품	

자료: 정시채(1986a: 41).

4 행정정책 및 관리

1) 정치 · 경제 부문

(1) 대중국 항쟁정책

고구려의 발전은 결국 중국과의 항쟁사였으며, 그 속에서 민족을 보위하려는 불굴의 투지가 고구려를 강력한 대국가로 만들었다. 특히 국가적 위기에 처했을 때 국민의 총화와 단결이 얼마나 위대한 결과를 가져왔는가를 알게 되었으며, 민족의 강인한 주체성을 실감할 수 있었다.

반면에 빈번한 대(對)중국 항쟁은 그에 따른 인적·물적 손실을 가져왔고, 그것이 도리어 고구려 멸망의 원인이 되었다. 그러나 고구려의 굳건한 기강은 대제국인 당(唐)의 야욕을 분쇄시켰으며, 신라와 백제를 중국의 침입으로부터 보호해 민족문화를 끝까지 보존시켜 주었음은 고구려사(史)가 갖는 민족사적 의의가 될 것이다(변태섭, 1987: 86-89).

(2) 영토 확장정책

고구려는 4세기 말 소수림왕(小獸林王, 371~384년) 때에 고대 국가의 완성을 이루었다. 뒤를 이어 광개토왕(廣開土王, 391~413년)은 북으로 숙신(肅愼)을 정복해 만주의 주인공이 되었고, 서쪽으로 요동의 후연(後燕)을 정벌하여 요하 이동(以東)의 땅을 차지했으며, 남쪽으로 백제를 공략하여 한강 이북의 땅을 차지했다.

또한 신라 내물왕(奈勿王, 356~402년)의 요청을 받고 왜군을 격퇴했다. 그의 업적은 통구에 남아 있는 광개토왕 비문에 기록되어 있다. 즉, 이 비문에 의하면 64성(城) 1,400여 촌(村)을 정복했다고 한다. 그가 사용한 영락(永樂)이란 연호(年號)와 함께 극성했던 당대의 모습을 알 수 있다.

부왕인 광개토왕을 이은 장수왕(長壽王, 413~491년)은 평양 천도를 단행하여 대동강 유역의 옥토(沃土)를 확보해 경제적 충실과 고조선문화를 흡수했음은 물론 남하정책을 강행했다. 당시 중국은 남북조 시대였으므로 이를 교묘히 이용해 그들의 정치적 간섭을 배제했으며, 백제의 개로왕(蓋鹵王)을 패사시키고 신라의 북변(北邊)을 공략해 죽령(竹嶺) 이북의 땅을 확보함으로써 남양만까지 진출하게 되었다.

광개토왕과 장수왕을 이어받은 문자왕(文咨王, 491~519년)은 영토를 더욱 확장하고 부여를 합방해 명실공히 만주에 걸친 일대 왕국을 건설했다. 이 때 고구려의 판도는 북으로 북만주, 남으로 죽령과 남양만, 서로 요하에 이르게 되었다. 이와같이 강성해진 고구려는 가히 수·당과도 쟁패전을 벌일 만하게 되었다(변태섭, 1987: 78-81).

(3) 토지정책

고구려의 토지 제도는 삼국과 똑같이 왕토(王土) 사상에 입각한 토지국

유제가 원칙이었다. 그 밖에 전쟁이나 기타 국가에 대한 공훈에 따라 사전(賜田)과 식읍(食邑)이 하사되었는데, 전자는 상속이 허용되고 후자는 상속이 허용되지 않았다. 이러한 토지의 경영자는 국가 또는 귀족이며, 농민은 다만 이들 토지를 경작하는 데 그쳤다. 이들 농민은 신분적으로 양민이며 소규모의 자영지(自營地)를 소유하고 있었으나 조세와 역역(力役)의 심한 착취에서 고농(雇農) 내지 노예와 같은 입장으로 전락하는 경우가 많았다.

한편, 수취 제도에는 인두세와 호세가 있었다. 인두세(人頭稅)는 매인당 포 5필 또는 곡 5석을 내는 것이었고, 호세(戶稅)는 매호마다 3등으로 나누어 조세를 내는 것이었다. 그러나 조세의 기반은 토지보다 요역(徭役)에 의존했으며, 남자 15세 이상은 축성 · 역역(力役)에 징발되었다(변태섭, 1977: 167).

(4) 농업 및 수공업정책

고구려는 비록 산천이 험해서 농경지가 비교적 적었으나, 농업을 기본으로 삼고 가축의 힘을 농경에 이용했기 때문에 가축을 중시했으며, 이를 죽이는 자는 노비로 만들기까지 했다. 토지는 밭고랑을 표준으로 하여 구분하는 경무법(頃畝法)을 실시했다.

수공업도 발달해 견직, 목기, 금속기, 토기 및 용구를 만들었다. 수공업에 종사한 사람은 노예 계급에 속하는 하호(下戶)들이었다(남도영, 1984: 67).

2) 사회 · 문화 부문

(1) 사회구호정책

고구려는 진대법(賑貸法)을 제정해 실시했다. 진대법이란 정부가 농민에게 정부 양곡을 대여해 주는 데 관한 법으로서, 원래 진(賑)은 흉년에 기민(飢民)에게 곡식을 주는 진휼(賑恤), 대(貸)는 봄에 미곡을 대여하고 가을에 회수했던 것을 말한다. 이 제도는 귀족의 고리대로 인한 폐단을 방지하고 평민들의 노예화를 막으려는 의도에서 만들어졌다. 이것은 고구려 고국천왕(故國川王) 16년(194년)에 을파소(乙巴素)가 처음으로 실시했다고 한다.

그러나 제도적으로 완비되었던 것은 고려 이후이다. 이 진대법은 고려의 의창이나 조선의 환곡 및 사창 제도로 발전되었고, 기타 진휼기관으로 존속되었다(변태섭, 1977: 159).

(2) 교육정책

한문이 사용되고 고대 국가로 발전함에 따라 그 정치적 이념과 수단으로서 유학(儒學)이 장려되었기 때문에, 자연히 사회 윤리나 국가 도덕이 요구되었다. 따라서 이를 위한 제도적인 뒷받침으로서 교육시설인 학교의 설립을 보게 되었다, 소수림왕 2년(372년)에 태학(太學)이 설치되어 유학을 교육했고, 평양 천도 이후에는 각지에 경당(扃堂)이 설치되어 경사와 두예를 닦게 했다.

이것은 우리 나라 최초의 관·사학(官·私學)의 시초가 되었으며, 경전(經典)과 사서(史書)의 습득을 통한 지식의 보급이 크게 진척되었다. 그러나 경당은 순수 교육기관이라기보다는 군사적 성격을 띤 것으로 생각할 수 있다(변태섭, 1977: 186-187).

(3) 불교정책

불교가 고구려에 전래된 것은 소수림왕 2년(372년)에 전진(前秦)에서 중 순도(順道)가 불상과 불경을 전해 온 것을 그 시초로 삼는다. 그 2년 뒤에는 다시 전진에서 중 아도(阿道)를 보내어 소수림왕은 초문사(肖門寺)와 이불란사(伊弗蘭寺)를 건립해 위의 불승을 거주케 함으로써 국가적으르 불교를 받아들였다.

고대 왕국이 성장되는 과정에서 불교가 왕실에 의해 이와같이 환영받았던 것은 국민에 대한 사상 통일의 요구에 부합되었을 뿐만 아니라, 불교가 지닌 호국적 성격이 왕실에 크게 영합했기 때문이기도 하다. 불교의 신앙을 통해서 국가나 왕실의 번영을 기원하고 국가나 왕실이 수호된다는 생각은 왕실이 국가적으로 불교를 비호하게 된 중요한 이유였다. 그리하여 불교는 종래의 민간 신앙과도 결부되어 질병과 재앙에서 개인을 구제할 뿐만 아니라, 나라를 보호해 주는 현세구복(現世求福)의 성격을 많이 띠게 되었다(한우근, 1987: 71).

(4) 예술정책

고구려는 대륙적 · 정복적 성격이 강한 나라였으므로 예술도 세련미보다는 웅장하고 패기에 찬 특징을 지녔다. 대개 평양 · 통구 일대에 산재한 고분(古墳)이 그 대표적인 건축이라 하겠다. 전기에는 석총(石塚)이 많았고 후기에는 토총(土塚)이 중심이 되었다. 전자에는 장군총이, 후자에는 쌍영총(雙楹塚) · 무용총(舞踊塚) 등이 대표적인 예이다. 특히 쌍영총의 무사 · 우차 · 여인도는 귀족의 생활을, 무용총 벽화는 수렵을, 강서 우현리(遇賢里) 사묘의 벽화는 사신도(四神圖)로서 패기에 넘치는 고구려의 기상을 표현하고 있다.

그 밖에 가락(歌樂)은 『삼국지』에 "가무를 즐긴다"는 표현과 같이 자못 발달해 제천사(祭天事)인 동맹(同盟)에도 잘 나타나 있다. 을지문덕(乙支文德)의 오언시를 비롯한 황조가 · 내원성가 등의 가사(歌辭)가 있었다. 왕산악(王山岳)은 진(晋)의 거문고(칠현금)를 개량해 현학금(玄鶴琴)을 만들었으며, 악곡 100곡을 지었다는 기록이 있다 (변태섭, 1977: 89).

5 행정의 특징

1) 맹주와 유사한 왕의 지위

왕조는 원래 부족연맹장(맹주)으로서 부족장회의에서 추대되었고, 국가의 중요 정책이 연합회의에서 결정되었으므로, 왕은 이들 회의체에 의해 여러 가지 견제를 받았다. 이러한 맹주로서의 왕의 지위는 부족의 세력이 점차 강력해짐에 따라 왕은 여러 번 유임(留任)을 거듭하게 되었고, 한편으로는 중국의 왕위 세습 제도의 영향을 받게 되어 왕위 천거 제도는 폐지되고 세습제로 고정화되어 갔다.

그러나 이러한 중앙집권적인 국가 체제를 갖추고 행정 제도가 정비된 후에도 대대로를 두어 왕이 임명하지 못했으며, 또한 부족연맹적인 성격을 띤 급의두(皀衣頭) · 태형(太兄)을 둔 것으로 보아, 초기에 있었던 부족장

(部族長) 사회인 제가(諸加)의 평의가 상당 기간 계속되었다. 따라서 후대에까지도 왕은 이러한 부족장의 성격을 탈피하지 못하고 있었다.

2) 제한된 왕권

고구려의 전제군주로서 강대한 권력을 가지고 있었으나 부족장과 귀족들에 의해서 견제를 받았다. 따라서 강력한 왕권 행사가 어려웠다. 그리하여 왕과 대가(大加)와의 관계는 봉건국가 시대의 군주와 제후 간의 관계와 유사하다고 하겠다. 그러므로 각 도에서는 왕부(王府)와 같이 사자(使者)·선인(先人) 등의 관리를 두었다. 다만 이들 대가 측의 관리들은 국가의 관리와는 대우상의 차별이 있었으며, 그 한 예로서는 공회석상(公會席上)에서 석차(席次)를 달리했다고 한다(정시채, 1986a: 35-36).

제 3 절 백제의 행정

1 행정환경

1) 지리적 유리함과 대외 압력

백제는 북방계 유민을 중심으로 삼한의 지리적인 유리함과 낙랑(樂浪)·대방(帶方)의 정치적 압력에 대한 각성으로 점차 백제국을 모체로 하여 한강 상류 지방에서 성장했다. 따라서 비교적 정치적 단일성과 세련성이 엿보였으나, 고구려와는 달리 정복적인 면이나 적극성이 결여되어, 항상 북으로는 고구려의 압력과 동으로는 신라의 위협에 직면해 정치적 안정을 얻지 못했다.

2) 일본 문화 개발에 기여

백제는 군사적 취약성을 드러냄으로써, 중국의 남조와의 문화적 관련과 왜와의 정치적 결속을 통해 명맥을 유지했다. 그러나 4~6세기의 백제는 그 세력을 요서·산동 지방으로 뻗쳐 극동의 해상권을 장악한 일도 있었다. 그렇지만 백제의 존재 의의는 일본 문화의 개발과 그 지도에 결정적인 역할을 담당했다는 데 있다.

3) 북방계 유민 중심의 고대 국가 건설

백제는 한강 유역에서 삼한의 맹주였던 목지국의 약화와 한군현의 압력에 대항할 정치적 각성이 촉진되면서 북방계 유민을 중심으로 백제국이 그 핵심이 되었다. 이 때에 그 중심적 역할을 한 왕이 고이왕(古爾王)이었다. 그는 6좌평이나 16관등을 설정했고, 율령을 반포하는 등 관료제를 정비해 고대 국가적인 체제를 정비하게 되었다. 고이왕을 이어 고대 국가를 완성시킨 인물은 근초고왕(近肖古王, 346~375년)이다. 결국 백제는 3~4세기간에 걸쳐 고대 국가의 완성을 보게 되었다. 그러나 백제는 곧이어 고구려 장수왕의 남하정책에 눌려 큰 고난을 당하게 되었다.

4) 중흥의 실패와 정치적 혼란

국가적 위축과 약세화를 막고 중흥의 기틀을 마련하기 위해 성왕(聖王, 523~554년)은 유신(維新)의 정치를 일으켰다. 그러나 성왕의 중흥이 무너지고 나제동맹(羅濟同盟)이 결렬된 후 국력은 날로 쇠퇴되었다.

더구나 신라의 서침(西侵)은 더욱 격화되었고, 성왕 이후 역대 왕의 무능이 겹치고, 특히 의자왕(義慈王) 때의 사치와 향락은 국가적 피폐상을 더욱 노정시킴으로써 결국 멸망을 재촉하게 되었다(변태섭, 1977: 134-150).

2 행정 주체 및 이념

1) 왕족과 왕비족의 등장

백제에는 유명한 가문으로서 사(沙)·연(燕)·협(劦)·해(解)·진(眞)·국(國)·목(木)·백(苩) 등 8족(族)이 있었다고 한다. 그러나 국가의 중요한 관직은 왕족 부여씨(夫餘氏)와 왕비족인 진씨나 해씨가 독점하다시피 했고, 22담로(擔魯)와 같은 지방 요지의 장관직도 왕족이 독점한 것을 보면, 백제에서도 왕족과 왕비족이 중요한 지위를 차지하고 있었음을 짐작할 수 있다. 재상을 투표에 의해 선거한 것으로 해석되는 회의 같은 데에도 일정한 제한된 귀족들이 참가할 뿐이었다. 백제의 16관등을 3구분하는 색복(色服) 제도 같은 것도 신라에서와 같이 신분제와 관계가 있었을 것으로 생각된다(이기백, 1984: 65-66).

2) 고대 국가적 왕권의 강화

북쪽에서 내려온 부여족(夫餘族)에 의해 부족연맹 세력을 이루었던 백제는 성왕 때에 수도를 사비로 옮기면서 고대 왕국의 위세를 떨치게 되었다. 백제 사회는 원래 마한(馬韓)의 여러 부족의 족장조직이 통합된 기반을 갖추지 못한 채 남하한 부여족에 의해 지배권이 확립되고 왕권이 세습・강화되었으므로 전통적인 사회의 유대가 견고하지 못했다. 백제는 도리어 북부의 한의 군현이나 고구려의 압력과 영향을 받는 중에 지배 기구가 갖추어졌으므로, 영역의 편제에서 부족 연맹체적인 흔적은 찾아볼 수가 없다. 따라서 백제의 왕실은 원래 이 지역의 부족 세력과는 관계 없는 유이민의 세력에서 유래되었으며, 그 왕권을 부지하는 세력은 흔히 8대 성씨로 대표되는 귀족들이었다.

백제의 관료 체제에는 이미 정무(政務) 분담의 형식과 문무관의 분화 현상이 나타나 일찍부터 중국의 관제에서 영향을 받았음을 시사해 준다.

백제의 관등은 16등급으로 분화・발전했으며, 그 중에서 대신급인 제1품 좌평(佐平)에는 6명을 두어 6개 부문의 정무를 분장하게 했다. 좌평 밑에는 여러 '솔'관이 차례로 2~6등급의 관등을 차지하고, 그 밑에는 여러 '덕'관이 있어 7~11등급의 관등을 차지했다. 그리고 그 밑에는 문독・두독・좌군・진무・극우 등이 12~16등급의 관등을 이루었다. 이들 16등급의 관료군은 크게 3단계로 나뉘어, 그들이 착용하는 복색으로 구별되었다.

이것은 왕족을 정점으로 하는 백제 사회의 신분적인 차등을 나타내는 것이었다. 마치 신라 사회에서 왕족을 정점으로 하여 골품 등급에 의한 신분적 제한을 마련했던 것과는 대비된다. 그것은 전제왕권 하에 원래의 대소족장 세력이 일원적인 관료 체제에 흡수되면서 그 세력 기반에 따라 일정한 신분적인 보장과 제한이 두어졌던 것으로 볼 수 있다. 그리고 좌평과 여러 '솔'관인 1~6등급까지의 관위는 자색의 공복을 착용한 것으로 미루어 왕족이나 왕족 다음 가는 귀족 신분이 차지했던 것으로 볼 수 있다. 그러나 백제의 전제왕권은 부족 연맹체의 맹주로부터 성장된 군왕의 권력보다는 미약했던 것으로 보인다(한우근, 1987: 57-58).

3 행정 제도

1) 중앙행정기구

백제는 북방의 유이민 집단을 모체로 했고, 마한의 토착 세력과의 결합을 이루지 못했으므로 일찍부터 중국이나 고구려의 영향으로 관제가 발달되었다. 따라서 부여씨를 왕족으로 하고, 사씨 · 해씨 등 8대 귀족을 중심으로 비교적 일찍 관제(官制)가 분화 · 정비되었다. 즉, 16관등의 체제를 중심으로 최고 대신급의 좌평은 6좌평으로 내신(왕명 출납) · 내두(재정) · 내법(의례) · 조정(형옥) · 위사(숙위) · 병관(병마) 등의 정무를 분담했다.

16관품은 좌평 아래 달솔 · 은율 등 5개 관등이 있고, 그 밑에 장덕 · 시덕 등 5개 관등이 있으며, 최하급으로 문독 이하 5개 관등이 있었다. 특히 이러한 관료군은 3계층으로 나눌 수 있다. 즉 1~6등급의 좌평과 '솔'관은 자색, 7~11등급의 '덕'관은 비색, 12~16등급의 '무명(武名)'을 띤 하급관은 청색의 관복을 입었다.

그리고 6좌평 위에 상좌평이 있어 수상의 직을 맡았으며, 재상급은 고구려의 대대로와 같이 3년 만에 교체(선거)되었다. 이러한 관제가 사비 천도 이후에는 더욱 발달해 관서(官署)의 분화가 나타났다. 즉 주로 궁내(宮內) 사무를 담당하는 내관과 정무를 담당하는 외관이 새로 설치되었다. 내관에는 곡부(穀部) · 육부(肉部) · 약부(藥部) 등 12부가 있었고, 외관에는 사군부·도시부 등 10부가 있었다(변태섭, 1977: 162-163).

2) 지방행정기구

백제의 지방 제도는 고구려나 신라와 당처럼 부족적 전통 위에서 성립된 것은 아니었다. 수도는 5부, 지방도 역시 5방으로 나누었고, 각 지방의 방에는 방령(方領)이란 최고 지방관을 두었으며, 그 아래 군장(軍將)을 두었다.

서울의 각 도에는 500명의 군대를 주둔시켰고, 또 각 방의 방령은 700~1,200명의 군병을 거느리고 지방의 행정과 군사를 맡았으므로 삼국의 지방관제가 갖는 본질을 알 수 있다. 또한 웅진 시대에는 전국의 주요지에 22개의 담로(擔魯)라고 하는 특별읍을 두어 왕족을 파견해 중앙집권을 보좌하게 했다(변태섭, 1977: 165).

〈표 4-2〉 백제의 관등과 복색표

1	2	3	4	5	6	7	8	9	10	11	12	13	14	15	16
좌평	달솔	은솔	덕솔	간솔	요솔	나솔	시덕	고덕	계덕	대덕	문독	무독	좌군	진무	극우
자의(紫衣)						비의(緋衣)					청의(靑衣)				

자료: 남도영(1984: 62).

〈표 4-3〉 백제의 6좌평 표

관 품	직 명	임 무	현 관직 대비	복 색
1품	내신좌평	왕명출납	수 상	6좌평은 자색 복장과 은화로 관 장식
동상	내두좌평	재정·회계	재무장관	
동상	내법좌평	의전·제사	의전장관	
동상	위사좌평	숙위·군사	친위장관	
동상	조정좌평	사법·치안	법무장관	
동상	병관좌평	지방군사	국방장관	

자료: 정시채(1986a: 50).

3) 군사행정기구

백제는 정복 국가이므로 상무(尙武) 정신을 더욱 배양하기 위해 평상시부터 기사를 훈련시켰다. 그리하여 국민들의 무예와 무용이 발달했다. 또한 군제에서도 중앙정부에 친위 장관격인 위사좌평과, 국방 장관격인 병관좌평을 두어 국방 업무를 관장하게 했다. 그리고 전시에는 좌장(左將)이라는 총사령관을 임명하기도 했다. 수도의 5부에는 평상시에 각기 500인의 병력을 배치해 부장이 관장했고, 각 부에는 700 내지 1,200인의 상비 병력을 배치해 군장이 통솔했다.

이들 상비군은 평상시에는 헌병으로서, 전시에는 군대로서의 기능을 수행했다. 이들이 사용한 주요 무기는 궁시 · 도(刀) · 초(稍) · 철개(鐵鎧) · 월(鉞) 등이었다 (정시채, 1986a: 54).

〈표 4-4〉 백제의 중앙관서표

내 관(궁내관부)		외 관(중앙정부관서)		
부 명	임 무	부 명	임 무	비 고
전내부	궁중사무분장	사군부	지방의 병마	국방부
곡내부	양 정	사도부	교육 · 예의	문교부
육 부	어 선	사공부	토목 · 공작	건설부
내략부	창 고	사구부	형 옥	법무부
외략부	〃	점구부	호구 · 조세	재무부
마 부	마 정	외사부	왕의 외척	외척부
도 부	무기제조	객 부	외 교	외무부
공덕부	상 훈	주 부	제 직	재무부
약 부	의 약	일관부	천문 · 역학	천문부
목 부	자 탄	도시부	상 업	시전부
법 부	궁내법규			
후궁부	궁인관리			

자료: 정시채(1986a: 51).

4 행정정책 및 관리

1) 정치 · 경제 부문

(1) 해외 진출정책

종래 백제는 소극적인 약소국가로 생각되었으나, 근래에 와서 백제의 적극적인 해외 진출로 요서 · 산동 · 북규슈(北九州) 일대까지 그 세력권에 들어가고 있었음이 밝혀졌다. 즉, 『송서(宋書)』에는 4세기에 고구려가 요동을 영유했으므로, 백제는 요서와 진평 2군을 점령해 고구려를 견제했다는 기록이 있다. 그러나 점차 그 세력이 약화되어 고구려와 북위에 밀려 요서 일대는 상실되었으나, 6세기에는 다시 화북에 진출해 요서 일대는 회복했다. 그러나 양자 · 황하 하류에서 발해만 일대에 광장(성양) · 광릉(강소성) · 낙랑성(요동) 일대에 그 세력권을 이루었다가 밀려난 사실이 있었다(변태섭, 1977: 160).

(2) 토지정책

백제의 토지 제도는 그 구체적 내용을 알 수 없다. 그러나 대체로 고구려와 비슷했을 것으로 본다. 종래 부족장들이나 그 후신인 귀족들이 갖고 있던 토지는 국유제 원칙으로 재편성되었을 것이며, 식읍이나 사전(賜田)이 공훈자에게 급여되었을 것이다. 나아가서 농민의 지위나 그 수취 체제는 고구려와 같이 자영지의 소유 및 심한 부세가 있었다고 보인다(변태섭, 1977: 167).

조세는 원칙적으로 조(租)를 바치게 하여 밭에서 나는 좁쌀을 내게 했는데, 인두세에 해당하는 것으로서는 매년 포 5필이나 곡식 5섬을 거두고, 민호(民戶)를 3등급으로 나누어 호별(戶別)로 빈부의 차에 따라 집집마다 세를 내게 했다(남도영, 1984: 61).

(3) 농업 및 수공업정책

백제는 다루왕(多婁王) 6년(33년) 각 군현에 밭과 논을 일구게 했고, 초기부터 제방을 쌓아 저수지를 만들었다. 백제의 토지는 답(畓)이 많았기 때문에 씨앗을 심는 넓이를 단위로 하여 두락(斗落) 체제를 실시했다.

그리고 백제에서는 직물과 금속공예가 매우 발달했고, 도시를 중심으로 상공업이 발달했으며 도시부라는 관청을 두어 시장을 관리하고 도량형 및 매매 등을 지휘 · 감독케 했다 (남도영, 1984: 67-68).

2) 사회 · 문화 부문

(1) 교육 진흥정책

백제 역시 고구려와 같이 고대 국가로 발전했으므로 유학의 진흥이 필요했고 그에 대한 제도적 뒷받침도 있었을 것이다. 그러나 불행히도 백제의 교육시설에 대한 기록은 없으므로 구체적 내용을 알 길이 없다. 그렇다고 교육 제도가 없었던 것이 아니었음은 물론이다. 오히려 박사 왕인(王仁)의 도일, 박사 고흥(高興)의 서기(書記)와 같이 일찍부터 오경박사(五經博士) 제도가 있었고, 박사가 태학(太學) 또는 국학(國學)의 교수직이었으므로 백제에도 분명히 학교가 있었다고 믿어진다. 더구나 일본에 한학과 경전을 보내 준 백제는 그만큼 유학의 번성을 짐작해 주기 때문에, 다만 기록의 누락이었다고 하겠다 (변태섭, 1977: 187).

(2) 불교 진흥정책

백제에 불교가 전해진 것은 고구려보다 12년 뒤진 침류왕 원년(384년)에 동진으로부터 마라난타(摩羅難陀)라는 중이 와서부터의 일이다. 고구려에서와 같이 백제에서도 불승은 왕실에 의해 국가적인 교화 사절로서 맞이했고, 왕권 강화에 따른 사상의 통일이라는 시대적 요청과도 부합되어 아무런 마찰 없이 받아들여지게 되었다.

침류왕 2년(385년)에 백제는 남한산에 불사를 창건하고 중 10인을 두어 불교의 유포에 노력케 했다. 이로부터 백제는 불교를 중심으로 하여 사상 · 교리와 미술 · 공예를 포함한 광범한 문화의 꽃을 피우게 되었다.

이와같이 침류왕 이후 발전한 불교는 성왕(523~554년) 때에 크게 번성했는데, 이 때 일본에 불교를 전수했다.

겸익(謙益)은 인도까지 다녀오면서 율종(律宗)을 발전시켰고, 혜총(惠聰)은 고구려의 혜자(惠慈)와 함께 일본으로 건너가 쇼토쿠태자(聖德太子)의 스승이 되었다. 이러한 불교를 중심으로 한 백제문화의 일본 전파는 곧 아스카(飛鳥)문화의 핵심으로서 일본 고전문화의 바탕이 되었다(한우근, 1987: 73).

(3) 예술 진흥정책

백제의 예술은 이 나라가 갖고 있는 우아하고도 섬세한 성격과 같이 세련미가 풍긴다. 우선 고분은 고구려 계통의 횡혈식 고분과 남조의 영향을 받은 전분(塼墳)이 있었으나, 점차 그 세련미가 더해진 능산리고분(陵山里古墳)을 볼 수 있다. 특히 공주 송산리고분(宋山里古墳)에서 확인된 무령왕릉에서 금관식을 비롯한 많은 부장품이 출토되어 백제 예술의 발전상을 나타내고 있다.

한편 백제 예술의 또 다른 일면은 탑파(塔婆)로써 대표된다. 익산의 미륵사지탑(彌勒寺址塔)과 정림사지 오층탑이 현존 최고의 탑파로서 백제인의 예술적 감각을 대변하고 있다. 또한 서산의 마애석불(磨崖石佛)은 일본에 있는 백제 관음보살상과 덕수궁에 있는 미륵반가상과 함께 백제 석불을 대표한다. 또한 백제 예술은 일본으로 들어가 아스카문화의 바탕이 되었다(변태섭, 1977: 89-90).

5 행정의 특징

1) 중앙집권적인 왕권의 전제화

백제는 씨족이나 부족의 중심이 아니라 진한이란 해체된 또는 혼성된 사회에서 성장한 '8대 귀족'이 중심이 되고, 이들이 연합해 국가를 이루었기 때문에 다른 나라에 비해 왕권이 순조롭게 확립·발전해 전제왕권이 수립되었다.

고구려의 국왕은 부족연맹장에 의해 선출되었기 때문에 이들 부족연맹장들로부터 많은 견제를 받았으나, 백제는 이러한 견제를 받지 않고 세습적인 전제국가를 확립해 중앙집권 체제를 갖추었다.

2) 중국식 관제의 도입

백제는 진한이란 특수한 사회에서 건국했으므로 고구려나 신라에 비해 중국 문화의 영향을 많이 받았다. 따라서 행정 체제에서도 좀더 정비된 중국의 관제를 도입해 6전(典) 조직의 체제까지 채택해 후일의 6조(曹)에 통하는 6좌평을 두었다. 이러한 발전적이고도 정비된 관제는 궁내부를 포함한 22부 중에 근대적인 외교부(객부)와 도시부(시전부)까지 두었다. 그리고 관직명에서도 토착화보다는 중국식 명칭을 사용했다.

3) 관제의 발달

고구려에서는 관료의 관계(官階)와 관직이 분화되지 않았을 뿐만 아니라 관서조직에 대한 문헌이 없다. 그러나 백제는 관서의 조직과 관계 및 관직이 구별되어 있었으며, 관등에 따라서 복색도 구별하고 있었다(정시채, 1986a: 47-48).

제 4 절 신라의 행정

1 행정환경

1) 지리적 불리로 인한 후진성

신라는 소백산맥으로 가로막혀 오랫동안 중국의 선진 문화와 접촉을 못했고, 사로국을 중심으로 6촌 사회가 계속되면서 박 · 석 · 김 3성의 씨족적 흔적이 늦게까지 남아 있던 후진 국가였다. 따라서 신라는 배타적이며 외족과의 투쟁이라는 경험이 없이 씨족적 유대를 강하게 간직하고 있었다.

2) 선진 문화의 흡수와 고대 국가의 완성

점차 고구려와 백제를 통해 선진 문물을 받아들이면서 사회를 개발해 나갔으며, 특히 불교와 유학을 받아들여 고대 국가를 완성시켰다.

나제(羅濟) 동맹을 통해 신라는 어느 정도 국가적 실력을 갖추었고, 자비~소지왕 때에 6부의 개편을 단행해 부족장을 중앙귀족으로 흡수·개편함으로써 왕권을 신장시켰다. 이것은 중앙집권화에서 커다란 의미를 지니는 것이다. 이어 지증왕(智證王, 500~514년)은 국호를 종래의 사로란 명칭에서 신라로, 왕호를 마립간(麻立干)에서 중국식의 왕으로 각각 고치고, 또 중국식의 군현제를 실시함으로써 중앙집권과 왕권 신장에 결정적인 역할을 했다.

3) 국력의 신장과 삼국 통일의 기반 조성

지증왕을 이어 국가를 완성시킨 왕은 법흥왕(法興王, 514~540년)이었다. 그는 내정(內政)으로서 병부와 상대등을 두어 제도를 정비했고, 율령과 공복을 공포·제정했으며, 이어 불교를 공인해 고대 국가의 사상적 이념을 확보했다. 또한 외정(外政)으로서는 한강 유역으로 진출했고, 금관가야(金官伽倻)를 병합해 영토를 확장했다.

이러한 정치적 제도·사상적 이념의 확립에 따른 국력의 충실이 비록 시기적으로 늦게 6세기 중엽에 이루어졌지만, 이제 신라는 삼국의 대열에 끼여 백제·고구려에 손색없는 국가가 이룩되어 다음의 진흥왕(眞興王) 시대의 융성을 가져올 수 있게 했다. 그리하여 지금까지 가장 후진이던 신라는 도리어 백제·고구려를 능가하게 되었고, 당 세력을 이용해 삼국을 통일한 후 마침내 민족 국가의 출발을 이루었다(변태섭, 1977: 151-154).

2 행정 주체 및 이념

1) 성골의 등장

신라는 지증왕·법흥왕 양대를 거치면서 고대 왕국으로 크게 발전되었다. 이 시기에 종래의 사로·사라 등의 토착어적인 극호가 '덕업일신망라사방(德業日新網羅四方)'이라는 한문 자의(漢文字義)에 따른 신라라는 국호로 바뀌고, 법흥왕 이후로는 대추장의 뜻인 마립간이란 칭호가 버려지고 '왕' 호가 쓰여진 것도 그 단적인 표현이었다. 실제로 법흥왕대에는 율령이 반포되고 백관의 복제(관복제)가 제정되었으며, 병부의 설치, 백관 통솔직인 상대등(上大等: 재상) 임명 등 고대왕국으로서 관료 체제를 정비해 갔다.

신라의 중앙 관계(官階) 조직은 17등급으로 분화 · 발전되었던 것으로, 그것이 어느 시기에 갖추어진 것인지는 정확히 알 수 없으나, 아마도 법흥왕대 이후의 일로 생각되며, 지방관의 위계조직은 신라가 고구려 · 백제를 통합하면서 갖추어진 것이다. 이 관료 체제는 신라 사회의 엄격한 신분 체제 위에 성립되었다.

신라 사회에서는 그 독특한 신분 체제로 이른바 골품제(骨品制)가 갖추어져 있었다. 신라의 골품제는 혈연과 연관되어 있는 일종의 족제(族制)로서 혼인제와도 결부되어 있는 신분제이며, 그것은 정치를 비롯해 신라인의 사회 생활의 전반을 규제했다. 이 골품제는 기본적으로는 성골 이하 8단계의 계급으로 나뉘게 되어 있었던 것으로 보인다. 왕족에도 성골(聖骨)과 진골(眞骨)의 두 가지로 구별되었으며, 왕족이 아닌 신분은 두품(頭品)으로 구별되었다. 진골 바로 밑의 귀족 신분인 육두품(六頭品)과 그 밑에 오두품, 사두품이 있었다. 왕족이 아닌 이들 신분에 속하는 자들은 일정한 제한하에 관료 체계에 흡수되어 있었다.

왕족 계통에서 성골과 진골의 차이에 관해서는 아직 그 정확한 설명을 하기는 어렵다. 그러나 성골은 대체로 박씨 가문의 딸 소생의 경주 김씨 왕족을 의미하며, 진덕여왕(647~654년) 때까지의 왕족을 가리키고, 진골은 진덕여왕 다음의 무열왕(武烈王, 654~661년) 이후 왕족으로 왕비족 박씨의 혈통을 이어받지 않았던 왕족을 가리키는 것으로 해석된다. 왕의 부친이나 제(弟), 여왕의 남편, 왕비나 왕모의 부친 등도 갈문왕(葛文王)이라는 특별한 칭호를 붙여서 진골로 존대되었다. 이와 같은 성골에서 진골에로의 왕족의 신분적인 전환은 신라 왕족의 혼인 관계의 변천, 즉 신왕비족의 대두에 따라 일어난 현상이라고 하겠다(한우근, 1987: 60-61).

2) 법제적인 고대 국가 체제로의 발전

고구려·백제보다 후진적인 사회였던 신라가 비약적인 발전을 시작한 것은 6세기에 들어선 지증왕대(500~514년)부터였다. 이 때 신라는 농업이 크게 발달했으니, 지증왕 3년(502년)에 외관에게 명해 농사를 권장케 하고 처음으로 우경(牛耕)을 시작했으며, 또한 수리사업을 활발히 진행했다. 이러한 농업 생산력의 급격한 상승이 신라 사회의 비약적인 발전의 토대가 되었다. 이러한 지증왕대의 발전은 정치 체제의 정비로 구체화되었다. 즉, 지증왕 4년(503년)에 국호를 '신라'로 정하고 왕호는 다립간에서 중국식인 '왕'으로 바꾸었다. 이러한 신라의 한식화(漢式化)는 그만큼 고도의 중국 문화의 정치 제도가 수입되었음을 나타낸다. 이 밖에 주군의 제도를 정하고 이사부를 실직주(지금의 삼척)의 군주로 삼았다는 것(지증왕 6년, 505년), 원시적 풍습인 순장을 금한 것(502년), 서울에 동시(東市)를 설치한 것(509년) 등은 신라 사회의 발전을 보여 준 일들이다.

다음 법흥왕대(514~540년)에는 율령을 반포하고 처음으로 백관 공복의 차례를 제정했다(법흥왕 7년, 520년). 그리고 진골 귀족사회의 대표자로서 상대등 제도를 설치했는데(법흥왕 18년, 531년), 이것은 신라가 법제적인 고대 국가 체제로 발전하게 되었음을 의미한다. 이 때 처음으로 '건원'이라는 연호를 사용했다. 연호의 사용은 중국 문화의 채용을 뜻하는 동시에 중국과 대등한 국가라는 의식의 표현이었다. 또한 법흥왕 14년(527년)에는 불교를 공인해 중앙집권적인 고대 국가의 사상적인 통일을 이루었다. 이러한 신라의 국가 체제 정비는 그 후의 삼국 통일과 전제 왕권을 확립하는 데 기반이 되었다(변태섭, 1987: 83).

3 행정 제도

1) 중앙행정기구

부족적 흔적을 강하게 띠고 있는 신라는 법흥왕 때에 이르러 어느 정도

행정 제도가 정비되었다. 신라는 김씨 왕권을 중심으로 강력한 귀족적 특징을 지니고 있었다. 즉, 부족 국가에서 고대 국가에로 발전되는 과정에 엄격한 신분 질서가 이루어졌는데, 그것이 골품 제도이다. 그러므로 신라는 이러한 골품 제도를 근간으로 하여 정치적 · 사회적 규제가 수반되었다.

신라의 관등은 17등으로 이루어졌으며, 이벌찬 · 이찬 이하 대아찬까지 5등급은 진골만이 될 수 있으며, 그것이 성골과 함께 왕족이 되었다. 6위인 아찬 이하 9위인 급벌찬까지는 육두품만이, 10위인 대나마에서 11위인 나마까지는 오두품만이, 12위인 대사에서 17위인 조위까지는 사두품만이 각각 될 수 있었다. 이 각 품은 정치적 · 사회적 제약이 달랐으며, 진골만이 고관(중앙은 영[領], 지방은 군주 · 사신)에 임명될 수 있었고, 화백(和白)에 참여해 실제 국정의 최고 결정을 할 수 있었다.

신라의 관제는 골품제에 근거를 두고 또 부족적 성격이 강하게 남아 있었으므로 삼국 중 가장 후진적이었다. 법흥왕 때에 병부와 상대등이 설치되었는데, 특히 상대등이 귀족의 대표로서 국정을 통괄했다. 그러나 점차 사회의 발달로 관부의 분화가 나타났으니, 진평왕 때는 조부(재정) · 예부(의례) · 위화부(인사) 등이 신설되었으며, 특히 법흥왕대에 설치된 것으로 여겨지는 정치의 중추기구인 품주(稟主)가 진덕여왕 때 집사부의 창부(倉部)로 분화되었다.

그러나 신라의 관제는 통일 후 신문왕(神文王)을 거쳐 정비되었으므로 통일신라에 와서 좀더 구체적이고도 명백한 관제가 확립되었다고 하겠다. 통일 전에는 비록 병부 이하 몇 개의 관부가 있었다 해도 아직은 귀족적 전통 위에서 뚜렷한 관서의 기능을 발휘할 수 없었던 것이니 만큼, 통일 후에 전제왕권이 확립되고 집사부 이하 모든 관부가 그 기능을 완비함으로써 비로소 완전한 중앙관부의 확립을 볼 수 있었다. 또한 상대등은 화백의 주재자로서 귀족적 전통 위에 선 관직이므로, 왕권의 영향하에서는 행정 관직인 시중과는 그 성격이 달랐다(변태섭, 1977: 163-164).

2) 지방행정기구

신라의 지방 체제는 강인한 부족적 특성 때문에 서울 · 지방이 각각 6

〈표 4-5〉 신라의 중앙관서표

	관서		업무
	집사부 <중시>	…………	국가기밀사무
	병부 <영>	…………	군사
	조부 <영>	…………	공부
	예부 <영>	…………	외교·의례
상대등	창부 <영>	…………	재정사무
(수상)	사정부 <영>	…………	규탄사무
	예작부 <영>	…………	영선사무
	영객부 <영>	…………	외빈접대
	위화부 <영>	…………	관리위계관장
	좌우이방부 <영>	…………	형률사무

자료: 남도영(1984: 64).

〈표 4-6〉 신라의 관계(官階)와 복색(服色)표

관계	관계명	복색
1	이 벌 찬(伊伐飡)	자의(紫衣)
2	이 찬(伊 飡)	
3	잡 찬(迊 飡)	
4	파 진 찬(波珍飡)	
5	대 하 찬(大河飡))	
6	아 찬(阿 飡)	비의(緋衣)
7	일 길 찬(一吉飡)	
8	사 찬(沙 飡)	
9	급 벌 찬(級伐飡)	
10	대 나 마(大奈痲)	청의(青衣)
11	나 마(奈 痲)	
12	대 사(大 舍)	황의(黃衣)
13	사 지(舍 知)	
14	길 사(吉 士)	
15	대 오(大 烏)	
16	소 오(小 烏)	
17	조 위(造 位)	

자료: 한우근(1987: 61).

부·5주로 구분되어 출발했다. 지증왕 때에 중국식의 군현제(郡縣制)가 실시되었으며, 전국의 요지에 주(州)를 두고 군주를 임명해 행정·군사 직능을 맡게 하면서 점차 정비되었다. 대개 신라의 지방 제도는 서방으로 백제와 남방으로 가야와 북방으로 고구려와 투쟁하면서 3방면으로 발전되었는데, 각 지방의 점령과 진출에 따라 중앙과 지방의 중간 지배 기구가 필요하여 주의 군주(軍主)가 나타난 것이다. 특히 군주는 최고의 외직이지만 오히려 군사적 기능이 주임(主任)이 된 당대 1급 인물로 임명했으며, 통일 후에는 총관·도독으로 개칭되었다.

그 외 충주와 강릉에는 각각 중원경과 동원경[하슬라(何瑟羅)]이, 함안에는 아시촌(阿尸村) 소경이 설치되어 각기 왕족을 파견하고 또는 지방문화를 개발하면서 중앙집권에 박차를 가하게 되었다. 또한 주 아래에 있는 군에는 군태수가 설치되었고, 그 밑에는 촌주에 의해 다스려지는 촌이 있었다(변태섭, 1977: 165-166).

3) 군사 행정기구

군제는 보병·기와 일종의 결사대 조직인 급당(急幢)으로 편성되어 있었다. 중앙에는 특히 16세 이상의 남자로 구성된 3천 여 명의 사자대를 두고, 지방 5주에는 각 정(停)이라는 부대를 두었으며, 정의 예하에는 서(誓)·당(幢) 등의 부대가 있었다. 군관은 군주·대감이라 했다(남도영, 1984 : 64).

4 행정정책 및 관리

1) 정치·경제 부문

(1) 고대 신분 제도의 확립

신라에는 사회의 근본적인 질서 유지 기능을 했던 골품 제도가 있었다. 골품 제도란 신라 귀족 간에 존재했던 일종의 신분 제도를 말한다. 이것은 부족연맹 사회에서 고대 국가로 형성되어 갈 때 그 신분·혈통의 고하에 따라 일정한 사회 신분을 보장한 데서 생긴 사회 계층 제도로서 신라인의 정치적 출세나 사회 생활에까지 엄격한 차이를 규정해 주고 있었다. 즉, 골품 제도는 혈연과 관계를 지닌 특수한 고대적 신분제로서 신라의 성립과 더불어 나타나 신라의 붕괴와 함께 소멸되었다.

이에 골품 제도는 왕권의 확립 과정에 따라 왕위의 존엄성과 귀족의 사회적 우월성을 강조하고 또 유지하기 위해 복색(服色)·기용(器用)·가옥의 크기에까지 제약을 가한 신분 제도이며, 각 계급 간의 차이와 제한을 강조하고 있다. 따라서 그 성립 시기는 신라의 고대 국가 성립기와 거의 같은 때라고 생각된다.

이와같이 신라 사회의 발전 과정에서 나타나, 그와 함께 소멸한 골품 제도는 그것이 곧 고대적 신분 제도의 특질로서 이해될 수 있다. 따라서 골품 제도는 독서출신과(讀書出身科)와 같은 인물·실력 위주에로의 사회적 조류를 저지하게 되었다. 즉 골품제는 신라 사회의 발전적 인자를 막아버림으로써 신라 사회를 고정시킨 주요인이 되었다. 이러한 고대적 신분제인 골품제가 고대 사회에서 중세 사회로 전환된 고려 사회에 와서 소멸된 것은 당연하다고 하겠다(변태섭, 1977: 169-171).

(2) 국가적 인재 양성정책

우리 나라 원시 유흥 체제인 두레에서 파생한 민간단체가 제24대 진흥왕(540~576년) 때 공인되어 국가 인재의 양성기관 구실을 한 것이 바로 화랑 제도(花郞制度)이다. 원래는 여자를 중심으로 하여 이루어졌으나, 진흥왕 이후 진골 출신의 남자를 우두머리로 귀족의 자제가 무리를 지어 산천을 유람하고 심신을 연마, 무술과 인격을 도야했으며, 그 지도 정신은 진흥왕 때 원광법사(圓光法師)가 가르친 세속오계(世俗五戒)이다. 원화·국선도·풍월도·풍류도 등의 명칭을 가진 이 화랑 제도는 신라의 국력 배양과 통일의 원천이 되었다(남도영, 1984: 65-66).

(3) 토지정책

신라의 토지 제도는 공동 체제인 족장들의 소유지가 점차 국유화로 개편되면서 사전(賜田)·식읍(食邑)이 각각 지급되었다. 특히 부족장들의 토지가 녹읍(祿邑)으로 재편성되었으며, 일반 농민들은 대개 촌주를 통한 이중적인 착취를 당하게 되었다. 이러한 과정에서 공로가 큰 귀족·장신(將臣)에게 준 식읍은 민호 수(民戶 數)로 양급되었으며, 사원에도 토지가 급여되었다. 신라의 수취 제도도 고구려와 거의 비슷했다(변태섭, 1977: 167-168).

(4) 농업 및 수공업정책

신라는 일찍부터 농경이 크게 발전해 7대 일성왕(134~154년) 때 이미 제방을 쌓고, 16대 흘해왕(310~356년) 때는 마한 때 이루어졌던 벽골지(碧骨池)를 재차 중수했다. 이 때 철제 농기구 사용도 발달해 이미 호미·낫·괭이·도리깨·키·절구 등을 사용했다.

수공업도 발달해 직물·금속·토기 등을 생산하고, 노예가 그 생산을 담당했다. 변한 옛 땅을 통합함으로써 철이 많이 생산되었고, 이것을 돈으로 사용했으며, 금·은으로는 무문전(無文錢)을 만들어 사용했다(남도영, 1984: 68).

2) 사회·문화 부문

(1) 교육정책

신라는 후진국이었으나 5~6세기 이후에는 사회적 취약성을 극복하고 고대 국가의 완성을 보게 되었음을 볼 때, 그에 수반되는 정치 이념과 학문적 바탕으로 유학이 발달했을 것으로 추측된다. 따라서 신라 역시 교육시설이 있었다고 보여지지만 우리는 그에 대한 구체적인 기록을 갖고 있지 못하다. 다만 화랑도의 '사군이충(事君以忠)'·'사친이효(事親以孝)'는 이미 유학이 갖는 근본적인 사회 윤리와 봉건 도덕을 강조하고 있어 교육시설로 간주될 수 있다. 더구나 화랑도의 훈련 방식에서 도의를 상마(相磨)하고 가락으로 상열(相悅)하며 산수에 유오(游娛)하되 무원부지(無遠不至)하는 모습에서 우리는 유학이 갖는 사회 윤리와 투철한 국가관을 실천한 교육 제도였음을 느낄 수 있다.

그러나 신라의 본격적인 교육시설은 유학 정치가 본궤도에 올라선 통일신라의 국학(國學)에서 찾을 수 있다. 즉 신문왕(神文王) 2년(682년)에 비로소 국학이 설치되어 유학의 발달은 본궤도에 올라서게 되었다(변태섭,

1977: 187).

(2) 불교정책

신라는 사회적인 후진성과 같이 불교의 전래도 가장 늦었으며, 5세기 눌지왕(訥祗王, 417~458년) 때 고구려의 묵호자(墨胡子 : 일명 아도[阿道])에 의해 전해졌다. 그는 고구려·백제의 경우와 달리 개인적으로 입국해 경상도 일선군(지금의 선산) 모례(毛禮)의 집에서 포교를 시작했으나, 원시 신앙과 배타성으로 인해 거부되었다. 그 후 6세기에 이르러 양(梁)의 사절인 원표(元表)에 의해서 왕실에 불교가 전래되었고, 차차 민간으로 침투되었으나 귀족들의 반대에 부딪쳐 커다란 시련을 겪었다. 그러나 이차돈(異次頓)의 순교로 완강한 귀족들의 반대를 뿌리치고, 법흥왕 14년(527년)에 공인되었고 법륜사가 건조되면서 불교는 왕실의 비호 속에서 발전되었다.

신라 불교는 고구려와 백제의 영향을 받으면서 성장했다. 진흥왕 12년(551년)에는 고구려의 승려 혜량(惠亮)이 와서 국통(國統)이 되어 교단을 조직했고, 진평왕 때는 수(隋)에서 돌아온 원광이 성실종·열반종을 전했으며, 특히 자장(慈藏)은 계율종(戒律宗)을 개창하고 대국통이 되어 신라 불교를 총괄했다. 이와같이 신라가 국가에서 불교 조직을 조직하고 국통 아래 주통·군통 등 승관을 설치한 것은 국가 불교의 성격을 나타낸 것이다(변태섭, 1987: 107-108).

(3) 예술정책

신라의 예술은 민족적 고유성을 바탕으로 소박성을 띠고 있으며, 전체적으로 조화미를 갖고 있었다. 우선 건축에는 첨성대를 비롯해 분황사 모전석탑이 현존하는 대표적인 것이다. 특히 소실되고 없는 황룡사의 9층탑이나 삼보 등이 당시 신라인의 예술 솜씨를 보여 준다.

한편 신라 예술의 보고는 분묘이다. 수혈식 적분총인 신라 분묘는 대개 표총에서 출발해 아무 장식이 없이 봉분만 있는 단계를 거쳐, 호석·호란이 있는 통일 후의 형태로 발전되었다. 특히 금관총(金冠塚)·천마총(天馬塚, 155호 고분)·98호 고분 등에서 출토된 금관은 신라 공예의 극치를 반영하고 있다. 그 밖에 향가(鄕歌)나 우륵(于勒)·백결선생(百結先生) 등이 있어 당대의 가락을 발전시켰다(변태섭, 1977: 90).

5 행정의 특징

1) 골품 제도와의 밀접한 연계

신라 사회의 독특한 신분 제도로서의 골품 제도는 관계(官階)에 직접적인 영향을 미쳤으며, 골품 원리에 의해 관계 조직이 구성되었다. 그러므로 이 골품 제도에 의한 신분에 따라서 관계가 주어지고, 관계에 따라서 일정한 관직에 임명되었다. 이러한 골품은 자손에까지 세습되었으나 관계와 관직만은 일대(一代)에 한했다.

2) 신라 고유의 관제 유지

신라의 관제에는 신라 고유의 관명이 그대로 오랫동안 계속해서 유지되었다. 즉 부족국가 시대로 내려오는 골품 제도와 화백회의 같은 제도는 계속 유지되었다. 당(唐)의 행정 제도를 도입하지 않은 것은 아니지만 당이 그렇게 영향을 미치지는 못했다. 그것은 신라가 조상 전래의 제도에 대한 자신을 표명하는 한편 당의 제도에 대한 불신이라 할 수 있겠다.

3) 사원 관할관서의 설치

신라는 법흥왕 때에 불교를 공인하고 이를 숭상함에 따라 중요 사원을 관리하는 행정기구를 설치했다. 이를 사성전(寺成典)이라 했다. 그리고 정관(政官)이라는 승관을 관청에 두어 승려에 관한 감독사무를 관장케 했다(정시채, 1986a: 59-61).

제5장 통일신라 시대의 행정

제1절 통일신라의 행정

1 행정환경

1) 중대의 전제왕권

삼국을 통일한 신라는 정치·경제·사회·문화 등 모든 면에 걸쳐 비약적인 발전을 이루었는데, 그것은 고구려·백제 및 당이 대항했던 대외적 정력을 안으로 쏟을 수 있는 여유가 생겼기 때문이다. 이제 신라는 확대된 영토와 인구를 지배하면서 국력을 신장시키고 정치적 발전을 도모했던 것이다. 삼국 통일이 신라의 발전에 획기적인 계기가 되었음은 당연한 것으로 『삼국사기』와 『삼국유사』에서 무열왕 이후를 각각 '중대(中代)'·'하대(下代)'라 하여 이전과 구별하는 이유도 여기에 있다.

신라 통일 이후에 나타난 커다란 변화는 무열왕계의 왕통이 계속되고 전제왕권이 확립된 점이었다. 즉 진골 출신이지만 김유신(金庾信)의 후원을 받아 실력으로 왕위에 오른 태종 무열왕(김춘추)은 대(對)고구려·백제전의 과정에서 전제정치를 감행했는데, 이후 계속해서 그 직계 자손이 왕위에 올라 왕권의 전제화를 진행시켜 나갔다. 특히 무열왕을 이은 신문왕(681~692년)은 국구(國舅)인 김흠돌(金欽突)의 모역사건을 진압한 것을 계기로 병부령 군관 등 많은 귀족들을 숙청해 전제왕권을 확립하는 데 성공했다. 이 때 중앙의 행정기구와 군제가 정비되고 9주·5소경의 지방 제도가 조직된 것도 이러한 맥락에서 이루어진 것이다.

성덕왕(聖德王, 702~737년)을 거쳐 경덕왕(景德王, 742~765년) 때에 이르러 전제왕권이 더욱 안정되고 통일신라는 극성기를 이루게 되었다. 경덕왕이 부왕인 성덕왕의 위업을 기리기 위해 거대한 성덕대왕종을 주조하기 시작한 것은 당시의 시대상을 반영한 것이다. 이 때 관부와 지명을 한식(漢式)으로 고치고 불국사와 석굴암을 창건한 것도 당시 신라의 정치력과 문화 역량의 발전을 과시한 것이다.

무열왕계의 중대 왕권을 잘 나타낸 것이 혜공왕(惠恭王, 765~780년) 때 처음으로 만들어진 5묘제(五廟制)이다. 중대 왕실의 마지막 왕인 혜공왕은 미추왕(味鄒王)을 김성(金姓) 시조로 삼고 태종 무열왕과 문무왕을 백제·고구려를 평정한 공덕으로 '세세불훼지종(世世不毁之宗)'으로 했으니, 이는 중대에서의 직조(直祖) 관념이 표출된 것이다. 이제 중대에는 무열왕계에 의한 전제왕권이 확립되고 이를 바탕으로 정치적 안정을 기할 수 있었다(변태섭, 1987: 121-122).

2) 하대의 정치 혼란

통일 후 중대 왕권에 의한 전제정치로 정치·경제·사회·문화의 모든 면에 걸쳐 전성기를 이루었던 신라도 하대(下代)에 들어서면서 점차 기울어지기 시작했는데, 그것은 귀족 계급의 내부 분열로 왕위 쟁탈전이 계속되었기 때문이다. '하대'는 37대 선덕왕(宣德王, 780~785년)으로부터 56대 경순왕(敬順王, 927~935년) 때까지를 가리키는데, 하대의 155년 동안 20명의 왕이 교체된 것은 이 시기의 정치적 혼란을 단적으로 보여 준다(변태섭, 1987: 143).

이러한 정치적 혼란과 중앙집권 체제의 약화는 한편으로 민간 무역의 발전을 촉진해 대상인(大商人)의 등장을 초래했고, 다른 한편으로는 지방의 토호와 지방 귀족의 대토지 소유의 확대를 가능케 했다. 그리하여 9세기 이후에 나타난 신라 사회의 커다란 변화의 하나는 농장의 확대와 이에 따른 대지주의 성장이었다.

그리고 대농장의 발달과 관련해 빼놓을 수 없는 것은 사원이었다. 국가의 비호하에 발달한 사원은 귀족으로부터 기부된 토지나 노비에 의해서 부(富)를 축적하기도 했으나, 사원 자체가 직접 농민의 토지를 약탈해 농장을 확대시키기도 했다. 이와 같은 대농장의 출현은 농민에게 무거운 부담을 안겨 주었고, 이는 농민의 유망(流亡)을 초래하는 원인이 되었다. 9세기 중엽 이후에는 농민들은 이제 단순한 유망민에 그치지 않고 초적(草賊)으로 변해 국가의 통치 질서에 위험을 주기 시작했다(한우근, 1987: 118-122).

2 행정 주체 및 이념

1) 진골의 등장

신라가 반도를 통일해 막대한 영토와 인구를 지배하게 되는 것과 때를 같이하여 안으로도 새로운 정치적·사회적 발전을 이루게 되었다. 신라인 자신은 이러한 발전을 상대(上代)가 끝나고 중대(中代)가 시작되는 것이라고 생각했다.

통일신라와 함께 초래된 변화에는 우선 왕권의 전제화가 있었다. 삼국시대의 신라, 즉 상대의 신라에서 왕위는 성골의 차지였다. 그러나 성골은 선덕여왕(善德女王)과 진덕여왕(眞德女王)의 두 여왕을 마지막으로 끊겨버렸다. 그리고 뒤를 이은 것은 진골 출신의 태종 무열왕이었다.

태종 무열왕은 상대등 비담(毗曇)의 반란을 진압하고, 또 상대등 알천(閼川)과의 경쟁에서 승리를 거두고 왕위에 올랐다. 말하자면 그는 상대등으로 대표되는 귀족 세력을 누르고 왕위를 차지한 것이다. 그런데 그의 모는 심씨였고, 더욱이 비는 신김씨(新金氏) 김유신의 누이였다. 그리고 그 이후 왕비는 원칙적으로 같은 왕족인 김씨가 되었다. 박씨를 모로 가져야 하고 박씨를 비로 맞아야 하는 사회적 제약을 벗어난 것이다. 이것은 그만큼 왕권의 전체적인 힘이 커졌음을 뜻한다.

태종 무열왕 이후 그의 직계 자손이 계속 왕이 되었다든가, 또 왕제(王弟) 등에게 특별한 사회적 의의를 인정해 주던 갈문왕(葛文王)의 존재가 자취를 감추게 되는 것도 이러한 왕권 전제화에 따르는 다른 한 면이다.

신라에서 전제적인 왕권을 확립한 왕은 신문왕(681~692년)이었다. 신문왕은 전제 왕권의 확립을 위해 과감한 귀족 세력의 숙청을 단행했다. 그는 즉위하던 그 해에 왕구(王舅)인 김흠돌의 모역사건을 계기로 많은 연루자를 샅샅이 찾아 죽였다. 그리고 이 반란사건을 사전에 알고도 고발하지 않았다는 죄목으로 상대등 군관을 사형에 처했다. 신문왕의 숙청은 지극히 대담한 것이었고, 이후 왕권의 전제화는 결정적인 단계에 도달했다고 믿어진다. 이를 계기로 신문왕은 왕권을 옹호하는 정치 및 군사 등에 관한 제도의 정비에 박차를 가했다.

그리고 성덕왕(702~737년) 때에 이르러 신라의 전제왕권은 안정되고, 그 기반 위에 만파식적(萬波息笛)으로 상징되는 평화를 누리게 되었다. 왕권이 전제화되었다고 해서 신라 사회의 대본(大本)이 되는 골품 제도 자체가 흔들린 것은 아니었다. 여전히 골품은 지배적인 신분층을 형성하고 있었다. 다만 같은 진골 안에서도 왕족인 김씨가 거의 배타적으로 정치적 특권을 독점하게 되었다는 데에 차이가 있었다. 그리고 왕족이라도 왕권을 제약하는 세력이라기보다는 왕권의 옹호자로서의 기능이 더 중요시되었다는 점이 이전과는 차이가 있었다.

2) 육두품의 등장

이렇게 진골 귀족의 세력이 일반적으로 약화되는 반면에, 육두품 귀족의 세력은 상대적으로 부각되었다. 여기에도 이 시대의 사회적 변화의 일면이 엿보인다. 육두품 귀족은 그들의 신분적인 제약 때문에 상대등이나 시중은 물론이요 각 부의 영(장관)에도 임명될 수 없었음은 이전이나 마찬가지였다. 그러나 이들은 신분의 권위에 집착하는 진골 귀족에 대항해 왕권과 결합했다. 이러한 관계로 신분적인 장애에도 불구하고 왕권과 육두품은 가까워졌으며, 이에 따라 육두품 세력이 점점 사회적으로 두각을 나타내게 되었다. 특히 학문적 식견에 힙입어 국왕의 정치적 조언자가 됨으로써 중요한 정치적 구실을 담당했다(이기백, 1984: 92-93).

3) 호족의 대두

신라 하대(下代)에는 육두품 계층이 성장하고 있었으나 역시 주목되는 새로운 현상은 지방 세력의 대두였다. 지금까지 신라의 정치 무대는 왕경(王京)이었고, 지배 세력은 중앙의 진골 귀족이나 육두품에 한했으며, 지방에서는 중앙 집권력의 침투로 독자적인 세력이 성장할 수 없었다. 그러나 신라 하대에는 중앙 진골 귀족들의 자기 항쟁(自己抗爭)으로 지방에 대한 통제력이 약화되어 지방 세력이 성장할 수 있게 되었다.

당시 신라는 농업 생산력의 발달을 위해 수리사업을 활발히 추진했고, 또 경제 기반의 확대를 위해 새로이 예성강 이북 지역에 대한 국토 개발 사업을 적극적으로 추진했는데, 이러한 지방 개발 사업에 따른 경제력의 상승은 지방 세력의 성장에 커다란 밑받침이 되었다.

새로이 대두한 호족에는 두 가지 유형이 있는데, 하나는 토착적인 지방 세력이 성장한 것이고, 다른 하나는 지방에 내려간 중앙 귀족들이 호족화한 것이었다. 신라 후기의 지방 세력으로 또 하나 중요한 존재는 군진(軍鎭) 세력이다. 이것은 신라 하대 호족의 두 유형 가운데 후자에 포함시킬 수 있는 것으로 북방의 국경선을 지키기 위해 설치된 패강진(지금의 평산)과 남해의 청해진(지금의 완도)의 세력이 가장 대표적인 것이었다.

이들 지방 세력은 중앙정부의 통제에서 벗어나 자립하고 그 지방의 백성들을 지배했다. 이들은 스스로 성주 또는 장군이라 칭해 군사력을 가지고 그 지방의 행정을 장악하고 조세・역역(力役)을 징수했다.

이리하여 호족은 지방의 막대한 농장과 사병을 배경으로 독자적 세력권을 형성하고 과거에 지방행정에 참여한 경험을 살려 신라 중앙 제도를 모방해 새로운 관치제를 이루기도 했다. 지방 호족들은 종래의 군현을 대신해 그 지방을 지배하는 존재가 되었으며, 진골 체제를 해체하고 신라 왕조를 붕괴시키는 결정적인 역할을 담당했다(변태섭, 1987: 146-147).

3 행정 제도

1) 중앙행정기구

신라의 삼국 통일은 넓은 영토와 많은 인구가 자연히 하나의 정치와 문화 속에 통일되어 발전되어야 했다. 따라서 통일된 민족의 운명을 이끌고 나갈 강력한 정부가 필요하게 되었고, 그에 수반해 제도의 재정비가 요청되었다. 그 때문에 기존의 행정기구를 재편성해야 했고, 또한 새로운 제도의 창설에도 게을리해서는 안 되었다. 이에 통일 후에는 강력한 무열계 왕권을 중심으로 하여 관료제의 확립에 따른 고대 전제 왕권이 비로소 본궤도에 오르게 되었으며, 귀족 세력을 억압하고 왕의 전제권을 확립하기 위해서는 우선 중앙관료 체제를 재정비해야 했다.

따라서 귀족 세력의 대표적인 상대등을 무력화시키고 집사부 이하 중앙관제를 완비했다. 그것은 왕권의 실질적인 대행자인 시중을 국무총리로서 그의 지위를 높였으며, 삼국 통일 전의 병부 · 조부 · 사정부 · 위화부 등 외에 예작부 · 선부 · 좌우리방부 · 공장부 · 사녹관을 두어 가장 전형적인 관료제를 확립했다. 특히 품주에서 분리된 집사부의 시중이 정치 제일선에서 왕을 보좌하고 국사를 통괄해 어느 정도 행정 체제를 완성시켜 강력한 왕권을 뒷받침하게 되었다(변태섭, 1977: 204).

〈표 5-1〉 통일신라의 중앙관서

관부명	관장 사무	관부명	관장 사무
집사성	국가기밀사무	병 부	군 사
예 부	의 례	창 부	재 정
조 부	공 부	승 부	마 정
사정부	관리감찰	예작부	토목영선
선 부	선 박	영객부	외빈 접대
위화부	관리위계	이방부	형 률

자료: 변태섭(1987: 123).

2) 지방행정기구

중앙행정의 정비에 따라 지방 제도도 9주·5소경으로 개편되었다. 전국을 9주로 하여 고구려·백제·신라의 고토를 각각 3주씩 나누었으며, 그 장을 군주에서 총관 또는 도독으로 바꾸었다.

〈표 5-2〉 통일신라의 9주·5소경

9주			5소경 (현 지명)	영 속	
주 명	개정 명칭 (경덕왕 16년)	주 치 (현 지명)		군	현
사벌주	상 주	상 주		10	31
삽양주	양 주	양 산	금관경(김해)	12	40
청 주	강 주	진 주		11	30
한산주	한 주	광주(廣州)	중원경(충주)	28	49
수약주	삭 주	춘 천	북원경(원주)	12	26
하서주	명 주	강 릉		9	26
웅천주	웅 주	공 주	서원경(청주)	13	29
완산주	전 주	전 주	남원경(남경)	10	31
무진주	무 주	광주(光州)		15	43
계	9		5	120	305

* 영속 군현 수는『삼국사기』지리지에 따른 것이다. 그러나『삼국사기』신라본기, 경덕왕 16년에는 117군·243현으로 그 수효가 다르게 기록되어 있다.
자료: 변태섭(1987: 125).

또한 각지의 요충지에는 5소경을 두고 사신(仕臣)을 장관으로 했다. 통일 전의 중원경(충주)을 비롯해 북원경(원주)·서원경(청주)·남원경(남원)·금관경(김해)이 그것이었다. 여기에는 왕족을 파견하고, 또 지방문화를 개발시켜 하나의 조직된 행정 체계를 이루게 했다. 주 밑에 군·현에는 중앙 관리를 임명해 파견했고, 다만, 촌주는 토착인의 유력자로 임명해 따로 외위(外位)를 주었다(변태섭, 1977: 204-205.).

3) 군사 행정기구

신라의 군사력은 통일 전쟁을 수행하는 과정에서 급격히 팽창되었는데,

〈표 5-3〉 9서당의 구성

서당명	금 색	구성 국민	창치(創置) 연대
녹금서당	녹 자 색	신라인	진평왕 5년 서당, 35년 개칭
자금서당	자 녹 색	신라인	진평왕 47년 낭동, 문무왕 17년 개칭
백금서당	백 청 색	백제인	문무왕 12년
비금서당	알 수 없음	신라인	문무왕 12년, 장창동, 효소왕 2년 개칭
황금서당	황 적 색	고구려인	신문왕 3년
흑금서당	흑 적 색	말갈인	신문왕 3년
벽금서당	벽 황 색	보덕성민(고구려인)	신문왕 6년
적금서당	적 흑 색	보덕성민(고구려인)	신문왕 6년
청금서당	청 백 색	백제 잔민	신문왕 7년

자료: 변태섭(1987: 127).

삼국 통일이 완료되자 군사조직의 재편성이 필요하게 되었다. 재편성에 중요한 방향이 된 것은 전제 왕권의 밑받침이 되는 중앙군의 조직이었으며, 개편된 새로운 중앙의 군사조직이 바로 9서당이었다.

서당(誓幢)이란 모병에 의해서 조직된 군대로서 이미 통일 전부터 존재해 오면서 국왕에 직속된 특수부대의 성격을 띠고 있었다. 9서당은 통일 후 고구려 · 백제 · 말갈 등 피정복민까지도 포함해 편성되었는데, 이들은 금(衿 : 옷깃)의 색깔에 따라 부대 명칭을 구별했다.

이와같이 금색에 의해 획일적으로 부대의 명칭을 정한 것은 9서당이 국왕에 직속된 일원적인 군사조직이었음을 나타낸다. 이리하여 통일신라에서는 종래의 대동(6정의 하나로 왕경)에 대신해 9서당이 대표적인 군사조직이 되었고, 또 그만큼 왕권의 강화가 이루어졌다.

중앙군의 핵심이 된 것은 9서당인데 대해 지방군의 중심을 이룬 것은 10정이었다. 10정은 9주에 각각 하나씩 설치되고 국방상 요지인 한주에만 2정을 두었는데, 이는 통일신라의 주가 군사적인 조직과 결합되고 있었음을 나타낸다. 이 밖에도 강주 · 전주 · 한주 · 삭주 · 명주 등 5주에 설치된 지방군인 5주서와 국경 지대에 배치된 3변수당 등 여러 군대가 있었으나 신라 지방군의 주류는 역시 10정이었다(변태섭, 1987: 126-128).

〈표 5-4〉 10정(停)과 소재지

정 명		소재지	현지명
음리화정 고양부리정 거사물정	청색금	상주 청효현 웅천 청정현 전주 청웅현	경북 상주시 청리면 충남 청양군 청양면 전북 임실군 청웅면
참양화정 소참정 미다부리정	흑색금	양주 현효현 강주 현무현 무주 현웅현	대구 달성군 현풍면 경남 함안군 죽남면 전남 나주시 남평면
남천정 골내근정	황색금	한주 황무현 한주 황효현	경기 이천시 읍내면 경기 여주군 주내면
벌력천정 이화혜정	녹색금	삭주 녹효현 명주 녹무현	강원 홍천군 홍천면 경북 청송군 안덕면

자료: 변태섭(1987: 127).

4 행정정책 및 관리

1) 정치 · 행정 부문

(1) 왕권 강화정책

통일신라는 확대된 영토와 인구를 지배 · 통치하기 위해 더욱 강력한 중앙집권 체제가 필요했다. 따라서 무열계의 진골 왕권을 정점으로 정치적 · 군사적 · 경제적 제도의 개편을 단행해 집사부 이하 중앙관제의 정비, 9주 · 5소경제의 확립 · 군사 제도와 정전의 지급 등으로 전제적인 통일 고대국가를 완성시켰다. 따라서 상수리(上守吏)와 도민(徒民) 정책도 이러한 정책의 표시이며, 8세기 중대 왕권의 절정을 가져왔다.

그러므로 통일 후에는 정치적 사회 안정과 당과의 교섭이 복구되면서 그곳으로부터 선진 문물이 도입되고, 양국의 친선이 회복되어 찬란한 신라문화를 계발할 수가 있었다. 그러나 이러한 중대(中代) 왕권의 번영도 혜공왕(765~780년) 때까지 100년간뿐이었고, 그 후에는 왕권 속에 위축된 귀족 세력의 재등장으로 하대의 혼란과 모순이 나타나게 되었다(변태섭, 1977: 203-206).

(2) 외교정책

신라는 당 세력을 이용해 삼국 통일을 완수했으나, 점차 당의 영토적 야욕으로 양국 연계가 악화되었다. 그 후 신라는 당 세력을 반도에서 축출했고, 나아가 3세기 동안 양국 외교의 추진과 문물의 교류에 따라 당의 선진문화를 흡수함으로써 신라 사회가 발달하는 데 결정적인 계기가 되었다. 즉 정치적인 면으로는 제도의 흡수로 왕권 강화에 크게 기여할 수 있었으며, 토지 제도 · 군사 제도에 이르기까지 그 영향을 배제할 수 없다. 그리고 당의 문화, 특히 불교 · 유교 · 예술 · 학문 등의 흡수로 찬란한 신라문화가 이룩되었다고 할 수 있다. 이러한 과정에서 불교 예술은 민족문화의 정수로서 찬연한 발달을 보게 되었다(변태섭, 1987: 115-118).

(3) 민족 융합정책

신라는 당의 힘을 빌어 삼국을 통일함으로써 외세에 의한 민족 통일이란 문제점을 남겼다. 그러나 확대된 영토와 인구를 지배하고, 또 자립적 민족국가의 발전을 꾀하기 위해서는 강력한 통일 정권이 요구되었고 광범한 민족적 지지와 단결이 필요했다. 따라서 분열되었던 민족의 갈등과 대립 감정을 완화시켜 진정한 민족국가의 건설에는 어느 때보다도 단결된 국민의 총화가 이루어져야만 했다. 그러므로 백제 · 고구려인을 융합해 단일 국가 형태를 도모하려는 의도에 따라 백제 · 고구려인에 대한 정치적 우려와 배려가 나타나게 되었다. 이러한 백제 · 고구려인에 대한 포섭 · 융합은 정치적 목적과 민족적 의도를 지닌 양면책으로 이해될 수 있다. 즉 그 때까지 분립되어 상쟁했던 삼국인을 신라라는 하나의 국가 속에 편입시키고, 같은 민족이라는 의식을 심으려는 목적에서 나온 것이다. 따라서 백제 · 고구려인의 포섭은 분산된 민족 유대의 재확립책이었고, 민족국가의 동화와 민족의식의 고취에 결정적인 의미가 있다고 보겠다. 신라는 민족의 단일 문화 · 전통을 계승 · 유지하게 되었고, 고려 왕건의 융합정책에 큰 교훈을 남기게 되었다. 이것은 단일 민족의 집약된 정책이며 또 하나의 공통된 광장을 열어 준 계기가 되었다(변태섭, 1977: 202-203).

2) 경제 부문

(1) 토지정책

① 녹읍제(祿邑制)의 폐지 : 신라의 관료 체제가 확충되는 데 따라서 토지 제도상으로도 획기적인 변화가 일어나게 되었다. 왕권의 강화와 관료정치화의 추세에 따라서 종전의 식읍·중전과 같은 토지 수여 형식은 새로운 관료 체제에 부합되는 방법으로 변개되지 않을 수 없었다. 그것은 녹읍의 폐지와 관료전(직전)의 급여로 나타났다. 즉 신문왕대(689년)에 내의관의 녹읍을 폐지하고 그 대신에 전지를 사여(賜與)하여 매년 그 조곡을 지급했던 것이다. 녹읍제의 폐지는 관료의 토지·인민에 대한 직접적인 지배를 금한 것을 뜻하며, 매년의 조곡의 지급은 일종의 녹봉제(祿俸制)를 실시한 것을 의미한다.

그러나 이와 같은 조처는 약 70년에 걸쳐서 시행을 보았으나, 경덕왕(757년) 때에 폐기되고 다시 녹읍제를 환원·실시하게 되었다. 이것은 관료의 토지에 대한 직접 지배의 환원이며, 관료 체제의 확립에 대한 귀족들과 관료화된 족장 세력의 반발에서 연유되었던 것으로 해석된다. 그들은 마치 사영지와 다름없이 직접 지배할 수 있는 토지·인민(녹읍)에 대한 욕구를 버릴 수 없었던 것 같다(한우근, 1987: 98-99).

② 정전제(丁田制)의 실시 : 통일신라기에 토지 제도상의 획기적인 조처는 정전제의 실시였다. 그것은 성덕왕(722년) 때에 실시된 것으로 20세 이상 60세 미만의 남자(정남: 丁男)에게 일정한 면적의 전지를 지급했던 제도였다. 그러나 그 전지의 면적이나 그 밖의 자세한 내용에 대해서는 기록이 남아 있지 않다.

하여튼 이러한 정전제의 실시는 종래의 공동체적인 토지 점유 연계나 노예제적인 생산 관계에서 국가에 의한 농민의 직접적인 지배 형태로 전환되어 간 것을 나타내 준다. 국가는 부락(촌락) 단위로 호구·정수와 토지·가축과 상목(桑木) 등 수목의 수까지도 조사·파악함으로써 수취 제도의 확립을 꾀하게 되었다(한우근, 1987: 99-100).

(2) 상업 및 수공업정책

통일신라의 수도 금성(경주)은 17만 호라는 많은 인구에 생활이 매우 윤택했으며, 대부호가도 수십여 호에 달했다고 한다. 시내에는 효소왕(692~702) 때에 동 · 서 · 남 · 북 4구역에 각기 시전(市廛)을 갖추게 했고 시전(市典)이 이를 관할 · 감독했다. 시전(市廛)은 주로 왕실의 수요를 조달해 주었으나, 귀족 · 일반 시민들에 대한 수요에도 응했다.

지방에는 행상에 의한 향시(鄕市)가 베풀어졌는데, 이들 행상들은 주기적으로 일정한 곳에 모여 거래행위를 하고 그것이 끝나면 모두 흩어져 가는 장시(場市)를 뜻한다.

한편 당과의 왕래가 빈번해지고 사절에 의한 공무역(公貿易) 또는 사무역(私貿易)이 성행되었으며, 여기에 신라인의 해상 활동이 활발해지면서 사무역은 더욱 성행되었다. 이러한 무역을 통해 교환된 품목들은 각종 금은 세공품과 직물, 신라의 인삼, 당(唐)의 차(茶), 재당 유학생과 유학승을 통해 들어오는 서적 등이 유명했다. 그리고 일본과의 교역도 성행해 일본에 각종 문물을 교환해 줌으로써 그들에게 많은 문화를 깨우쳐 주었다.

그리고 수공업에서는 왕실 · 귀족 · 관서의 수요에 충당하는 각종 수공업품이 일반 농민에게 부과되어 농민들은 마포(麻布) · 견직물 등을 부세로 납입하게 되었고, 향 · 소 · 부곡 등 특수 지역, 특히 소에서는 각종 수공업품을 제조 또는 제작했다. 이들은 이른바 관영의 수공업단지 역할을 했으므로 이들의 수공업 제품은 귀족들의 화려한 생활을 누리게 한 역군 노릇을 했다(남도영, 1984: 85-86).

3) 사회 부문

(1) 농민에 대한 직접 지배정책

통일신라는 확대된 영토와 인구를 지배 · 통치하기 위해서 더욱 강력한 중앙집권 체제가 필요했다. 신라에서 지방관은 군태수 · 현령이 말단이었기 때문에 촌 이하는 촌주의 지배하에 운영되었다. 따라서 최하 말단행정 구역인 촌 및 향 · 소 · 부곡 등 천민집단 거주 지역은 촌주의 지배를 받게 되었으므로, 그들에 대한 시책이 요구되었다. 즉 각 주의 향리를 시위번상(侍

衛番上)케 하여 그들의 세력을 억제시킨 상수리제(上守吏制)를 마련했고, 반란민이나 또는 점령 지역에는 도민(徒民) 정책을 강행하기도 했다. 이는 점령 지역 및 신간지(新墾地)의 확대에 따른 이민정책일 수도 있으며, 민족 공동체의 유대를 단절시켜 국가의 농민에 대한 강력한 직접 지배를 위한 수단이 되기도 했다(변태섭, 1977: 205).

(2) 반신라적 계층의 대두와 그에 대한 정책

진골 왕족의 왕위 계승전이 치열하게 전개되는 동안에 국가의 요직인 상대등·시중·영 등은 진골만이 독점했고, 육두품이나 도당 유학생(渡唐留學生)들에게는 허용되지 않았다. 그리하여 육두품 계층의 사회에서 진골 왕족에 대한 반감과 골품제 자체에 대한 모순을 지적하고 나왔음은 당연한 일이다. 그렇다고 해서 그들은 정치적 지위의 승진을 포기한 것은 아니었으며, 학문적 식견을 쌓아서 정치에 참여하는 길을 택하는 경향이 있었다. 중대의 대학자 강수(强首)나 설총(薛聰) 등은 육두품이었지만 왕의 극진한 사랑을 받았고, 그들의 정치적 영향력은 매우 컸다. 또 원성왕(元聖王)의 꿈을 잘 해몽해 유명해진 여삼이나, 상대등 충공의 인사행정에 대한 고민을 적절한 충고로써 풀어 준 녹진 등이 있었다.

특히 중대 말기와 하대 초기에 이르러 중앙집권 체제를 강화하고 골품제 자체의 모순을 극복하려는 시책을 베풂으로써 진골 왕족이 육두품으로 전락되어 육두품의 골품 체제에 대한 반항은 더욱 커졌다. 무열왕계와 김유신계의 반발은 그 대표적인 것이다. 그리고 숙위학생(宿衛學生)이라 하여 국가에 의해서 당 문화의 수입을 위해 보내진 도당 유학생, 또는 귀족 스스로 사비(私費)를 들여 당에 갔다 온 도당 유학생들이 많아졌다. 이들 도당 유학생의 대부분은 정권에서 제외된 육두품계의 자제들이었다. 이들은 당에서 교육을 받음으로써 골품제의 모순을 더욱 절감하게 되었고, 과거제를 토대로 한 능력 본위의 인재 등용과 유교 정치 이념을 실현하고자 하는 열망에 차 있었다. 하대의 도당 유학생들 가운데서도 육두품계의 최치원과 그의 일문(一門)인 최인곤(최언채)·최승우 등은 3최로 일컬어졌으며, 당에서 과거에 급제해 그곳에서 벼슬까지 했다. 그들은 모두 귀국해서 더욱 골품제에 대한 모순을 지적한 반신라적인 사람들이었다(남도영, 1984: 103-104).

4) 문화정책

(1) 불교정책

불교는 국가의 절대적 권장 속에서 발전되었다. 그러나 한편 왕실 종교로 채택되었기 때문에 그에 따른 폐단도 없지 않았다.

첫째, 불교는 사상을 통일하는 데 가장 큰 공헌을 했고, 나아가서 호국신앙으로서 고대 국가의 이념적 배경이 되었으며, 왕권 강화에도 크게 기여했다. 따라서 불교는 왕실이 항상 앞장서서 받아들였고 또 적극적으로 권장했다.

둘째, 불교는 우리 나라 학문의 발달에 기여했다. 즉 많은 구법승의 왕래와 불경의 수입 · 보급은 자연히 한문을 널리 보급시켰고, 문물을 개발해 신라의 학문 발전에 결정적 역할을 다했다.

셋째, 불교는 예술 발전에도 커다란 공로를 남겼으니, 불상 · 탑파 · 조형의 내용은 바로 불교 그 자체의 예술이었다. 석굴암을 비롯해 다보탑(多寶塔) · 석가탑(釋迦塔) 등 우리 나라 국보 · 보물은 대부분이 불교 예술이며, 그것은 곧 불교의 영향이라고 할 수 있다.

넷째, 불교는 지나친 국가의 보호와 장려에 힘입어 국통 제도와 같은 승직이 만들어져 정치 참여의 길을 열었다. 특히 승려의 면세 · 면역과 같은 특권은 결국 그들을 타락시켰으며, 점차 경제적 피폐가 나타나기 시작했다. 이러한 사원경제(寺院經濟)의 모순은 결국 고려 시대에 이르러 그 폐단이 격화되었다(변태섭, 1977: 213).

(2) 유교 및 학술정책

통일신라의 지배층은 불교를 국교로 삼아 크게 장려해 발전시켰을 뿐만 아니라, 유학을 권장해 중앙집권적인 통치 체제를 지향하는 유교정치 이념을 받아들이려 했다. 유교는 통치를 위해, 불교는 사상의 통일을 위해 함께 권장함으로써 발전시켜 나갔다.

신문왕 2년(682년)에는 귀족의 교육기관으로서 국학을 귀족의 자제에게 9년의 연한으로 교육을 실시한 것은 바로 유교 진흥정책의 한 표현이었다. 원성왕 4년(788년)에는 인재 등용을 위한 국가시험인 독서삼품과(讀書三品科) 제도를 실시했다. 즉 독서의 성적에 따라 상·중·하의 3등급으로 나누어 채용했다. 독서삼품과 제도는 골품보다 유학의 실력에 의해 인재 등용을 극복하려는 것이었다. 그러나 골품제는 신라 사회에 뿌리깊게 자리잡고 있었기 때문에 독서삼품과는 소기의 성과를 가져오지 못했다.

그리고 유학의 보급은 삼국 통일 이후에 도당 유학생의 증가와 더불어 많은 한문학도를 배출시켰다. 삼국 통일 초기에는 강수(强首)와 설총(薛聰)이 나왔다. 강수는 한문학에 능통하고 문장에 능해서 특히 외교 문서를 잘 지었다 하며, 설총은 원효의 아들로서 경사에 널리 통하고 문장에 능했다. 특히 설총은 한자의 뜻과 음을 따서 우리말을 표현하는 이두(吏讀)를 정리했고, 그가 신문왕에게 말한 「화왕계(花王戒)」에는 군주에게 도덕정치를 요구하는 유교사상이 나타나 있다. 신라 말기에는 도당 유학생들 가운데 김운경·김가기·최치원 등 걸출한 학자가 많이 나왔다.

또한 농업의 발달과 더불어 천문학도 상당히 발전되었던 것으로 보인다. 7세기 중엽에 동양에서 가장 오래된 천문 관측소인 첨성대가 세워졌고, 8세기 이후에는 천문 관측용 의기(儀器)와 누각기(漏刻器) 등의 과학 기구가 제작되었다. 그리고 의학에도 많은 연구가 기울어졌으나 크게 발전되지는 못했다. 다만, 민간 요법과 종교적 요법이 널리 유행되었던 것 같다. 8세기 후반기 혜공왕(765~780년) 때에는 천문병학가 김엄이 나왔고, 이어 신라 말기에는 승 도선(道詵)이 나와 풍수지리설(風水地理說)을 선양했다. 이 풍수지리설은 고려로 들어서면서 지배자나 호족들에게 정치적으로 이용되는 경우가 많았다(남도영, 1984: 95-97).

(3) 예술정책

통일신라의 예술은 삼국이 통일되고 전제 왕권이 확립되어 정치·사회가 안정됨으로써 찬란한 극치를 이루었다. 통일신라의 예술은 불교 예술이며, 귀족 예술로서 민족문화의 위대한 정수로 이해되고 있다. 특히 불국사 · 석굴암을 비롯해 많은 탑파와 불상은 화려했던 신라 예술의 본보기라 할 수 있다. 그 밖에도 조각 · 종 · 왕릉 등 많은 문화 유산을 남겼는데, 그 성격은 다음과 같다.

첫째, 사치 · 화려하고 섬세 · 찬란한 귀족적인 특징을 갖고 있다.

둘째, 신라의 고유한 미에다 백제 · 고구려와 당과 서역의 미까지 결합함으로써 종합적 예술로 나타나 우리 나라 민족 예술의 근간을 이루고 있다.

셋째, 불교를 바탕으로 한 불교 예술로서 탑파를 비롯해 불상 · 조각 등 경주 일대의 많은 조형미술이 그 주류를 이루고 있다. 종교적인 장엄함과 생동적인 힘, 그리고 아름다운 조화의 미를 특징으로 한다. 그러나 말기에 이르러 대중적인 선종(禪宗)의 융성과 유교정치 사상의 성장으로 조형미술은 쇠퇴했다(변태섭, 1977: 216).

5 행정의 특징

1) 당 제도의 주체적 도입

통일신라는 율령이나 육전제를 모방했으나, 그것은 결코 그 연장이 아니라 신라의 독립성을 중심으로 하여 당의 제도를 발전적으로 수용했다는 데 특징이 있다. 이러한 사실은 중앙행정조직이나 지방에 9주를 두었다는 데서 뚜렷하게 나타난다(변태섭, 1977: 208).

2) 왕권의 전제화

통일신라는 좀더 확대된 영토와 인구에 대한 지배를 위해서, 또는 새로운 민족국가의 발전을 위해서 좀더 뚜렷한 제도의 개편이 요구되었다. 그리고 그것은 중대 무열왕권의 확립에 따른 불가피한 조치였던 것으로, 다음과 같은 몇 가지의 왕권 전제화가 취해졌다.

첫째, 우선 무열왕계의 왕권과 진골 왕위의 출현은 왕비족으로서 신김씨(김유신)의 후원 속에 가능한 것이었다. 이리하여 갈문왕제의 소멸이 잇따랐으며, 좀더 귀족적 전통을 지닌 상대등이 그 세력을 왕당파적인 시중에게 양도하게 되었다.

둘째, 동시에 법흥왕 때부터 나타나기 시작했던 중앙관제가 신문왕 때 예작부의 설치로 일단락되었다.

셋째, 또한 지방·군사·토지 제도 전반에 걸쳐서 확고한 관료제가 완비되었다. 이것은 왕권의 전제화가 정비된 관료적인 행정 체계 위에 유지될 수 있었기 때문이다(변태섭, 1977: 206-207).

3) 중앙집권적 관료 체제의 확립

귀족 세력을 억압하고 왕의 전제권을 확립하기 위해서는 우선 중앙관료 체제를 재정비해야만 했다. 따라서 귀족 세력의 대표격인 상대등을 무력화시키고 집사성 이하 중앙관제를 완비했다. 그것은 왕권의 실질적인 대행자인 시중을 국무총리로서 그의 지위를 높였으며, 통일 전의 병부·조부·사정부·위화부 등 외에 외작부·선부·좌우리방부·공장부·사녹관 등을 두어 전형적인 관료제를 확립했다. 특히 품주에서 분리된 집사부(執事部)의 시중이 정치 제일선에서 왕을 보좌하고 국사를 총리해 어느 정도 행정 체제를 완성시켜 강력한 왕권을 뒷받침하게 되었다. 그리고 중앙행정의 정비에 따라 지방 제도도 9주·5소경으로 개편되었다. 이들 9주·5소경과 군·현에는 중앙관리를 임명해 파견했고, 촌주는 제도의 발달에 따라 군사 제도도 확충되었는데, 그것이 9서당과 10정의 완비였다. 이와같이 통일신라의 왕권 강화 과정에 따라 중앙·지방 제도 및 군사 제도의 관료화가 이루어졌다(변태섭, 1977: 206-207).

4) 골품제의 붕괴

신라 사회의 기반은 골품제였으나, 그 최고 신분인 진골 간의 대립 항쟁은 자연히 골품제의 붕괴를 촉진시켰다. 더구나 전제 왕권이 무너지고 실력과 무력을 배경으로 한 왕위 쟁탈전은 골품제의 질서를 넘어서려는 것이며, 왕족은 물론 같은 혈족에서도 분열·갈등함으로써 귀족 내에서도 변화가 나타나게 되었다.

이러한 상황에서 대두된 육두품은 자기들의 신분적 한계에 대해 반발했으므로, 이제 육두품은 반골품 · 반신라의 입장에 서게 되었음은 당연했다. 따라서 골품제의 붕괴는 곧 신라의 붕괴이며, 고대적 신분 질서의 붕괴라고도 볼 수 있다(변태섭, 1977: 226-227).

제 2 절 발해의 행정

1 행정환경

1) 고구려의 멸망과 당의 지배

신라의 삼국 통일은 대동강 이남의 고구려 영토를 합치는 데 그쳤으므로, 그 이북의 넓은 고구려의 구령(舊領)은 당의 지배하에 들어가게 되었다. 이 지역은 과거 고구려의 지배하에 있었다고 하지만 주민의 대부분은 말갈족(靺鞨族)이었다. 말갈은 기원전 4세기경에는 숙신(肅愼)으로, 서기 3세기경에는 읍루(邑婁)로, 6세기경에는 물길로 불려지다가 7세기에 이르러 말갈로 불리게 되었다. 이들은 일찍부터 송화강 연안에 널리 펴져 살면서 목축과 농업에 종사해 왔다. 이 밖에 영주(현 조양) 지방에는 일부 거란족(契丹族)이 살고 있었다.

당은 고구려가 망하자 수십만의 고구려인 포로들을 영주로 옮겨 이곳을 동방의 여러 종족들을 통솔하기 위한 근거지로 삼았다.

2) 반당 항쟁과 발해의 건국

고구려 · 신라 · 백제인의 반당 투쟁이 치열해짐에 따라 이에 자극되어 말갈족과 거란족 사이에서도 반당 항쟁이 번져갔다. 696년 거란의 추장 이진충은 영주에서 반당 폭동을 일으켜 당의 통솔 근거를 혼란에 빠뜨렸다. 이에 영주에 있던 고구려의 구장(舊將) 대조영(大祚榮)은 고구려 유민과 말갈족을 규합해 당의 지배에서 벗어나 동으로 이동, 699년에 동모산(길림성 돈화 부근)을 중심으로 나라를 세워 진(震)국이라 했다. 진국은 그 후 국호를 발해로 바꾸고(713년), 그 세력을 확장해 고구려 옛 땅의 대부분을 지배하게 되었다(한우근, 1987: 104).

2 행정 주체의 이념

1) 지배층의 고구려 유민

발해는 고구려의 유민들이 건설한 국가였다. 따라서 정치적인 지배권은 고구려계의 유민이 독차지했다. 가령 외국에 파견된 사신의 성(姓)을 보더라도 고구려 왕성인 고씨를 비롯한 한식(漢式) 성(姓)을 가진 사람이 대부분을 차지하고 있는데, 이들은 고구려계의 인물들로 생각된다.

2) 피지배층의 말갈인

피지배층은 말갈인이 대부분이었다. 이들 중에는 지배층으로 상승한 자들도 있었다. 특히 대조영의 건국에 협력한 걸사비우(乞四比羽)의 부중(部衆)이 그러했다. 이들은 대개 수령이라고 일컬어져서 발해의 지배조직에 중요한 한 기둥을 담당하고 있었다. 극히 적은 수이긴 하지만 외국에 가는 사절단에 포함되는 말갈의 성을 가진 사람들은 그러한 계층의 인물들로 생각된다.

그러나 말갈민의 대부분은 피지배 계층을 형성하고 있었다. 이들 중에는 때로 부곡(部曲)이나 노비로 전락해 비자유민으로서 고구려계 지배층에 예속되기도 했다. 발해는 이러한 사회적 토대 위에 세워진 국가였기 때문에, 비록 상층사회에서 당의 높은 문화를 받아들여 정연한 지배 체제를 이루어 놓았다 하더라도 사회 구성의 취약성을 감출 수가 없었다. 발해의 지배층인 고구려 귀족은 전통적인 말갈사회의 내부조직을 그대로 보존하면서 이를 중앙집권적 통치 체제 안에 연결하는 방법을 썼던 것이다(이기백, 1984: 109).

3 행정 제도

1) 중앙행정기구

발해는 중앙에 정당성(상서성) · 선조성(문하성) · 중대성(중서성)의 3성과 충부(이부) · 인부(호부) · 의부(예부) · 지부(병부) · 예부(형부) · 신부(공부)의 6부를 기본으로 하는 행정조직을 갖고 있었다. 이 3성 · 6부는 그 형식에서 당제(唐制)를 모범으로 취하고 있음을 알 수 있다. 그러나 정당성의 장인 대내상이 선조성과 중대성의 장인 좌 · 우상의 위치에 자리잡고 있어서 반드시 당제의 실제와 부합하는 것이 아니었다. 또 그 명칭이 짙은 유교적 색채를 띠고 있는 것도 당제와 차이가 있었다. 이러한 관제는 신라가 전통적인 여러 관부를 그대로 두고 이를 통괄하는 집사부를 설치함으로써 만족하고 있는 것과는 다르다. 요컨대 유교적으로 좀더 세련된 명칭을 지닌 정연한 관제를 채택함으로써, 발해는 통치조직의 권위를 과시하려 했던 것으로 보인다.

2) 지방행정조직

발해는 지방에도 정연한 행정구획을 정비했다. 국도인 상경(길림성 동경성)을 중심으로 중경(길림성 돈화) · 동경(간도 혼춘) · 남경(함남 함흥) · 서경(통화성 임강)의 5경이 있었다. 이 밖에도 중요한 도시가 사방에 건설되어 있었는데 이를 15부라고 불렀다. 또한 외국과 연결하는 5도의 교통망이 잘 정비되어 있었다. 그러나 이 지배망 밑에 있는 말갈인의 실정은 반드시 이처럼 정연한 것은 아니었다(이기백, 1984: 109-110).

3) 군사 행정기구

군사조직은 국민개병제를 원칙으로 하였으며, 전체 군은 8위로 조직되어 있었다(남도영, 1984: 91).

4 행정정책 및 관리

1) 문화정책

발해의 문화는 고구려의 것을 토대로 하고 당의 것을 받아들여 이루어졌다. 상경(上京)의 주성대로(朱雀大路)의 유지와 그곳을 중심으로 하는 많은 유물·유적들을 살펴볼 때, 당의 불교문화에서 큰 영향을 받았다고 본다. 그러나 화려한 궁정지와 횡혈식 분묘는 강건한 고구려 문화의 성격을 반영하고 있으며, 석등과 묘비 등에서 불교와 한학의 발전된 모습을 살필 수 있으나, 말갈인의 독자적인 문화는 성취시키지 못했다(변태섭, 1977: 225).

2) 외교정책

발해 왕조의 지배층들은 고구려인이 중심 세력을 이루어, 그들은 밑으로 말갈족의 여러 부족을 통솔했다. 발해국은 고구려의 후계자임을 자처해 때로는 스스로를 고려국이라고 칭하기도 했다. 발해는 고구려의 후계자임을 자처한 만큼 당과의 관계는 물론 신라와의 관계도 우호적일 수는 없었다. 그리고 그러한 관계는 신라의 입장에서도 마찬가지였다. 그리하여 신라는 발해의 남진을 경계해 북경에 장성을 쌓았으며(721년), 또한 발해의 압력 때문에 대동강 이북에의 진출이 저지되었던 것 같다. 이와 같은 이유로 신라는 733년 당과 연합해 발해를 공격했으나 도리어 패하고 말았다. 그 후 발해와 당은 우호 관계를 맺고 사절과 문물의 교환을 도모했으며, 발해와 신라 간의 관계는 분명치 않으나 두 나라 사이에 평화 상태가 유지된 점으로 보아 상호 왕래가 이루어졌던 것으로 짐작된다.

한편 발해는 북으로 돌궐(突厥)과 통하고 남으로는 멀리 일본과 연결하여 대체로 평온한 대외 관계를 유지하면서 대내적인 발전을 도도할 수가 있었다(한우근, 1987: 104-105).

3) 민족 융합정책

발해의 사회계층은 고구려 계통 사람으로 충당된 지배층과 토착적인 말갈인으로 구성된 피지배층으로 나눌 수 있다. 지배층은 왕족인 대씨를 비롯해 귀족인 고씨(고구려의 왕족) 등 거의 고구려 계통의 사람들이었다. 말갈인은 소수가 지배층에 편입되는 경우도 있었지만 대부분 종래부터 촌락에 거주해 온 농민들이었다. 만주 지방에서는 목축이나 수렵 등도 했지만 역시 기본이 되는 생산 활동은 농업이었으므로 말갈인의 대부분은 농민이었다. 이들 촌락의 말갈인은 촌장인 수령을 통해 국가의 지배를 받았다. 발해의 지배층인 고구려 귀족은 전통적인 말갈 사회의 내부조직을 그대로 보존하면서 이들 중앙집권적 통치 체제 안에 연결하는 방법을 썼다(변태섭, 1987: 140).

그러나 발해는 이러한 민족 구성의 이원성을 극복하고 견고한 사회를 형성하지 못했으며, 단명에 그치고 말았다. 결국 발해는 당 문화를 흡수해 비교적 정비된 제도를 구축했고, 또한 지배력을 이룬 고구려의 문화를 계승했으나 국민의 기저를 이룬 말갈인의 요소를 성립하지 못했다. 따라서 발해의 멸망 원인은 거란의 침입이라는 외적 조건에서 설명할 것이 아니라, 내적으로 견고한 문화의 결여와 민족 유대의 약화에 두어야 할 것이다.

발해는 고구려의 후계자로서 만주의 주인공이었고, 만주를 마지막으로 지배했던 왕조였다. 따라서 발해가 망함으로써 우리 역사는 한반도사가 되었고, 신라 왕조와의 절연으로 한국사의 위축은 불가피하게 되었다. 발해가 갖고 있는 역사적 의의는 실로 큰 바 있다(변태섭, 1977: 225).

5 행정의 특징

1) 당 제도의 도입·발전

발해의 지배층은 고구려의 유민들로 이들은 당의 제도를 본떠 정비된 행정 제도를 마련했다. 즉, 당의 3성·6부제를 모방해 정당성(政堂省)·선조성(宣詔省)·중대성(中臺省)의 3성과 충부(이부)·인부(호부)·의부(예부)·지부(병부)·예부(형부)·신부(공부)의 6부를 두었다. 그러나 발해의 중앙관제는 당의 제도를 모방하면서도 한편으로는 그 명칭이 유교적으로 아화(雅化)되어 있는 것이 당과 다를 뿐만 아니라 그 권력구조에서도 차이가 있었다. 즉, 정당성(상서성)의 장관인 대내상이 선조성(문하성)의 장관인 좌상과 중대성(중서성)의 장관인 우상을 통할했다.

최고 관부인 정당성(政堂省)의 '정당'이란 명칭은 정사를 의논하는 합좌기관의 뜻을 가진 것으로 이곳에서 귀족들이 국가의 중대사를 의논해 결정했다.

2) 고구려 전통의 계승

발해는 또한 지방 제도를 정비해 5경·15부·62주의 제도를 마련했다. 즉, 국도인 상경(지금의 길림성 동경성)을 비롯해 중경(지금의 길림성 돈화)·동경(지금의 간도 혼춘)·남경(지금의 함흥)·서경(지금의 통화성 임강)의 5경을 두고 상경을 중심으로 하여 5도의 교통망을 정비했는데, 이것은 부여의 4출도나 고구려의 5부제(部制)의 전통과 관련이 있다.

3) 토착적 행정 유산의 유지

지방행정의 중심적 위치를 차지한 것은 15부였는데, 그 밑에는 62주의 행정구획이 달려 있었으며, 지방행정의 가장 말단에 있는 촌락은 토착의 유력자인 수령에 의해서 다스려졌다(변태섭, 1987: 139-140).

제3편
중세(1): 고려 시대의 행정

제6장 고려 전기의 행정

제1절 행정환경

1 고려의 건국과 국제 관계의 변동

통일신라 말엽에는 골품제의 모순이 더욱 심해졌으며, 중앙집권 체제의 해이가 성주(城主)의 발흥과 지방 호족 세력의 농장 확대로 나타나 국가의 재원이 될 조세의 징수를 비롯한 여러 가지 모순 때문에 농민의 생활 곤궁 상태는 극도에 달했다. 그리하여 농민들은 봉기해 신라의 체제에 반기를 들고 나섰다. 이러한 상태는 반신라적인 운동이 신라의 체제를 전복시키고 새로운 사회를 건설하는 방향으로 전환하게 만들었다. 그 결과 효공왕 1년(897년)에는 양길의 부하 궁예(弓裔)에 의한 태봉(泰封)이 건국되고, 이보다 전인 진성여왕 6년(892년)에는 견훤(甄萱)에 의해 후백제가 건국되었다. 이로써 한반도는 신라·후백제·태봉 곧 후고구려 등 삼국으로 재분할되었다.

궁예는 견훤과 마찬가지로 확고한 기반을 갖추지 못한 채 사회 건설에 앞장서 나왔으나 그들은 모두 신라의 체제 모순을 극복하려고 노력하지 않고 신라의 왕실과 마찬가지로 권력의 천단(擅斷)과 영화를 누리고자 하는 데 마음을 돌리고 말았다. 그러나 이들과는 달리 왕건(王建)은 개성 지역의 신흥 호족의 후예로서 그의 조상은 대대로 당과의 무역에 종사해 부(富)를 축적하고 상당한 사병(私兵)을 거느려 큰 해상 세력을 이루고 있었다. 이것이 기반이 되어 궁예의 뒤를 이어 918년에 고려가 건국되기에 이르렀다.

왕건은 자기 세력의 본거지인 송악(개성)을 중심으로 하여 후백제의 견훤과는 달리 친신라적인 대외정책을 세우고 안으로 호족 세력의 규합에 노력했다. 이 때 중국의 북쪽에서는 5대의 다섯 나라가 교체되는 과정에 놓여 황하와 양자강 사이에는 남당이 자리잡고, 만주 서부 시라무렌 강 유역에서는 919년에 몽고족의 한 갈래인 거란이 일어나서 남으로는 북중국에 압력을 가하고 발해를 침략했다.

발해는 926년에 결국 거란에게 망했고, 이후 발해의 유민 곧 고구려인의 후예들은 고려에 포섭되었다. 발해의 왕족 및 상층 계급의 고구려계 후손들은 고려로 망명해 귀부하기를 청하니, 왕건은 이들을 후대하고 발해의 국왕세자 대광현(大光顯)에 대해서는 성명을 주어 왕계(王繼)라 했다. 그 후 발해의 유민들에 대해 특별한 조치를 취했으며, 발해 유민의 거란에 대한 원한은 골수에 사무쳐 이후 자주 고려에 이주해 왔다.

이와같이 동아시아의 국제 관계가 복잡하게 되자 고려와 후백제는 각각 중국 대륙과 무역을 통해 친선 관계를 맺으면서 상대방의 세력을 견제하는데 노력했다. 고려는 중국 각국들과 통교했고, 후백제는 오월(吳越)과 긴밀한 관계를 맺으면서 거란과 무역하며 고려의 배후에서 압력을 가해 왔다.

2 후삼국의 통일

고려의 왕건은 견훤과 달리 확고한 경제적·군사적 세력 기반을 가진 호족이었기 때문에, 호족들의 결속을 통해 세력을 확대시켜 나갈 수 있었다. 이러한 세력 배경과 광범위하게 노력했던 세력 규합정책에 힘입어 왕건의 고려가 후삼국의 각축장에서 궁극적인 승리자로 등장할 수 있었던 근본 요인이 되었다. 고려는 한때 후백제와 인질을 교환하고 휴전을 모색한 일도 있었다. 그러나 이들 양국은 고창(안동)으로부터 상주를 거쳐 강주(진주)에 이르는 낙동강 서부 일대에서는 쉴 새 없는 교전을 벌였으나, 신라는 지방에 대한 통제력을 상실하고 있어서 양국의 전투에 속수무책이었다. 고려와 후백제의 각축전은 고창(안동)의 전투를 계기로 930년브터는 고려의 승리로 기울어지게 되었다. 고려의 군대는 934년(태조 17)에 운주(한성)에서 후백제의 군대를 격파함으로써 고려는 후백제를 완전히 제압했다.

이 무렵 후백제 내부에서는 분쟁이 일어났다. 견훤은 장자 신검이 있는데도 넷째 아들 금강을 특히 사랑해 그에게 왕위를 물려 주려 했다. 이에 신검은 부왕 견훤을 금산사(김제)에 유폐시킨 후 금강을 죽이고 스스로 왕이라 칭했다. 견훤은 유폐된 지 3개월 만에 고려로 망명했는데, 왕건은 그를 맞아 후히 대접했다. 또 신라의 경순왕은 더 이상 왕권을 부지할 수 없음을 깨닫고 935년에 왕족과 신하를 이끌고 고려에 항복했다. 왕건은 이들에 대해서도 후히 맞아들였다. 왕건은 견훤을 앞세워 후백제를 공격해 신검의 항복을 받아냈다. 이로써 왕건은 왕위에 오른 지 19년 만에 분열된 국토를 하나로 통합하는 데 성공했다. 그리고 여러 지방에 흩어져 있던 호족세력들은 통일왕조 고려에 흡수되었으며, 왕건은 이들에 대해 포섭·견제 정책으로 신왕조의 기틀을 다져갔다(남도영, 1984: 113-115).

제2절 행정 주체 및 이념

1 문벌 귀족의 대두

신라 육두품 계통의 귀족들은 고려의 사회와 정치의 질서를 개편하는 데 많은 공헌을 하여 그 지위를 굳혔다. 그러나 또 개경에서 가까운 지방의 호족 출신자들도 점차 문신(文臣)으로서 중앙의 정치 무대에 진출하는 수가 늘어갔다. 이리하여 고려는 신라가 왕족인 진골 중심의 정치를 했던 것과는 달리, 여러 이성(異姓) 귀족들에 의한 정치를 해 나갔다. 이 이성 귀족들은 경주나 원래 호족이던 때의 출신지를 본관으로 칭했고, 이 본관은 그들의 세력을 상징하게 되었다. 그러므로 문벌이 중요시되고, 호적이 평민과는 별도로 작성되었다.

그들은 자기 가문의 세력을 확장시키기 위해 혼인정책을 이용했다. 통혼의 대상이 되는 가문이 사회적으로 유력한 존재일수록 명예로운 일이었고, 또 스스로의 가문을 높이고 출세를 빨리 할 수 있는 지름길이었다. 그러므로 고려의 최고 귀족인 왕실과의 통혼은 가장 바라는 바였다. 이것은 가문으로서 최고의 영예일 뿐만 아니라, 곧 정권을 장악하는 첩경이기도 했다. 그리하여 왕실의 외척으로서 정권을 독차지하는 명문 세족들이 탄생했다. 이러한 존재로서 대표적인 자가 안산 김씨(安山金氏)와 인주 이씨(仁州李氏)였다.

안산 김씨는 김은전이 그의 세 딸을 현종의 비로 들인 이후 문종에 이르는 4대 50여 년간 외척으로서 정권을 독차지했다.

그리고 인주 이씨는 안산 김씨와 인척 관계에 있었으나, 이자연의 세 딸이 문종의 비(妃)로 들어간 후부터 안산 김씨를 대신해서 정권을 독차지하게 되었다. 그 후 인종 때까지 7대 80여 년간은 인주 이씨의 세상이었다. 후일 이자겸(李資謙)이 스스로 왕이 되어 인주 이씨의 새로운 왕조를 꿈꾸게 된 것만 보더라도 그 세력이 얼마나 강했는가를 알 수 있다.

그 밖에도 윤관(尹瓘)을 대표로 하는 파평 윤씨(坡平尹氏)라든가, 최충(崔沖)을 대표로 하는 해주 최씨(海州崔氏)라든가, 김부식(金富軾)을 대표로 하는 경주 김씨(慶州金氏) 등도 모두 당대에 이름 있는 명문이었다.

이리하여 고려에서는 새로운 문벌 귀족 중심의 사회가 이루어지고, 이들에 의해서 정치가 움직여 나가게 되었다(이기백, 1987: 135-136).

2 불교 · 유교 · 풍수지리설의 조화

고려왕조의 정신적인 바탕은 불교로서 신라 이래 내려온 전통적인 이념의 연장이었다. 왕건은 훈요십조(訓要十條)를 발표해 불교를 국교로 받아들였고, 그 후 역대 왕들의 불교 우대정책은 강력히 추진되었다. 그런데 지나친 불교의 우대는 도리어 불교의 속화(俗化)를 촉진시켰으며, 사원경제(寺院經濟)의 문란은 결국 고려 멸망의 원인이 되었다.

이러한 불교 중심의 사회 속에서도 이미 여초(麗初) 이래 풍수지리설과 유학이 또한 강력한 발전을 보였다. 즉 민간 신앙으로서의 풍수사상은 신라 말·고려 초의 사상적 혼란기에 민심 수습의 도구로서 이용되어 불교가 상층부의 정신 세계를 이끌었음에 비해, 풍수사상은 하층부의 사상을 대변했다. 그렇기 때문에 자주 사회 문제를 야기시켜 묘청(妙淸)의 난과 같은 커다란 반란을 가져왔다. 또한 유학은 정치 도구·정치 수단으로 이용되고, 봉건 왕권 강화의 이념으로서 강조되었는데, 이처럼 불교 사회라는 표면 속에 면면히 추구된 유교 조화의 본질을 간과해서는 안 되겠다(변태섭, 1977: 239-240).

제 3 절 행정 제도

1 중앙행정기구

원래 고려의 중앙관제는 태봉(泰封)의 광평성(廣評省)을 모체로 했다가 통일 후 신라의 제도를 받아들여 이중대광(二重大匡)에서 중윤(中尹)까지 16관등을 이루었다.

성종(成宗, 981~997년) 때 당의 제도를 모방해 관료 체제를 완비하면서부터 18관등이 되고 3성 6부제가 완성되었다. 고려 중앙관제의 최고 직제는 3성 6부제를 핵심으로 하는 집행부와 군국기무 및 왕명 출납을 하는 중추원의 양부가 도병마사를 구성했다. 비록 당·송의 제도를 모방했지만 고려의 독립성을 나타낸 제도였다.

3성은 정책을 수립하는 중서성과 정책을 심의하는 문하성 및 정책을 집행하는 상서성(尙書省)을 말하는데, 문하성의 장은 문하시중이라 하여 수상에 해당되고 그 외 성의 장을 영이라 하며 상서성은 6부를 지휘한다.

성에는 2품 이상의 성재와 3품 이하의 성랑이 있는데, 이들 성랑은 간관(사랑: 舍廊)이라 하여 서경과 간쟁을 담당했다. 이러한 3성의 고관들은 재신이라 하며 중추원의 추신과 함께 도병마사에 참여했다.

몽고란(蒙古亂) 이후에는 3성을 첨의부로 바꾸고, 문하시중을 첨의중찬이라 했다.

상서성 아래에 정부행정을 분담·집행하는 6부가 있으며, 그 서열은 이·병·호·형·예·공으로 되어 있었다. 이 중에서 문·무관의 인사를 담당하는 이·병부를 중시해 정조(政曹)라 불렀으며, 6부의 각 장관을 상서라 일컬었다.

각 부의 직을 살펴보면, 이부는 문관의 인사와 공훈을, 병부는 무관의 인사·국방·교통·통신을, 호부는 호구·조세·전곡을, 형부는 법률·소송·노비를, 예부는 예의·외교·교육·과거를, 공부는 건축·토목·도량형·개간 등을 담당했다. 6부 밑에는 6부에 속하지 않은 서정을 담당하는 태상시(太常寺)·태복시(太僕寺)·사농시(司農寺) 등 9시(寺)가 있었다.

3성과 대등한 최고 관부로서 왕명을 출납하고 군국기무를 맡은 중추원이 있는데 추밀원(樞密院)이라고도 하며, 그 고관을 추신이라 하여 재신과 함께 도병마사(都兵馬使)에 참여해 국정을 심의·의결했다.

3성의 재신과 중추원의 추신이 국책을 의논하는 합좌기관인 도병마사는 국가 최고의결기관인데, 원래는 양계(兩界)의 병마사를 지휘하는 국방 및 축성(築城)의 회의기관이었으나 점차 그 기능이 확대된 것이며, 충렬왕 5년에는 도평의사사(都評議使司)로, 조선에 와서는 의정부로 바뀌었다.

그 외 중앙의 특수 관제로서는 전곡 출납과 회계를 맡은 삼사(三司)와, 정치의 득실을 논하고 관리의 부정을 규찰하는 어사대(御史臺: 뒤에 사헌부)가 있으며, 삼사와 어사대의 장은 판사라 했다.

그리고 춘추관에서는 국사 편찬의 임무를 맡고, 경연(經筵)과 서적 보관을 담당하는 보문각(普門閣), 왕명 교서를 기초(起草)하는 예문관(藝文館), 국가의 주요 법규나 의식을 관장하는 식목도감(式目都監) 등이 있었다(남도영, 1984: 120-122).

2 지방행정기구

고려의 지방 관제는 초기에서 향호의 세력이 강대해 의관을 전혀 파견하지 못했기 때문에 중앙의 행정력이 말단까지 침투되지 못하는 형편이었다. 그러다가 금유(今有)·조장(租藏)·전군사 등의 임시관을 파견했으며, 성종 2년(983년)에는 10도로 나누었다가 현종 6년(1010년)에 비로소 5도 양계를 주축으로 하여 4도호부·8목·15부·125군·335현·29진을 완성했다

원래 지방 제도가 완비되기 전에 지방행정의 실권을 장악하고 있던 향호, 즉 향리(鄕吏)들은 그 지방 토착민의 호족 출신으로 조세·부역·징발 등 사소한 소송재결권을 가지고 있었기 때문에 민폐가 많았다. 성종 2년이 설

[그림 6-1] 고려 전기의 중앙행정 기구표

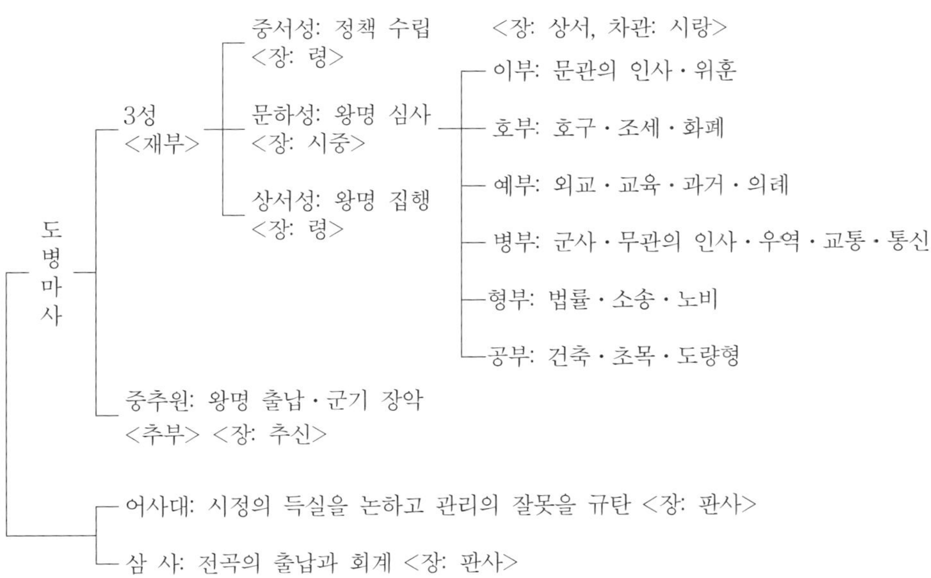

자료: 남도영(1984: 122).

치된 12목(牧)은 광주・양주・청주・공주・진주・상주・전주・나주・승주・황주・해주이며, 그 후의 10도는 관내・중원・하남・강남・영남・영동・산남・해양・삭방・패서 등이나 실제로 특별한 구실을 하지 못했다.

현종(1009~1031년) 때 완비된 고려 지방행정구역 중에서 지방의 양계를 제외한 남도(경기 제외)를 5도라 했으며, 지금의 경기・충남 지역을 양광도, 경남・북 지역이 경상도, 전남・북 지역이 전라도, 강원도 지역을 교주도, 황해도 지역을 서해도라 일컬었다.

인종(1122~1146년) 때부터 도의 지방장관인 안찰사(按察使)를 파견해 그 밑에 있는 주・부・군・현을 유지・통치하도록 했는데, 5도의 북방 변방지대에 위치한 양계는 함경도 지방의 종계, 평안도 지방의 북계를 말한다.

계(界)의 지방장관을 병마사(兵馬使, 혹은 번진・영주라 함)라 하며, 군사적인 요충지이기 때문에 그 하부구조도 도와는 달랐다. 그 밑에는 진을 두고 역시 군사적인 통치를 했으며, 분도(分道)를 실시해 북계에는 2인, 동계에는 3인의 감창사(監倉使)가 있어서 민사적인 문제와 조세를 전담케 했고, 감찰기관으로 분대가 있었다.

전국에 걸쳐 군사적인 중요 지방의 대도시에는 도호부를 설치했는데, 성종 14년(995년)에는 안동(광주)・안남(전주)・안북(안주)・안변(안변)에 각각 도호부를 두었다. 또한 현종 9년(1018년)에는 다시 안서(해주)도호부를 두고 안동부를 경주에서 안동으로 옮겼다. 도호부에는 대도호라는 장관을 두었다.

도에만 둔 지방행정 단위는 목(牧)으로서, 광주(廣州)・청주・충주・전주・나주・황주・진주・상주를 목으로 하여 8목이라 했다. 목의 우두머리는 목사(牧使)라 했으며, 지방행정의 실질적인 중심지로서 목사는 중앙정부 명을 군현으로 전달, 이첩하는 주요 관문 구실을 했다. 또한 당의 경북부・하남부・태원부 등 3부의 제도를 모방하여 3경(京) 제도를 두었다. 3경은 그 관료조직이나 기구가 다른 일반 기구보다 높고 중요시되었다. 3경은 개경・서경・남경(현 서울)을 말하는데, 그 중 가장 중요시된 곳은 개경이었으며, 그 우두머리는 부윤이라 했다. 다른 소경은 유수가 우두머리였다.

북진정책상 서경도 중요시되었고, 제2의 수도로서 개경의 행정기구를 그대로 분치해 분사 제도를 이루었다. 고려 초기에는 동경(경주)이 3성의 하

[그림 6-2] 고려 전기의 지방행정 기구표

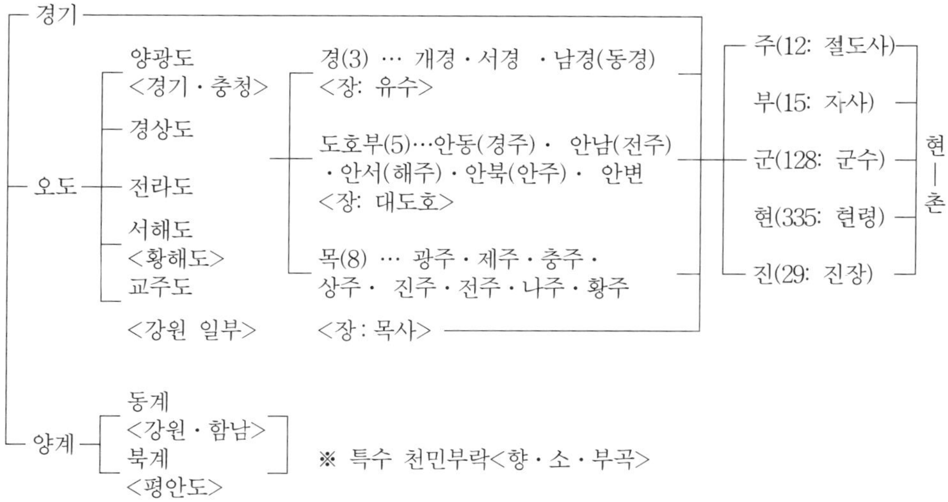

자료: 남도영(1984: 123).

나였으나, 후에는 현재의 서울을 남경이라 했다.

촌 이하의 최하 말단 지방행정기구로 천민들의 집단 거주지인 향(鄕) · 소(所) · 부곡(部曲)이 있었다. 소는 대개 광 · 수공업이 주업이었고, 향 · 부곡은 농업을 주업으로 했다. 특히 부곡은 국가반역죄의 결과로 생긴 천민집단이었다. 이들 향 · 소 · 부곡 등에는 중앙에서 외관이 파견되지 않았으므로 향리가 직접 다스렸다. 그로 인하여 민폐가 많았고 이를 방지하기 위해서 국초(國初)부터 사심관(事審官)이나 기인제(其人制)를 실시했다(남도영, 1984: 122-124).

3 군사행정기구

1) 경군(京軍)

고려의 군사 제도에 대해서는 엇갈린 주장이 있는 것은 사실이지만 대체로 당의 부병제(府兵制)의 원칙을 따랐다는 것이 통설이다. 고려 군제의 특색은 16세 이상 60세까지의 농민을 징병했으며, 이러한 병역의 대가로 국가에서 군인전(軍人田)을 받았다는 점으로 보아 군민 일치·농병 일치적인 국민개병주의라는 점이다.

고려 군사조직의 모체는 후삼국 통일시에 왕건의 직속 군사나 그 후계로 조직된 경군(京軍)인데 중앙에 위치했다. 왕건의 사병과 궁예 휘하의 군대 및 신라 군대를 바탕으로 이루어진 왕건 직속의 경군이 중앙집권 체제가 완비됨에 따라 편제가 확립되었다. 즉, 2군(軍) 6위(衛)로 되었다.

2군은 응양군·용호군을 말하는데, 왕의 친위대·수도경비대의 성격을 띠었고, 그 아래 1,000여명 단위로 영(領)이 있었다. 영에는 장군·중랑장·낭장·교위 등의 군관이 있어 각기 장군방·낭장방·교위방 등의 협의기관을 두고 군사상의 중대사를 의결해 처리했다.

6위는 개경 및 변방수비대인 좌우위·신호위·흥위위를 비롯해 경찰 임무를 담당한 금오위, 의장대 구실을 하는 천우위, 왕궁 수비를 담당하는 감문위 등인데, 위 아래에는 역시 2군처럼 영이 있었다.

이들 2군 6위의 지휘관은 상장군·대장군 등인데, 이들 경군의 고급 무신들이 모인 최고군사회의가 중방(重房)이다. 중방은 후에 무신의 난(亂) 이후 잠시 국가 최고기구의 역할도 했으며, 중방 아래에는 계급에 따라 장군방·낭장방 등을 두었다.

경군을 구성하는 군인들을 부병(府兵)이라 하여 반드시 군적에 등록된 자에 한하며, 경군을 보충할 때는 지방의 토족·향리·농민 중에서 선군(選軍)하며, 이들에게는 2명의 양호(養戶)가 딸린 군인전을 지급하여 경작하게 했다.

2) 주현군(州縣軍)

고려의 지방군, 즉 5도·양계군을 주현군이라고 했다. 정종(945~949) 때 거란의 침입을 막기 위해서 설치된 광군(光軍)을 기원으로 하여 5도와 양계에는 주현군이라는 외군을 두었다. 이들은 군인전을 받지 못하고 경군과는 별개의 조직으로 구성되었다.

3) 특수군(特殊軍)

고려 군사조직의 근간인 경군과 외군(주현, 외진군) 외에 특별한 목적과 조직을 가진 특수부대가 있었다.

광군의 후신인 기광군은 하급 양반 관리의 자제를 위한 특전으로 변질되었고, 별무반(別武班)은 숙종(1095~1105년) 때 윤관의 건의에 따라 설치된 여진방비군이었다. 이 별무반은 신보군(보병)·신기군(기병)·항마군(승병)으로 조직되어 있었다.

그런데 고려 군제가 확립된 당시에 새삼스럽게 이러한 특수군을 조직한 이유가 문제가 된다. 물론 여진에 대항하려는 기병과 많은 수원승도(隋院僧徒)의 통제를 위한 조치를 취하려는 데 이유도 있었겠지만, 더욱 근본적인 것은 군인전의 지급이 적어짐에 따라 군인층이 농민층으로 몰락함으로써 농민이 군인층의 핵심을 이루게 되었기 때문이었다(변태섭, 1977: 256).

[그림 6-3] 고려 전기의 군사행정 기구표

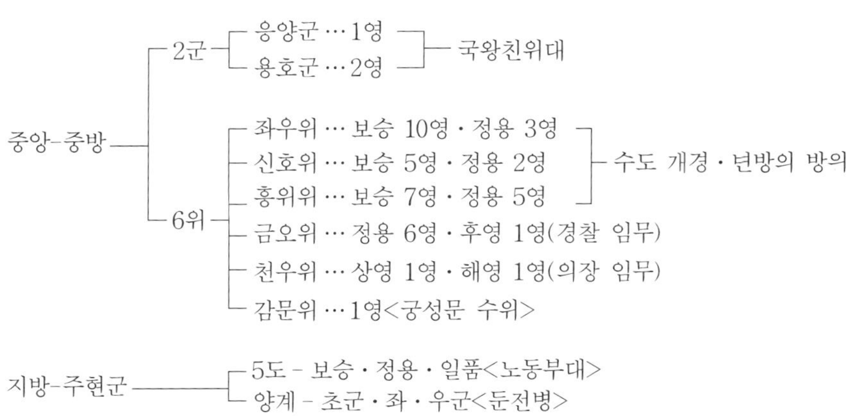

자료: 남도영(1984: 125).

제 4 절 행정정책 및 관리

1 정치 · 행정 부문

1) 중앙집권화정책

건국 초의 고려는 엄밀한 의미로 볼 때 그것은 개성 정권이며 호족 연립 위에 세워진 과도적 정부에 불과했다. 따라서 고려왕조로서는 무엇보다도 왕권을 중심으로 하는 강력한 정부의 수립이 요구되었으며, 왕건은 호족 세력의 회유와 통제에 역점을 두게 되었다. 그리고 좀더 과감한 왕권의 확립을 위한 기도는 정종(定宗)에 의한 왕규(王規)의 난(亂)이 진압된 후 광종(光宗)에 의한 노비안검법(奴婢按檢法) · 과거제 · 백관 공복의 제정 등 일련의 강력한 개혁 정책이 성공함으로써 가능했다. 이러한 관료제의 발달과 그에 수반되는 경종(景宗) 때의 전시과(田柴科)의 실시는 중앙집권화를 결정적으로 뒷받침해 주었다. 그리고 10세기 말 최승로의 보필을 받은 성종의 정치 제도의 완비와 외관의 파견으로 왕권 강화는 일단락되었다.

고려의 국가 체제는 그 후 현종을 거쳐 문종 때 보완을 거침으로써 그 절정을 이루게 되었는데, 문종(文宗) 때 경정전시과(更定田柴科)의 완성은 이를 뒷받침해 준다. 따라서 고려의 중앙집권화의 과정은 광종 · 성종의 업적을 결합한 것이라 하겠다. 그러나 12세기 이래 귀족사회의 동요와 무신란으로 실질적인 고려의 붕괴가 촉진되었다(변태섭, 1977: 245).

2) 북진정책

고려는 민족을 재통일한 왕조로서 실질적으로는 신라의 연장이지만, 고려가 지니고 있는 사상과 방향은 고구려의 후계자였다. 그것은 항상 대외 민족에 대해 고구려의 계승자임을 주장했고, 또 실제로 고구려의 고토 회복을 국책으로 삼고 있었던만큼 그 어느 때보다도 강인한 주체성과 자주의식, 그리고 북진 사상을 가져야 했다.

동시에 고려가 존속한 470여 년 간에 북방의 대륙은 5대(代), 요(거란)·금(여진)·송·원(몽고)·명 등의 5개 왕조가 바뀌고 있었던 때인 만큼, 항상 그들의 세력과 압력이 밀려오고 있었다. 특히 요·금·원의 북방 민족은 고려를 정복하려고 군사적·정치적 압력을 강화시켰음에 비추어 고려는 민족의 생존이나 국가 유지의 수단으로서 더욱 철저한 자주·북진정책을 강요받게 되었다.

따라서 고려는 늘 그들과 대립·항쟁해야 했다. 때문에 태조 이래 고려 말까지 북진·자주정책은 고려 외교의 주류로서 설명되어야 하며, 그러한 시련과 극복에서 우리 민족은 성장해 왔다(변태섭, 1977: 288-289).

3) 인재 등용정책(과거제 실시)

과거(科擧)란 관리 채용을 위한 국가시험으로서 음서(蔭敍)와 함께 고려 시대의 대표적인 관리 등용문이며 입신 양명의 길이었다. 이 과거제는 중국에서 수(隋)나라 때 시작되고 당(唐)에 와서 완성을 보게 되었다. 우리나라에는 신라 시대의 독서삼품과라는 것이 존재했으나 귀족의 반대로 소기의 목적을 이루지 못했다.

고려 광종 9년(958년)에 처음으로 실시된 이 과거 제도는 후즈(後周)의 쌍기(雙冀)가 건의해 시작되었다고 하지만, 그 실시 배경은 ① 신라 말·고려 초 도당 유학생의 활동에 따라 그들이 당의 과거 출신자였기 때문에 고려왕조에 그 필요성과 내용을 전달·주장했을 것이다. ② 고려 초의 중앙집권화에 수반된 호족·개국공신의 합리적인 도태와 제거를 위해서 요구되었다. ③ 건국 초에 관료 체제의 확립과 문호의 개방을 통한 인재의 광범한 선발을 위해서도 과거제는 필요했다. 따라서 과거는 고려왕조의 중앙집권 정책과 왕권 강화 과정에 수반된 관료제의 길을 위한 발전적인 조치로서 실시되었으며, 국가 체제의 발달에 따라 과거제 역시 발달되었다.

그러나 고려 시대에는 과거만이 관리가 될 수 있는 유일한 길이 아니라, 그에 못지않게 중요한 것은 바로 음서였다. 즉 5품 이상 관리의 자제는 이러한 시험을 통하지 않고 바로 관직을 얻게 되는 제도로서, 오히려 과거보다 더욱 광범하게 실시되었다. 고려 시대에 진사과(進士科)가 강조됨으로써 경학(經學)보다 문학이 중시되었다는 일반적인 풍조와 함께 음서제의 존재는 고려 귀족 사회가 문벌 중심의 사회였음을 잘 설명해 준다.

과거시험 중에서 가장 중요한 문관시험을 문과라 하는데, 여기에는 두 종류가 있다. 즉 진사과(제술업[製述業])는 시(詩)·부(賦)·송(頌)·책(策)·논(論) 등의 문예로 시취(試取)하는 것으로 가장 중시되었으며, 고려왕조 전체로 그 합격자가 약 6천 명이나 되었다. 명경과(明經科: 명경업[明經業])는 시(詩)·서(書)·역(易)·춘추(春秋) 등의 유교 경전으로 보는 것으로 약 450여명의 합격자가 있었다.

그리고 문과 이외에 기술관 시험도 있었는데, 이는 잡과(雜科)라 하여 천시되었으며, 대개 중류 계급이 응시했다. 여기에는 의(의학)·지리(풍수지리)·명법(법률)·명산(산술)·명서(붓글씨)·주금(점) 등이 있어 각기 전문 분야별 시험이었다. 그리고 공양왕 때에 와서야 무과가 설치되었으므로 고려 시대는 무과가 없었다고 보아도 무방하다.

과거는 원칙적으로 3년에 한 번씩 보는 식년시를 중심으로 하여 예부가 관장했다. 그러나 특별한 경우에는 임시로도 보았다. 시험은 시험관인 지공거(知貢擧)의 책임하에 실시되었는데, 지공거와 합격자는 좌주(座主)와 문생(門生)의 관계로 밀접한 관계를 지속했다. 이러한 과거는 원칙적으로 양인(良人) 이상이면 응시할 자격이 있었다. 그러나 실제로 농민은 거의 응시하지 못하는 처지에 있었다.

과거는 3차에 걸쳐 실시되었다. 제1차 시험인 향시(鄕試)는 개경(상공)·지방(향공)·외국인(빈공)의 시험을 뜻하며, 이들 합격자를 공사(貢士)라 부른다. 제2차 시험인 회시(會試: 감시[監試])는 국자감(國子監)에서 보기 때문에 국자감시라고도 부른다. 제3차 시험인 예부시(禮部試)는 2차 합격자와 국자감생이 보게 되는데, 갑·을·병의 최후 합격자가 결정되어 이를 동당감시(東堂監試)라고도 부른다(변태섭, 1977: 258-259).

4) 사법정책

고려의 법률은 대개 당률(唐律)을 답습했다. 형벌의 종류는 태(笞)·장

(杖)·도(徒)·류(流)·사(死)의 다섯 가지가 있었다. 국가에 대한 모반죄, 왕실이나 왕릉에 대한 대역죄, 직계 부모와 조부모를 때리는 악역, 부모에 불경하는 불효죄, 살인죄, 강도죄, 절도죄 등을 엄하게 다스렸다. 중죄인에 대해서는 3인 이상의 법관이 재판하고, 사형수는 세 번 이상 재판을 거쳐 결정을 했다(남도영, 1984: 133).

2 경제 부문

1) 토지정책

고려의 토지정책에서 중요한 위치를 차지하는 것은 전시과(田柴科)였다. 전시과는 태조 23년(940년)의 역분전(役分田)에 기초를 둔 것으로, 역분전은 통일 뒤의 논공행상적인 것이었다. 광종 원년(976년)에 이르러 처음으로 전시과라 했으나 이러한 경향을 탈피하지 못했다. 그 후 목종 원년(998년)에 비로소 성종 때의 관제를 기준으로 관제의 고하에 따라 18과로 구분하여 토지를 나누어 주는 단일제가 성립되었다. 전시과의 규정에 따라 주어지는 과전은 관리에 대한 보수였다. 따라서 그가 죽으면 국가에 반납하게 되어 있었다. 또 조(租)의 수취도 국가에서 관장하고 관리들에 의한 직접적인 수취를 허락하지 않았다. 이 전시과 속에는 군인에 대하여 토지를 주는 군인전의 규정도 포함되어 있었다.

전시과 이외에 중요한 것이 공음전(功蔭田)이었다. 공음전은 대체로 5품 이상의 관리에게 일정한 토지를 주어 이를 자손에게 세습시키는 것을 허락한 영업전(永業田)이었다. 따라서 그 처분이 자유로운 토지였다. 공음전은 전호(田戶)에 의해 경작되고, 그 조는 수급자가 자신의 책임하에 거둬들였다. 그러므로 이것은 사유지와 다름없는 토지이며, 관직보다는 귀족의 신분을 뒷받침해 주는 토지였다. 5품 이상 관리의 아들에게 자동적으로 관리가 될 수 있는 길을 열어 준 것과 마찬가지였다.

과전과 공음전 이외에 중요한 것은 향리와 군인에게 주는 전정이었다. 향리들이 받는 외역전(外役田)은 그들이 짊어지는 향역의 대가였다. 이 향역이 세습되는 것과 마찬가지로 그 토지도 세습되었으므로 영업전이라고 할 수 있다. 그리고 그 조도 그들 스스로 거둬들일 수 있었으므로 사유지였던 셈이다. 군인전도 군역의 대가로 주는 토지였다. 군인전의 규정은 비록 전시과 속에 포함되어 있었으나 그 과전과는 달랐다. 군역이 세습이었기 때문에 군인전도 세습되었고, 군인마다에 양호(養戶)가 달려서 그들이 이를 경작했다. 단지, 군역을 이을 자손이 없다면 늙은 뒤에 이를 반납케 하고 약간의 구분전(口分田)을 주어서 생활을 유지하게 하였다.

구분전은 또 전쟁 미망인 등 생계를 유지할 수 없는 관리나 군인의 유족에게도 주었다. 이 밖에 영지에 소속되어 있는 내장전(內藏田)이 있었다. 이는 왕실의 사유지와 마찬가지였으나 그 관리가 특정한 행정구역을 통해서 행해졌다는 데에 특색이 있었다.

그리고 관아의 비용에 충당하기 위하여 할당되는 공해전(公廨田), 사원이 소유하는 사원전(寺院田) 등이 있었다(이기백, 1987: 145-147).

2) 조세정책

고려의 경제적 기반이 된 토지 제도와 연결되어 성립되었다. 고려는 농업을 위주로 하는 사회였기 때문에 국가가 국민으로부터 수취하는 것은 대체로 토지를 매개로 했다. 국가에 대한 농민들의 부담은 보통 조세·공부(貢賦)·역역(力役)의 세 가지로서 이것이 고려왕조의 주요 재원이 되었다.

조세는 토지를 통해 수취했으니 국가는 토지를 소유한 국민으로부터 일정한 수취율의 조세를 받아들였다. 고려 시대의 사유지인 민전(民田)의 조세율은 수확의 10분의 1이 원칙이었다. 민전의 소유자는 10분의 1의 조세를 국가에 납부했는데, 이것이 일반 공전인 경우는 직접 국고에 들어가 국가의 재원이 되었고, 만약 여기에 과전이나 공음전이 설정되었을 경우는 수조권자인 관리에게 귀속되었다.

일반 농민은 조상으로부터 내려받은 민전을 경작해 생활을 유지했으나 민전을 소유하지 못한 농민은 할 수 없이 전호(佃戶)로서 귀족·양반 관리의 방대한 사전(私田)이나 왕실 소속의 토지 및 공해전·둔전 등 국가 공유지를 소작했다.

귀족이나 양반 관리는 자기의 사전을 노비를 부려 직영하기도 했지만 전호제 경영을 할 때는 병작으로 수확량의 2분의 1을 받아들였다. 이에 대해 왕실의 토지나 공해전·둔전의 공전에서는 4분의 1을 내게 했는데, 이러한 토지는 척박한 곳이 많았기 때문에 전호의 실질적 부담은 사전의 2분의 1과 별 차이가 없었다.

공부(貢賦)는 지방에서 포나 토산물 등 현물을 납부하는 수취 제도였다. 여기에는 매년 일정한 공물을 바치는 상공과 필요에 따라 임시로 공납케 하는 별공의 구별이 있었다.

상공(常貢)은 미리 정해진 공물을 종류와 액수를 각 주·현에 할당해 매년 헌납케 했으며, 이에 따라 각 주·현은 이 공물을 가가호호에 배분해 수취했다. 이 때 가호는 인정(人丁)의 다소로써 편성된 9등급에 따라 차등 있게 공물을 납부했다. 그러나 이러한 상공보다도 임시적인 별공에 따른 관리들의 가렴주구가 심해서 공부는 농민들의 부담 가운데 큰 비중을 차지했다.

천민집단인 향·부곡에 사는 주민들은 대개 농민들이었으므로 토지의 조세를 납부했는데, 소는 대체로 금·은·동·철·종이·자기 등 수공업에 종사하는 사람들의 거주지였으므로 그들이 헌납하는 제품도 일종의 공부라 할 수 있다.

역역은 국가가 국민들의 노동력을 수취하는 제도였다. 16세르부터 60세까지의 남자는 정(丁)이라 하여 입역(入役)의 의무를 가졌다. 대체로 농민들의 역역이란 성곽·관아·제방의 축조, 도로의 개수 등 토목공사에 노동력을 동원하는 것이었다. 역역도 공부와 같이 인정의 다소에 따른 호제(戶制)의 등급을 기준으로 삼아 징수했으니, 이들은 때에 따라 공역으로 결합하기도 했다 (변태섭, 1987: 185-187).

3) 권농정책

고려 시대 국민의 거의 대부분은 농민이었는데, 이들 농민의 생활은 대체로 가난했다. 그것은 토지가 척박해 생산량이 적었을 뿐 아니라 농민에 대한 국가의 수취가 과중했기 때문이다. 농민은 사유지인 민전에서도 10분의 1의 전세를 내었을 뿐 아니라 전호(소작농)인 경우는 공전에서 수확량의 4분의 1을 내었고, 사전에서는 2분의 1이라는 높은 조세를 납부해야 했다. 또한 이들은 무거운 공부·역역을 부담하지 않으면 안 되었다. 그러나 무엇보다도 무서운 것은 관리들의 가렴주구였다.

농민들은 양반 관리나 향리들에게 가혹한 수탈의 대상이 되었고, 귀족·권력가들에게 토지를 빼앗기는 일이 많았다. 이리하여 농민의 몰락은 유교정치 이념에서의 위민정치에 어긋날 뿐 아니라 무엇보다도 국가경제의 파탄을 초래하게 되었다. 따라서 고려왕조의 경제 기반이 농업 생산 위에 성립되었으므로 농민의 토지 이탈은 국가 수취의 세원을 감소시키는 결과를 초래했고, 따라서 고려는 권농정책을 써서 농업을 장려하고 농민 생활의 안정을 도모했다. 성종 때부터 환구(圜丘)에서 기곡(祈穀)의 예를 행하고 왕이 적전(籍田)을 친히 갈아 농사의 모범을 보이며 사직(社稷)을 세워 지신과 오곡의 신을 제사지낸 것도 이러한 권농정책에 따른 것이다. 고려는 농민을 보호하기 위해 여러 가지 방법을 강구했다. 국가는 귀족들의 토지 겸병을 억제하고 농민이 토지로부터 이탈하거나 권세가의 노비로 전락하는 것을 막았다.

성종은 백성을 사역하는 데에는 때를 가려야 한다고 했다. 그리하여 지방관에 영을 내려 농기에는 농민을 잡역에 동원하지 못하게 했고, 면재법(免災法)을 만들어 수한(水旱)·충상(蟲霜)으로 전답의 재해가 4분(4할) 이상인 때에는 조를 면하고, 6분 이상인 때에는 조·포를, 7분 이상인 때에는 조·포·역을 모두 면제하도록 했다. 경종 때에는 고리대를 억제하기 위해 미(米)·포(布)의 이자율을 정한 바 있다. 성종은 모(母: 본전)와 자(子: 이자)가 서로 같은 액수에 달하면 그 이상 이자를 취하지 못하도록 했다(변태섭, 1987: 192-193).

4) 화폐정책

고려 때는 경제 유통의 수단으로 많은 종류의 화폐가 주조되어 사용되었다. 성종 때를 전후해서 굵은 삼베로 만든 추폐라는 화폐의 일종을 사용했고, 성종 15년(996년)에는 우리 나라의 최초의 화폐인 건원중보(乾元重寶), 즉

〈표 6-1〉 고려 화폐 일람표

화폐의 종류	주조된 시기	재 료
건원중보	성종 15년(996)	철 전
활 구	숙종 6년(1101)	은 전
해동통보	숙종 7년(1102)	철전 또는 동전
해동중보	〃	〃
삼한통보	〃	〃
삼한중보	〃	〃
동국통보	〃	〃
동국중보	〃	〃
쇄 은	충렬왕 2년(1278)	은 전
소 활 구	충혜왕 1년(1331)	〃
저 화	공양왕 1년(1390)	지 폐

자료: 남도영(1984: 131).

철전(鐵錢)을 만들어 사용했다. 숙종(1095~1105년) 때에 이르러서는 윤관(尹瓘)과 의천(義天)의 의견으로 주전도감을 설치해 많은 화폐를 주조·유통시켰으며, 숙종 6년(1101년)에는 활구를 만들어 사용했다. 이 때 그 화폐의 모양은 우리 나라 모양의 은으로 된 것이었다. 고려 말 충렬왕(1274~1308년) 때는 몽고의 영향으로 보초·쇄은·소활구 등의 화폐를 사용하고, 공양왕 1년(1390년)에는 최초의 지폐인 저화(楮貨)를 만들었다(남도영, 1984: 132).

3 사회 부문

1) 신분 체제의 재편정책

신라의 진골 출신이 아닌 새로운 사회 계층의 사람들이 역사의 주인공으로 등장한 고려에서 신분 제도는 재편성될 수밖에 없었다. 개경에서 가까운 근기(近畿) 지방 호족 출신과 신라 육두품 계열의 귀족을 지배 세력으로 하는 고려는 이들을 기준으로 한 새로운 신분 체제를 짜게 되었다.

고려 신분제의 특징은 우선 신분제가 정치조직과 밀접한 관계를 맺고 있었다는 점이다. 즉 일정한 정치적 기능을 나타내는 몇 개의 반(班)을 설정하고, 거기에 소속되는 가문에게 원칙적으로 그를 세습할 권리와 의무를 부과했다. 가령 문반은 문관직을, 무반은 무관직을, 남반은 궁중직을, 그리고 군반은 군인직을 세습케 하는 따위였다. 비록 향리나 이속(吏屬)·공장(工匠) 등은 반이란 명칭으로 불리지는 않았으나 그 실제는 이와 마찬가지였다. 그리고 관직을 차지할 수 없는 농민은 백정(白丁)이라 불렸고, 그 밑에 천민인 노비가 있었다.

이같이 짜여진 여러 신분은 일정한 범위의 친족을 단위로 해서 세습되었다. 그 친족의 범위는 분명치 않으나 종족보다는 좁은 가문 혹은 가계라 부를 수 있는 성질의 것이었다. 이들의 신분 세습을 보장하기 위해 몇 가지 방안이 마련되었다. 문·무반에게는 5품 이상이면 그 1 자(子)가 관직을 받을 수 있는 음서 제도를 마련했다. 또 군반이나 향리들도 그 자손이 그 직을 세습하도록 했는데, 이러한 세습을 뒷받침하기 위해 국가로부터 영업전이 지급되었다.

고려의 신분 제도가 세습을 원칙으로 하고는 있었지만, 신분의 변동이 끊임없이 행해지고 있었다. 특히 낮은 신분으로부터 더 높은 신분으로 상승하는 현상이 자주 일어났다. 그 중에서도 두드러진 것이 향리로부터 문반이 되는 경우와, 군반으로부터 무반이 되는 경우였다. 원래 문반 귀족은 대부분이 호족 출신이었고, 이런 관계로 해서 문반과 향리는 혈통을 같이 하는 경우가 많았다. 향리가 문반으로 쉽게 상승할 수 있었던 것은 이러한 데에 말미암은 것이다. 그러나 음서의 혜택을 받을 수 없는 향리들은 과거 시험의 관문을 거쳐야만 했다.

고려의 과거 시험은 이러한 신분 변동에 중요한 기능을 발휘했다. 또 군반 출신인 군인 중에서 무공(武功)에 의해 무반으로 출세하는 경우가 많아서 큰 신분 변동의 한 예가 되었다. 더구나 군인은 양인 농민인 백정뿐 아니라 노비 출신에서도 보충되었으므로 백정이나 노비가 군반을 거쳐 무반으로 상승하는 경우도 있었다. 비록 신분의 세습이 원칙이었지만, 이렇게 끊임없이 신분의 변동이 행해지고 있었다는 데에 고려 신분 제도의 한 특징이 있다(이기백, 1987: 136-138).

2) 사회 구호정책

(1) 사회 구호정책의 필요성

봉건국가인 고려왕조는 유교적인 왕도정치를 표방하기 위해서도 백성을 위한 혜정(惠政)이 요구되었으나, 좀더 직접적인 요인으로는 국가 유지의 경제적 재원의 공급자인 국민의 생활 안정이 필요했기 때문에 사회 구호정책을 실시했다. 즉 고려는 농민으로부터 조(租)·용(庸)·조(調)를 수취했기 때문에 농민의 생활 안정이 국가 유지의 전제 조건이 되었다. 이들 농민은 계급적으로 피지배층이며 빈궁하기 때문에 천재지변이나 국난기에는 기민(饑民)·이재민으로서 국가의 구호 없이는 생활이 불가능하게 되었다. 따라서 국가는 이러한 위급을 사전에 예방한다든가, 그러한 재난을 당했을 때에 그들을 구호하려는 많은 사회정책이 요구되었다. 그러나 실제로 이러한 구빈정책은 농민의 곤궁을 근본적으로 해결하지 못했으며, 국가의 형식적인 제도와 기구에 그쳤다고 봐도 무방하다.

(2) 구빈 의료시설

국가의 인적 자원인 농민을 위한 구빈기관으로는 의창(義倉)이 있었다. 이것은 태조가 만든 흑창(黑倉)을 개칭한 것으로, 성종 5년(986)에 각 주에 설치한 빈민구호기관이다. 즉, 춘궁기에 관곡을 빌려 주었다가 추수기에 약간 이식(利殖)을 붙여 받아들이는 것으로, 고구려의 진대법이나 조선의 사창·환곡과 그 성격을 같이한다. 또 상평창(常平倉)이 있었다. 성종 12년에 양경(兩京)과 12목에 설치한 물가 조절기관으로서, 평시에 쌀을 저축했다가 흉년에 매매케 했다. 그리고 사원의 구제기관이 있다. 즉, 개경의 개국사와 임진의 보통원(普通院)은 빈민과 유랑민에게 급식을 했던 곳이다.

(3) 공익시설

구빈시설과 함께 의료기관이 있었으니, 빈민·병약자의 치료기관인 동서대비원이 그 대표적인 기구이다. 그 외 혜민원(惠民院)과 왕실 치료기관인 시의(侍醫)·상약국(尙藥局) 및 문무 관리 치료소인 태의감(太醫監)이 있었다.

고려 시대의 공익시설에는 보(寶)가 대표적이다. 이것은 사적 이식(利息)기관인 계(契)와 달라서 공공사업 운영을 위한 공적 이식기관이다. 여기에는 육영재단인 학보, 승려 면학을 위한 광학보(廣學寶), 불경 간행을 위한 경보(經寶), 팔관회 경비를 위한 팔관보(八關寶), 빈민 구제를 위한 제위보(濟危寶) 등이 있었다. 그러나 그 어느 것도 농민의 구호나 구제에 대한 근본적인 문제점을 해결해 주지는 못했다(변태섭, 1977: 266-267).

4 교육 · 문화 부문

1) 교육정책

삼국 시대에 태학 · 국학 · 태학감 등의 교육기관이 있었으나, 당시는 사학 제도가 시행되기 이전이었기 때문에 별다른 효과를 볼 수 없었다. 그러나 고려 4대 광종 때 과거 제도가 실시됨으로써 인재를 등용할 관료 체제가 완비됨에 따라 학교가 가지는 의미는 매우 컸다. 따라서 고려의 교육 제도와 과거 제도는 불가분의 관계에 있었다. 고려의 교육 제도는 크게 관학과 사학으로 구별되는데, 관학은 국자감으로, 그리고 사학은 12공도(公徒)로 대표된다.

태조 때에는 서경과 개경에 학교를 설치해 유학을 교육한 일이 있었다. 성종 11년(992년)에 3품 이상의 자제가 입학하는 국자감, 5품 이상의 자제가 입학하는 태학, 7품 이상의 자제가 입학하는 사문학(四門學)이 있어서 이를 특히 3학(三學)이라 했다. 여기서는 유교의 경전과 문예를 가르치며 수업 연한은 9년이었다.

태학 이외에 율학 · 서학 · 산학을 통틀어 잡학(雜學)을 두고 8품 이하의 서민 자제에게 해당 기술 학문을 습득케 했는데, 잡학의 수업 연한은 6년이었다.

국자감은 위와 같은 6개의 단과대학으로 되어 있었기 때문에 이를 경사육학(京師六學)이라고도 했다. 이는 경학과 문예를 수업하는 문과와 기술 방면을 수업하는 잡학을 다 포함한 종합대학이었다. 그 입학 기준은 실력이 아닌 신분의 상하에 따른 것이 특색이었다.

지방의 관학으로는 인종 때 8품 이상의 지방관리 및 평민 자제를 교육하는 지방 교육기관인 향학을 두었으나 지방교육은 오히려 사학이 대표하고 있었다.

태조는 서경에 학원을 설치한 일이 있었으나, 실제의 사학 완비는 11대 문종 때였다. 최충이 구재학당(九齋學堂)을 세워 학생들에게 유학을 가르쳤던 바, 이것이 국가에 의해서 인정되었다. 그리하여 구재학당은 문헌공도(文憲公徒)가 되었으며, 이를 이어 많은 학자·문인들이 각각 사학을 설치해 이른바 12공도가 나타나게 되었다. 12공도는 오히려 관학을 압도하게 되었고 관학의 위축을 가져왔다. 관학이 사학에 밀려 의축되자 예종은 관학 부흥을 위한 개혁을 단행했다. 국자감을 국학으로 개편하고 최충의 구재학당을 본떠 7재(齋)를 두고, 주역·춘추 등의 특강을 열고 양현고(養賢庫)라는 장학재단을 만들어 학생에 대한 경제적 후원을 도모했으며, 김부식·정지상 같은 문인이 배출되었다(남도영, 1984: 125-127).

2) 문화정책

(1) 불교정책

불교는 신라 이래로 국가의 지도 이념으로 고대·봉건국가의 정신적 지주 역할을 했다. 따라서 왕실 귀족의 적극적인 장려로 귀족 종교로서 융성했고, 호국 신앙으로서 국민 사상을 통일했으며, 국태민안의 도구로서 큰 역할은 했다. 외족의 침입이 있으면 호국 정신으로 승병의 활동이 컸고, 불력(佛力)으로 그 퇴치의 축원을 다해 준 구국의 종교가 되었으며, 그것은 대장경의 조조(造彫)에서 나타난 바 있다. 나아가서 고승대덕은 국가의 사표(師表)로서 국사를 논했으며, 대사찰의 건조는 국력의 상징이 되었다. 또한 이러한 불교는 인쇄술·예술·학문의 발전에 결정적인 공헌을 하여 민족문화의 근간을 이루는 데 불후의 영향을 남긴 바 있다. 그러나 지나친 승려의 정치 참여는 그들을 속화(俗化)시켰으며, 면역·면세의 특권은 국가경제를 혼란시킨 장본인이 되었고, 고려 멸망의 주원인이 되었다(변태섭, 1977: 269-270).

(2) 풍수지리정책

신라 말·고려 초에 사상계를 지배하던 선종(禪宗)과 함께 큰 영향을 남긴 것은 풍수지리설이었다. 이것은 불교의 선악 사상과 도교의 음양오행설(陰陽五行說)이 결합된 것으로 신라 말 도선(道詵)에 의해서 발전되었다. 즉 지리라는 것은 산수(山水)의 형상인 것으로, 순(順)과 역(逆)한 것이 있으며, 순한 곳, 즉 명당에 집이나 궁궐을 지으면 집안이나 국가가 번영하는 것이고, 역한 곳이면 망한다는 것이다. 그리고 역한 곳에는 사찰을 세워 액운을 막아야 한다는 것이다. 따라서 지형과 지세는 개인이나 국가의 길흉흥망을 결정하는 것이어서 신라 말 호족의 지방 거점의 명분과 존재를 정당화해 주었다. 따라서 왕건의 건국에 큰 도움을 준 바 있다. 그 후 이것은 민간 신앙으로서 고려 시대 전체를 통해서 널리 유포되었다.

왕건은 신라 말 호족으로서 후삼국 통일이 곧 풍수사상의 덕으로 생각했고 또한 개성의 지덕(地德)인 것으로 여겨 훈요십조 제2항에서 풍수지리설을 숭상하도록 당부했다. 태조의 풍수지리설의 숭상은 자연히 역대 왕에 계승되었고, 또 민간에서도 주택(양택)과 묘지(음택) 선정에 큰 비중을 갖게 되었다. 특히 과거의 잡과에는 지리과가 있어 정책상의 중요도를 보여주었으며, 또한 산천비보도감(山川裨補都鑑)이라는 관청을 따로 두고 있었다. 나아가서 서경의 분사(分司) 제도도 이러한 풍수 사상에서 연유했다고 하겠다. 그러나 이러한 풍수지리설의 국가적 권장은 많은 문제점을 남기게 되었다. 결국 묘청(妙淸)의 난과 서경 천도론까지 야기시켰던 것이다(변태섭, 1977: 273-274).

(3) 유학정책

왕건은 신라 말 육두품 계열의 지식층으로부터 많은 도움을 받은 관계로 유교의 발달에 힘쓰게 되었다. 그것은 서경의 학원 설치로 나타났다. 이어 광종의 과거제 창설, 성종의 유신 최승로의 중용과 과거·교육제의 완비, 그리고 문종의 최충 중용에 따른 숭유책이 계속되었다. 이리하여 성종 때에 국자감이 확립되어 관학의 중추적 역할을 담당하게 되었고, 12세기인 예종 때 국학의 재정비가 잇따랐다.

고려 초의 유학 사상도 국가의 숭유정책(崇儒政策)에 따라 발달되었다. 문치주의의 이론적 바탕이 된 고려의 유학은 경학보다 사장(詞章) 위주였고, 학문적 이론보다 정치적인 실용면이 강조되었다. 그리하여 최승로나 김심언으로 대표되는 10세기의 유학 사상은 유불의 조화라는 일면과 함께 강력한 왕권을 옹호해 적극적인 현실 참여와 새로운 사회 건설에 능동적인 성격을 띠고 있었다.

그러나 11세기 이후 최충으로 대표되는 중기의 유학사상은 순수한 유교 사상보다는 귀족사회의 안일을 찬미하고, 그 지배 질서를 옹호하는 보수주의 경향으로 흘러가게 되었다. 그 후 12세기에 이르러서는 김부식(金富軾)과 같은 족벌 중심의 현실 만족과 철저한 사대주의 사상으로 전개되기도 했다(변태섭, 1977: 76-77).

제5절 행정의 특징

1 복합적 성격과 행정기구

고려 전기에는 당제(唐制)를 기반으로 한 3성·6부가 공식적인 정부기구로서 국정의 중심이 되었다. 그리고 송제(宋制)를 채용한 중추원·3사의 특별관서와 고려의 독자적인 제도인 식목도감·도병마사의 회의기관 등이 고려 전기의 권력기구를 구성하고 있었다. 그러므로 고려 전기의 행정기구는 이들 세 계통이 복합되어 이루어진 특이한 행정기구라 하겠다(변태섭, 1983: 218-219).

2 왕권과 재상권이 균형된 행정기구

고려에서는 국가행정이 상서 6부를 중심으로 시행되었다. 6부는 독립적으로 국왕과 직진(直奏) 관계에 있었으므로 이러한 관료적인 행정기구를 통해 왕권이 강화되었다. 그러나 반면 중서문하성과 중추원의 양부재추(兩府宰樞)가 국사를 처리하는 재상의 지위에 있었기 때문에 국왕권과 재상권은 균형을 이룰 수가 있었다.

이렇게 보면 고려 전기에는 모든 행정기구가 정상적인 기능을 행사하고 행정 기능의 분화와 상호간에 조화가 유지되고 있었다고 하겠다. 따라서 국정 처리의 역할을 담당했던 재상권의 성장은 왕권에 제약을 가져왔고, 또한 나아가서는 균형과 조화를 이룰 수 있었다(변태섭, 1983: 219).

3 귀족적인 문치주의 행정기구

고려는 신라의 골품제를 탈피하고 호족 세력의 기반 위에 성립되었다. 그렇기 때문에 신라 말의 반진골적인 육두품·호족 세력 및 개국공신들과의 결속은 왕건의 건국 사업에 큰 기둥이 되었다. 그러나 그들은 국가적 정비과정에서는 암적인 존재가 되었다. 따라서 왕건은 이들을 회유 포섭해야 했으나 여의치 않았으며, 광종 때에 이르러서야 과감한 시책을 펼 수 있었다. 그것이 노비안검법(奴婢按檢法)의 실시와 과거제의 창설이었다. 이에 따라 개국공신 및 호족들은 그 일부를 제외하고는 도태되고, 강력한 문치주의를 위한 과거제에 의해서 그들은 문신 귀족으로 재편되어야 했다.

이리하여 고려의 지배층은 문신으로 구성된 문벌 귀족으로, 고려를 귀족사회라고 부르는 이유도 여기에 있다. 이들 문벌 귀족은 왕을 둘러싼 혈연적인 인척 관계를 가져와 폐쇄적인 문벌 정권을 초래했다. 특히 귀족 계층은 일정한 사회적 신분을 가진 다른 가문과 배타적·폐쇄적인 혼인 관계를 맺을 수 있을 때 가능했다. 또한 문치주의는 지나친 천무사상(賤武思想)을 길렀고 문무의 격심한 차별을 가져와 문신 귀족이 교육·과거를 독점하게 되었으며, 실질적인 지배 계층이 되어 고려왕조의 주역이 되었다. 따라서 이들 귀족은 막대한 부와 권력을 독점해 사치와 향락에 빠졌으며, 그것은 고려자기와 같은 사치품이 이를 설명해 주고 있다. 그러나 12세기의 무신의 난은 이러한 귀족사회의 붕괴를 가져와 고려왕조를 실질적으로 변질시켰다(변태섭, 1977: 239).

4 과거 제도의 창설

골품 제도하의 신라에서는 관리 등용의 기준이 신분에 있었으므로, 다른 관리를 등용하기 위한 시험 제도가 필요치 않았다. 그러나 고려에서는 여러 문벌 귀족들이 같은 귀족의 신분으로서 정치에 참여할 수가 있었다. 그뿐만 아니라 지방의 향리들에게도 중앙관료로 진출해 귀족화할 수 있는 길을 열어 주고 이를 장려했다. 말하자면 고려에서는 신라 때와는 비교도 안 될 정도로 많은 수의 사람들이 관리가 될 수 있었다. 이러한 사정은 새로운 인선 방법을 필요케 했는데, 그것이 곧 과거시험이었다. 향리층에게 가장 매력을 안겨 주었던 과거 시험은 요컨대 여러 문벌 귀족의 정치 참여를 허용해 그들의 공동 이익을 보장하는 관리 등용제였다.

그러나 고려의 과거 제도는 관리 등용에서 절대적인 중요성을 차지하고 있었던 것은 아니다. 그것은 고려 귀족 사회가 아직도 조선조의 양반 사회만큼 넓은 사회적 기반을 가지고 있지 못했기 때문이다. 고려의 문벌 귀족들은 그들의 특권을 유지하기 위한 관리 등용 제도를 동시에 갖기를 원했다. 그것이 음서제였다. 이것은 결국 고려의 관료 제도가 강력한 귀족 제도에 의해서 뒷받침되고 있었음을 말해 준다(이기백, 1987: 144.).

5 지방행정기구의 정비

지방행정조직은 실제 중앙의 정령(政令)을 전담하는 신경 계통이라고 할 수 있기 때문에, 어느 국가에서나 중앙 제도와 함께 그 중요성을 지니고 있다. 그러나 고려 초는 호족의 세력에 눌려 외관을 파견하지 못했고, 다만 금유(今有)·조장(租藏)·전운사(轉運使) 등의 임시관이 파견되어 조세를 징수하고 개경으로 운송했을 따름이다. 그러나 성종 2년(983)에 12목을 둠으로써 고려의 지방 행정 체계는 성립되기 시작했고, 이어 10도·12주 절도사제(節度使制)를 거쳐 현종 때 5도·양계를 주축으로 3경·4도호부·8목제가 성립되었다. 5도에는 안찰사제가 설치되고, 양계에는 병마사제가 설치되었다. 즉 5도는 행정적인 면을, 양계는 군사적인 면을 강조함으로써 이원적인 통치 제도를 마련하게 되었다.

고려 시대에는 5도·양계 밑에 3경·4도호부·8목을 비롯해 여러 주·부·군·현을 설치하고 외관(수령)을 파견했는데, 특히 고려 전기에는 3경·4도호부·8목이 주위의 여러 군현을 관할하는 중간기관의 역할을 담당했다. 이를 주목(主牧) 또는 계수관(界首官)이라 불렀다. 그러나 중기 이후에는 5도·양계가 중앙과 군현 사이의 중간행정기구가 됨으로써 주목제는 그 기능을 잃게 되었다. 주·현 밑에는 촌이 있었는데, 여기에는 토착인의 촌장이 촌민을 이끌었다. 또한 고려 시대에는 특수행정구역으로서 천민집단의 거주 지역인 향·소·부곡이 있었다. 소는 주로 광·수공업이 중심이 되었고, 향·부곡은 농업이 중심이었으나, 부곡은 대개 국가반역죄의 결과로 발생된 경우가 많았다. 이들 촌과 향·소·부곡에는 외관이 파견되지 않았으므로 자연히 호장·부호장 등의 향리가 직접 다스리게 되었으므로 향리의 작폐가 심했다(변태섭, 1977: 252-254).

제7장 고려 후기의 행정

제1절 행정환경

1 무신의 난

고려는 과거 제도의 실시 이후 성종의 유교주의, 문종의 문치주의로 문치적인 문벌정치를 낳게 되어 엄연히 문무 양반 체제가 현실적으로 존재하면서도 실제는 문반이 국가 체계의 근간을 이루었다. 문반이 무반을 겸하는 것은 허용되어 서희(徐熙)·강감찬·윤관 등이 그러했으나, 므반은 문직을 겸할 수도 없지만 신분상으로도 천시되고 학식이 없었다. 이러한 숭문천무사상(崇文賤武思想)은 무반의 불만을 고조시켰다.

한편 이와는 반대로 무신의 지위는 성종 이래 거란·여진의 계속적인 침입 때문에 상승해 인종·의종 때는 문반과 대등할 정도의 정치적인 지위를 차지했다. 예를 들면, 무반의 상한인 정삼품인 상장군은 자연히 재추(宰樞)가 되고 군사통제권까지 장악했으며 이에 합당한 경제적 대우도 병헝되었으니, 문반의 정삼품인 상서는 115결인데 비해 무반의 상장군은 125결, 녹봉에도 양자의 동등을 인정해 300결씩 주었다. 이러한 무반의 지위 상승은 전통적인 천무사상과 충돌되어 행동적인 무신란을 일으키게 되니 이것은 문무 차별에서 온 것이 아니고 무신의 지위 향상에 따른 하나의 폭발이었다고 하겠다.

무신란의 폭발을 일으킨 것은 현종 5년 때이니, 녹봉 부족을 이유로 무신의 영업전을 박탈해 무신의 불안을 사더니 급기야는 무신 최질·김훈 등이 반란을 일으켜 한때 정권을 탈취했다. 최질의 난은 1년간 계속되다가 서경의 장락궁으로 행행(行幸) 중 이자림·이가도 등에 의해서 제거되었다. 이것은 문반정치 제도와 억무정책에 반발한 사건으로 무신란의 선구적 역할을 했다. 그 후 의종 24년(1170년) 왕과 문신 일행이 보현원(普賢院)에 행차해 유흥을 즐기는 틈을 타서 정중부·이고·이의방 일파가 난을 일으켜 문신을 살육하고 궁궐을 습격했다. 이것이 소위 정중부(鄭仲夫)의 난으로 경인난(庚寅亂)이라고도 한다.

무신들은 왕을 폐출해 거제도로 유배하고 명종을 세웠으며, 국가의 모든 관직은 무신이 독점해 무신정권을 확립하고 고려 사회에 일대 전기를 가져왔다. 사회 질서는 붕괴되고 하극상의 풍조가 일어나 암흑 시대를 초래했다. 그리고 문무정권하에서 무력화되었던 중방(重房)을 권력 기구로 삼아 무인(武人) 독재 정치를 시작했다.

2 최씨의 집권

일시에 문신정권이 무너지고 교체되어 횡포한 무신의 정치는 문신에 의한 반무신란(反武臣亂)을 유발했다. 명종 3년(1172년) 동북면 병마사 김보당은 의종복위(毅宗復位)라는 명분을 내걸고 반무신란을 일으켰으나 실패했다. 이것을 계사(癸巳)의 난이라 한다. 그리고 의종도 유배지인 경주에서 이의민(李義旼)에게 살해되었다. 이듬해인 명종 4년(1173년)에는 서경 유수 조위총(趙位寵)이 역시 무신정권의 무질서와 횡포에 분개해 무신 타도의 격문을 발표하고 반무신란을 일으켜 자비령 이북의 길을 막고 동계·북계 40여성의 호응을 얻어 3년간이나 항쟁을 벌였으나 명종 6년(1175년) 윤인

섭에게 진압당했다. 그 밖에도 귀법사·중광사·홍화사 등의 승려들도 반무신란을 일으켰으나 실패하고 말았다.

반무신란이 진압되고 무신들이 완전한 독재력을 구축하게 됨으로써 문신들은 권좌에서 완전히 탈락하게 되고 무신 상호간에도 권력 투쟁이 일어났다.

결국 무신의 난 이후 혼란했던 고려 사회는 최충헌(崔忠獻)의 집권으로 일단 수습되고, 최씨 정권은 4대 60여 년간 고려를 지배하기에 이르렀다(남도영, 1984: 148-150).

3 몽고의 침입과 강화

북아시아 초원지대의 유목민족으로서 성장한 몽고의 가장 중요한 정복 대상은 남쪽 농경민족이었다. 그것은 농경민족들이 지니는 풍부한 생산품이 그 구미를 돋우어 주었기 때문이다. 이리하여 금·송과 함께 고려도 몽고의 침략 대상의 하나가 되었다. 게다가 금을 치고 남송과 일본을 정복하기 위한 기지를 구하려는 목적도 몽고가 고려에 침략의 손을 뻗친 하나의 이유였다.

이리하여 몽고는 전후 30여 년간 6차례에 걸쳐 침입해 오기에 이르렀다. 그러나 고려는 몽고와의 항쟁을 결의하고 서울을 강화로 옮겼다(고종 19년, 1232).

무인정권의 몽고 항쟁은 처음 농민이나 천민들의 뒷받침을 받아서 수행되었다. 그런데 농촌이 황폐해지면서 농민들의 생활이 곤궁해졌다. 그러나 강도(江都: 강화) 정부는 농민에 대한 적극적인 보호 대책을 서둘기보다는 오히려 가혹한 수취로 그 생활을 더욱 곤란케 할 뿐이었다. 그리고 이러한 민심의 이반은 강도 정부에 대해 큰 위협이 되지 않을 수 없었다. 이러한 상황 속에서 왕과 문신을 중심으로 몽고에 대한 강화의 여론이 일어나게 된 것이다.

최씨의 마지막 집권자인 최의(崔竩)가 문신 유경과 무신 김준 등에 의해 살해된 것은 고종 45년(1258년)의 일이었다. 이리하여 정권은 일단 왕에게로 돌아가고, 몽고에 대한 강화가 결정되기에 이르렀다. 그 결과 다음해인 고종 46년(1259년)에는 태자 전(倎: 뒤의 원종)이 몽고로 가서 강화의 뜻을 표했다. 그리고 항전을 단념한다는 표시로 강도의 성곽을 헐어버렸다. 그 후 몽고는 14세기 중반 중국 대륙에서 북쪽으로 밀려날 때까지 고려를 지배했다(이기백, 1987: 179-182).

제 2 절 행정 주체 및 이념

1 무신정권의 수립

무신의 난은 고려의 역사에 커다란 변동을 가져왔다. 즉 새로운 무인정권을 수립한 것이다. 그러나 정권의 교체는 사회적인 혼란을 야기했고, 무인 상호간의 정권 쟁탈, 천민들의 반란 등이 그 결과로 일어났었다. 이 혼란을 수습한 것이 최충헌이었다.

최충헌은 무인으로 출세해 조위총의 토벌에 공을 세워서 두각을 나타내기 시작한 인물이다. 그는 이의민을 제거한 뒤에 자기 파에 속하더라도 명을 거역하는 자는 제거했다. 이같이 자기의 모든 적대 세력을 차례로 억압하고 드디어 독재정권을 수립하기에 이르렀다. 그는 왕의 권력을 무력하게 만들었으며, 일대 동안에 명종과 희종 등을 폐하고, 신종·희종·강종 및 고종 등을 옹립했다. 왕위는 완전히 그의 손아귀에 있었던 것이다. 다만 그가 사실상 정권을 혼자서 요리하면서도 왕씨의 왕권을 존속시킨 것은 아직 문벌의 전통에 대한 강한 집착을 사회로부터 씻어버릴 수가 없었던 때문이었다고 하겠다.

그러나 그는 이의방이나 최충수와 같이 옛 문신들을 본떠서 왕실의 외척으로서 자기의 권위를 높이려는 생각은 하지 않았다. 그는 어디까지나 자기의 실력에 의존하려고 했다. 최충헌은 그의 실력으로 또 사원 세력을 억압했다. 당시 사원은 왕 및 문신 세력과 연결되는 유일한 무력의 소유자였다. 그리고 최충헌은 또 정권의 안정을 위협하던 농민과 노비들의 봉기를 진압했다. 그는 무력으로 이를 토벌하는 동시에 그들을 회유했다. 그리하여 결국 천민을 주동으로 하는 농민의 난은 일단 진압되었다. 이같이 하여 최충헌 일대의 노력으로 이루어진 최씨 정권의 기초는 그의 아들 최우(崔瑀: 염)에 이르러 더욱 굳어져서 무인정권의 기구가 정비되기에 이르렀다(이기백, 1987: 171-173).

2 부원(附元)·권문 세족의 대두

고려에 대한 원의 영향력이 증대해 감에 따라서, 원의 세력을 등에 업은 새로운 사회 세력이 성장하게 되었다. 가령 조인규와 같이 몽고어의 역인(驛人)으로서 성장한 세력가가 있는가 하면, 원에 매를 진공하기 의해 설치된 응방(鷹坊)을 통해 출세한 윤수와 같은 무리도 있었다. 그런가 하면 일본 정벌에 공을 세워 원으로부터 만호의 직책을 얻어서 출세하는 경으도 있었다. 또 왕이 원에 행차하는 데 수행한 공로로 인해 출세하거나, 원공주의 겁령구(怯怜口: 사속인)로 고려에 와서 출세하는 자도 있었다.

물론 고려 전기부터 그 세력을 이어내려 오거나 무인정권 시대에 등장한 가문도 있기는 했으나, 원과의 관계에서 등장한 세력, 소위 권문 세족의 존재는 고려 후기의 사회에 하나의 새로운 양상을 낳게 했다. 이들 권문 세족은 사적인 이익을 확대시킴으로써 국가의 제도를 통한 지배층 전체의 공동이익을 공공연히 짓밟았기 때문이다.

권문 세족들을 재신이나 추신으로서뿐 아니라 상의(商議)라는 명목으로 국가의 최고 합좌기관이 된 도평의사사(都評議使司: 도당)회의에 참석하게 되었다. 그 결과 초기에 재(宰) 5·추(樞) 7에 지나지 않던 회의 참석자의 수가 7, 80명에 이르게 되는 현상을 나타냈다. 그뿐만 아니라 이들은 또 막대한 농장과 노비를 소유하여 경제적인 부(富)를 축적하기도 했다(이기백,

1987: 191-192).

3 사대부 세력의 성장

무인정권에 의해 귀족정치가 붕괴된 이후에 새로운 관료층이 등장했다. 그들은 학문적인 교양을 갖추고 있었을 뿐만 아니라 정치의 실무에도 능한 사대부, 곧 학자적 관료들이었다. 이러한 학자적 관료인 사대부는 무인정권이 타도된 이후에 더욱 활발히 정치적인 진출을 했다. 이들은 문벌에 힘입어서 음서를 통해 진출하기보다는, 학문적 실력을 바탕으로 과거를 통해 정치적인 진출을 꾀하는 것이 보통이었다. 그러나 때로는 군공(軍功) 등으로 첨설직(添設職)을 받아 품관이 됨으로써 신분적인 상승을 하는 자들도 있었는데, 이들을 보통 한량(閑良)이라고 불렀다.

사대부들은 중앙관부의 이직자(吏職者)들 중에서도 나왔지만 지방의 향리들 중에서 많이 나왔다. 향리 출신의 사대부는 자기의 향리에 소규모의 농장을 가지고 있는 중소 지주이거나 자영 농민이었다. 이들은 자기의 성실한 노력으로써 토지를 개간하거나 혹은 구득(購得)해 농장을 가지게 된 자들이었다. 그리고 그 농장은 재향 지주인 그들이 전호나 노비를 써서 경영하거나 혹은 직접 경작을 했다는 점에서 부재 지주인 권문 세족의 것과는 성격이 달랐다.

이러한 사대부들은 권력을 등에 업고 불법 수단으로 막대한 농장을 소유하게 된 권문 세족을 경멸했다. 그들은 대체로 청렴결백한 인품의 소유자들이었다. 이같이 지방에 직접 경영하는 농장을 가진 재향 지주 출신 사대부의 진출은 드디어 고려의 정치적 대세를 일면케 했다(이기백, 1987: 193-194).

제 3 절 행정 제도

1 무신정권의 행정기구

무신의 난 이후에도 3성·6부의 공식적인 정부기구는 그대로 존속했고, 많은 문신들이 이들 관부의 관직에 임명되고 있었다. 그러나 무신정권은 독자적인 행정기구를 통해 무인정치를 행했으므로 종래의 정부기구는 형식적인 존재일 뿐으로 무력하기 그지없었다. 따라서 무신 집권기에는 비록 문신의 최고 정치 기구인 중서문하성(中書門下省)의 재신에 임명되었다 하더라도 그의 실질적인 권력은 보잘것 없었고, 오히려 낮은 관직을 가진 무인 집정이 초월적인 실권을 행사했다.

처음 무신들이 정권을 행사한 곳은 중방이었다. 무인정치의 초기에는 아직도 독자적인 지배 기구를 형성하지 못하고 종래 무신의 최고회의기관인 중방을 통해서 정치를 실행했다. 이 때에는 중방은 무신들의 연합정권 기구와 같은 구실을 했다.

그러나 최충헌이 집권해 무신정권의 확립기에 접어들면서 독재정치를 실행할 수 있는 독립된 지배 기구가 성립되었다. 최충헌은 희종(熙宗)에 의해서 진강후(晋康侯)에 책봉되고 흥녕부(興寧府: 뒤에 진강부[晋康府]로 개칭)를 세웠는데, 이는 무신정치의 형식적인 공인을 뜻하는 것이었다. 그러나 실제로 최씨 정권의 최고집행부 기능을 한 것은 교정도감(敎定都監)이었다. 최충헌이 교정도감을 설치한 후 모든 무인 집정은 이를 통해 국가의 서무를 관장하고 정령(政令)을 내렸다.

최씨 집권기에는 교정도감 이외에 독자적인 인사행정기구인 정방(政房)이 설치되었다. 정방은 최우가 관리의 인사를 처리하기 위해 자기 집에 설치한 것으로 문무관의 전주(銓注)를 관장하는 이부·병부 등의 공적 기관을 초월해 독자적인 인사권을 행사했다. 또한 최우는 문인들의 숙위기관인 서방(書房)을 두어 문사의 전문적 지식으로 고문 역할을 담당케 했다.

최씨 정권은 그들 세력의 무력적 배경이 될 군사 기구의 설치가 필요했다. 그리하여 경대승 시기에 있었던 도방을 부활시켜 문무·한량으로 번상(番上)케 하여 그들 정권을 옹호할 사병집단을 이루었다. 치안을 맡은 야별초가 확대되었으므로 좌·우별군을 만들었고, 몽고에서 도망 온 신의군(神義軍)과 함께 삼별초(三別抄)를 구성하여 항몽 세력의 선봉자 구실을 하게 한 동시에 그들을 또한 무력 기반으로 이용했다. 또한 기병으로 구성된 마별초도 사병으로 이용했다.

최씨 정권이 몽고의 침략에 굴하지 않았던 이유의 하나로서 그들이 갖고 있었던 경제적 배경, 즉 농장의 존재를 들 수 있다. 최씨 정권은 전국에 걸쳐 막대한 농장을 소유했고 조부(租賦)를 수취해 커다란 경제적 여유가 있었으므로 그들의 사병을 양성할 수 있었을 뿐 아니라 또한 강화도에서의 항몽이나 팔만대장경의 조판, 연등회(燃燈會)·팔관회(八關會)의 개최가 가능했다고 하겠다(변태섭, 1987: 217-219).

2 몽고 지배하의 행정기구

원종(元宗) 11년(1270) 무신정권이 붕괴되고 왕정이 복구됨으로써 고려 사회는 대전환기를 맞게 되었다. 몽고 세력의 옹호로 왕권은 회복되었지만 그 대신 몽고의 간섭을 받게 되었던 것이다. 더욱이 그것은 삼별초의 난을 몽고의 도움으로 진압한 뒤 더욱 본격화되었다.

고려에는 원의 관청이 설치되어 내정을 간섭했다. 원은 처음에 일본 정벌을 위해 고려에 정동행성(征東行省)을 설치했다(충렬왕 6년, 1280). 그리고 일본 정벌을 단념한 후에도 이를 존속시켜 고려 통치의 관부로 삼았다. 그러나 실제로 정동행성의 장관인 승상은 자동적으로 고려왕을 겸했고, 그 밑의 관원도 고려왕이 임명한 고려인으로 채워져 정동행성은 명의상·형식상의 존재에 불과했고, 다만 원과 고려 사이의 의례적인 행사를 맡았을 따름이다.

충렬왕 25년(1299년)에 정동행성의 평장정사(平章政事)로 파견된 활리길사(闊里吉思)가 노비법을 비롯한 고려의 법속을 고치려다 실패했고, 그 후에도 몇 차례 정동행성이 고려 내정에 간섭한 일이 있지만, 그것은 일시적인 것에 불과했다. 오히려 정동행성의 부속기구인 이문소(理問所)가 원의 세력을 업고 불법적으로 사법권을 행사해 폐단을 일으키는 일이 잦았다.

또한 지방에도 원의 관부가 설치되어 고려는 영토의 일부 지배권을 상실했다. 원은 이미 고종 45년(1258년) 화주(지금의 영흥)에 쌍성총관부(雙城摠管府)를 설치해 철령 이북의 땅을 빼앗았고, 원종 11년(1270년)에는 서경에 동녕부(東寧府)를 설치해 자비령 이북의 땅을 다스렸다. 그리고 삼별초의 난을 평정한 원종 14년(1273년)에는 제주도에 탐라총관부(耽羅摠管府)를 두어 일본 정벌을 위한 준비로 목장을 관장하게 했다. 이 가운데 동녕부와 탐라총관부는 고려의 요청으로 충렬왕 때 반환되었으나, 쌍성총관부는 공민왕이 무력으로 탈환할 때까지 존속했다.

원의 간섭은 고려의 관제를 격하시켰다. 충렬왕 원년(1275년)에 원의 강요에 따라 전반적인 중앙 관제의 개정을 보게 되었다. 즉 3성·6부는 상국(上國)의 제도와 같을 수 없다고 하여 중서문하성과 상서성(尙書省)을 첨의부로 합병시키고, 그 장관을 첨의중찬이라 했다. 그리고 상서, 6부는 이부와 예부를 합쳐서 전리사, 병부는 군부사, 호부는 판도사, 형부는 전법사로 개칭했고, 공부는 폐지되어 4사로 축소되었다.

또한 다른 관서의 명칭도 고쳐서 중추원은 밀직사(密直司), 어사대는 감찰사, 한림원은 문한서로 각각 격하시켰다. 단 충렬왕 5년(1279년)에는 도병마사를 도평의사사로 개칭했는데, 이것은 원(元)의 강요에 따른 것이 아니라 국방·군사 문제의 임시적인 회의기관이었던 종래의 합좌기관으로 대두했기 때문이다.

그리고 고려는 왕실의 용어도 격을 낮추게 되었다. 충렬왕 이후의 역대 왕은 원 황실의 공주를 왕비로 받아들여 이른바 원의 부마국(駙馬國)이 되었으므로 황제의 칭호에 비기는 것을 피해야 했다. 따라서 '조(祖)' 혹은 '종(宗)'이라 붙였던 왕의 묘호를 '왕(王)'으로, '짐'은 '고', '폐하'는 '전하', '태자'는 '세자'로 각각 개칭되었다(변태섭, 1987: 226-228).

[그림 7-1] 관제의 변경표

3성	첨 의 부	
6부: 이 부, 예 부 (병합)	전리사	4사
6부: 호 부	판도사	4사
6부: 병 부	군부사	4사
6부: 형 부	전법사	4사
6부: 공 부	폐 지	
추밀원	밀직사	
도병마사	도평의사사	
문하시중	첨의중찬	
상 서	판 서	
시 랑	총 랑	

〈표 7-1〉 왕실 용어의 변화

종 류	원 종 까 지	충 렬 왕 부 터
왕 의 묘 호	조·종	충…왕
왕 의 타 칭	폐 하	전 하
왕 명	선 지	왕 지
왕 위 계 승 자	태 자	세 자
왕 의 자 칭	짐	고(공)
죄인을 구하는 것	사	유

제 4 절 행정정책 및 관리

1 정치 · 행정 부문

1) 항몽 자주정책

(1) 최씨 정권의 항몽

세계를 정복한 대제국인 몽고가 고종 18년(1231년)에 고려에 침입했다.

불시에 침입을 당한 고려는 당시 집권자 최우의 주장으로 강화도로 서울을 옮기며 항전했다. 이에 고종 19년부터 41년까지 6차의 침입이 있었으나, 끝까지 항전을 계속하고, 몽고와의 강화를 반대했으며, 그러한 국난을 극복하기 위해서 팔만대장경을 조판했다.

(2) 삼별초의 항몽

최씨 정권의 사병 노릇을 한 삼별초는 항몽 세력의 선봉으로서 최씨 정권 유지의 무신적 배경이었다. 원종 11년(1270년)에 내린 개경으로의 환도령은 실질적인 몽고의 지배를 의미했으므로, 삼별초는 강화도에서 반란을 일으켰다. 배중손(裵仲孫)을 우두머리로 한 이들은 승화후(承化侯) 온(溫)을 왕으로 추대하고 반몽 무인정권을 세웠으나, 여(麗)·원 연합군에 밀려 진도·제주도로 옮기면서 항전하다가 3년 만에 진압되고 말았다. 이들 삼별초의 난은 비록 진압되었으나 그 정신과 투지는 고려 두인의 전통적·상무적인 주체성의 표현이라 하겠다(변태섭, 1977: 290).

2) 고려 말의 북진정책

원·명 교체기의 고려 말에 자연히 친원·친명파의 대립이 나타났지만, 우왕이 원·명 사이에서 중립정책을 취했기 때문에 복잡한 문제는 없었다. 그러나 명이 철령위를 설치하고 철령 이북의 땅을 요구하기에 이르렀기 때문에, 우왕은 반명정책으로 기울고 드디어 요동 정벌을 꾀하게 되었다.

최영을 중심으로 하는 친원파의 북벌, 즉 요동 정벌은 그것이 현실적으로 불가능하다 할지라도 전통적인 고려의 북진정책의 일환이었음은 물론이다. 비록 이성계(李成桂)의 위화도 회군으로 요동 정벌은 실패했으나 고려를 일관하는 이러한 자주성은 분명히 민족의 강인한 얼로서 기록될 수 있을 것이다(변태섭, 1977: 290-291).

3) 공민왕의 개혁정책

(1) 반원·주권 회복정책

권문 세족들이 강대한 원의 세력과 결탁하고 있는 동안은 이들로 말미암은 폐단들을 개혁하려는 운동을 성공하기 힘들었다. 충선왕이 즉위하던 해(충렬왕 24년, 1298년)에 사림원의 신진 학자들과 더불어 일으킨 개혁운동이 실패한 것은 그러한 예이다. 그러므로 원이 한족인 명의 흥기로 인해 북방으로 쫓겨가는 원·명 교체기에 즉위한 공민왕(恭愍王, 1351~1374년)에 의해 개혁이 어느 정도나마 성공을 거두었던 것은 이러한 시대적 배경의 대조에서 이해될 수 있다. 또 공민왕의 개혁이 대외적으로는 반원정책, 대내적으로는 권문 세족의 억압이라는 양면성을 띠고 있는 까닭도 여기에 있다. 즉 공민왕은 원의 연락기관인 정동행성을 철폐하고, 기철(奇轍)을 비롯한 친원파를 일소하고, 옛 관제를 복구시켰으며, 또 쌍성총관부를 무력으로 철폐하고 실지(失地)를 회복했다.

이러한 반원정치는 원과 부원배(附元輩)의 반발을 사서 김용 등이 공민왕을 해하려는 흥왕사의 변이 있었고, 원은 일방적으로 공민왕을 폐한다고 선언한 일도 있었다. 그러나 공민왕의 강경책은 이를 모두 극복할 수 있었다. 그리고는 명과 서로 사신을 교환해 친명정책을 추진했다.

(2) 반귀족적인 왕권 회복정책

대외적으로는 친명 반원정책을 쓰는 한편, 대내적으로는 각종 개혁으로 권문 세족의 세력을 억압하려고 했다. 그는 우선 정방(政房)을 폐지했다. 무신정권 시대에 최씨의 독재기관의 하나이던 정방은 무인정권이 몰락한 후에도 여전히 남아 있어서 인사권을 장악하고, 왕권을 견제하며 또 신진 사대부의 진출을 억제하고 있었다. 공민왕은 이를 폐지했다.

공민왕은 후일 신돈(辛旽: 편조[遍照])을 편애해 그를 국사로 임명하고, 또 삼중대광영도첨의(三重大匡領都僉義)란 직을 주어 국정을 총괄하게 했다. 이같이 무명의 승려인 신돈을 중용(重用)한 것도 개혁정치의 실시가 권문 세족과는 인연이 없는 인물을 등용해야만 비로소 가능했기 때문이다.

신돈은 우선 이공수 등의 권문 출신을 축출하고, 문벌이 새미(塞微)한 자를 등용했다. 또 왕에게 청해 전민변정도감(田民辨整都監)을 설치하고, 자신이 그 판사가 되어 권문 세족들이 빼앗은 토지와 노비를 그 원소유주에게 반환하거나 해방해 주었다.

이러한 일은 일반 백성의 환영을 받아 신돈은 성인이라는 칭호까지 듣게 되었다. 그러나 권문 세족 등으로부터는 비난을 받았고 드디어 그들에 의해 죽임을 당했다. 이어 공민왕도 죽임을 당했는데, 정치가적이기보다 예술가적인 공민왕으로서는 아직도 공고한 기반을 가지고 있는 권문 세족의 세력을 억압하기에는 힘이 부쳤다고 하겠다(이기백, 1987: 194-195).

2 경제 · 사회 부문

1) 농장의 확대와 토지 개혁정책

고려 후기의 권문 세족이 겸병한 대토지는 전시과 제도의 그것과는 달리 면세 · 면역의 특권을 누려 이루어졌던 것으로 사적 지배력이 농후했다. 이들 대토지를 특히 농장(農莊)이라고 부르는 것은 이 때문이다. 농장의 소유주들은 토지 소유에 따른 조세를 납부하지 않았고, 농장의 전호들도 국가에 바쳐야 할 공부(貢賦)와 요역(徭役)을 부담하지 않음으로써 일종의 특권을 누렸다.

이 농장은 전국적으로 분포되고 그 규모도 방대했다. 수백 결에 이르는 광대한 농장이 허다했고, 어떤 것은 2, 3천 결이나 되는 것도 있었다. 이에 고려 말기의 농장은 산천을 경계로 하여, 전 주(州) · 군(郡)에 걸친 하나의 행정구역을 이루기도 했다.

국왕이 차지한 농장은 장(莊) · 처(處)라 하며, 그 수는 360개나 되었다고 하며, 사원도 국왕이나 권문 세족의 토지 기진(土地寄進)으로 광대한 농장을 소유하고 있었다.

이러한 농장의 발달은 국가의 토지에 대한 공유력(共有力)의 약화를 초래했다. 농장의 확대는 국가 공전이 침식되어 관리들에게 녹과전(祿科田)을 지급할 수 없게 되었고, 노비와 농민이 농장으로 흡수됨으로써 역시 국가 지배의 공민이 감소했다. 이것은 결국 농장에 주어진 면세 · 면역의 특권에 의해 국가 재정이 궁핍해지는 결과를 가져왔던 셈이다.

이에 국왕과 신진 관료들은 권문 세족이 겸병한 농장을 혁파해 토지 제도의 정비를 모색하게 되었다. 이러한 움직임은 폐정(弊政) 개혁의 일환으로서 이미 충렬왕 때부터 나타나기 시작했는데, 충렬왕 14년(1288년)의 전민변정도감의 설치와 충렬왕 21년(1295년) 홍자번(洪子藩)이 '편민(便民) 18사(事)'를 건의한 것이 바로 그것이다. 이어서 충선왕은 즉위와 동시에 대대적인 재정개혁을 추진했고, 충숙왕은 찰리변위도감(拶理辨違都監)을 설치해 호세가들이 점유한 전민을 본 주인에게 돌려 주도록 했다. 또한 충목왕은 정치도감(整治都監)을 설치하고, 각 도에 도감의 관리를 보내 양전(量田)과 안렴(按廉)의 일을 맡게 함으로써 권문 세족이 강점한 토지를 원상 회복하도록 했다.

공민왕 때 신돈은 전민변정도감을 설치해 권문 세족이 강점한 토지와 노비를 원주인에게 돌려 주도록 했다. 그러나 이러한 국왕과 신흥 관료들의 개혁 노력은 당시 막대한 세력을 가진 권문 세족의 강력한 반대에 부딪쳐 번번이 좌절되었고, 공양왕 때에 가서야 비로소 사전 개혁(私田改革)으로 결실을 맺을 수 있었다(변태섭, 1987: 232-234).

2) 민란의 발생과 신분 질서의 개편정책

농민이 토지에서 떠나 유민이 되는 경향은 12세기 초 예종(睿宗, 1105~1122년) 때부터 이미 나타났다. 개경에 가까운 경기나 서해도(황해도) 지방에서 특히 심한 것은 중앙 귀족들을 위한 공물의 징수나 역역(力役)의 동원이 심했기 때문이다. 이렇게 동요하던 농민들은 무신란의 하극상 풍조에 자극받아 각지에서 대규모 반란을 일으켰다. 이러한 반란은 지방에서뿐 아니라 개경에서도 일어났다. 신종(神宗) 원년(1198년)에 일어난 만적(滿積)의 난이 그것이다.

이들 민란은 결국 진압되었으나, 이 민란들이 지니는 의의는 컸다. 그것은 고려 기층 사회의 질서가 동요하고 있음을 말해 주는 것이기 때문이다. 직접 생산을 담당하고 있는 민중들은 그들의 지위를 향상시키기 위한 행동을 취하게 되었다. 이러한 주장 속에는 노비의 신분 해방을 비롯한 신분 질서의 전면적 개편이 포함되어 있었다. 이러한 움직임은 정부의 시책에 반영되지 않을 수 없었다. 그 결과 지방에 감무(監務)가 허다하게 설치되고 부곡이나 소가 폐지되기도 했다. 무신란은 지배층의 교체를 가져왔을 뿐 아니라 사회의 기층(基層)에까지도 큰 변화를 일으켰다(이기백, 1987: 173-175).

3 문화 부문

1) 조계종 진흥정책

무인 집권 이후 고려 불교에는 새로운 경향이 생겨났다. 그것은 선종에서의 조계종(曹溪宗)의 확립이었다. 의천(義天)이 비록 교종과 선종의 일치를 주장했지만, 그것은 교종(敎宗)을 주로 하는 것이었다. 그가 천태종(天台宗)을 열 때에는 선종 구산(禪宗九山)의 신진 승려를 많이 받아들였을 뿐더러, 『신편제종교총록(新編諸宗敎總錄)』에는 선적(禪籍)을 한 책도 넣지 않았다. 그러나 무인정권 시대를 전후해서 선종 구산의 종명을 새로 조계종이라 하고 그 진흥을 꾀했다.

조계종의 종풍(宗風)을 크게 떨친 승려는 지눌(知訥: 보조국사)이었다. 무인정권 시대에 송광사(松廣寺)를 근거지로 하고 활약한 지눌이 그의 종지(宗旨)로 한 바는 '돈오점수(頓悟漸修)'였다. 돈오는 인간의 마음이 곧 불심임을 깨닫는 것이지만, 깨달은 뒤에도 꾸준히 수행하는 것이 점수였다. 이 지눌의 종지는 의천과는 달리 선을 주로 하여 선종과 교종의 조화를 주장했다. 이 지눌의 종지를 받드는 해동(海東) 조계종은 고려 불교의 특이한 존재이다.

무인정권 시기 이후의 조계종의 융성은 고려 불교의 내적인 발전을 의미한다. 불경의 가르침에 의한 공덕을 쌓음으로써 현실 세계에서 이익을 추구하는 교종의 기성 권위에 대한 도전이었다. 이는 또 왕실 및 문신 귀족과 결탁한 세속적인 불교의 부인이었다. 이리하여 조계종은 무인정권의 일정한 옹호를 받으면서 산문(山門) 불교로서의 독자적인 세계를 개척해 갔다. 그뿐만 아니라 조계종은 심성의 도야(陶冶)를 강조함으로써 장차 성리학을 받아들일 수 있는 터전을 닦아 주는 구실도 했다(이기백, 1987: 185-186).

2) 성리학의 수용정책

고려 후기에는 신흥 사대부들에 의해 새로운 유학인 성리학(性理學)이 수용되었다. 권문 세족의 횡포와 불교의 폐해는 신흥 사대부로 하여금 새로운 지도 이념을 모색하게 했는데, 때마침 원을 통해 들어온 성리학은 정신적 지주가 되었다.

성리학은 송의 주자(朱子)가 완성한 것으로 종래의 한당류(漢唐流)의 훈고학적인 유학에 대해 우주의 원리와 인간의 심성 문제를 철학적으로 해명하려는 신유학이었다. 이 성리학은 송이 멸망한 후 원에서 성행했는데, 이것이 다시 고려에 전래되었다. 고려는 이미 무신란 후 심성화된 선종의 흥륭으로 성리학 수용의 터전이 마련되어 있었으므로 그것이 용이하게 전파될 수 있었다. 이 성리학은 충렬왕(1274~1308년) 때 안향(安珦)이 처음으로 소개했고, 그 후 백이정(白頤正)이 직접 원에 가서 배워와 이제현·박충좌 등에게 전수했으며, 고려 말에는 이색·이숭인·정몽주·길재·권근·정도전 등이 이를 발전시켰다.

고려에 수용된 성리학은 본래 송의 주자학이 원에서 한 차례 걸러진 것으로 형이상학적인 측면보다도 실천적인 측면이 강조되었다. 따라서 이 때에는 우주론적인 이기학(理氣學)에 대한 사변적인 면에는 별로 발전이 없었고, 대신 일상 생활에 관계되는 실천적 기능이 수용되어 주자의 실천 덕목의 책인 '소학(小學)'이 존중되었으며, 또 예속을 바로잡기 위해 주자가례(朱子家禮)가 채용되었다.

그러나 고려의 성리학도 점차 그의 철학적인 이기론(理氣論)에 대한 심도가 더해 갔다. 처음 이색은 불교 '적(寂)'을 가지고 성리학에서 말하는 태극(太極)으로부터의 생성론과 '대학'·'중용'에서의 '경(敬)'까지를 포괄하려고 함으로써 불교 철학으로 성리학계를 이해하려는 한계를 보이고 있고, 또 '동방이학(東方理學)의 조(祖)'라고 불리는 정몽주의 저술 중에도 이론적인 배불론이나 이학에 관한 기록이 보이지 않았다. 이러던 것이 고려 말 정도전의 『불씨잡변(佛氏雜辨)』에서는 본격적인 이기 철학을 전개하고 있어 이러한 발전을 나타내고 있다.

성리학의 수용은 사상계의 일대 전환점이 되었다. 종래의 훈고학적 유학에서 철학적인 유학으로 변화함으로써 새로운 사상 체계를 이루었을 뿐 아니라 이는 유불 교체의 계기를 마련했다. 지금까지 고려의 유교는 정치 이념으로 채용되어 종교로서의 불교와 공존할 수 있었으나, 이제 신유학이 형이학적인 철학으로 변화함에 따라 양자는 충돌하지 않을 수 없게 되었다. 이에 정도전 등 성리학자는 불교를 인륜에 어긋나는 도(道)라 하여 불교 자체를 공박함으로써 불교에서 유교로의 교체를 초래했다. 이와같이 고려 후기에는 성리학이 받아들여져 기존의 정신적 지주였던 불교 사상이 쇠퇴하고 새로운 사상 체계인 유교가 흥륭하게 되었다(변태섭, 1987: 243-244).

3) 과학 · 기술정책

고려 시대는 민족사상 획기적인 문화 예술의 발달기였다. 불교적인 귀족사회의 특징은 대장경과 고려청자가 그것을 대변해 준다. 특히 고려 후기에 이르러 더욱 과학적 기술의 발달을 이룬 원인은 다음과 같다.

첫째, 송의 문물을 수용했을 뿐 아니라 또한 사라센 문화와의 접촉을 통해 아라비아의 과학 · 기술을 받아들임으로써 더욱 새로운 물질문명에 눈을 뜰 수 있었다는 점이다. 이 밖에도 몽고의 문화도 수용했다. 이미 원나라는 서역과 교류해 세계 문물을 갖추고 있었으며, 이는 나아가서 고려 기술혁명의 밑거름이 되었다.

둘째, 고려 말의 왜구 · 홍건적의 창궐과 신흥 사대부의 등장은 좀더 새로운 환경과 사회에 적응될 생활의 수단으로서 기술문명에 대한 필요성이 높아졌다는 데도 그 원인이 있다. 따라서 이러한 과학 기술은 그 후 조선시대에로 연결되어 갔다. 즉 고려 말에 이르러 인쇄술을 비롯한 과학 · 기술의 발전은 고려 문화의 수준을 올리고 우리 국민의 생활이나 의식을 크게 변화시켰다. 이러한 과학 · 기술의 혁명은 그대로 조선 초에 연결되어 민족문화를 집성하는 데 기반이 되었다. 특히 금속활자의 발명은 많은 서적을 인쇄하는 데 결정적인 계기가 되어 후일 세종대의 문화 발달에 큰 배경이 되었다(변태섭, 1977: 283-285).

제 5 절 행정의 특징

1 재상권의 왕권 억압

고려 전기의 왕권과 재상권의 균형 관계는 고려 후기에 와서는 변질을 가져왔다. 도평의사사가 일원적인 집권기관으로 대두됨으로써 6부는 실권이 없어지고, 모든 행정기관의 계서(階序) 관계가 문란해졌다. 따라서 도당(都堂)을 근거로 한 재상권(宰相權)이 왕권을 억압하기에 이르렀다. 도당 중심의 행정 체계로의 전환은 고려 전기의 정상적인 행정 제도를 붕괴시키고 건전한 정치 권력의 균형을 파탄시키는 결과를 초래했다(변태섭, 1983: 218-219).

2 지배층의 사회적 성격 변화

고려 후기에는 행정 체제가 전기와 달라졌고 재상권도 강화되었으나, 또한 재상의 사회적 존재에도 변화가 생겼다. 고려 전기에 재추(宰樞)에 오른 지배 권력은 문벌 귀족이었는데 대해 후기에는 변질되었다. 즉 도당에 합좌한 재상들은 권문 세족으로 바뀌었다. 이들 지배 세력이 모두 가문을 중요시한 점에서는 동일하게 귀족적인 성격을 가지고 있었지만, 후기의 권문 세족은 무신정권 이래의 신흥 세력을 주축으로 하여 구성되어 있었다는 점에서 상이했다. 이들은 문벌에서의 의존도가 전기보다는 낮아졌으며, 특히 재추 관직에 올라 도평의사사라는 행정기구를 통해 그들의 권력을 행사할 수 있었던 점이 특이했다. 이 점에서 그들은 좀더 관료적인 성격을 강하게 가지고 있었다고 하겠다(변태섭, 1983: 219).

3 몽고의 지배와 행정기구의 변화

몽고와의 강화(1259년) 후 80여 년간 고려에는 원의 여러 가지 간섭하에 놓이게 되었다. 그 중 가장 큰 변화는 정치·행정적인 것이었다. 원종(1259~1274년) 이후 고려의 태자나 왕자는 소위 뚤루게[인질]가 되어 공고 원경(북경)에 머물면서 장성했다. 그리고 결혼시에는 반드시 원의 공주를 정비(正妃)로 맞아들였고 왕이 된 후 귀국했다.

그리하여 고려는 완전히 자주성을 잃고 원의 부마국이 되었으며, 세자는 반드시 정비가 낳은 왕자에 한하게 함으로써 고려왕조의 혈통은 점점 몽고화되어 갔다. 또한 그들은 고려의 내정에 깊이 간섭해 1차 침입(1231년) 때 서북 지방의 행정도독관이었던 다루가치(達魯花赤)는 고려왕을 충고하고 양국의 문제를 해결하는 역할도 담당했다. 가장 대표적인 내정 간섭으로는 바로 정동행성(征東行省)의 설치이다. 이것은 원래 충렬왕 6년(1280년) 일본 정벌을 위해 설치했던 정동행중서성이 정벌 실패 후에도 계속 존속해 정동행성으로 개칭되었으나 형식상 기구에 불과했고, 실제는 고려왕에 의해 운영되었다.

그리고 만주에 사는 고려인을 지배하기 위해 심양왕을 두었는데, 이것은 고려 왕족을 분열시키기 위한 것이었다. 최초의 심양왕은 충선왕이며, 충렬왕의 손자인 고(暠)가 그 뒤를 이어 고려의 충숙왕과 날카롭게 대립했다. 이것은 몽고의 고려에 대한 간접적인 내정 간섭이었다. 그리고 왕실 용어에도 많은 변화를 가져왔으며, 모든 명칭은 한 단계씩 격하되었다. 이러한 내정 간섭은 행정 제도상에 많은 변화를 초래했으며, 원과 동격인 관제를 개혁해 폐지 또는 병합시켰던 것이다(남도영, 1984: 159).

제4편
중세(2): 조선 시대의 행정

제8장 조선 전기의 행정

제1절 행정환경

1 국제 환경의 변화: 원 · 명 교체

80여 년간의 몽고 간섭 시대는 민족사적 뼈아픈 시련기의 하나이지만 바로 이 시기에 국난과 사회 모순을 깊이 체험하고 자라난 향촌의 신세대가 뒤에 조선왕조를 건국하는 사대부층이 되었다는 것을 유의해야 한다.

다만 조선왕조의 건국이 기본적으로는 고려 사회의 자체적 성장의 한 결실이면서도, 여기에 국제 정세의 변동이 작용했음을 간과할 수는 없다 그것은 원 · 명의 교체는 고려 사회의 신흥 세력이 구질서를 타파하고 신질서를 수립하는 데 유리한 환경적 조건으로 작용했으며, 유리한 조건에 효과적으로 대응해 나간 데서 새 왕조의 건설은 가능했다고 할 수 있다.

그러나 한편 국제 정세의 변동이 조선왕조의 자체 성장에 역기능적으로 작용한 면이 있다는 것도 간과해서는 안 된다. 명(明)과 조선은 다 같이 몽고의 간섭으로부터 해방한다는 공동 목표 아래 서로 친화할 수 있는 입장에 있으면서도 일단 몽고 세력이 후퇴한 다음에는 만주 요동 지역의 점령을 둘러싸고 첨예하게 대립했다. 요동 지방은 동아시아 국가의 세력 판도를 좌우하는 중요한 요충지로서, 이 지역이 북방 민족에게 점령되었을 때 한족(漢族)과 한족(韓族)이 받는 위협은 절대적인 것이었다.

명과 조선은 다 같은 신흥 국가의 패기로써 이 지역을 선점하려 했으나, 결과는 조선 측의 양보로 끝나고 말았다. 조선보다 20여년 앞서서 국가 체제를 정비한 명의 압력은 한민족의 성장에 불리하게 작용했다. 그렇지만 신라의 삼국 통일이 불완전하게 이루어진 이후에 북방 구토를 수복하려는 한민족의 강력한 의지가, 고려·조선의 건국을 전후해 집요하게 추진된 것은 특기할 만한 사실이다. 이와 같은 집요한 북진정책이 그나마 조선 초기에 압록강·두만강 선의 확대된 국경을 확보할 수 있게 되었다(한영우, 1983: 10-11).

2 평화적 역성혁명

1392년 7월 17일 군신의 추대를 받은 58세의 무장 이성계가 왕위에 오름으로써 조선왕조는 그 첫발을 내딛게 된다. 고려에서 조선으로의 왕조 교체는 유가(儒家)들이 항상 이상(理想)으로 그려오던 중국 고대의 전설적인 선양(禪讓)에는 미치지 못했으나 근대 이전의 세계 정치사상 유례가 드문 평화적 왕조 교체였다.

그러나 조선왕조의 개창이 이렇듯 평화적으로 이루어졌다고 해서 사회적 변혁이 수반되지 않은 단순한 정체(停滯) 속에서의 왕조 교체에 그친 것은 아니다. 조선왕조의 건국 과정을 '선건국 후개혁'이라는 일반적인 건국과정과는 달리, '선개혁 후건국'이라는 역코스를 취했기 때문에 이미 선개혁을 통해 민심을 수렴함으로써, 천심과 민심에 순응해 왕조를 바꾼다는, 이른바 역성혁명(易姓革命)의 평화적 왕조 교체의 터전이 닦여졌던 것이다.

그러나 개혁이 처음부터 건국을 전제로 했다기보다는 개혁 과정 중에서, 개혁의 결과로서, 그리고 개혁의 완결을 위해 건국이 나타났다. 여기에 조선왕조 건국의 특색이 있다(한영우, 1983: 11).

3 향리의 역사적 등장

조선 시대에 대한 연구가 본격화되기는 1920년대 이후부터이다. 그 동안 조선 시대 연구는 망국의 책임을 과도하게 전가하거나, 그 책임의 소재를 분석하려는 입장에서만 주로 진행되었던 까닭에, 고려 사회의 모순을 극복하려는 자기 혁신의 노력으로써 출범한 조선 사회의 밝은 면을 제대로 이해하지 못했다.

그리하여 조선왕조는 건국 당시부터 이미 멸망의 소지를 안고 있었던 양 어두운 면만을 찾으려는 경향이 지배적이었다고 해도 과언이 아니다. 물론 그 동안 조선 시대를 주체적·발전적 입장에서 재구성하려는 진지한 연구 성과가 적지 않게 나온 것도 사실이다. 그런데 대체로 그러한 입장을 취하는 사람일수록 조선 초기보다는 후기에 관심을 기울이고 있다. 따라서 조선 초기 연구는 상대적으로 부족함을 면치 못하고 있는 상태이다.

그러나 우리는 조선왕조의 건국이라는 거창한 정치 변동을 사회 변동이라는 차원에서 해석할 수 있지 않는가를 깊이 연구할 필요가 있다. 그것은 한국사 전체의 흐름에서 본다면 중세에서 근세로의 발전이었다고 볼 수 있기 때문이다.

조선왕조는 역사상 처음으로 정복 수단을 쓰지 않고 개혁을 수단으로 하여 세워진 왕조라는 사실에서 깊은 뜻을 찾아내야 할 것으로 본다. 왕조 교체의 명분을 민심의 지지에 두어 이른바 역성혁명을 표방하고, 그 혁명의 정당성을 개혁으로 입증하려 한 것은, 그만큼 국민 전체의 의식 수준이 성장한 것을 뜻한다.

고려 말기의 역사는 귀족정치를 극복하려는 각계각층의 분투와 노력이 화산처럼 분출한 시대로 특징지어진다. 무인 반란에서 최하층의 노비 반란에 이르기까지 각계각층의 불만이 무한한 사회 변동의 동력으로서 폭발했던 것이라고 보아야 한다. 물론 정치적 역류 현상이 없었던 것은 아니지만, 거시적으로 보면 진정 이 시대는 기민층의 대각성의 시대이며 꾸준히 자기를 성장시켜 갔던 시대였다. 조선왕조 건국의 주역이 비록 소수의 사대부 지식인과 무인들이었다 하더라도 국민 전체의 이해를 조정하는 전반적 사회 개혁을 단행하지 않고서는 민심의 지지를 얻지 못했을 것이다(한영우, 1983: 3-4.).

그리고 조선 시대의 정치적 지배 세력인 양반 사대부를 고려 시대의 귀족과 비교할 때에 드러나는 중요한 차이점은 그 사회적 기반이 훨씬 확대되었다는 데 있다. 고려 시대의 귀족이 개경에서 가까운 근기 지방 출신에 국한되었던 것에 대해, 조선 시대의 양반은 그 출신지가 전국적으로 확대되었다. 이것은 고려 시대 귀족의 수보다도 양반의 수를 증대시키는 결과를 가져왔다. 즉 조선 시대에 들어와서 정치적인 지배 세력의 수적인 증가를 초래한 것을 의미한다(이기백, 1983: 181-182).

요컨대 조선왕조의 개창은 향촌(鄕村) 세력(중소 지주) 출신의 사대부 성립을 의미하지만, 밖으로는 거듭된 국난을 극복한 민족의 승리인 동시에, 안으로는 중앙의 권문 세족(대지주)의 횡포를 극복한 향촌 세력의 승리를 의미한다(한영우, 1983: 11).

제 2 절 행정 주체 및 이념

1 급진 개혁파의 등장

공민왕대 이후로 조선왕조 개창에 이르기까지 근 반세기 동안 보수 귀족과 갈등을 겪으면서 개혁을 추진해 온 개혁파 인물들은 체질적으로 보수귀족과는 다른 사람들이었다. 그러나 개혁파에 속하는 인물이라고 해서 모두가 같은 입장에 있었던 것은 아니다. 온건한 개량 노선을 지지하는 측과 급진적·적극적 개혁 노선을 지지하는 측이 있어 서로 간에 갈등을 빚기도 했다. 또한 개혁이 진행됨에 따라서 고려왕조 테두리 안에서 개혁을 주장하는 파와 역성혁명을 주장하는 파와의 분열·대립이 발생하기도 했다. 대체로 온건론자는 전자에 속하고 급진론자들은 후자에 속했다.

조선왕조의 개창은 결국 급진론자의 궁극적 승리를 의미하는 것이었다. 온건파와 급진파는 초기에 권문 세족의 토지 겸병(土地兼倂)에 반대하는 데는 보조를 같이했다. 그러나 위화도 회군(威化島回軍) 이후 급진파에 의해서 추진된 전면적인 토지 개혁과 신왕조 개창 공작에 반대한 온건파는 급진파에 의해서 대부분 정치적으로 제거되었다. 비록 급진파는 온건파를 제거했으나 온건파 및 구가 세족(舊家世族)의 견제로 인해 적지 않은 후퇴와 타협을 면키 어려웠던 것도 사실이다.

온건파에 속하는 대표적인 인물로는 이제현·이색·정몽주·권근(나중에는 급진파로 전향함) 등을 들 수 있고, 급진파의 대표적인 인물에는 정도전·조준·윤소종·남여(南誾)·남재·조인옥·조박·정탁 등의 유신들과 무장 이성계가 속한다. 이들 양파의 개혁파 인물들은 신흥 사족의 후예들이었다.

고려 시대의 신흥 사족은 원래 권문 세가와는 달리 지방의 토착적인 중소 지주의 기반을 가지고 있던 호족 내지 향리(호장)의 후예로서 고려 중기 무신란 또는 고려 말기에 중앙 관계에 진출하는 기회를 얻어 사족가문(士族家門)이 되었다. 그리고 이들은 권문 세가와 같이 가문을 배경으로 문음(門蔭)에 의해서 관로(官路)에 오른 것이 아니라, 대부분 유학을 깊이 공부하고 그가 쌓은 학문 실력을 바탕으로 과거를 통해 관리가 된 학자 관인이었다. 따라서 이들은 최고의 유교적 지성을 갖춘 엘리트 관인이었으며, 이 점에서는 공통성을 가지고 있었다. 그러나 이들 양자 사이에는 신분적 및 경제적·이념상의 차이가 있었다. 온건 개량파는 대체로 급진 개혁파보다 정치적 연륜이 오래고 경제적으로 우월한 위치에 있었다. 이념상으로도 온건 개량파는 유학자이면서도 불교에 타협적 태도를 보여 불교를 철저히 배격하는 급진 개혁파와는 달랐다.

그리고 성리학에 대한 이해에서도 온건 개량파들은 이(理)에 편중되고 치인(治人)보다는 수기(修己)에 역점을 두고 관념적·윤리적인 면에 치중했던 데 반해 급진 개혁파들은 이보다는 기(氣)를 중시하고 수기보다는 치인에 역점을 두고 있었다. 특히 부국강병을 위한 정치·경제적 개혁을 중시했다. 급진 개혁론자들은 결국 맹자(孟子)의 왕도정치 사상과 민본 이념, 그리고 주례(周禮)에 입각한 유교적 이상국가를 건설하려고 했던 것이다. 그리하여 자신들이 신봉하는 이학(理學)을 실학 또는 정학(正學)으로 자처하면서 불교를 이단으로 철저히 배격했다. 그들의 성리학은 15세기 말에 이르기까지 조선왕조가 중앙집권 체제를 확립해 가는 모든 개혁의 이념이 되었다(한영우, 1983: 18-20).

2 유교적 이상국가의 건설

개혁파 관리들이 전제(田制) 개혁을 비롯한 일련의 개혁을 추진하고 조선왕조를 건국한 것은 단순히 그들 자신의 계급적인 이해 관계, 다시 말하면 그들 자신과 그들의 추종자들의 절박한 생활 문제를 해결하기 위한 것으로 그 이상의 사회 개혁 내지 사회 개혁적인 성격을 찾아보기 어렵다는 견해가 있다. 그러나 이것은 너무나 피상적인 관찰이 아닌가 생각된다(이상백, 1984: 4).

물론 고려 말의 개혁과 신왕조의 개창이 피지배 계급인 농민 세력이 주체가 되어 지배 계급을 넘어뜨리고 새로운 농민 정권의 수립을 목표로 하는 사회혁명이 아니었던 것만은 확실하다. 개혁의 주체가 농민이 아닌 지배층의 관리들이었고, 개혁의 목표가 농민 정권의 수립에 있는 것이 아니라 여전히 관인(官人) 지배 국가 건설에 있었기 때문이다. 그러나 그렇다고 거기에 사회 개혁의 요소가 없거나 농민의 이익이 전혀 반영되지 않았던 것은 결코 아니었다.

개혁파의 개혁 목적은 직접적으로는 자신들의 계급적 이해 관계에서 출발했다고 보겠으나 그것이 그들이 목적하는 바 전부는 아니었다. 거기에는 그 나름의 사회 정의의 실현과 이상사회를 건설하려는 의지와 동경이 내포되어 있었던 것도 사실이다.

개혁파들이 추구했던 이상사회는 상고적 유교 이념에 입각한 중앙집권적 관료제 국가의 재건이라고 하겠다. 다시 말하면 중국의 하(夏)·은(殷)·주(周)의 3대 사회를 기본 모델로 하고, 여기에 중국 역대의 제도와 고려 초기의 제도를 참작하여 유교적 이상국가를 재현하려는 것이었기 때문이다. 유교적 이상국가의 이념은 민본주의에 기초하고 있다(한영우, 1983: 21-22).

제 3 절 행정 제도

1 『경국대전』의 제정

이태조가 즉위 초에 "의장법제(儀章法制)는 오로지 전조(前朝)의 고사(故事)에 의한다"고 발표한 것은 왕조 교체에 따르는 일시적인 조치였다. 실제 고려대에서는 예(禮)·형(刑) 등의 율령을 편집했던 일은 있었으나 완전한 법전을 제정해 시행한 예는 없었다.

고려 말에 정령(政令)의 문란함을 본 정몽주가 공양왕 4년에 원의 『지정조격(至正條格)』과 『대명률(大明律)』을 참작해 신정률을 제정했으나, 바로 그 해에 이성계가 즉위하게 되어 시행을 보지 못했다. 그리고 태조 3년에도 정도전이 원의 『경세대전』을 참작하고 대명률을 참고로 하여 『조선경국전』을 제정했으나 그것 또한 일가의 사견에 지나지 않았다.

조선왕조 초기에 새로운 교령(敎令)이 늘어나고 왕조의 기초가 잡혀 가는 데 따라서 정치행정을 위한 확고한 규범이 요구되었다. 그리하여 태조 6년(1397년) 12월에는 검상조례사(檢詳條例司)에 명해 우왕 때부터 발표된 조례를 정해 『경제육전(經濟六典)』이라는 이름으로 이를 공포하도록 했다.

태종 7년(1407년)에는 『경제육전』의 뒤를 이어 태종조에 내린 조례·판지 등을 정리할 필요를 느껴 속육전수찬소(續六典修撰所)를 두고 태종 13년(1413년) 2월에 이르러 『경제육전』을 수정한 『원육전(元六典)』과 그 뒤를 이은 『속육전(續六典)』을 만들었다. 이로써 법전의 체제가 일단은 갖추어진 셈이다. 그러나 이 법전은 엄격하게 준수되지 않았다. 그것은 관리들이 왕조 개창기에 그것을 잘 알지 못한데도 원인이 있으며, 또한 사회 환경이 변화되어 감에 따라서 옛날 법령이 당시의 실정에 잘 부합되지 않는 면이 있었기 때문이다.

그리하여 『원육전』과 『속육전』 사이의 모순을 해결하고 태종 8년(1408년) 이후에 내린 교령에 대해서도 정리할 필요가 있었으므로 세종 4년(1422년)에 육전수찬소를 설치하여 법전을 다시 개정하도록 했다. 이로써 『원·속육전』이 개정되고 담록(謄錄)이 따로 제정되었다. 이로 인해 항구성을 지닌 법과 일시적인 효력을 가진 명령·처분인 조례가 분별되게 되었으며, 또한 법전 편찬에서 기술적인 진보를 가져다 주었다.

그 뒤에 『속육전』을 보충하여 『정전(正典)』 6권이 제정되기도 했으나, 그것만으로는 그 당시의 정치·행정을 수행하기는 부족했다. 그리하여 그 후부터는 원전 이후의 교령을 유별·증보하는 종래의 제정 방법을 택하지 않고, 기존의 원전·속전·담록, 그리고 교령을 종합해 새로운 체계에 의해서 법전을 제정할 계획을 수립했다. 이 계획에 따라서 조선왕조 초기의 법전 제정 경험을 살려서 제정한 법전이 『경국대전(經國大典)』이다. 그것은 조선 초기의 법제의 발전은 물론이고 동시에 통치 규범의 확립을 가져왔다.

『경국대전』의 제정 사업은 세조 말(1455~1468년)에 본격적으로 추진되었는데, 이 작업에는 세조도 직접 가담했다고 한다. 세조 6년(1460년)에 호전(戶典)이 제정되고 그 다음 해에는 형전(刑典)이 제정되었다. 그 후 법전 제정 사업은 계속적으로 추진되어 예종 원년(1469년) 9월에는 『경국대전』 전 6전이 모두 완성되었다. 그 후에도 수차에 걸친 교정을 통해 보완해, 드디어 성종 2년(1470년) 정월 초하루를 기해 『경국대전』이 공포되었다. 이로써 조선왕조의 문무관료 체제와 사회·경제 체제가 확립되었다. 그것은 후세에 내려오면서 약간의 부분적인 개정은 있었으나, 이른바 '조종지법(祖宗之法)'으로서 조선왕조 500년간의 기본적인 통치 규범의 구실을 다했다고 할 것이다.

『경국대전』은 이(吏)·호(戶)·예(禮)·병(兵)·형(刑)·공(工)의 6전으로 구성되어 있으며, 조선 초기의 사회 구조를 단적으로 제시해 주고 있다. 따라서 『경국대전』은 조선왕조의 관료 지배 체제와 사회 구조의 본질을 파악하는 데 불가결한 자료라고 하겠다(한우근, 1987: 231-233).

이와 같은 꾸준한 법전 편찬 사업은 전조에서는 볼 수 없었던 일로서 이는 조선왕조가 건국 초부터 민족 특유의 법전에 입각한 법치 국가의 정치 체제를 지향하고 있음을 보여 준다(김운태, 1981: 65)

2 행정 제도의 확립

이태조는 1392년 7월 27일에 즉위한 후 그 다음날인 7월 28일에 발표한 시정 방침에서 고려의 제도를 그대로 답습할 것을 선언했다. 그리하여 행정 제도도 고려의 관제를 그대로 답습했고, 고려 시대의 관리도 그대로 남아 있었다(『태조실록』 권1, 태조 원년 7월 28일).

태조 즉위 초의 중앙행정기구에는 고려조의 도평의사사를 비롯해 문하부·중추원·삼사 및 실무 집행기관인 육조(六曹)가 있었다.

한편 서반의 최고 통수기관으로는 삼군도총제부(三軍都摠制府)와 중방(重房)이 있었는데, 이것도 고려조의 관제를 답습한 것이다. 그러나 점차 정권이 안정됨에 따라 중앙행정 제도가 완성되어 갔다. 1393년 태조 2년에는 고려 후기부터 권한이 비대해진 도평의사사의 기능을 분산시키고 권신 세력의 사병을 혁파해 병권(兵權)을 중앙집권화시키고자 의흥삼군부(義興三軍府)를 설치했고, 도평의사사가 맡고 있던 군정을 담당케 했다. 그리하여 도평의사사는 단지 정무만을 관장하는 기관으로 기능을 축소시켰다. 이어 정종 2년(1400년)에는 도평의사사의 명칭을 그 기능과 일치시켜 의정부로 개칭하고, 구성원에서도 삼군부(三軍府)의 요원을 제외시킴으로써 의정부를 명실상부한 재상들의 정무기관으로 만들었다. 그리고 종전에 군기와 왕명 출납을 관장하던 중추원을 해체해 의흥삼군부에 통합했으며, 왕명출납을 관장하는 기관으로 승정원(承政院)을 따로 신설했다.

한편 태종이 집정하면서 정치 전반에 걸쳐 과감한 개혁을 추진해 왕권을 강화했는데, 이에 따라 중앙 관제의 개혁도 대규모로 이루어졌다.

태종 원년(1401년)에 의정부를 순수한 서정 총괄기구로 만들고 의정부에 합좌하던 3사를 사평부(司平府)로 개칭해 따로 독립시켰다. 간쟁을 관장하던 문하부 소속의 낭사를 분리시켜 사간원으로 만들어 독립관청으로 존립케 했다. 그리고 삼군부를 승추부(承樞府)로 개칭해 종래의 중추원과 동일한 성격의 기구로 만들었다.

이어서 태종 5년(1405년)에는 전곡을 관장하던 사평부를 없애고 담당하던 업무는 호조에 이관했다. 승추부를 폐지해 군기사무를 병조가 관장하게 했다. 그리고 상서사에서 주관하던 문무관의 임면권을 이부(吏府)에 이관하여 이병(吏兵) 양조로 하여금 문무관의 인사행정을 관장하게 했다. 또한 의정부의 서무를 기능별로 분류하여 육조에 이관시켰다. 이러한 결과로 육조의 기능이 확대됨에 따라서 육조의 장관을 정3품에서 정2품으로 그 품계를 높이고 대부분의 독립 관아를 기능에 따라서 육조에 분속시켜서 속아문제도(屬衙門制度)를 확립시켰다.

그 후 태종 14년(1414년)에는 육조에 거의 모든 정무를 이관시킴으로써 육조의 기능은 더욱더 확대되었다. 동시에 육조는 모든 정부를 왕에게 직계해 처결할 수 있게 되었는데 이를 일러 육조직계제(六曹直啓制)라 한다. 이와 같은 육조직계제에 의한 의정부와 재상권의 축소 및 그에 따른 왕권의 강화는 신료와의 조화와 그들의 지원을 바탕으로 하고 있는 유교적인 왕도정치 사상에는 어긋나는 변태적인 정치 형태였다. 그리하여 세종 때에는 다시금 의정부의 기능이 강화되고 정책 결정권이 부활되었다. 즉 육조직계제를 폐지한 것이다.

육조는 일반 정무를 의정부에 먼저 보고하고, 이 보고된 정무는 의정부 재상이 합의해 결정하고, 그 후 국왕의 재가를 받아 시행하게 되었다. 그와 동시에 국왕에 직속하는 집현전(集賢殿: 후에 홍문관)의 기능이 대폭 강화되어 왕권을 뒷받침해 줌으로써 의정부 재상들의 지나친 권력 증대를 견제하고 왕권의 신장을 도모하도록 했다. 이리하여 의정부를 정점으로 하고 육조를 기축으로 하는 중앙행정 제도의 체제가 확정되어 갔다. 그 후 세조·성종 대에 이르러 국기가 튼튼해지고 제반 문물 제도가 정비되어 감에 따라서 조선왕조의 행정 제도는 완성을 보게 되었다(서태윤, 1985: 148-149).

3 행정 제도의 내용

1) 중앙행정기구

조선왕조의 정치·행정 체제는 고려왕조의 문무 양반 체제를 그대로 답습해 그것을 다시 개편한 것이다. 그러한 체제의 기원은 중국의 제도에 두고 있는 것은 사실이지만, 그렇다고 중국의 것을 그대로 모방한 것은 아니었다. 중앙의 행정기구에서도 중국의 것이 다소 변형된 조선 특유의 체제로 이루어졌다. 그 구조와 기능면에서 특히 절대왕권과 양반 관료 사이의 권력의 조화에 많은 배려를 했던 것으로 보인다. 이와같이 조선왕조의 행정 체제는 세종이 말한 바와 같이 중국의 체제와는 다른 점이 많았다(한우근, 1987: 245).

조선왕조의 중앙행정 제도는 고려의 제도를 그대로 답습해 반(班)을 동·서로 구분하고, 관을 문·무로 분류했으며, 품계를 정해 각각 그 직을 담당하도록 했다. 문무 양반은 다시 경직(京職: 중앙직)과 외직(外職: 지방직)으로 구분했다. 경직은 일반 중앙행정기관으로서의 의정부와 그 감독하에 육조를 두고 행정을 분담해 담당하도록 했다.

경직에는 특별중앙행정기관이 있었는데, 두 가지 종류로 분류되었다.

첫째, 국왕 직속의 승정원·사헌부·사간원·의금부 등으로, 이 기관은 의정부와 육조의 지휘 감독을 받지 않는다. 이들 기관을 국왕 직속으로 한 것은 담당 업무의 특수성을 감안해 의정부와 육조의 지휘 감독을 받게 되면 공정한 업무 수행이 곤란하다고 판단되었기 때문이다.

둘째, 한성부·수원부·개성부·강화부 등이다. 이들은 의정부와 육조의 지휘 감독을 받는다. 그것은 이들 기관이 왕도·구도·요새지를 관할하고 있으므로 경관직에 소속시키고 있는 것뿐이기 때문이다.

이 밖에도 국왕에 직속하는 특별중앙행정기관이 있었는데, 종친부・충훈부・의빈부・돈녕부・내명부・내시부 등이다. 이들 기관은 국왕의 근족, 외척, 서랑(壻郞) 또는 공신 등이 명예직 관원으로 되어 있다. 이와같이 이들 기관은 국정과는 무관한 위치에 자리하고 있기 때문에 일반행정기구로부터 분리했다.

중앙정부의 주된 기구는 의정부・육조, 그리고 승정원이다.

첫째, 의정부는 백관과 서정을 총괄했다.

둘째, 육조는 각기 다음의 업무를 담당했다.

① 이조: 문관선서, 훈봉고과(인사행정)

② 호조: 호구, 조세(재정행정)

〈표 8-1〉 조선조의 중앙통치 기구표

관 부	장관(품계)	직 무	비 고
의정부	영의정(정1품)	백관과 서무를 총괄	
육 조	판 서(정2품)	이조 … 내무・문관 인사 호조 … 재정・조세・호구 예조 … 의례・교육・외교 병조 … 군사・무관 인사 형조 … 형률 공조 … 토목	
승정원	도승지(정3품)	왕명 출납	
홍문관	대제학(정2품)	문필기관	삼사(三司)
사헌부	대사헌(종2품)	감찰기관	
사간원	대사간(정3품)	간쟁기관	
의금부	판 사(종1품)	특별사법기관	
한성부	판 윤(정2품)	서울의 행정・치안을 담당	
교서관	제조(종1~종2품)	경적 간행	사관(四館)
성균관	지 사(정2품)	교육기관	
예문관	대제학(정2품)	교서 제찬	
승문원	도제조(정1품)	외교문서 작성	

자료: 변태섭(1987: 272).

[그림 8-1] 조선조의 중앙통치 기구표

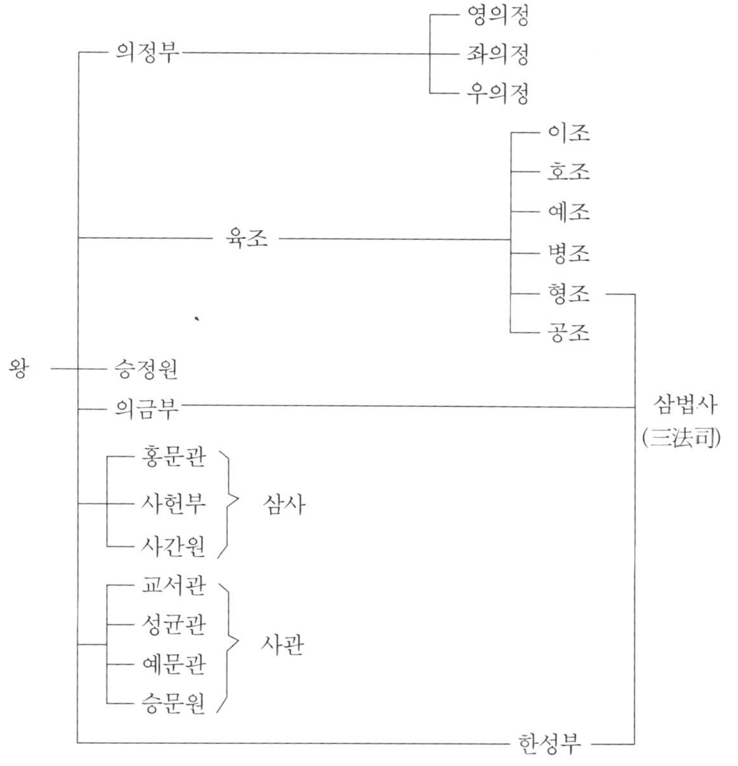

자료: 정시채(1986a: 185).

③ 예조: 예악, 제의, 과거(학교 · 과거행정)

④ 병조: 무관선서, 병무(군사행정)

⑤ 형조: 법률, 소송, 노비(사법행정)

⑥ 공조: 토목, 영선, 공장(건설행정)

육조는 처음에 의정부의 종속 기관 같았으나 왕권이 강화되면서 왕에 직속되고 의정부는 왕의 자문기구와 같이 되어 실구상의 권한은 약화되었다.

육조에는 태종 5년(1405년)부터 각각 그 밑에 '사(司)'를 두고 행정을 집행했으며, 낭관이 있어 이를 담당했다. 그리고 육조 밑에는 행정 실무를 담당하고 있는 보조기관(현재의 외청, 또는 외국[外局]에 해당함)이 있었는데 육조속아문(六曹屬衙門)이 그것이다. 이 기관은 종2품아문(從二品衙門)에서 종9품까지 있었다. 이들 속아문은 그 서열이 분명하게 밝혀져 있으며, 각각 당상관을 고문으로 추대하여 도제조(都提調)·제조(提調)·부제조(副提調)라고 했다.

셋째, 승정원은 왕명을 출납하고 6명의 승지로 구성되어 있다. 이 6명의 승지는 육조와 각기 업무상의 연관을 가지도록 했다.

넷째, 삼사에는 사헌부·사간원·홍문관이 속한다. 사헌부는 관료의 부정과 실정을 밝히는 업무를 담당했고, 사간원(司諫院)은 왕의 실정에 대해 지적해 주는 간인의 업무를 담당했다. 이 두 기관을 합쳐서 대간(臺諫)이라고 불렀다. 이 제도는 중국에도 있었으나 그 기능이 크게 발휘되었던 것은 조선왕조에서였다고 하겠다. 홍문관(弘文館)은 국가의 문필에 관한 업무와 국왕에게 자문하는 업무를 맡았다.

다섯째, 삼법사(三法司)에는 의금부·형조·한성부가 속한다. 의금부는 고려 말에 근위병과 같은 기능을 담당하던 순군부가 여러 차례의 개편을 거쳐서 설치된 기관이다. 이는 왕에 직속되어 있고 강력한 사법 기능을 수행했다. 그리하여 직접 왕명을 받들어 정치범과 삼강오륜을 범한 사형수를 다스리는 특별재판기관이었다.

형조는 사법행정의 감독기관인 동시에 복심재판기관이었다. 한성부는 수도의 일반행정 업무와 함께 경찰사무를 담당했으며, 또한 전국에 걸쳐서 일부의 사법 기능을 관장했다.

여섯째, 사관(四館)에는 교서관·성균관·예문관·승문원이 이에 속한다. 교서관(校書館)은 유교와 한문학의 경적을 간행하는 업무를 담당했다. 성균관은 고등문관의 양성기관이며 국립대학이었다. 예문관은 왕의 명령서를, 그리고 승문원은 외교문서를 작성하는 업무를 담당했다.

이 밖에 춘추관·경연·포도청이 있었다. 춘추관은 당시의 정치 상황을 기록하는 업무를 담당한다. 경연(經筵)은 국왕과 함께 경적을 연구하고 논평하면서 국왕에게 학문을 지도해 주는 업무를 담당한다. 포도청은 중앙경찰기관이었다. 사법과 경찰 및 감옥 등의 업무에 대해서는 그 담당 부서가 달리 설치되어 있었다. 포도청은 그 기원이 미상이나 조선조 중엽 이후에 나타난 치안경찰기관이었던 것으로 보인다. 포도부장은 포도군관 또는 포교라고도 부르며, 포도군사와 교외도장군사(郊外都掌軍士)를 데리고 직접적으로 비밀 조사와 포착에 종사했다.

감옥과 죄수에 관한 업무는 전옥서(典獄署)가 담당했다. 이 기관은 형조의 속아문으로 되어 있다.

그리고 권설직(權設職)이 있었는데 이것은 직제상 규정된 상설의 관직이 아니고 특정 업무를 수행하기 위해 임시로 설치한 임시적 관직이었다. 이는 고려의 제도를 답습한 것으로서 그 대표적인 것은 도감, 순찰사, 어사 등이다.

이 밖에도 전시의 권설직으로는 도원수(都元帥)·부원수(副元帥) 등 수십 종의 명칭이 있었다. 또 외국의 사신을 영접하기 위해 원접사·선위사를 임명하고, 외국에 사신을 파견할 때도 서사(書使)·부사(副使)·서장관(書狀官)을 임명했다(정시채, 1986a: 181-204).

2) 지방행정기구

조선왕조 초기에는 고려의 제도를 답습했으나, 태종 13년(1413년)에 좌의정 하륜의 건의에 의거해 지방행정의 구획이 개편됨에 따라서 8도제가 확립되었다. 그리고 8도(道)를 1유도부(留都府), 6부(府), 5대도호부(大都護府), 20목(牧), 74도호부(都護府), 73군(郡), 154현(縣) 등으로 구분해 합계 334개 구역을 두었다(『대전회통』 권1, 이전, 외관직, 1972: 130).

조선왕조의 중앙집권 체제를 강화하기 위한 대책은 지방행정의 측면에서도 특징적으로 나타난다. 고려 시대에는 지방관으로서 안찰사가 각 도에 파견되었다. 그들은 전임관이 아닌 임시 파견원에 지나지 않았으므로 그들의 행정상 기능은 그리 크지 않았다. 실제로 지방행정의 실무를 담당한 사람은 토착 향리였다. 따라서 고려에서는 중앙국가가 지방에 대해 강력한 지배권을 행사하지 못했다.

그리하여 조선왕조에서는 각 도의 행정장관으로 관찰사를 전임으로 두어 지방에 대한 통제력을 강화했다. 그리고 지방 수령의 질과 권위를 높이기 위해 수령의 품계를 6품관 이상으로 높였다. 특히 지방 제도의 개편으로 토착 향리의 세력 기반을 붕괴시킴으로써 그들은 단순한 지방행정의 사역인(使役人)의 위치로 전락되었다. 그리하여 중앙집권 체제는 더욱더 강화되어 갔으며, 15세기 중엽에는 모든 정치구조가 왕을 정점으로 한 중앙집권 체제로 정비되었다.

조선왕조의 지방행정조직은 2단계로 되어 있었다. 상급 행정구역은 관찰사가 있는 도이다. 그리고 하급 행정구역으로는 수령이 있는 부, 대도호부, 목, 도호부, 군, 현 등이 있었는데, 이들 구역은 그 명칭은 상이하지만 어느 것이나 도의 밑에 있고, 도가 분할되어 이루어진 동일한 단위의 행정구역이다.

군과 현 밑에는 면(面)이 있었고, 면 아래에는 리(里)가 있었는데, 국가에서 직접 파견하는 관리는 없었으며, 일종의 자치단체적인 성격을 띠었다.

각 읍과 수령의 이러한 차등은 취락의 대소를 비롯해 인구 다과(多寡), 전결의 광협(廣狹) 등에 따라서 생긴 것이다. 그러나 이들 수령은 품계에 따른 계급상의 서열은 있었지만, 행정조직상으로는 모두 병렬적으로 관찰사의 관할하에 있었다. 다만 수령이 겸임하고 있는 군사직을 기준으로 해서 상하 간의 지휘 감독 관계가 이루어졌다.

기타 지방행정관으로는 교통행정에 관한 특수직으로 찰방(종6품), 역승

[그림 8-2] 조선조의 지방행정기구

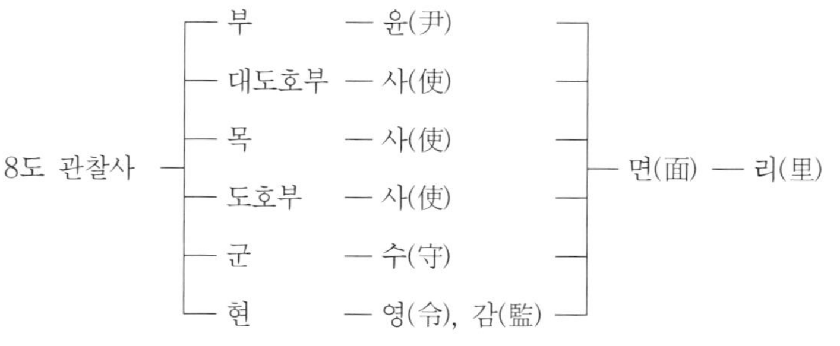

자료: 정시채(1986a: 205).

(종9품), 도승(종9품) 등이 있었다. 그리고 중앙에서 임명한 외관직으로 부·목의 향교에 배치된 교수(종6품)와 군·현에 배치된 훈도(종9품)가 있었으나 후기에 오면서 없어졌다.

관찰사 및 사령의 사무는 중앙관제의 육조에 대응하서 육방으로 분할하고 있다. 그 사무는 이서(吏胥) 또는 아전(衙前)이라고 부르는 토착의 이속(吏屬)이 담당했다. 비록 지방관청의 편제가 중앙관서의 육조에 상응해 육방으로 구성되어 있을지라도 중앙의 육조와 지방의 육방은 연관성을 가지고 있지는 않았다. 그것은 도의 관찰사는 국왕의 직접적인 지휘 감독을 받고, 군의 수령은 또한 관찰사의 직접적인 지휘 감독을 받았던 것으로서 도와 군의 육방은 각기 관찰사와 수령의 보조기관에 지나지 않았다. 그리고 수령의 병사 및 경찰사무를 보좌하는 속료(屬僚)로서 군교(軍校)와 사령(私令)이 있었다.

이 밖에도 함경도와 평안도 지방의 토착민에게 주었던 특수관직으로 사관직(士官職)이라는 것이 있다. 고려조와 조선조는 모두 북부에서 발생했으나, 개국 이후 서북 양도인(兩道人)에게는 경계와 함께 압박을 가해 그들이 중앙정계로 진출할 수 있는 기회를 주지 않았다. 그것은 서북 지방은 다른 민족과 이웃하고 있어서 그들과 내통하기 쉬운 위치에 있고 또한 서북인은 그 기질이 대륙적으로 거칠기 때문에 반항할 우려가 있다고 보았기 때문이다.

그러나 이들에게도 억압만 하는 것이 좋은 정책이 아니라고 생각하게 되었다. 그리하여 중앙과는 격리하면서 그들의 명예감을 충족시켜 주기 위해 만든 것이 사관직이다. 사관직은 5품으로 한정하고 그 품계와 명칭을 모두 경관직과 조금씩 다르게 했다. 사관의 문직(文職)은 관찰사가, 그리고 무직(武職)은 절도사가 선발해 임용했으며, 대개 토착의 이속(吏屬)에서 선발하는 경우가 많았다. 사관을 중앙관직으로 임명할 때는 1품계를 강등해 발령했다.

이상과 같은 지방행정 제도 이외에 지방자치적 조직이 있다. 조선 초기에 지방자치적 행정의 고문으로 이용하고자 향소(鄕所)를 설치했다. 그러나 향소가 지방정치 세력화 또는 수령과 대립해 중앙 집권에도 역행하는 등 각종 폐단이 많았다. 그리하여 여러 차례의 폐지와 복원을 거쳐 오다가 성종 20년(1489년)에 이르러 새롭게 체제를 구축하게 되었다. 이 향소는 신라 때부터 계승해 내려온 지방자치기관으로서 끈질지게 그 명맥을 이어왔다.

이 기관은 주로 지방 문벌과 세력가, 지방 소지주 세력들이 수령과 향리에 대항해 수령과 향리의 횡포를 막고 그들과 그 지방의 이익을 보호하고, 또한 그 지방의 민정을 살펴서 관아에 보고하는 일도 맡았다. 이 기관은 지방행정사상 중요한 의의를 지니고 있는 자치적 제도였다.

향소와 밀접한 관련을 가지고 지방의 자치적 기능을 수행했던 기관으로는 향약(鄕約)이 있다. 향약은 고려 말기에 도입되었으나 태조 2년(1394년)부터 시행되었다. 그 후 이 제도는 조광조(趙光祖)·이황(李滉)·이이(李珥) 등에 의해서 토착화되었다.

향약 제도는 향촌의 자치조직을 일층 강화 발전시키고 사회 생활에서 미풍양속을 육성하는 데 크게 공헌했다. 반면 그것은 지방 상류 계층의 자치법규였으므로 일반 국민의 호응과 협조를 얻기가 어려웠으며 허례와 형식을 숭상했기 때문에 일반 백성의 생활과는 유리되어 폐해를 가져다 주는 경우가 많았다.

한편 일반 지방 백성의 자연 발생적인 협동 자치조직인 계(契)가 발달했다. 계는 고려 시대부터 있었던 것으로 조선왕조 초기에도 그 기록이 있으며, 현재까지 각종 형태로 국민의 생활 속에 남아 있다.

위에서 살펴본 향소·향약이나 계 이외에 어느 정도 순수한 행정적 자치조직으로 면·동 또는 리·동·통이 있었는데, 부·군·현의 기능을 그 이하의 지방 말단에까지 연장시켜 주는 역할을 수행했다고 할 수 있다.

이 밖에 중앙과 지방 간의 연락을 도모하는 기관으로서 경재소(京在所)·경저리(京邸吏) 및 영저리(營邸吏) 등이 있다. 경재소는 지방 출신의 연고자를 중앙에 파견 주재시켜 그 지방에 관한 모든 문제를 주선·조정하고, 경향 간의 연락을 도모하면서 향소와 함께 수령을 견제도 하는 지방관청의 서울출장소이다. 경저리는 이서층(吏胥層)이 운영하는 중앙과 지방 간의 연락기관이다. 이 제도는 고려 중엽부터 이조 말까지 계속되었는데, 경저리는 상경하는 관할 주민에게 침식을 제공했고, 번상으로 상경하는 이속이나 군인들이 국역에 종사할 때는 그들의 신변을 보호하는 것 등을 임무로 했다. 그들은 중앙과 지방 간의 문서 전달과 지방의 상납물 대행을 담당했으므로 상납물이 기일 내에 도달하지 않으면, 이를 대납하고 이에 몇 배의 이자를 가산해 지방 관청에 요구하는 등의 폐해도 심했다. 영저리는 도청 소재지인 감영에 파견된 지방의 향리로서 군·현과 감영 간의 연락 사무를 담당했다. 경저리에 못지않게 영저리의 폐단도 심했다(김운태, 1981: 114-140).

3) 중앙군사 행정기구

조선왕조 초에는 고려기의 제도를 그대로 답습했다. 그런데 고려조 때 군사 제도는 왕실의 사병적 성격을 가지고 있는 의흥친군위(義興親軍衛)와 종친·훈신의 사병적 성격의 시위패(侍衛牌)로써 이루어져 있었다. 그리하여 조선조는 이를 국가적 군사 체제로 일원화해 재편성할 필요를 인식하고 군사 제도를 재편성했다.

태조 2년(1393년)에 삼군도총제부를 의흥삼군부로 개편해 강력한 군령권을 부여하는 동시에 병권의 소재를 일원화시켜서, 10위(衛)의 병력을 의흥삼군부의 통제하에 두었다(『태조실록』 권4, 태조 2년 9월 병진). 이 의흥삼군부의 설립은 이성계의 병권(兵權) 장악을 확고히 하는 군사상의 중추기관의 조직화를 의미한다.

3군은 중군·좌군·우군을 말하며, 그 밑에 10위를 두었다. 태조 4년(1395년)에는 이를 다시 3군 10사로 개편했다. 그 후 두 차례에 걸친 왕자(王子)의 난이 일어났는데, 이것이 계기가 되어 다시 개혁되었다. 정종 2년(1400년)에는 방원 등의 주장에 따라서 사병을 모두 철폐하고 이들을 의흥삼군부에 귀속케 하여 국군으로 정식 편제했다(『정종실록』 권4, 정종 2년 9월 신축). 태종대에 이르러서는 정치적 안정과 더불어 군사력은 더욱 강화되었으며 국방 임무 수행과 직결되기에 이르렀다.

태종 18년(1418년)에 2사를 더 증설해 12사로 만들었으며, 세종 5년(1423년)에는 신설 2사를 폐지했다가 세종 27년(1445년)에 다시 2사를 복구해 12사가 되었다.

문종(1451~1452년)은 그가 세자로 있을 때부터 군정에 많은 관심을 가져왔으며, 즉위 후에는 군제 개혁에 착수해 종래의 12사를 5사로 개편했다. 그 후 세조 3년(1457년)에는 이 5사를 5위로 고쳤으며, 이 때 비로소 조선조 군 편제의 근간이 된 오위 체제(五衛體制)가 형성되었다.

5위의 군제가 형성된 직후에는 의흥삼군부의 후신이라 할 수 있는 삼군진무소(三軍鎭撫所)가 오군진무소(五軍鎭撫所)로 되었다. 그 후 세조 12년(1466년)에는 오군진무소가 다시 오위도총부(五衛都摠府)로 개편됨으로써 조선조 군제의 확립을 보게 되었다. 이러한 오위의 군제는 임진왜란 때에 무력함이 드러나 훈련도감을 비롯한 여러 군영이 생겨서 그 이후로는 새로운 군제가 이루어졌지만, 형식상으로는 조선왕조 군제의 기본으로 후기까지 계속되었다(『문종실록』 권8, 문종 원년 6월 병신).

『경국대전』에서 규정하고 있는 무반의 경관직으로는 중추부·오위도총부·오위, 그리고 겸사복·내금위·세자익위사·훈련원 등이 있다. 이 중에서 겸사복(兼司僕)·내금위(內禁衛)·세자익위사(世子翊衛司)는 친위병 조직이다. 이 밖에 정식 관제는 없으나 궁중과 관계되는 무직으로 선전관청(宣傳官廳)과 수문장청(守門將廳)이 있었다(정시채, 1986a: 232-244).

4) 지방군사 행정기구

조선조의 국방 체제 전체에서 볼 때에는 5위의 중앙군보다는 오히려 지방군이 더 중요했다. 지방에는 도에 병영(兵營)과 수영(水營)이 각기 하나씩 있어서 육군과 해군을 통할했고, 그 밑에 여러 진이 있었다. 단지, 함경도와 경상도에는 여진과 왜의 침입에 대비하기 위해 병영과 수영이 둘씩 있었고, 전라도에는 수영이 둘 있었다. 이러한 지방의 영진에 소속된 군인을 진수군(鎭守軍)이라 했다. 이 진수군은 영진군(營鎭軍)과 노동부대인 수성군(守城軍)과 해군인 선군(船軍)으로 구별되어 있었다. 그 중에서 가장 중요한 것은 영진군이었으며, 이는 양인인 농민을 근간으로 한 군대였으며, 교대로 입번해 군무에 복무하지만 하번(下番) 때에는 농업에 종사하는 병농일치(兵農一致)의 군대였다.

이렇게 처음 다른 체제로 존재하던 중앙군과 지방군은 뒤에 일원화되기에 이르렀다. 즉 진을 중심으로 한 진영 체제가 성립되면서, 영진군으로 구성된 중앙에 번상(番上)하는 시위군이나 지방 요새지에 부방(赴防)하는 영진군을 합해 모두 정병으로 삼아 통일적으로 파악한 것이다. 따라서 국방력에 중심이 된 양인 농민의 병사는 오직 정병이 되었을 뿐이며, 이들이 평상시에는 농업에 종사하다가 징발되면 서울에 번상하거나 요새지에 부방했다. 다만 양민 농민이라고 해서 그들 모두가 정병이 되는 것은 아니고, 군역을 부담하는 정병을 재정적으로 돕는 봉족(奉足)이 되기도 했다.

그리고 지방에서 발생하는 군사적인 긴급 사태를 중앙에 급히 알리기 위해 봉수제(烽燧制)가 있었고, 그 내용을 문서로 알리기 위해 역마제(驛馬制)가 있었다. 역마제는 일반적인 공문서의 전달, 관물의 수송, 관리의 왕래 등에도 이용되었다(김운태, 1981: 140-146).

제 4 절 행정정책 및 관리

1 유교정치의 발전

이성계와 그를 둘러싼 유신들이 조선조 개창 당초부터 정치철학으로서 새로운 유교를 채택해, 그 뒤의 억불숭유정책(抑佛崇儒政策)의 방향을 결정지었다. 신왕조의 경제적·정치적 기반이 잡힌 뒤에 즉위하게 된 세종(世宗, 1418~1450년)의 정치 32년간에는 유교문화·민족국가의 터전을 더욱 굳건히 했고 민족문화의 획기적인 발전을 보게 되었다.

거듭된 정변과 국도(國都)의 천이(遷移)라는 정국의 불안 속에서 점차 쇠퇴해 가던 문풍(文風)을 다시 진작해 유교적인 왕도정치를 뒷받침했고, 그것을 확고한 궤도 위에 올릴 수 있는 인재의 양성과 연구·편찬사업이 요구되었다. 이와 같은 요구가 세종 2년(1420년) 집현전의 신설을 보게 했다. 집현전은 원래 당제(唐制)에 따른 것으로 고려대에도 수문전·보문각과 더불어 설치되었으며, 정종대에도 잠시 두었으나 별다른 효과가 없었다. 세종대에 이르러 집현전이 신설되어 명실공히 왕립연구소로서의 기능을 다해 정치를 학문적으로 뒷받침해 주는 궁극적인 기관이 되었다. 재행(才行)을 겸비한 연소한 문사들을 선발해 집현전관(집현전 학사)으로 삼았다. 그들에게는 때로 장기간의 휴가를 주어서 산사에서 독서하도록 하는 특별장학 제도도 있었다. 처음에는 정원이 10명이었으나 뒤에는 20명으로 증원되었다. 그리하여 집현전관은 경연·서연(세자 교육을 위한 강서)을 담당하고, 특히 제도·역사 등을 연구하며, 역서를 비롯해 유교 경전·의례·지리·예악 등의 서적을 편찬·저술했다.

또한 집현전 학사들의 음운 연구는 국문학(훈민정음)의 창제를 가져왔다. 세종 자신도 특히 경연을 번번이 가져 경연관으로 하여금 유교의 경적과 시정을 강론케 하여 유교정치의 이론과 실제를 이해·실천하는 데 많은 노력을 기울였다. 그뿐만 아니라 종친의 교육을 위해 종학(宗學)을 따로 설치했고, 유교 윤리의 보급을 위해 삼강오륜·효행록 등을 간행해 널리 전파했다. 또한 관혼상제 등 의례에는 주자가례를 준행하도록 했다. 그리하여 유자들 사이에서도 고려대의 유풍에 따라서 불교식으로 행해지던 상제례(喪祭禮)가 점차 유교식으로 전환되었다. 주자학은 학문의 기본이 되어 사서·오경에는 『주자집주(朱子集註)』가 기준이 되고, 『역학계몽』·『근사록(近思錄)』·『증원여씨향약』 등 주자의 저술이 존중되었다. 과거를 목표로 하는 유학자들이 주자의 학문에만 골몰할 뿐만 아니라 주자의 언행까지도 배우는 것이 참다운 성학의 신봉자로 여겨졌다. 세종 때에는 명으로부터 주자의 『자치통감강목(資治通鑑綱目)』을 수입해 왔고, 뒤의 중종 때에는 『주자대전』이 간행되었다.

이와같이 주자학이 정치철학 또는 윤리 규범으로 채택되자, 이단으로서 배척의 대상이 되었던 것은 불교였다. 더 이상 고려대에서와 같이 불교가 수신(修身)의 도로서, 그리고 사원이 진호국가(鎭護國家)의 도량(道場)으로 필요없게 되었다. 따라서 유교적 관인으로서는 고대 이래로 전통적인 권위와 권력을 지녀온 불교나 사원일지라도 배척되었다. 그리하여 억불숭유 정책이 신왕조의 전통적인 시책이 되었다. 실제로 불교에 대한 배척은 이미 고려 말 유신들에 의해서 시작되었고, 그것은 타락한 승려, 광대한 사전(寺田)과 다수의 노비를 차지하고 있던 사원에 대한 공격에서 시작되었다. 그러나 전제 개혁에서도 다만 승니(僧尼)에 대한 전지 급여가 허용되지 않았을 뿐 사전·사노비까지는 미처 손댈 수가 없었다. 불교 지지자나 신봉자들은 신왕조가 성립된 뒤에도 단절되지 않아서, 세종대에도 서울의 사찰 주지의 대다수가 양반 자제들이었으며, 특히 궁정 내부에서는 불교 신봉의 전통이 면면히 이어졌다.

그러나 유교정치의 진전에 따라 불교에 대한 억압책은 더 강화되었다. 이미 태조대(1392~98년)에 승려의 도첩제(度牒制)가 실시되고, 사원에 대한 면세 특권을 빼앗고 사전에 대해서도 과세했다. 이와 같은 억불책은 태종대(1401~18년)에 더욱 강화되어 불교 각 종파에 대한 사원·사전·노비·승려의 수를 법적으로 제한했다. 세종대(1418~50년)에는 더욱 제한을 가해 사원에 속했던 막대한 전지와 노비가 국가 소속으로 되었다. 억불숭유 정책은 그 후로도 전승되어 유교적인 국가 체제가 발전됨에 따라서 승려·사원에 대한 억압은 가중되었고 불교는 더욱더 무력해졌다.

그럼에도 불구하고 승려와 불교의 존재가 아주 소멸된 것은 아니었다. 불교뿐만이 아니라 풍수도참·도교·무속까지도 일면에서는 그대로 전승되었다. 빈번히 일어나는 천변지재(天變地災)에 당해서는 기우(祈雨)·기청(祈晴)을 위한 국가적인 제례에 불승·도사·국무(國巫)까지 동원되어야 했고, 사후(死後)의 명복은 불교에 의해서만 기도되었고, 특히 궁정 안에서의 이 같은 불사(佛事)는 계속해서 행해졌다. 천변지재에 따르는 도불행사(禱佛行事)는 유신(儒臣)으로서도 이를 반대할 수가 없었으며, 유신들의 맹렬한 반대에도 불구하고 궁정 안의 불사는 줄곧 행해졌다. 태조·세종의 만년의 숭불은 간관이나 집현전 학사들도 제지하지 못했다. 오히려 집현전 학사들은 왕명에 의해서 불경의 금사(金寫)도 하면서 척불을 주장하고 억불교서도 제찬해야 했다. 특히, 만년의 세종은 내불당(궁성 내의 불사)까지 마련해 국가적인 시책과는 별도로 호불의 태도를 노골적으로 나타냈다. 불교의 종교로서의 본질적인 일면이 억불숭유라는 국가적인 시척의 그늘에서도 불교를 내내 전승시켰다(한우근, 1987: 222-224).

조선의 불교는 왕실과의 연결 속에서 존속해 갔지만 억불숭유의 국가적인 시책은 결국 불교로 하여금 쇠퇴의 길을 걷도록 했다. 태조·세종에 이어 세조도 말년에 원각사를 짓고 불서를 언해하여 간행하는 등 불교를 숭상했지만 곧 성종은 도첩제를 폐지해 일체의 출가를 금지했고, 중종은 승과를 폐지했으니 이로써 국가와 불교의 공적인 관계는 완전히 끊어졌다. 명종 때에 문정왕후(중종비)의 호불로 불교계가 일시 생기를 되찾는 듯했지만 왕후의 죽음과 함께 다시 쇠퇴했다. 이제 불교는 더 이상 정치적 또는 사회적으로 제 기능을 발휘할 수 없게 되었으며, 다만 부녀자들 사이에서 그 활로를 모색하는 형편이 되었다(국사편찬위원회, 1974: 157-165).

2 농본주의 경제 제도의 확립

조선왕조의 지배 계층인 왕족·양반 관료의 경제적 기반은 어디까지나 주로 토지경제에 의존했다. 더욱이 유교적인 농본(農本)사상이 농업을 근본으로 삼고 상공업을 말업으로 여겨서 경제 시책도 무본억말책(務本抑末策)으로 일관되었다.

그리하여 고려 말의 전제 개혁으로 실시된 과전법은 조선 토지 제도의 근간이 되었다. 그것은 고려 말에 확대되었던 사전(농장)을 국가에서 몰수해 신흥 양반 관료군에게 재분배하는 동시에 전주와 전호와의 관계를 규제하고 조세액을 공정(公定)함으로써 국가 세입을 확보해 녹봉과 군자(軍資)에 충당하기 위한 조처였다.

관료에게 지급되는 과전은 이를 경기 내(京畿內)에 제한해 그들의 생활 기반을 중앙에 두게 함으로써, 지방에서의 토호화(土豪化)를 방지하는 동시에 강력한 중앙집권적 관료 세력을 구축할 수 있게 했다. 그리하여 모든 관리는 실직(實職)·한직자(閑職者)를 막론하고 18등급의 관계에 따라 전지(과전)를 지급받게 마련이었으나, 고려대에서와 같이 시지(柴地)는 지급하지 않았다.

이와 같은 과전의 지급은 원칙적으로 본인 1대에 한했다. 관리가 사망한 뒤에 그 처가 재가하지 않은 경우에는 수신전(守信田)이란 명목으로, 관리와 그 처가 모두 사망하고 유약한 자녀만이 남게 된 경우에는 휼양전(恤養

田)이란 명목으로 과전(科田)의 전수를 허용했다. 이와 같은 조처는 과전의 실질상의 세습화를 초래하기도 했다. 그 위에 왕조 개창 이래 정변이 있을 때마다 배출된 공신에게는 과전 외에 따로 공신전이 지급되었으며, 그것은 일반적으로 애초부터 세습이 인정되었다. 또한 대명 외교에 공로를 세우거나 역모를 고발하는 등 특수한 공훈을 세운 자에게는 별사전(別賜田)이 지급되었다. 공신전(功臣田)과 별사전의 지급에서도 경기 지역 내에 제한했던 것은 과전의 경우와 같았다. 특히 왕족에게는 광대한 토지가 급여되고 왕실 직속지는 전국에 걸쳐서 마련되었다. 고려 말에 몰수된 사전은 이와 같이 하여 신왕조의 왕실·왕족·관료군에게 재분배되었다.

경기에 집중 지급된 과전·공신전· 별사전은 그들 자손에 세습되었을 뿐만 아니라 그것은 또 수조권(收租權)이 부여된 사전으로서 가간·매득·점탈 등 여러 가지 수단에 의해 더욱 확대되어 갔다. 왕실·왕족과 더불어 고급관료·공신은 농장의 최대 소유가 되었다.

그러나 과전의 확대를 억제하지 않고서는 관리에 대한 과전의 지급은 물론 공로자에 대한 전지급여도 곤란하게 되었을 뿐만 아니라 군자(米)의 확보도 어려워졌다.

이에 세조 11년(1465년)에는 전제를 직전법(職田法)으로 고쳐서 전지의 급여를 실직자에게만 제한하고 산직 관리(散職官吏)는 급여 대상에서 제외했다. 그 후 성종대에 이르러 다시 관수관급제(官收官給制)를 실시해 관리에게 전지를 지급하되 그들이 직접 수조를 하지 못하게 했다. 그리하여 조세(지대)는 관부에서 징수해 세액을 빼고 관리에게 지급하도록 하여 이로써 관리들이 급여받은 토지를 직접 지배할 수 없도록 했다.

그러나 세조가 왕위를 찬탈했을 때에 공훈을 세운 자들이 새로운 공신으로 봉해졌고, 이들에게는 또한 적지 않은 공신전이 지급되었다. 그 후 농장은 계속 확대되어서 직전의 지급조차 제대로 시행되지 못하게 되었다.

그리하여 16세기에 들어서는 직전제가 사실상 유명무실해졌다. 양반 관료 외에 각 지방의 토착 세력인 이른바 한량에게도 소정의 전지가 급여되어 이를 군전(軍田)이라 했다. 그들은 대체로 지방에 생활 근거를 둔 문무관으로서 일정 기간 서울에 올라와서 시위의 의무(役)를 지게 마련이어서 그들에게 지급되는 전지를 군전이라 했던 것이다.

이 밖에 중앙과 지방의 관아나 공공기관에는 각기 그 경비와 소속 역원(下吏)의 급료에 충당케 하기 위해 각종 명목의 전지가 급여되었다. 군자에 충당케 하기 위해 또는 성균관 · 사학 · 향교 등 교학기관의 경비에 충당케 하기 위해 각기 전지가 마련되기도 했다. 고려 말에 광대한 전지와 막대한 수의 노비를 점유했던 사원에 대해서도 그 전지와 노비의 일부를 관부에 귀속시키고 그 수를 제한했다.

이와같이 국가에서 전지를 급여하는 대상은 명백히 한정되어, 천인은 물론 상인 · 수공업자 · 매복맹인 · 무격창기 · 승니 등은 전지를 받을 수 없게 했고 양인도 급전 대상에서 제외되었다. 그러나 양인이나 천인이 사실상 토지를 점유하는 것을 인정하지 않았던 것은 아니다. 국가에서 개인이나 관아 또는 공공기관에 지급된 전지를 경작하는 농민은 수확고의 1할에 해당하는 조(지대)를 전주(전지를 지급받은 자)에게 납부해야 했다. 전주가 개인인 경우에는 그가 징수한 조(租) 중에서 소정률의 세(지세는 조액의 15분의 1)를 국가에 상납하게 마련이었다. 전주와 경작자(전호)와의 관계는 국가로부터 규제를 받았다. 즉, 전주는 임의로 그의 전지를 경작하는 농민(전호)을 교체 · 방축하지 못하게 했고, 그 반면에 경작자(전호)로서도 임의로 그의 경작지에서 떠날 수 없게 했다.

이것은 국가가 전주로 하여금 농민의 경작권을 보장케 하는 반면에, 농민을 토지에 옭아맴으로써 농업 생산을 확보하려는 정책에서였다. 이로써 농민은 토지에 얽매이는 대가로 그의 경작권을 확보할 수가 있었다. 이와 같은 조처는 고려대에 비하면 농민의 법제상 지위에 일단의 진보를 말해주는 것이다(한우근, 1987: 257-260).

3 봉건적 신분 제도의 확립

조선왕조의 지배 계층은 그들이 새로 유교적이고 집권적인 관료조직을 확립해 나가는 과정에서 지배 계급으로서의 그들 자신의 사회적 지위를 확보해 나갔다. 그것은 상대적으로 다른 사회 계층에 대한 신분적인 한계를 명확히 규제하게 되었음을 의미한다. 조선왕조의 신분 체제도 고려대로부터 내려오는 전통적인 사회적 기반과 유교적 이념 위에 이루어진 것이다. 유교사상에 의하면 원래부터 치자(治者) 계층과 피치자(被治者) 계층은 엄연히 구별되었으며, 그 위에 혈통이나 직업 등에 의해서 양인과 천인, 사(士)와 서(庶), 혹은 사농공상(士農工商)의 사민(四民)이 각기 구별되기 마련이었다.

이와 같은 신분에 대한 차별관은 주자학에서는 훨씬 더 철저했다. 즉, 인간은 태어날 때부터 신분・지위・빈부・귀천이 결정지어져서 이로 말미암아 누구나 그의 계급적 질서와 신분 지위의 고정화를 정당한 것으로 받아들여야 했다. 주자학의 세례를 받은 조선왕조 초기의 양반 관료들도 그들이 절대적인 권위와 지배적인 지위를 차지하고, 그것을 계속 확보할 수 있도록 조치한다는 일은 지극히 당연하게 생각했다.

그러한 그들의 노력은 여러 가지 규제를 마련해 각기의 신분적인 제약을 법률적으로 존속시키도록 했던 것이다. 이미 고려대에 비롯된, 문반・무반을 의미하던 양반이라는 말은 어느덧 관직을 차지할 수 있는 지배적인 사회집단을 의미하는 호칭으로 쓰여지게 되었다. 그것은 또 사(士)와 서(庶), 사농공상의 사를 의미해 사족(士族)・사대부와도 통하는 것이다. 법제상으로 엄격히 말한다면 사는 오품 이하의, 대부는 사품 이상의 관료를 의미해 사대부는 품계가 있는 관리 전체를 말하게 되어 있으나, 사대부라는 말도 역시 일반적으로 널리 양반 계급을 가리키게 되었다.

양반 계급 밑에는 특수한 기술을 지니고 실무직을 세습하게 된 계층을 통틀어 중인(中人)이라고 불렀다. 중인이라는 호칭은 외국어(역학)・의학・천문・지리・법률・산학 등 이른바 잡업(기술업)에 종사하는 계층으로 거주 지역이 서울의 중앙부에 위치했던 탓으로 비롯된 것이다. 중외(中外)의 여러 관아에서 실무를 담당하는 하급관리들도 넓은 의미에서 중인 신분으로 간주되었다. 국민의 대부분은 주로 생산과 부세를 담당해야 하는 농민이었으며, 이들은 약간의 상인과 수공업자와 더불어 상민이라고 일컬어졌다. 사회의 최하 신분으로는 천민 계급인 노비가 있었다. 이들 노비에게는 인권이 전혀 부여되지 않고 일종의 재물과 같이 취급되고, 관아나 개인에 예속되어 오로지 노동력을 제공하는 존재였다.

조선 사회의 신분 계급은 양반·중인·상민·천민으로 대별할 수가 있다. 그리하여 한 계급 안에서도 여러 가지 계층을 이루어 그들의 이해 관계를 각기 일률적으로 논하기는 어렵다. 그러나 신분 제도가 확립되면서, 각기 신분은 국가에 대한 권리와 의무, 사회적인 권세와 대우를 달리해 공적·사적으로 향유하는 이익에는 신분 간에 큰 차이가 있었다. "형(刑)은 양반에게까지 올라가지 않고, 예(禮)는 서민에까지 내려가지 않는다"는 널리 일컬어지는 말은 지배 계급인 양반의 차별적인 신분관을 잘 표현한 것이다. 그리하여 각기 신분은 직업을 세습하고 존비 귀천의 관념에 따라서 서로 교유하거나 통혼하는 일은 있을 수 없었고, 흔히는 그들의 거주 지역을 달리하는 경우가 많았다(한우근, 1987: 266-267).

4 주자학의 발달

고려 후기에 수용된 주자학은 조선왕조의 개창 후에는 새로운 제도·문물의 정비에 지표적인 원리로서 가능했으며, 특히 학교 제도와 과거 제도의 정비·보급을 통해 새로운 교학(敎學)으로 발전했다. 주자학은 우주의 질서와 인간의 질서를 이기론을 통해 하나의 통일적 원리로 파악하는 철학적인 유학이었다. 이기론의 요체는 우주 만물이 모두 형이상의 이(理)와 형이하의 기(氣) 양자의 결합으로 구성되며, 이는 물(物)의 성(性)을, 기는 물의 형(形)을 각각 결정한다는 데 있었다.

그러므로 인간의 성(性)의 근원은 이이며 그의 형체는 기가 근원이 되는 것이니, 전자는 본연의 성이고 후자는 기질의 성이다. 인성은 본래 순선무구(純善無垢)한 것이나 인간이 타고나는 기의 작용에 따라 그것이 청명 또는 혼탁해진다. 따라서 인간은 누구나 수양에 의해 기질의 성에서 연유하는 혼탁을 버리고 본연의 성을 되찾을 수 있으며, 이 노력이 인간의 최대의 과제가 된다는 것이다. 이러한 주자학이 조선조의 정치 이념으로 정착하면서 고려 말에 강조되었던 명분론이나 도리학이 현실 정치에서 그 실용성이 감소되고, 대신 종전에는 배격되었던 사장(詞章)이 다시 중시되었다. 사장은 왕정에 관계되는 문서의 작성이나 각종 편찬 사업, 그리고 사대교린의 외교 문서 작성 등에서는 결코 소홀히 할 수 없는 것이었다.

조선 전기의 양반 사회는 같은 주자학을 소양으로 하면서도 도리학·명분론을 중시해 이를 현실 정치에서 실현해 나가야 한다는 입장과 그보다는 사장을 주로 하여 현실의 정치·경제에 좀더 깊은 관심을 가져야 한다는 입장이 은연중 대립했으며, 이러한 대립의 소지는 이미 이성계의 역성혁명에서 나타났으나, 고려 말의 신흥 사대부 가운데 정통론·명분론에 충실한 사람들은 역성혁명을 반대하고 새 왕조에 대한 충성을 끝내 거부했다.

길재(吉再)가 조선왕조의 출사 요청을 거절하고 낙향해서 주자학 연구와 제자 양성에 전념했던 것은 그런 예였다. 조선조가 개창된 뒤에도 이런 양상은 여전히 계속되었는데, 특히 세조의 단종 폐위와 왕위 찬탈은 이러한 양반 관료 내의 미묘한 갈등을 정치적으로 표면화했다.

사육신(死六臣)·생육신(生六臣)으로 상징되는 사람들은 도리학의 화신이었으며, 반면 사장 중심의 학풍을 견지하는 측에서는 왕조의 개창이나 세조의 찬위에 적극적으로 협조했다.

조선 초기의 주자학은 이러한 대립 속에서 발전했다. 그러나 양반 사회의 대립적 경향은 어디까지나 주자학이라는 테두리 안에서 존속했다. 따라서 불교나 기타 이단이라고 보는 사상이나 종교에 대한 배격이 철저했다. 또한 충·효의 가치 덕목을 민(民)의 사회적 교화의 최종 목표로 추구했으나 이는 오례(五禮)의 정비와 확대, 그리고 주자가례를 가족 제도 운영의 지표로 준수하는 데에서 전형적으로 나타났다. 군신의 관계가 절대 명분으로 고정화되었고, 효자·효부에 대한 표창이 장려되었다. 사장이나 전례(법전·예식)에 능통하고 경세의 학문에 주력하는 경향도 이런 분위기 속에서 나타났다. 그러나 조선조의 제도·문물이 일단 정리된 이후에는 도리의 학으로서의 주자학을 정치철학으로 실천하려는 움직임이 사류(士類)들의 정계 진출로 표면화되었다(변태섭, 1987: 291-293).

5 관인 지배 체제의 발전

1) 유교적 행정문화와 관인 지배 체제

정책이란 일반적으로 주요 행동지침 또는 중요한 결정이나 활동을 의미한다. 정책은 관점·목적이나 분석 방법에 따라 다양하게 정의될 수 있는 다의적 개념이라고 하겠다. 그리고 정책은 종속 변수로서 환경적 요인이며, 정치·행정 체제의 특징에 따라 그 내용·범위·경향이 좌우된다고 볼 수 있다(김규정, 1983: 148). 따라서 조선조의 행정정책은 조선조가 기초로 하고 있는 유교적 행정문화와 관인 지배 체제를 전제로 할 때 올바른 이해가 가능하다.

조선왕조는 유교적 통치이론을 기초로 하여 건립된 국가이다. 유교적 통치이론은 군신 간의 계급 질서를 인정하면서도 그 밑바탕에는 인성에는 귀천이 없다는 성리학적 인본주의와 지배자가 부담해야 하는 강력한 윤리를 강조하고 있는 위민사상이 자리잡고 있다. 따라서 유교적 통치는 언제나 만인의 지혜 위에 서야 한다는 윤리적 선을 강조한다. 그리고 유교적 통치이론은 나아가서 지배자의 윤리적 선을 강조하고 지배자의 현명(顯名)을 최대로 보장하려는 박순채납(博詢採納)의 형식을 통치의 기본 과정으로 규정하고 있다. 이와 같은 유교적 통치이론에 의해 계급적인 조선조 사회에서도 민중은 간접적으로나마 행정 과정에 연관을 가지게 되었으며, 정책결정 과정에서의 언로(言路)가 상당할 정도로 개방되어 있다(김운태, 1981: 215-216).

조선왕조의 정치·행정 체계는 명분상 왕권을 정점으로 하고 있으면서도 절대주의적 전제정치 체제가 아니라 유교적인 양반 관료에 의해 실질상 통치되는 유교적 관인 지배 체제였다. 따라서 문반 통치에 관인 행정기구를 구조적으로 분화시키고, 거기에 기능적 자율성을 부여하고 있기 때문에 행정기구 간의 견제와 참여가 상당히 활발하게 이루어졌다.

이와같이 유교문화가 조선조의 통치 과정에 미친 긍정적인 원리로서 위민(爲民)의 윤리와 언로 개방 등의 민주적 합리성이 있다는 것을 인식할 수 있다. 그러나 그러한 유교적 통치 원리는 역사의 진행과 현실적 적용 과정에서 부정적인 기능을 발견할 수 있다. 즉 이러한 합리적 통치이론이 현실을 그대로 인도하지 못하고 형식적이고 공리적인 명분론으로 전락된 사실과 신분 계급 의식의 강화로 인해 민중의 참여 의사가 제약되고 정치 결정 과정에서 참여 범위가 제한되었으며 또한 상고적(尙古的) 묵수성(墨守性)으로 고루화됨으로써 정책 과정의 기능상의 둔화를 가져왔다(김운태, 1981: 218).

2) 관인의 정책 참여

전제군주 아래 성장한 아시아의 관료제는 그 성립 시기 및 사회적 기반에서 구체제 말기에 절대주의 국가의 성립하에 형성·성장된 유럽의 관료제와는 그 성격을 달리한다. 그리하여 동양의 관인을 뷰러크래트(bureaucat)라 하지 않고 만다린(mandarin)이라고 부르는 사람도 있거니와 조선조의 관인국가적 성격은 군왕과 관료들 간의 관계 규명을 통해서만이 더욱 명백해진다.

군왕의 지위에 대해서도 유교를 바탕으로 한 동양에서는 유럽의 절대주의 국가와 비교해 비록 근대적 의미의 법적 구속은 없었으나 제도적·이념적인 제한으로 인해 상대적으로 약했다. 더구나 조선의 군왕은 비록 그 왕권의 정당성이 유교의 천명론(天命論)에 의거하고 있으면서도 중국의 군주와 같이 종교적인 천자론(天子論)에 기초하지 않았던 관계로 왕권이 상대적으로 약했다는 것을 알 수 있다. 이와는 반대로 관인의 지위가 상대적으로 강력했다. 정무와 입법에 관한 국가 최고 의결기관이 도평의사사-의정부-비변사로 연결되어 왔다는 사실은 조선왕조가 전제군주 국가이면서도 순수한 전제군주 국가가 아니며, 군주의 전제권은 어느 정도 고위관료층의 제약을 받고 있었음을 의미한다. 그리고 이러한 정책 결정 과정에 관료가 적극적으로 참여할 수 있었다는 것은 서구의 관료제와는 다른 점이며, 이것은 조선왕조의 정치 권력이 왕권과 신권 간의 분립 견제로 이루어지고 있음을 말해 준다(오세덕, 1976: 451-452).

조선왕조의 법령의 제정 및 정책의 결정 등에서 국왕의 명령이 기본을 이루고 있다. 그러나 한편으로는 문무백관의 발언이 자유로웠기 때문에 국왕의 권력 행사가 많은 견제를 받았다. 먼저 입법 과정에서 신법안의 제안권자는 국왕과 중신으로 되어 있다. 중신들은 국왕이 참석하는 어전회의 또는 중신들만으로 구성되는 중신회의에 법안을 회부해 공동으로 논의했다. 그 다음에는 사헌부·사간원에 부쳐 '서경(署經)'이라는 인준을 받는 절차를 거쳐야만 된다. 이 과정에서 반대의 의견을 가진 중신들은 상소 또는 배알의 방법으로 또는 국왕의 부름에 응하는 방법으로 국왕에게 알려졌으며, 국왕은 관료들의 의사를 자의적으로 무시하지 못했다. 이상과 같은 심의 과정을 통해 채택된 신법안은 왕명에 의해서 당해 관청에 그 입법을 통고해 시행하도록 했다. 이 때의 왕명을 교지(敎旨) 또는 전지(傳旨)라고 한다. 그리고 신법안의 제안자가 국왕이면 수교시행(受敎施行)이라 하고, 제안자가 당해 관청 또는 중신이어서 국왕의 윤허를 얻은 것이면 봉왕지시행(奉王旨施行) 또는 계문취지(啓聞取旨)라고 하여 구분해서 표현했다(정시채, 1986a: 204).

3) 정책 결정 과정의 특징

첫째, 통치구조상의 합의 제도가 발달되어 있었다. 조선왕조가 명분상으로는 국왕을 정점으로 하고 있으나 절대주의적 전제 정치 체제가 아니고 유교적인 양반 관료에 의해서 통치되는 관인 통치 체제이면서도 통치 체제가 구조상 상당히 분화되고 기능상 자율성이 비교적 높은 동시에 통치 권력의 집중이 배제되어 있었다. 따라서 관료 간의 합의제와 견제 기구가 고도로 발달되었다.

둘째, 언로가 개방되어 있었다. 피치자의 행복을 제1의적(第一義的)인 정치의 목표로 하는 위민사상과 이에 수반되는 지배자의 윤리적 책임은 정책 결정 과정에서 언로를 널리 개방하는 결과를 가져왔다.

셋째, 정책 결정 과정이 발달되어 있었다. 정책 결정에 관한 주요 기구로는 국왕, 의정부, 육조, 홍문관, 사헌부 및 사간원, 승정원, 궁중관아와 군사기구 등이 있다. 그리고 정책 결정 과정에서 어떤 요구나 의견이 최고결정자인 국왕에게 투입되는 과정은 시사(정무)와 경연(강학)이 있다. 시사(視事)는 정무를 위해 이루어지는 실무 과정이고, 경연(經筵)은 실제적인 정무보다는 통치에 관련되는 원리에 대해서 연구·토의하는 과정이다. 시사의 대표적인 것은 상참(常參)이었고, 그 밖에 정례적인 것으로 차대·조참 등이 있었으며, 수시로 이루어진 것으로서 인견(引見)·소견(召見) 등이 있었다. 그리고 경연의 대표적인 것은 진강(進講)이었고, 그 밖에 소대(召對)가 있었다.

넷째, 관인 중심의 정책 결정 과정이었다. 조선왕조의 정책 결정 과정에 참여하는 정치 단위로는 국왕·관인·사림(士林)·민중으로 분류할 수 있다. 여기서 당대의 정치문화나 의식구조로 보아 사림 이상의 지배 계급과 서민 계급으로 양분할 수도 있다. 그런데 실제로는 정책 결정 과정에 사림까지만 참여할 수 있고 민중은 제외되어 있었다. 다만, 민중은 정책 결정 과정에 간접적으로 영향을 미칠 수 있었다는 것은 조선조 관인 중심의 정책 과정이 가지고 있는 한계라고 하겠다. 특히 민중의 절실한 요구가 정책 결정 과정에 반영되지 못하고 민란의 형식으로 종종 폭발되었다는 것은 근본적으로 조선왕조는 관인 중심의 통치 체제가 갖는 한계를 벗어나지 못하고 있었음을 말해 준다.

다섯째, 조선왕조의 정책 결정 과정에는 한국의 고래의 전통인 만장일치 또는 전원일치제의 민주적 유풍이 광범위하게 보급되고 있었다. 예컨대, 묘당(廟堂)의 합의서결제(合議署決制), 각 조의 합의제, 사헌부의 완석첨의제(完席僉議制) 등이 그것이다(김운태, 1981: 239-340).

6 인사정책 및 관리

1) 문관 우위 정책

조선왕조는 고려의 무단 통치의 폐를 충분히 인식하고 군인 통제의 약화는 곧 정국의 불안정과 유교주의적 왕도정치의 혼미 및 왕권을 흔드는 쿠데타적 사건을 낳는다는 인식을 바탕으로 하고 있다. 그리하여 숭문사상이 조선조 500년의 통치문화를 지배하고 인사정책의 기본 지침이 되었다.

양반은 문무반을 통칭하는 것으로 이들 문무반을 평등하게 보아야 할 것이다. 그러나 문존무비(文尊武卑)의 경향이 있어 중요한 관직은 물론이고 군사적 요직까지도 문관이 독점했으며, 또한 문반 6품과 무반 4품을 동격으로 인정했다. 고급관리에서 문반직자는 실직임에 대해 무반직자는 문무를 가리지 않고 무소임자 내지 겸직자로 구성되게 마련이어서, 무인에 한하는 고급 관직이라는 것도 애초부터 설정하지 않았다. 군사 지휘관인 장수가 되는 요건도 순전히 무력만이 아니라 병서의 통달이 필수 요건이었기 때문에 오히려 문신이 이를 겸하게 되는 것이 일반적인 경향이었다.

따라서 조선왕조의 통치는 명분상으로는 왕의 통치이고 형식상으로는 문무 양반에 의한 관료의 통치라 하더라도 실제상으로는 문신만에 의한 지배 체제였다. 실제로 무반직에 따른 아문은 없었다. 조선왕조 통치의 기본 구조에 해당하는 의정부·육조·삼법사·제관의 모두가 한결같이 유학에 숙달하지 않고서는 그 임무를 감당할 수 없는 기관이다. 그것은 결과적으로 문약(文弱)에 흘러 오히려 조선왕조의 약화를 가져온 중요한 요인이 되었다(오세덕, 1976: 457).

2) 과거 제도

과거 제도는 고려의 제도를 토대로 하여 여러 차례의 개혁을 단행했으나, 고종 31년(1894년) 갑오경장으로 폐지될 때까지 관리의 임용은 주로 과거 제도에 의했다. 이태조는 조선조를 건국한 후 즉위 선언으로 하교해 과거제를 정했다(『증보문헌비고』, 1972: 155). 과거는 문과·무과·잡과·승과로 분류되고 있었는데, 그 중에서 문과가 가장 핵심이었다. 문과는 소과와 대과로 나뉘는데, 대과(이를 문과라고도 함) 합격자라야 출세의 길이 보장되었다. 무과는 무인 등용, 잡과는 기술관 등용, 승과는 승려법계 시험이며, 이 밖에 서리를 뽑는 이과(吏科), 하급관리를 뽑는 취방(取方) 등이 있었다.

소과는 생원과 진사를 뽑기 때문에 생진과(生進科)라고도 하며, 사마시(司馬試)라는 별칭이 있었다. 여기에는 향교와 4학 출신 및 하급 관료가 응시하는데, 1차(초시)에서 700명, 2차에서 생원(경전으로)·진사(문장으로)

각 100명을 선발해 백패를 수여한다. 대과는 원생·진사·성균관 유생·3품 이하의 현직 관리 등이 응시해 각 도의 인구 비례로 초시에서 240명, 복시에서 33명, 전시에서 갑·을·병과의 등급을 결정하는 시험을 치렀고, 합격자에 홍패를 주며 성적에 따라 6~9품에 임용되고, 현직 합격자는 4~1계가 특진되었다. 무과는 양인 이상이면 가능하고 28명을 선발, 합격자를 선달이라 했으며 무예와 병서를 시험했다. 잡과는 중인 자제 및 잡학 출신자가 응시하나 향교나 4학 출신의 낙방자도 응시할 수 있었고, 총 46명을 뽑았다. 이들은 해당 부서의 하급 관리로 임용되며 최고 3품에까지밖에 오를 수 없는 한품 서용(限品敍用)이 적용되었다.

이 밖에 무시험 등용제로서 음서(蔭敍)·유일(遺逸)·천거(薦擧) 등이 있는데, 이는 명신(名臣)·공신(功臣)·청백리 등의 자손과 유현(사림)에게 주어지는 것이다.

과거는 정기적으로 3년마다 치르는 식년시가 기본이나, 특별한 일이 있을 때 증광시(增廣試)·정시(庭試)·알성시(謁聖試)·춘당대시(春塘臺試)·백일장 등 부정기 시험도 많았다. 이 부정기 시험의 번설은 관기(官記)의 해이와 관련이 많고 양반 증가의 원인도 되었다. 과거에 응시할 수 없는 경우는 대죄·장리의 자손, 재가나 간특한 부녀의 자손, 서얼 자손, 4조(증조·조·부·외조) 안에 천민의 피가 섞인 자이다. 이는 주로 문과의 제한 조건이었다. 조선 시대 관리 등용 제도에서 음서보다 과거의 비중이 컸다는 것은 그만큼 관료주의적 국가임을 말하며, 개인적으로도 학력과 능력이 존중된 합리적인 사회였음을 뜻한다. 그러나 법구폐생(法久弊生)으로 비리가 드러나며 현량과가 생기고 학덕 높은 '산림'이 징소(徵召)되어 가문 중심의 벌열정치(閥閱政治)가 성행되면서부터는 이 과거 제도도 점차 그 의의를 상실해 갈 수밖에 없었다(반윤홍, 1986: 349-351).

3) 임용 제도

관료 제도가 가장 엄격했던 조선왕조에서 관리에 임용되기 위해서는 우선 신분상의 제한을 받을 뿐만 아니라 과거·천거·문음(門蔭)·잡로(雜路) 등의 관문을 거쳐야 한다.

(1) 임용 절차

먼저 관리가 될 수 있는 적격자를 선발, 서임하거나 본인이 관리로서 복무한 동안의 근무 성적을 조사해서 그의 승전·출척 등을 결정하는데, 이를 '도목정사(都目政事)'라 하였다. 조선왕조에서는 매년 6월과 12월에 두 번에 걸쳐서 심의 결정했다. 6월에 하는 것을 '권무(權務)'라 하고 12월에 하는 것을 '대정(大政)'이라 했는데, 이들을 합해 '도목정사'라 했다.

원칙적으로 도목 이외에 인사를 하지 않았으며, 부득이 부정기로 긴요한 보임을 하는 경우를 '산정(散政)'이라 했다. 문관의 전선(銓選)은 이조에서 하고 무관의 전선은 병조에서 담당했다. 그리하여 이조와 병조를 합해 전조라고 했다. 이들 전조에서는 판서와 책임자들이 모여 관리의 성적표인 '도력장(都歷狀)'에 근거해 각 관직에 적격자라고 판단되는 후보자를 3인씩 선발한다. 그리고 그들의 성명을 열기해 국왕에게 진문(奏聞)하는데, 이를 '비삼망(備三望)'이라 한다. 그러면 국왕은 후보자 3인 중에서 1인에게 점을 찍어 적격자를 결정하게 되는데 이것을 '비하(批下)'(낙점)라 한다. 이렇게 하여 결정된 결과는 조보(관보)에 발표한다. 그리고 임용에 앞서서 신분의 적격 여부를 심사하는 절차가 있는데, 이를 '서경(署經)(신원 조회)'이라 한다.

서경 절차는 우선 이조·병조가 당사자의 내·외·처 3족의 4조(부·조·증조·외조)를 열기해 사헌부와 사간원에 보낸다. 그러면 사헌부와 사간원은 조사해 당사자는 물론이고 그의 3족, 4족에게도 신원상의 하자가 없다고 판단되면 인준했다. 그러면 임관이 확정되었는데, 이조와 병조는 '직첩(임명장)'을 수여했다. 만약에 서경의 제1차 심사에서 견월(불통과)되면 재서·3서를 취했고, 3서에서 견월되면 임명이 보류되었다. 이 서경의 절차는 양사의 관리와 수령의 경우에 가장 엄격했다. 소정의 절차를 밟아 관직에 제수(임명)되면, 동반 9품·서반 4품 이상의 직의 관리는 제수된 다음날에 대전·왕비전·왕세자궁에 '사은숙배(謝恩肅拜)'를 올린다. 그리고 새로 임명된 당하관과 출사자는 10일 이내에 의정부·이조(또는 병조)와 속조 등 감독 관청에 '참알(參謁)' 또는 '역사(歷辭)'를 했다. 참알은 새로이 임명된 당하관과 출사자가 감독 권한을 가진 관청에 직접 나아가서 인물 고사를 받는 절차이다.

역사는 특히 외직의 문무관이 행하기로 되어 있었다. 그들이 임지에 가기 전에 국가의 중신·관계 관아의 요인 및 감독 권한을 가진 양사의 관리를 차례로 방문해 부임하는 인사를 하면서 인물 고사를 받았던 절차이다.

(2) 정 원

정원은 시대에 따라서 차이가 있었으나 대체로 문반의 내외직이 각각 400명에 달했고, 무반이 500여명에 달했다고 한다. 문반의 경우, 정원은 400여명인데, 과거에 합격한 유적격자가 2,000여명에 달했다. 그러므로 관리에 임명되기 위해서는 극심한 경쟁을 치러야 했다. 이와같이 정원은 한정되어 있는데 유적격자 및 지원자는 그 몇 배가 되었는데, 이 문제를 해결하고자 마련한 것이 '체아직(遞兒職)'이었다. 이것은 관리가 현직에서 물러난 뒤에도 휴직 형식으로 일시 혹은 일정 기간 동안 그의 생활을 보장해 주기 위해 만든 자리였다.

(3) 상피 제도

중앙과 지방 관직 임용에서 하나의 관행으로서 상피제(相避制)가 있었다. 즉, 경관직이나 특히 지방 관직에서 재직 관원과 일정한 친척 관계에 있거나 직무 수행상 분리시킬 필요가 있는 관계의 경우에는 함께 벼슬하는 것을 피했던 것인데 이를 상피제라 한다. 이것은 본래 중국 당말 오대의 난을 치른 후 송대에 이르러 '회피'하는 제령을 공포해 당해 지방 출신자에게 그 지방의 통치를 위임하지 않았던 데서 연유한다. 그 지방 출신자에게 그 지방의 통치를 위임하지 않았던 이유는 당시 간신히 회복되었던 중앙집권 행정을 그대로 유지하면서 지방 토호의 발호를 조절하려는 데 있었다. 이 제도는 중국에서는 원·명을 거쳐서 근대에 이르기까지 번잡한 조령으로 발달되어 왔다. 이 제도가 조선왕조에 도입되어 상피제라고 일컬어지게 되었고 광범하게 실시되었다(김운태, 1981: 177-186).

4) 등 급

관료의 등급을 '품' 또는 '유품'이라 하고 품의 고하에 관한 것은 '품계'·'품질'·'관계'라 했다. 관품은 다시 정·종 각 9품으로 나누고 이 안에 드는

〈표 8-2〉 조선왕조 품계표

품 계	양 반		잡 직		사 관		
	동반(문반)	서반(무반)	동반	서반	동 반	서 반	
정1품	대광보국숭록대부 보국숭록대부						당상
종1품	숭록대부 숭정대부						
정2품	정헌대부 자헌대부						
종2품	가정대부 가선대부						
정3품	통정대부	절형장군					
	통훈대부	어회장군					당하·참상
종3품	중직대부 중훈대부	건공장군 보공장군					
정4품	봉정대부 봉열대부	진위장군 소위장군					
종4품	조산대부 조봉대부	정략장군 선략장군					
정5품	통덕랑 통선랑	과곡교위 충곡교위			통의랑	건충대위	
종5품	봉직랑 봉훈랑	현신교위 창신교위			봉의랑	여충대위	
정6품	승의랑 승훈랑	돈용교위 진용교위	공직랑 여직랑	봉임교위 수임교위	선직랑	건신대위	
종6품	선교랑 선무랑	여절교위 병절교위	근임랑 효임랑	현공교위 적공교위	봉직랑	여신대위	
정7품	무공랑	적순부위	봉무랑	등용부위	희공랑	돈의도위	참하
종7품	계공랑	구순부위	승무랑	선용부위	주공랑	수의도위	
정8품	통사랑	승의부위	면공랑	맹건부위	공무랑	구용도위	
종8품	승사랑	수의부위	부공랑	장건부위	직무랑	효용도위	
정9품	종사랑	효력부위	복근랑	치력부위	계사랑	여력도위	
종9품	장사랑	전력부위	전근랑	근력부위	시사랑	탄력도위	

자료: 변태섭(1987: 269).

것을 '유내(流內)'라 하고, 그 밖에 비잡제직을 '유외(流外)'라 했다. 이러한 관료의 등급 제도는 중국의 수·당 시대에 확정된 것이다.

우리 나라에서는 고려 시대부터 당·송의 관제를 도입해 본격적으로 사용하기 시작했다. 조선왕조에서는 국초부터 고려 시대의 관제를 그대로 답습해 사용했다. 이러한 관제의 등급 제도는 조선 후기까지 큰 변화 없이 그대로 유지되었다. 원칙적으로 조선왕조 관료의 등급은 정·종 각 9품으로 하여 도합 18품을 두었지만, 종6품 이상에는 각 품마다 상·하 2계가 있었고, 정1품에 3계가 있었기 때문에 더 많은 품계가 있었던 것이다. 18품계 가운데 문관 4품 이상은 '대부(大夫)', 5품 이하는 '낭(郎)'이라 했다. 무관 2품 이상은 '대부', 3·4품은 '장군', 5·6품은 '교위', 7품 이하는 '부위'라 했다. 또한 각 품계에는 다음과 같은 차등이 있었다. 6품에서 정3품 하계까지를 '참상'이라 했고, 7품 이하를 '참하'라 했다. 그리하여 참하의 관직에서 참상의 관직으로 승진하는 것을 '출육(出六)'이라 했으며 영달하는 한 관문이 되었다. 정3품 상계 '통정대부' 이상을 '당상관', 정4품 하계(통훈대부) 이하를 '당하관'이라 했으며, 당상과 당하에 대한 차별은 엄격했다. 당상관이 되면 공사문에 '영감'이라는 경칭을 받게 되고, 정2품 이상은 '대감'이라 했다. 국왕은 '상감'이라 했다.

관직의 정식 명칭은 계(품계)·사(소속)·직(직위)의 순서로 불렀다. 영의정의 경우에는 그의 정식 관직 명칭은 '대광보국숭록대부(계) 의정부(사) 영의정(직)'이 된다. 그리고 '행수법(行守法)'이라는 것이 있었다. 이것은 각 관직에는 각각 소정의 품계가 있었으나 예외적으로 어떤 경우에는 그 관직 자체의 품계보다 더 높은 품계의 관원이 임명되는 경우가 있었고 또는 그 반대의 경우도 있었다. 이 때 품계가 높은 관인이 그보다 품계가 낮은 관직에 임용되는 경우는 '계고직비(階高職卑)'로서 '행(行)'이라 하고, 그 반대의 경우는 '계비직고(階卑職高)'로서 '수(守)'라 했다. 이러한 행수법에 의해 종1품 숭정대부의 품계를 가진 자가 정2품직인 이조판서가 되면 '숭정대부행이조판조'라 했고, 종2품의 가선대부(嘉善大夫)의 품계를 가진 자가 정2품의 홍문관대제학에 임명된 경우에는 '가선대부수홍문관대제학(嘉善大夫守弘文館大提學)'이라고 했다. 그리고 『경국대전』에는 7품 이하의 관원이 2계

이상의 높은 관직에 임용될 수 없고, 6품 이상의 관원이 3계 이상의 높은 관직에 임용될 수 없다고 규정되어 있다(『경국대전』, 1972: 32).

5) 임기와 복무

모든 관직에는 일정한 임기가 있어서 이 임기가 끝나면 전공 또는 승진이 되는데, 이것을 '사만(仕滿)' 또는 '개만(個滿)'이라 했다. 이와같이 임기제를 규정한 이유는 ① 특정 관직에 오래 재임하면 폐해가 생길 수 있고, ② 일정 기간 한 관직에 근무해 그 사무에 익숙할 필요가 있다고 생각한 때문이었다. 이리하여 6품 이상은 출근일이 900일(30朔)이 달한 뒤에 전근했다. 그러나 이러한 규정은 하나의 원칙에 불과했고 점차 법이 해이해져서 제대로 지켜지지 않았다. 근무 일수의 계산도 실제의 근무 일수가 아닌 임관 후의 일수를 계산하는 경우가 많았으며, 이것조차도 제대로 지켜지지 않았다. 때로는 전랑과 언관(言官)이 다달이 승진 또는 전근된 일이 있었고 혹은 과거에 급제해 5년도 채 못 되어 당상관이 되거나 10년이 못 되어 재상이 된 경우도 있었다. 특히 중앙의 요직에서 그 임명된 직책을 못마땅하게 생각하면 '정병(呈病)' 또는 '피혐(避嫌)' 등으로 그 임명을 사양하는 일이 많았으며, 자리잡을 사이도 없이 바로 자리를 옮기는 경우가 많았다. 그러나 지방관의 임기는 엄격하게 지켜졌다. 이를 특히 '과만(瓜滿)', '과기(瓜期)' 또는 '과한(瓜限)'이라 하여 관찰사·도사는 재직 기간 360일(1년), 수령은 5년, 당상관과 가족을 동반하지 않은 수령 및 훈도는 2년 반, 그리고 무관직인 절도사는 2년, 가족을 동반하지 아니한 첨사 만호는 2년 반을 원칙으로 했다. 그러나 그 뒤에 수차의 변경을 거쳐서 유수·관찰사가 2년, 도사가 1년, 수령이 30개월 또는 60개월이 되면 이동하도록 되었다.

이와같이 지방관의 임기를 엄격하게 규정한 이유는, 그들이 오래 한 곳에 머물러 있게 되면 임지에서 국리 민복을 위해서 노력하기보다는 백성들에 대한 가렴주구를 자행하게 되는 계기를 마련해 준다고 생각한 때문이었다. 한편, 특별한 기술과 경험 및 자격을 요하는 관직은 임기에 관계 없이 오랫동안 재임할 수 있었는데 이 제도를 구임(久任)이라 했다. 이 구임 제도가 적용되는 자리를 구임과(久任窠)라 했고, 그러한 자리가 있는 관청이 구임아문이라 했으며, 대개 각 관아의 서무 회계급 직위인 직장(直長), 판관(判官), 주부(主簿) 등에 구임과가 많았다. 이 제도는 기술계 직위를 전문화시킴으로써 행정 능률을 향상시키기 위해 마련했던 것이다. 그러나 이 제도는 얼마간의 행정 능률을 향상시키는 데 기여했지만 이 제도로 인한 문제점에 대한 논의가 태종조 이래로 많이 있었다. 그리하여 『경국대전』에서도 각 관아의 하급 관료 약간을 구임하는 정도에 그쳤다.

그리고 관직의 임기 만료와 관련하여 '해유(解由)'라는 관례가 있었다. 이것은 그가 해임될 때 재직 중의 회계·재정 또는 현물에 대한 심계를 받아 책임을 해제해 깨끗이 자유인이 되는 절차를 의미한다. 이 제도는 송대의 관제에서 유래했으며, 조선조 초기에도 수령의 교대에 해유를 엄격하게 적용한 사실이 있다. 특히, 중앙의 전곡아문관리(錢穀衙門官吏)의 해유와 지방관의 해유는 언제나 엄밀하게 실시했으며, 그 사무는 호조 산하의 산학청에서 관장했다(김운태, 1981: 184-186).

그리고 관리의 일상 근무 시간은 묘시(卯時: 오전 5~7시)에 출근해 유시(酉時: 오후 6~7시)에 퇴근하도록 되어 있었다. 단 해가 짧은 때에는 진시(辰時: 오전 8~9시)에 출근해 신시(申時: 오후 3~5시)에 퇴근했다(『경국대전』, 1972: 32). 이조는 매년 말에 모든 관리의 출근 일수와 결근 일수를 포함한 근무 상황을 조사해 국왕에게 보고했다. 관찰사는 예하에 있는 수령의 칠사(七事)에 관한 실적을 조사하여 국왕에게 보고했다(『대전회통』, 1972: 179).

6) 고 과

인사고과는 관리의 공과 및 근무 성적을 평가하는 제도로서 우리 나라에서는 고려 성종 8년(989) 4월에 처음 실시했다. 우왕 원년(1374) 2월에는 수령에 관한 고과법을 제정했다(『고려사』, 1972: 631). 조선왕조는 고려의 고과법을 답습해 발전시킨 것으로 태조 원년(1392년) 8월에 수령에 관한 고과법을 정했으며, 다시 중앙과 지방의 관원에 적용되는 '고과법'을 제정했다(『증보문헌비고』, 1972: 336).

그 후 점차 이 법의 개정 및 보완이 이루어져 태종 2년(1402년) 7월에는 다시 '고적출척법(考績黜陟法)'을 제정해 고과에 의한 인사 조치를 시행하도록 했으며, 태종 4년(1404년)에는 '고과결사관법(考課決事官法)'을 제정했다(『태종실록』 권7, 태종 4년 3월). 세종 14년(1432년) 3월에는 '수령고적법(守令考績法)'을 제정해 수령이 계속해 근무 성적이 불량한 때에는 교체하도록 했다(『세종실록』, 세종 14년 3월). 그 후 성종(1485년) 16년에 『경국대전』이 발간되면서 조선왕조의 인사고과 제도는 확립되었다. 『경국대전』에는 중앙관청의 관원에 대해 그 소속 관청의 당상관, 제주 및 소속 조의 당상관, 그리고 지방 관청의 관원에 대해서는 그 도의 관찰사가, 매년 6월 15일과 12월 15일에 근무 성적을 평정해 보고하도록 규정했다(『경국대전』, 1972: 159). 따라서 중앙관서의 장과 당상관, 그리고 지방관서의 관찰사는 소속 관원에 대해 근무 성적을 평가하는 고과기관이었다. 문관에 대해서는 각종 기관에서 고과의 결과를 이조에 보고하도록 했고, 무관에 대해서는 병조에 보고하도록 했는데, 이를 기관에서는 그 결과를 다시 사정해 국왕에게 보고해 승진 또는 좌천시켰다. 특히 지방관에 대한 고과에서는 각 수령이 관하 관리에 대해서 근무 성적을 평정해 관찰사에 보고했고, 다만 수령에 대해서는 관찰사가 직접 실시해 보고했다.

수령의 평정에서는 관찰사가 병마절도사와 상의하도록 했는데, 그것은 수령들이 군무에 관한 사무까지 관장하고 있었기 때문이다(『경국대전』, 1972: 159).

무관인 지방관에서는 절도사가 고과를 관장했다. 수령이 아닌 육진장(陸鎭將)·여수(旅帥)·대정(隊正)·사관직(士官職)의 무관에 대해서는 병마절도사가, 그리고 수진(水鎭)의 장(將)에 대해서는 수군절도사가 관찰사와 합의해서 근무 성적을 사정했다.

우후(虞侯)·평사(評事)에 대해서는 각기 절도사가 근무 성적을 사정하도록 했다(『경국대전』, 1972: 438). 『경국대전』에 의하면, 이상의 평정 결과를 상·중·하로 3등분하여 포폄한다고 규정했다(『경국대전』, 1972: 159). 포폄(褒貶)은 관원의 근무 성적을 사정해 승진 또는 면직시키는 것을 의미했다. 이러한 포폄도 일정한 기준에 의해 시행했다(『경국대전』, 1972: 159).

7) 보 수

관료의 보수는 토지로서 지급하는 '과전'과 현물로서 지급하는 '녹봉'이 있었는데 이것을 녹과(祿科)라 했다. 과전은 현직이거나 한직(퇴직)이거나를 불문하고 모든 관료들에게 지급된 토지였다. 그 지급 방법은 정1품에서 종9품까지 18과로 나누어 최고 150결에서 최저 10결까지 관계에 따라 지급되었다.

과전은 원칙적으로 본인의 1대에 한정했으나, 관리가 사망한 후 그 처가 수절하거나 관리와 처가 모두 사망하고 유약한 자녀만이 남게 된 경우에는 국가에서 회수하지 않고 그것을 각기 '수신전(守信田)'과 '휼량전(恤養田)'이라 하여 전수를 허용해 사실상 과전의 세습화가 이루어졌다.

과전은 경기 지방의 토지에 한해서 분배하도록 구정되어 있었는데, 이것은 관료들의 생활 기반을 중앙에 두게 함으로써 그들의 토착 세력화를 방지함과 동시에 강력한 중앙집권 체제를 구축하기 위해서였다. 그러나 과전의 세습화, 관료 및 공신들의 수적 증가로 인해 경기 지방의 과전이 부족하게 되어 새로 임명되는 관리에게는 과전을 지급할 수가 없게 되었다(『세조실록』 권28, 세조 8년 7월 임인). 그리하여 태종 17년(1417년)에는 과전·공신전 등 3분의 1을 하삼도(충청·전라·경상)르 이급(移給)했으나, 역시 그 지역에서도 양반 관료의 남점(濫占)에 의한 농장의 확대를 초래했을 뿐 과전의 부족을 해결하지는 못했다.

세조 12년 8월에는 종래의 과전 제도를 폐지하고, 그 대신 현직 관리에게만 토지를 지급하는 '직전법'을 제정해 실시했다(『세조실록』 권39, 세조 12년 8월 갑자). 이 직전법은 종래의 과전법에 비해 대군·왕자군의 직전은 증가되었으나, 그 밖의 정1품은 150결에서 110결로, 9품은 15결에서 10결로 감소되었다. 그리고 그것을 지급받은 자는 퇴직 후 또는 사망 후에는 그 토지를 반환해야 했기 때문에, 관리들은 대체로 이 때부터 재직 기간 중에 경작자들로부터 심하게 착취하기 시작했다. 그러한 심한 착취를 방지하기 위해 성종 원년(1470년) 4월에는 관수관급제(官收官給制)를 실시해 관리에게 토지를 지급하되, 징수권은 국가가 직접 관장했다(『성종실록』, 성종 원년 7

월). 즉, 조세는 정부에서 징수하고, 세액을 공제한 징수액을 관리에게 지급하도록 했다. 이로써 관리들은 토지를 직접 지배할 수 없게 되고 사실상 현물 녹봉제를 실시한 것과 같은 결과가 되었다. 그리하여 성종 이후에는 현물 녹봉에 대한 관심이 커지고 직전의 경계는 별로 관심을 끌지 못해 점차 폐지되었으며 임진왜란 후에는 완전히 폐지되었다. 이리하여 조선 중기 이후에는 관리에 대한 현물 녹봉만이 남고 다른 혜택은 없어졌기 때문에 관리의 부정부패는 더욱 심화되었다.

녹봉은 문무관의 관료들이 미·유·포·대두 등의 현물과 약간의 저화로서 광흥창(廣興倉)에서 받는 급료였다. 그 액수는 『경국대전』에 규정되어 있었다(『경국대전』, 1972: 168). 이 녹봉도 조선 후기로 가면서 크게 감소되었으며, 이는 곧 관기(官紀) 문란의 중요한 원인이 되었다.

그리고 지방관에는 원칙적으로 녹과가 없었다. 감사·병사·수사에게는 가족을 인솔치 않는 경우에 한해 녹을 지급했다. 수령·첨사·만호에게는 가족을 인솔치 않는 경우에도 극히 일부에만 녹을 지급했다. 그리고 도사·만계(평안·영안도)의 우후·평사에게만 녹을 지급했다(『경국대전』, 1972: 168). 따라서 지방 관리들은 지방관청의 늠전(廩田)이나 관둔전(官屯田)의 수입과 백성으로부터 수탈할 수밖에 없었다. 그리하여 아록(衙祿)·공수전(公須田) 등의 수입은 그 지출에서 공사의 구별이 명확하지 않았으며, 더욱이 외관은 그 수입이 많다는 관념이 지배해서 관기가 문란해졌다. 따라서 속료 또는 민간인에 대한 착취가 더욱 심화되었다(『목민심서』, 「이조속사」; 『여유당전서』, 5: 365).

8) 증직·증시

증직(贈職)은 생전에 여러 가지 공로를 쌓은 사람에게 품계와 관직을 추증해 사후에 영예를 누리게 하는 제도이다. 『경국대전』에는 종친 및 문무관으로 실직 2품 이상의 관직에 있는 자는 그의 부모·조부모·증조부모의 3대에 관직을 추증하되, 부모에게는 같은 관품을, 조부모에게는 1품 더 낮은 관품을, 증조부에게는 2품 더 낮은 관품을 추증한다고 규정했다.

또한, 공신의 부친에게도 그에 상응하는 관직을 추증한다고 했다(『경국대전』, 1972: 163). 증시(贈諡)는 생전에 많은 공적을 쌓은 자에게 왕이 대명을 지어 추증하는 제도이다. 『경국대전』에 의하면, 종친 및 문무관의 실직 정2품 이상의 관직에 있던 자에게는 시호를 추증하며, 친공신이면 비록 관직이 낮더라도 증시한다고 규정했다. 그 절차는 봉상사의 정3품 이하의 관원들이 상의해 시호를 결정하고 그 결과를 본인의 생전 행적에 브고하도록 되어 있었다(『경국대전』, 1972: 163). 그리고, 시호가 주어지려면 왕의 재가가 있어야 하므로 증시, 즉 '시호를 내린다'고 했다.

9) 교육 제도

조선 시대의 교육 진흥정책은 만민을 교화하고 유교 이념을 심화시키며 유능한 인재를 양성해 종국적으로 덕치(德治)를 구현함에 있었다. 그러나 실제로는 관료사회의 한계성 때문에 과거 시험 공부가 주가 되어 유학과 문장 공부만 일삼고 사대부나 관료 자제의 전유물로 전락되다시피 했다. 또한 숭유억불·우문좌무·기예천시의 성향으로 사서오경(四書五經) 등 유교 경전 이외의 다른 학문이 소홀히 되는 결점을 안고 있었다.

학제는 지방에서 양인 자제의 교육기관인 향교와 중앙 양반 자제의 사학(四學), 그리고 최고 학부로서의 성균관(成均館) 제도가 근간이었다. 이를 관학(官學)이라 하며 상하 관계가 계열적으로 명확히 구분된 것은 아니었다. 서당은 사설로서 유학의 기초 소양을 가르치는 사숙(私塾)이며 기술교육(잡학)은 별도로 취급했다.

조선은 초기부터 지방 자제의 교육에 역점을 두었다. 모든 군현의 향교에 50명, 현에 30명의 정원을 인구 비례로 책정해 양인(良人) 이상의 신분으로서 16세 이상 준수한 자를 입학 수업케 했다. 이들을 교생(校生)이라 불렀으며, 전국적 정원은 『경국대전』에 의하면 15,000여명에 달했으나 액외생(額外生)이라는 수많은 청강생까지 포함하면 향교 교육의 역점을 짐작할 수 있다. 교생은 재학 기간 동안 군역이 면제되었고 소과에 합격하면 성균관에 입학했다. 뒤에 서원의 발달로 인해 향교 교육은 매우 침체되었다.

서울의 사학은 동·서·남·중부의 학당으로 각기 100명의 정원을 두어 교수·훈도가 유교 경전을 가르치고 양반의 자제가 입학했다. 성균관은 태

[그림 8-3] 조선조 세력 계층 및 통치구조

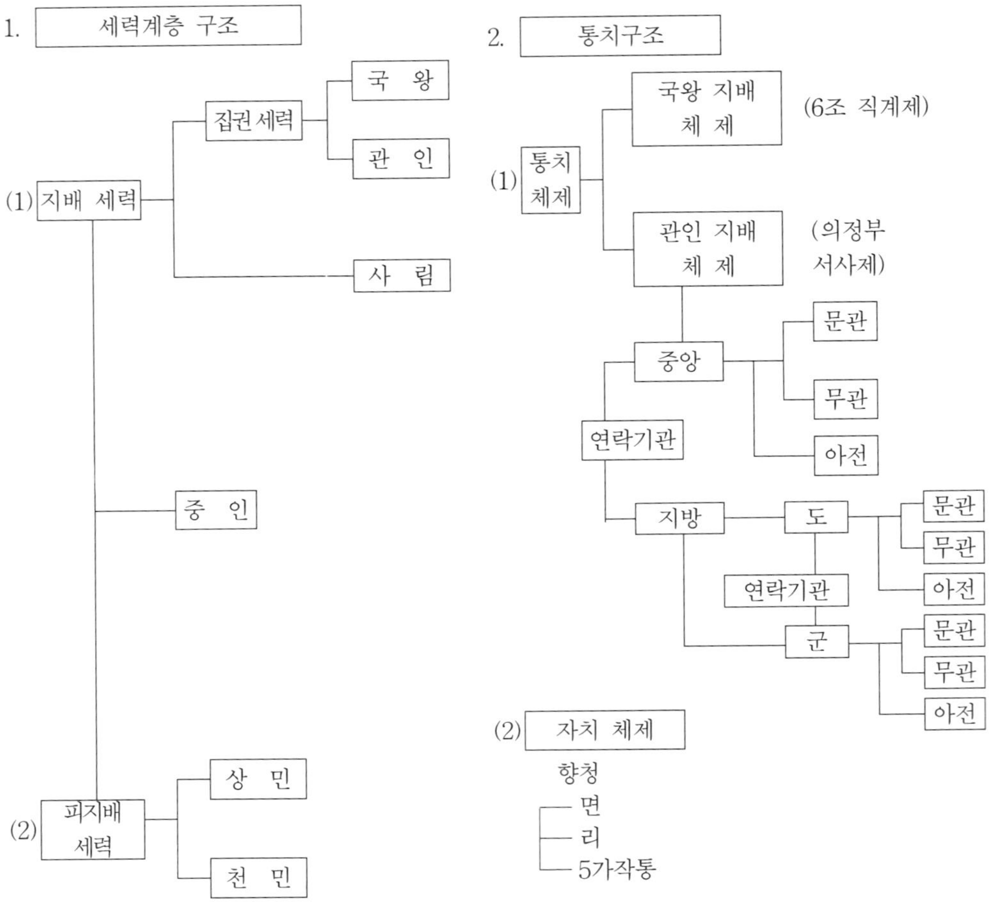

조 때부터 설립된 관학 최고 학부였다. 문묘(文廟: 성현의 사당) · 명륜당(明倫堂: 강당) · 재(齋: 기숙사) · 존경각(尊經閣: 도서관)으로 구성되며 반궁(泮宮)이라고 했다. 입학 자격은 소과에 합격한 생원과 진사, 사학생도와 훈신 자제로 시험에 합격한 자, 현직 하급 관리로서 지망자 등 양반 자제이며 이름을 성균관 유생이라 하고 정원은 200명(뒤에는 100명)이었다. 과거 시험 공부 위주였으며 엄격한 기숙사 생활을 하고 원점(圓點: 출석 성적) 300점 이상인 자라야 응시 자격을 얻었으며, 때로는 정치적 활동도 했다.

최고위는 지관사로서 대제학이 겸직했으나, 실제 책임자는 대사성(정3품)이었고, 서원이 발달한 후기에는 향교와 같이 차츰 침체되었다.

잡학은 역학(외국어)·왜학·율학·산학·음양학·화학(畵學) 등 실무 기술 교육으로서 양인(良人) 이상의 재능 있는 자이면 입학이 허용되었고 해당 관서에서 교육을 담당했다. 지방에서도 의학·율학은 모든 군현에서 가르쳤고, 외국어는 북방에서는 한학(중국어)·여진학을, 남쪽 삼포에서는 왜학(일본어)을 가르쳤다. 정원은 중앙에 285명, 지방에 6,000명이 되었으며 이들이 후일 중인층을 이루었다(반윤홍, 1986: 37-38).

7 재무정책 및 관리

조선왕조의 재정은 고려의 정책을 그대로 답습한 면도 있으나, 세제(稅制)를 비롯해 전제(田制)·재정법·재정 관제·국가세입 종목 등 각 방면에서 많은 개혁을 단행해 조선왕조의 경제적 토대를 마련했다. 여기서는 그 중에서 세제와 중앙 및 지방의 재정수입과 지출 과정과 재무기구에 대해 알아보기로 한다.

1) 조 세

조선왕조의 재정은 '양기입이위출(量其入以爲出)', 즉 '양입제출(量入制出)'로서 근대적 '양출제입(量出制入)'의 재정 관념과는 상반되며, 세제는 원칙상 당의 조용조(租庸調)의 제도를 답습한 것이었다(『세종실록』, 세종 8년 4월 신묘). 세는 토지에 대한 과세로서 조(租)와 세(稅)로 대별된다. 과전법에 의하면, 조는 공전의 경작자가 전주에게 바치는 지대이며, 세는 과전 소유자가 국가에 내는 지세였으나 직전법 시행 이후 관에서 조세를 직접 수조했기 때문에 조세 또는 세로 통칭되었다. 세율과 양전(量田)에서 기술적인 문제와 정치적인 문제가 개입해 누차의 개혁이 이루어졌으나, 양전의 원칙대로 실시되지 못했고 토지나 세법의 운영에 결함이 있어 부정과 탈세행위가 자행되어 국가 재정에 큰 타격을 주었다. 그 밖에 전세의 자연

소모를 보전하는 각종 부가세가 있었는데 오히려 본세보다 커져 납세자의 큰 부담이 되었다.

2) 부 역

역은 중앙·지방을 막론하고 국민에게 대해 그 노동력을 직접적으로 사역하는 것으로 공공시설의 수축·영선, 공물의 운반, 기타 여러 잡역을 담당하는 것이었다. 이러한 일시적 요역 외에 항구적 종신 세습역으로서 국역이 있는데, 양역(良役)과 천역(賤役)의 구별이 있고, 그 내용도 군정, 이교, 노비 등 다양했다. 이러한 역과 신분은 불가분의 관계로서 역은 신분을, 신분은 역을 상호 규정하는 것이었다. 군역의 경우는 역의 물납의 제도가 있었으니 이것은 군역을 인적이 아닌 물적인 자원으로도 파악하고 있었다.

일반적으로는 천인은 공사의 천역을, 양인 남자는 공역인 양역을 담당했고, 양반은 원칙적으로 역·용의 의무가 없었다. 이러한 역과 관련해 역의 해당자를 파악하는 기반이 되고 모든 과세의 원천이 되는 호적 정비가 국가 경영의 긴요한 과제가 되었다. 그리하여 호적은 매 3년마다 조사·정비하기로 하고 입적시에 그 등본을 작성해 내주었다. 이 밖에 호적을 근거로 해당자를 가려 만든 군적이 있었는데 6년에 한 번씩 정비했다. 여기에서는 특히 역과 관련해 구(口: 인구)의 조사보다는 정(丁: 역의 해당자)의 조사에 치중한 것이었다(『경국대전』, 1972: 454).

3) 공 물

공물(貢物)은 호(戶)를 대상으로 부과해 토산물을 상납하는 당제(唐制)의 조(租)에 해당하는 것이었다. 태종대에 대체로 제도화되었는데, 공물은 각 주현 단위로 그 지방의 토산물과 전결의 광협을 기준으로 하고, 또 중앙정부의 수요를 책정해 그 액수를 정하고 그것을 각 민호에 배정했다. 각 호에서 징수된 공물은 주현별로 중앙에 상납하고, 공물의 수납은 주관 부서 없이 중앙 각 사(司)에서 각기 소요의 공물을 수납했다. 이러한 형태는 감영·병영·수영에서도, 각 주현에서도 소요 각종 현물을 민호에서 징수했다. 부과는 원칙적으로 전결 수에 그 기준을 두나 실제로는 지방관의 자의였기 때문에 징수 과정에서 부당 이득을 노리는 대납과 방납의 농간이 개입하는 것은 예기되는 바였다.

4) 재정의 수입 · 지출

조선왕조의 재정은 그 수입면에서 각 국가기관에 분급된 토지, 세와 공물, 그리고 종신 또는 임시의 역 등 매우 무질서했고, 경제면에서도 국고와 왕실비(王室費)의 구별이 분명치 않고 막연히 수입을 계산해 지출할 것이 강조될 뿐이었다(『조선경국전』, 1972: 8). 재원의 기본은 부세(賦稅)로서 대부분을 충당하고, 일부는 특수산업에서 생산 · 공납되는 현물로써 충당했다. 중요한 지출 비목은, ① 궁중비, ② 국용으로 중앙관부의 경상비와 비황비(備荒費), ③ 녹봉, ④ 군자, 기타 의창과 같은 의료를 위한 경비였다.

이들 경비의 출납은 매우 엄격해 호조의 관(공문서)이 있어야만 하며, 그 밖에는 왕명을 받은 뒤 승전계문(承傳啓聞)하게 되어 있었다(『경국대전』, 1972: 192).

그리고 전곡을 관장하는 각 사의 창고는 매월 초에 호조낭관과 사헌부감찰이 공동으로 조사, 보고했으며, 경외(京外)의 관리가 교대할 때에는 비치물자에 관한 책임 해제의 증명(해유라 함)이 없으면 실직에 전보될 수 없었으며 전곡아문과 수령의 경우는 더욱 엄격했다. 한편 지방재정은 국가로부터 분결된 토지를 기본 재원으로 삼았다. 공수전 · 아녹전 · 마분전 · 학전 · 관둔전 등이 그것이다. 그러나 이것들은 대동법의 실시에 수반해 크게 변화되었다.

5) 재무 기구

조선 전기에는 재정의 최고기관인 호조에서 재정권을 장악하고 있었으므로 재정행정이 호조 중심으로 일원화되어 있었다. 조선 전기의 주요 재무기관에는 다음과 같은 것이 있었다.

호조는 재정을 관장하는 최고기관으로서, 호구 · 공부 · 전조 · 재정경제 등에 관한 업무를 담당했다.

진휼청은 빈민을 구제하기 위해서 매년 봄에 빈민들에게 식량과 종자를 대여하고 가을에 회수했다. 이것은 고려 시대의 진휼정책을 그대로 답습한 것이었다. 조선 초기에는 구휼정책을 담당하는 기관이 설치되지 않았으나 태종 5년(1406년)에 육조의 사무 분장을 정할 때 진휼과 의창의 업무를 호조의 판적사에서 담당하도록 했다. 그런데 중종 19년(1524년)에 경기·황해·충청 3도의 흉작을 계기로 하여 진휼청을 신설하고 이를 호조에서 관장하도록 했다. 그 후 구휼 업무의 중대성이 인식되면서 구휼청을 의정부 직할로 이속시켰다.

상평청(常平廳)은 물가 조절 기능을 담당하는 기관이었다. 고려 성종 5년(986년)에 빈민 구제시설로서 의창과 더불어 상평창이 설립되었다. 조선조에 들어와서 태종 때에 물가 조절 기능을 담당하는 상평청을 설치했는데, 비상시에 대비한 미곡을 비축하고 흉작 등에 의한 곡가 등귀시에 이를 방출함으로써 곡가 등귀를 억제하는 기능을 담당했다.

그 후 상평청은 중종 19년(1524년)에 신설된 진휼청과 청사를 공동으로 사용했으며 직원들도 두 기관의 업무를 겸무케 했다. 그리고 흉년에는 구휼청의 이름으로 환곡의 대출과 빈민 구제사업을 실시했고, 평시에는 상평청의 이름으로 물가 조절 기능을 담당했다. 상평청과 진휼청의 기능이 임진왜란 때에는 한동안 중단되었다. 그러나 인조 16년(1638년)에 그 기능이 회복되었고 양청은 과거와 같이 일체이명(一體異名)으로 존속해 오다가 숙종 13년(1687년)에 선혜청(宣惠廳)에 예속되었다(유종해 외, 1987: 157-159).

제 5 절 행정의 특징

1 중앙집권 체제의 확립

조선왕조의 통치기구는 집권적 봉건사회 체제하의 토지 제도와 관료의 인사 제도를 통해 중앙집권 체제를 형성했다. 우선 조선조 건국 초의 전제 개혁에서 토지에 대한 국가의 강력한 지배력을 회복하고 또 전지 지급시에 관료에게 지급되는 전지는 경기 지방에만 제한해 그들의 생활 근거를 중앙에 흡수·집중시켰으며, 또한 과전지를 경작하는 데도 전주인 관료와 전객(차경자 = 소작인)과의 관계를 법적으로 규제하고 전간의 경작지를 임의로 빼앗을 수 없게 함으로써 관인의 토지 겸병과 토호화(土豪化) 경향을 억제해 집권적 관인 지배 체제의 안정을 도모했다.

또한 세조조의 직전법과 성종조의 관수관급 등을 통해 수전 대상을 현직 관료에만 제한해 이를 고급 관료가 토지를 직접 지배할 수 있는 토지적 성격에서 고용관리의 성격으로 저하시키고 결국 왕궁을 받드는 지지 세력 기반으로 삼았다. 이러한 일련의 토지정책은 정치·행정 체제의 중앙 집권화를 촉진했다.

조선조 통치 체제의 중앙집권화 경향은 관료의 인사 제도에서도 나타났다. 즉, 고관의 겸직화, 이조정랑의 천거권과 양사의 서경제, 그리고 한품서용제(限品敍用制) 등이 중앙집권화를 촉진했다.

첫째, 고급관리에 의한 중요 관직의 광범위한 겸직제의 시행은 구조상 분화되고 전문화된 정부기관 간의 통합적 조정을 함으로써, 행정 기능의 중앙집권화에 큰 도움을 주었다.

예컨대, 영의정의 경우를 보면, 그는 경연·홍문관·예문관·춘추관·관상감의 영사, 승문원 도제조 및 세자사 등의 많은 직책을 겸했다. 그리고 제사(諸司) 또는 제잡청의 도제조나 제조제는 관제상 정1품이나 종1품의 품질(品秩)을 갖춘 고급 문관이 그 책임직을 겸임하는 것을 표시하는 칭호로 쓰였다.

둘째, 조선조의 고관 임명 절차에서 문무관의 전선은 이·병 양조(전조)에서 각기 맡아 보았으며, 전조의 각 판서·참판 및 낭관 등 책임자들이 모여 도력장(都歷狀)에 의해서 심사한 결과 관직마다 그에 적격한 자, 이른바 '망(望)에 든 이'들 중에서 후보자 3인씩을 선발하고 그 성명을 열록해 왕에게 진문하도록 했으며 이를 비삼망(3배수 추천제)이라 했다. 여기서 국왕은 삼망 중의 1인에게 점을 찍어(낙점) 최후의 결정을 내렸다.

문반 관직 임명은 이조에서 전선(銓選)한 것으로서 이 임명 과정에서 이조낭관의 후보자 추천권은 거의 결정적인 영향력을 가졌다. 그리고 이조로부터 일단 관리로 제수된 자는 그 신분상의 적격 여부를 사헌부와 사간원에 의해 심사받는 서경(署經)이라는 절차를 밟아야 했다.

이와 같은 문반 고관 임명시에 이조전랑의 인사권 전담과 양사의 통제권능은 중앙집권화를 촉진하는 또 하나의 계기가 되었다.

셋째, 한품서용제는 관리 승진시에 혈연, 직업 등 신분 여하에 따라 승진 품계에 일정한 제한을 가하는 제도이다. 예컨대, 당상관(정3품상계)과 당하관과의 사이에 승진의 제한을 두었다. 그리고 참상관(6품 이상)만이 목민관(수령)의 자격이 부여될 수 있었으며, 참하관에게는 적서 관념이나 기술직 관념에서 엄격한 승진 제한을 하여 차별 대우했다. 이와 같은 인사상의 관행은 소수의 고급관리에 의한 권력 집중을 조장하는 결과를 초래했다.

넷째, 조선조 통치 체제의 중앙집권화 경향은 조선조의 지방 제도에서도 나타나 있다. 즉, 조선조의 지방 제도로서 군현제의 실시, 지방행정구역 및 읍명호위격의 승강(昇降) 및 상피제 등은 중앙집권화를 촉진했다.

조선왕조 초기에는 속현이나 고려대 이래의 이른바 향·소·부곡이라는 특수 예민부락(隷民部落)이 있어서 그 지방의 한두 명의 호장(戶長)이 지배해 왔다. 그러나 태종 14년(1414년)에 중앙정부로부터 외관이 나가 이들을 직접 지배하는 군현으로 개편 흡수한 군현제의 실시를 보게 되어 그 후 점차로 모든 도군현에는 관찰사, 수령 등 중앙관리를 파견해 통제를 강화했다.

그리고 지방의 주부군현(州府郡縣)의 명호는 인구의 규모나 지역적 특수성 같은 행정상의 이유만이 아니라 지방민의 왕실에 대한 충역(忠逆) 향배에 따라서 변동되고 재조정되었다. 예컨대, 어느 지방에서 역적이나 반란이 일어난 경우에는 당해 지방의 명호가 격하되어 부가 군으로, 군이 현으로 개칭되기도 하고, 반대로 어느 지방에서 왕비가 나게 되면 군이 주나 부로 승격되는 일이 있었다. 이와같이 지방의 행정구역이나 읍의 명호가 중앙행정에 의해 정치적 이유에서 변경된 것이다.

또한 관찰사·수령 등 외관에 대해 각종 임용상의 상피제 적용을 비롯해 이들 외관에 대한 결박책(結縛策)을 도모함으로써 그들의 지방 세력 부식이나 이반행위를 극력 예방했다. 즉, 관찰사의 임기를 360일로 제한하고, 수령은 그의 본적지 또는 연고지 임용을 금지하며 도 내에서 족친 등의 부임을 금지했으며, 때로는 외관의 가족을 서울에 인질로 체류시키는 등 상피제를 적용했을 뿐만 아니라 각 도 관찰사는 지방에서의 왕명의 대행자로서 강력한 권세를 부여하고, 그의 예하의 도 내 수령들에 대해 강력한 감찰권을 행사하게 했으며, 중앙정부는 암행어사를 지방에 비밀리에 파견하고 또는 경재소의 보고로 지방관리를 규찰하기도 했다(김운태, 1981: 112-114). 결국 조선조의 통치구조는 집권적 봉건제하의 토지 제도, 문반 관료의 인사 관행, 그리고 지방 군현제, 각종 상피제와 견제책을 통해 강력한 중앙집권화 통치 체제를 형성했다.

조선조 통치 체제가 중앙집권 지향적 체제가 되어야 한다는 것을 정도전은 그의 저서 『조선경국전』에서 밝히고 있다. 그에 의하면, 통치권이란 어디까지나 민(民)을 위한 수단이 되어야 한다는 것이다 그리고 권력이 민을 위한 권력이 되기 위해서는, ① 통치자=관리 이외의 귀족이나 호족의 지배로부터 민을 해방시켜야 하고, ② 통치자=관리 자체의 권력 남용을 방지해야 한다는 것이다.

이러한 두 가지 과제를 원만하게 수행하기 위해서는 권력 구조면에서 두 가지 조건이 충족되어야 한다. 즉, 그 하나는 민에 대한 통치권 내지는 지배권을 일체 중앙정부에 집중해 관권으로 하여금 귀족 또는 호족의 사적 지배를 억제하는 것이요, 다른 하나는 관권에 의한 관권의 감독과 견제를 하게 하는 일이라고 했다.

바꾸어 말하면 전자는 중앙정부로 하여금 전국을 일원적으로 지배하는 것이요, 후자는 권력을 상하로 계층화해 소관은 대관에, 지방은 중앙에 예속시켜 통제를 받게 한다는 것이다. 이러한 권력구조 내지 통치 체제를 정도전은 "대(大)가 소(小)를 통제하고 소를 대에 예속시키며 머리를 무겁고 조리를 가볍게 하는 것이라 하고 또는 중(重)이 경(輕)을 통어하고, 내(內)가 외(外)를 통어한다"라는 말로 표현했다. 따라서 이러한 체제는 달리 표현하면 중앙집권 체제의 강화라고 할 수 있다.

정도전이 중앙집권 체제의 강화를 주장하는 것은 그의 민본사상과 표리 관계를 갖는다. 그가 이러한 체제를 강력하게 주장하게 된 것은 그가 살았던 고려 말의 사회가 중앙집권이 무너지고 그에 따라서 관권의 타락으로 인한 민의 피해가 극심했다는 점과, 다른 한편으로는 지방 세력가와 귀족에 의한 농민 지배가 성행되어 민권의 침해가 대단히 컸기 때문이다(한영우, 1983: 132-133).

2 지방행정 체제의 확립

민본정치와 위민정치가 실효(實效)를 거두기 위해서는 통치자의 윤리, 언론 및 감찰의 강화, 독재의 방지 등 여러 가지 대책이 필요했다.

그런데 특히 국민과 직접 접촉해 정치 일선에 나가서 일하는 지방관의 책임이야말로 매우 중요한 것이 아닐 수 없었다. 그리하여 정도전은 위민정치·민본정치의 실현을 염원하는 입장에서 수령의 직책을 매우 중요시하고, 수령의 선정을 보장하기 위한 여러 가지 도덕 규범과 소임을 제시하고 강조했다.

그에 의하면, 수령에는 목사를 비롯해 도호부사·지관(지주사·지군사)·현령·감무 등이 있다. 수령은 이른바 인주와 더불어 공치(共治)하는 근민(近民)의 관으로서 한 군·현의 실질적인 통치자이다. 따라서 수령이 선정을 베푸느냐 악정을 베푸느냐에 따라서 그 군현의 민의 행·불행이 좌우된다고 했다. 민의 행·불행을 수령이 크게 좌우한다는 점에서 볼 때 "수령은 민의 근본이 된다"고 말할 수 있고, 수령이 민을 위해서 존재한다는 점에서 볼 때는 '수령이 민의 부모'요, '민의 유목(乳牧)'이라고도 말할 수 있다는 것이다. 따라서 민을 존중하려면 당연히 수령(군수·현령)을 존중해야 하며, 군수·현령을 존중하면 천하 국가를 존중하는 것이 된다고 했다. 수령을 존중한다 함은, ① 수령의 자질을 높여서 현능한 자를 임명해야 한다는 것이고, ② 수령의 품질을 높이고 '중외경내(重外輕內)'의 원칙을 세워서 외직을 거친 사람을 중용해야 한다고 주장했다.

정도전은 수령이 갖추어야 할 기본적인 자세로서 공(공평)·명(덕의)·렴(청근)·근(각근)을 들고, 그 중에서도 공·명을 더욱 중요시했다. 그리고 수령의 소임으로서는 ① 토지 개간(전야벽), ② 호구 증대(호구증), ③ 학교 진흥(학교흥), ④ 예속의 형성(예속성), ⑤ 옥송(獄訟)의 공평(옥송평), ⑥ 도적의 근절(도적식), ⑦ 차역의 균등(차역균), ⑧ 부감의 절약(부감절)을 들었다. 이 중에서 ①, ②, ③, ④를 가장 중요시했고, ⑤, ⑥을 그 다음으로 중요시했으며, ⑦, ⑧은 가장 덜 중요시했다. 이것은 국민의 의식 생활의 안정과 그것을 바탕으로 한 교육 및 도덕의 진흥을 수령의 일차적인 임무로 간주하고 있었음을 의미한다. 따라서 수령의 업적에 대한 평가도 이러한 기준에 의해서 평가되어야 한다고 정도전은 주장했다.

요컨대 백성으로 하여금 함께 사는 즐거움을 누리게 하고, 소외되어 근심하고 탄식하는 소리가 없게 하는 것이 수령의 임무라고 정도전은 말했다(한영우, 1983: 155-157).

조선조에서는 군현 제도를 확립하고, 관찰사와 수령 간의 지휘 감독 체제를 유지하는 한편, 중앙정부·관찰사·수령 간의 수직적 지휘 감독 체제도 확립했다. 이것은 신라와 고려에서의 지방행정 조직 체제보다 훨씬 발전된 것이었다. 신라에서는 주·군·현의 도독, 태수, 현령 간에는 지휘 감독 관계가 없이 중앙의 직속기관으로 되어 있었다. 그리고 고려에서는 각 도의 안찰사로 하여금 관하 수령을 지휘 감독케 했다.

그리하여 그것은 신라의 지방행정조직보다는 일보 전진했지만 조선조의 지방행정 체제와 같이 완전한 것은 되지 못했다(정시채, 1986a: 174-175).

조선조의 지방행정기관의 편제와 지방관의 권한 강화는 초기 중앙집권화 정책의 중요 방향이며, 국가의 국민에 대한 일원적이고 직접적인 지배라는 면에서 건국 초부터 서둘러 시행했다. 태조 때는 고려의 유제를 그대로 답습해 전국을 경기·5도·양계로 구분했으나, 태종 13년(1413)에는 8도로 개편했고, 도 밑에는 부(府)·목(牧)·군(郡)·현(縣)을 설치해 조선시대 지방조직의 근간을 마련했다.

그리고 군·현 밑에는 자치기관으로 면(방·두), 리(촌·동)·통을 두어 국가통치권이 향촌의 말단에까지 미치도록 했다(한윤홍, 1986: 35).

3 유교적 문관 우위의 관인 지배 체제

조선 전기 행정의 특징은 민본주의·위민사상을 내용으로 하는 왕도정치의 구현을 목적으로 하는 유교적인 문관 우위의 관인 통치 체제라고 하겠다.

조선조의 정치·행정 체제는 몽재제(冢宰制)라 하여 본래 정도전 등 개혁파 유신들이 추구했던 재상 중심의 관인 지배적 집권 체제였다. 그것은 의정부를 구성하는 재상들이 정무에 관해 의결권을 갖고 국왕의 재가를 받아 시행하되 육조는 의정부 산하의 실무 집행기관으로 정립시키는 체제였다(김운태, 1981: 114). 조선조 건국의 실질적인 산파역을 담당했던 정도전(鄭道傳, 1342~98)의 행정사상에도 그와 같은 내용이 담겨져 있음을 알 수 있다. 정도전은 조선조의 건국 이념을 다음과 같이 설정했다.

즉 그의 탁월한 정치행정 원론서인『경제문감(經濟文鑑)』(상)을 보면, 재상 제도의 원리를 설명함과 동시에 중국과 우리 나라에서의 재상 제도의 변천 과정을 역사적으로 개관하고 있다. 여기에서 그는 요·순·삼대(하·은·주)의 재상을 각각 이상적으로 보고, 특히 은의 이윤(伊尹: 탕왕 때의 재상)과 전설(傳說: 고종 때의 재상), 주의 주공(周公: 성왕 때의 섭정재상) 등의 재상을 가장 모범으로 생각한다.

그리고 재상 제도가 제도적으로 정비된 것을 주대로 보고,『주례』의 천관=몽재 제도를 그가 지향하는 재상 제도의 이념적 모델로 제시하고 있다. 요·순·삼대가 이상사회로 상징되는 것은 다른 이유도 있지만 재상 중심 체제가 이상적으로 실현되었다고 보는 데에도 중요한 이유가 있다. 상고적인 유자(儒者)들이 공통적으로 그러하듯이, 그도 진한(秦漢) 이후의 시대를 부정적으로 평가한다. 이 때부터 재상권이 약화되고 천자의 전제권이 강화되어 군주 전제 정치가 시작되고 정치가 문란해졌다고 보는 것이다. 물론 한·당·송 시대에도 현군과 명상이 없었던 것은 아니다. 예컨대 한대(漢代)의 소하(蕭何)·조참(曹參)·주발(周勃)·진평(陳平), 당대의 방현령(房

玄齡)·두여회(杜如晦)·요숭(姚崇)·송경(宋璟)·배도(裴度), 그리고 송대의 범중엄(范仲淹)·여공저(呂公著)·사마광(司馬光) 등은 명상으로 꼽을 수 있으나, 그들은 지인과 처사에는 잘 했을지 모르나 정기(正己)와 격군(格君)은 잘하지 못했기 때문에 삼대의 재상에는 미치지 못했다고 한다.

우리 나라에서는 고려 시대에 당·송의 제도를 받아들여 문하시중을 재상이라고 했는데, 고려 말기에는 재상의 권한이 미약하며, 다만 응접과 문서 처리에만 급급했기 때문에 실제로 육조의 장관과 다를 바가 없었고, 국사를 제대로 다스리지 못하고 한낱 뇌롱지술(牢籠之術)을 쓰는 자에 불과한 처지에 있었다고 개탄한다.

정도전이 추구하는 통치 체제는 재상의 권한이 삼대의 그것처럼 대폭적으로 강화된, 다시 말하면 국왕 전제권이 아직 강화되기 이전의 신권 우위 체제의 수준으로 환원된 재상 중심의 관료 지배 체제를 확립하려는 것이었으며, 이러한 체제에서의 왕과 재상과의 권력 관계는 마치 오늘날의 내각책임제에서의 대통령(국왕 또는 천황)과 내각수상과의 관계와 일견 유사한 점이 보인다.

정도전이 이와같이 재상 중심의 관료 지배 체제를 지향하고자 한 것은 조선왕조 건국에 주동적인 역할을 수행한 자가 자기 자신이나 자기의 동료 중신의 정치적 주도권의 확립과 권력 강화를 위한 목적도 배제되어 있을지 모르나, 그보다는 혼(昏)·명(明)이 일정치 않은 세습 군주의 전제정치로서는 현인정치에 입각한 민본·위민정치를 보장할 수 없다는 데 대한 투철한 신념에 기초한 것이다.

현인정치·민본정치·위민정치를 보장하기 위해서는 천하 만민 가운데서 뽑힌 정수분자(精粹分者)로서의 사(士)=현인집단을 형성하고, 그 현인집단에서 또다시 엄정하게 능력 위주로 선발된 관료를 주체로 하는 관료 정치·행정이야말로 가장 바람직한 통치 체제로 인식되는 것은 당연한 논리적 귀결이기 때문이다.

그리고 이러한 관료정치 행정을 이끌어 가는 구심체가 세습 군주보다는 천하 만민의 영재 가운데서 선택된 재상이 되는 것이 더욱 현인·민본정치를 보증하리라는 것도 명백한 사실이다.

정도전이 왕자 이방원(李芳遠)에 의해 비명에 죽은 것은 다른 요인도 있을 수 있겠으나, 정도전의 정치·행정 이념의 성격으로 미루어 볼 때 왕실측에 달갑게 받아들여질 수 없었다는 점도 고려되어야 할 것이다.

그러나 재상 중심 체제는 정도전 개인만의 생각은 아니었으며, 조준(趙俊)의 상소에서도 비슷한 주장이 보인다. 또한 정도전은 쓰러졌지만 그가 남겨 놓은 재상 중심 체제의 이념은 다른 유신들에게 계승되어 마침내는 주대 삼공 체제와 유사한 삼재상(三宰相) 합의 체제로서의 의정부 제도의 설립으로 구현되었다. 물론 의정부 제도가 설립된 이후에서도 반드시 재상 중심 체제가 유감없이 실현되었다고 볼 수 없다. 예컨대, 태종·세조대에는 이른바 의정부 서사 제도(署事制度)가 폐지되어 일시적으로 재상권이 약화된 적도 있었다. 그러나『경국대전』에는 의정부의 기능으로서 '총백관 평서정 이음양 경배국(總百官 平庶政 理陰陽 經拜國)'이라 하여 다소 추상적인 형태로 후퇴하기는 했으나 재상 중심 체제가 법제화되었음을 보여 준다(한우근, 1983: 145-147).

1) 국왕과의 관계

조선조의 행정 체제에 대해서는 여러 가지 해석을 내리고 있다.

첫째로, 가산국가적(家産國家的)·행정적 체제라는 견해이다. 즉, 군주의 통치권은 군주의 사유지와 구별되어 있지 않았으며, 또한 공법과 사법의 구별이나 국가 기구(부중)와 궁내기관(궁정)과의 구별도 분명하지 않았기 때문에 조선왕조는 베버(Max Weber)가 말하는 가산관료적인 성격을 띠었다(정시채, 1986a: 172-173).

그러나 베버의 가산관료제의 이론은 그것이 과거제가 실시되는 사회에 그대로 적용되기는 힘든 면이 있다는 견해도 있다. 어떤 권위 있는 학자의 이론에 현혹되어서, 그 이론에 압도된 나머지 객관적 사실조차 무시하고 그것을 무조건 한국사에 적용하려는 것은 옳지 못하다는 것이다(이기백, 1983: 164-165). 가산제라는 말은 국가가 군주의 개인 재산 비슷이 취급하는 나라를 말한다. 따라서 여기에서는 통치권과 소유권의 구별 또는 공법과 사법의 구별은 인정되지 않으며, 군주가 군주로서 가지는 지배권이나 영주권이 마치 그의 사적 권리인 것처럼 취급된다.

가산국가의 군주는 그가 지배하는 인적 기구와 물적 수단을 기초로 강대한 그의 권력을 확립해 보려고 한다. 이리하여 가산국가는 더욱더 확장되고 강화되지만, 이에 따라 필연적으로 관리 간부의 세력도 그만큼 커지지 않을 수 없게 된다.

그리고 이렇게 되면 여기에 중앙집권적으로 가산국가의 권력을 강화하려는 움직임과, 그리고 반대로 지방분권적으로 관리 간부의 권익을 확장하고 고정시키려는 움직임의 대립을 보게 된다. 여기에 집권적 경향의 극단에서 나타나는 형태와 분권적 경향의 극단에서 나타나는 형태를 유형적으로 구별할 수가 있게 되는데, 베버는 전자를 가산관료제, 그리고 후자를 신분적 가산제라고 불렀다(황산덕, 1982: 148-152).

조선조는 명분상 왕권을 정점으로 한다. 그러나 그것은 절대주의적 전제주의 체제가 아니고, 유교적인 양반 관료들에 의해 실질적으로 통치되는 유교적인 관인 지배 체제이다. 조선조 건국 초의 제도를 형성할 때 유교적인 관인 지배 체제를 구성하기 위해 종친 간에 사점(私占)되어 있던 병권을 혁파해 국군을 일원화했다.

왕족의 종친과 그 외척 공신들을 예우하기 위해 종친부, 의빈부, 돈녕부, 충훈부 등의 종실제부의 기관을 두고 있다. 그러나 종실은 원칙적으로 정권을 차지하거나 또는 종친이 정치에 참여하지 못하게 했다. 그리하여 이들 왕족과 국왕의 정치적 세력 기반이 될 수 없었다.

따라서 국왕의 유교적인 왕도정치는 신료와의 조화와 그들의 지원에 의해서만 지탱될 수 있었다. 이와같이 조선왕조의 통치구조에서 국왕은 절대군주적 존재가 될 수 없었다 하더라도 적어도 제도상으로는 가산국왕 체제의 성격을 탈피할 수 없었다는 견해도 있다(김운태, 1981: 111).

조선조 건국에서 주도적인 역할을 수행했던 정도전은 국왕의 지위에 대해 다음과 같이 설명하고 있다. 즉, 왕권이란 어디까지나 상징적이요 개념적이지 실제로 절대권을 가진 전제자가 되어서는 안 되며, 왕이 행사하는 실제적인 권한은 두 가지밖에 없다고 주장했다. 하나는 재상을 선택·임명하는 권한이고 또 하나는 재상과 정사를 협의 결정하는 권한이라는 것이다.

그러나 정사를 협의하는 데도 모든 문제를 재상과 협의·체결하는 것이 아니라, 중요한 문제에 관해서만 협의할 권한이 있으며, 작은 일들은 재상의 독자적인 처리에 맡겨야 한다고 했다.

그리고 정사를 협의·처리할 때도 주도권은 왕이 아니라 재상이 가져야 한다고 했다. 따라서 정도전이 지향하고자 했던 통치 체제는 관념상으로는 군주독재정치(despotism) 또는 가산국가(patrimonial Staat)와 유사한 점이 있다고 하겠으나 그것과는 매우 다른 것을 찾아볼 수 있다. 실제로 조선조의 통치 체제는 군주독재정치도 가산국가도 아닌 관인 지배 체제였다고 하겠다(한우근, 1983: 134-136).

2) 무관과의 관계

조선조 건국 후 신왕조 체제의 안정과 유지를 위해 문무의 양권을 분리시키되, 군사권을 문무 관인의 통치하에 두었다. 그리하여 문무반의 지위에서는 문반이 무반의 우위에 있도록 제도화되었다.

예컨대 의정부직은 실직(實職)인 데 대해 중추부직인 '무소장(無訴掌)'의 한직이었다. 또한 경관 무관직으로서 당상관 이상의 자리는 모두 문반이 겸직하도록 하여 전임관이 아니었다. 따라서 무인에 한하는 고급 관직은 처음부터 설정하지 않았다. 따라서 정부기구에서 전문적인 무관직자가 전적으로 병권(兵權)을 장악하는 일은 있을 수 없었다.

지방관의 경우에도 각 도의 병사·수사도 관찰사가 겸직하게 되어 있었고, 그 밑에 있는 병마절도사·첨절제사까지도 지방의 수령이 겸임하는 경우가 많았다.

그리고 조선조의 기간이 되는 정부기관들은 문반관인 중심으로 구성되어 있었다. 그것은 국왕이 위민정책을 결재하고 시행하는 데 문반 관인을 적극 참여시켜서 박순채납(博洵採納)의 실을 거두게 함으로써 민본주의적 덕치·왕도정치를 편다는 이유에서였다. 그러나 이러한 무반에 대한 문반의 절대적인 우위 체제는 실질상 왕권의 약화를 가져오게 했다(김운태, 1981: 111).

3) 사림과의 관계

사림(士林)이란 중심 지주적 기반의 성리학적·유향품관으로서 성종조(1469~1494년)에 관계에 진출한 이후 관학 계열의 훈구파와 '사화'의 투쟁을 거쳐 16세기 선조대(1568~1608년)에 정계에서 자리잡은 새로운 정치집단을 말한다. 이 파는 조선 초기 사학파의 후예로서 왕도민본정치를 이상으로 하고, 도덕정치·청의붕당정치(淸議朋黨政治)·언론정치·학술정치 등을 그 성취 수단으로 했다.

그 방법으로는, ① 정치적으로 전제왕권과 재상 중심 정치 체제를 배격하고 사림의 공론, 즉 언론과 학술을 존중하는 삼사(三司) 중심의 정치를 구현하는 것이며, ② 경제적으로 무본억말(務本抑末)을 강화, 지주-전호제를 정착시켜 중소 지주의 생활을 안정시키고, ③ 사회적으로 중앙집권보다 향촌 자치를 지향, 사창과 향약, 그리고 서원을 통해 신분적 향촌 공동체를 성립시키며, 또한 의례·예학·보학 등을 중시해 신분 질서의 안정을 기하고, ④ 총체적으로 의리와 도덕이 충만한 사회를 건설하기 위해 패도적 부국강병이나 물질적 공리주의를 배격하는 것이었다. 이러한 정치 이상과 형태를 사림정치(士林政治)라고 한다.

이 사림파는 고려 말 성리학의 수입과 더불어 등장한 사대부 가운데 이성계의 역성혁명을 의리로써 배격하고 초야에 묻힌 길재 계통의 사학파가 연원이며, 조선 초 집권 관학파에 밀려서 낙향해 정주학(程朱學)에 몰두하는 한편, 재향 지주층으로 성장했다. 세조(1455~1468년)의 찬탈에 동조한 훈구파를 비판하고 유향소를 통해 재기를 준비하다가, 김종직(金宗直)이 성종(1469~1494년)의 지우(知遇)로 등용되었고, 그 후 그 문도가 정계에 진출함으로써 새로운 정치 세력으로 부상했다.

사림파의 영수가 된 김종직은 자신의 영남 향촌에서 길러낸 김일손·유호인·정여창·김굉필 등을 조정에 천거해 당시 집권 훈구파인 양성지·노사신·서거정·한명회 등과 대립케 함으로써 청의붕당정치의 단서를 열어 놓았다.

그러면 이러한 사림정치가 왜 건국 후 1세기가 훨씬 지난 뒤에야 본격화되었는가 하는 것이다. 그것은 이 때가 조선 사회가 안정기에 들어섰기 때문이다. 건국 초창기에는 현실적인 필요에 의해 사회 개혁과 부국강병을 지향하는 세력(집권 사대부인 관학-훈구파)이 정치를 주도하고, 사회의 안정기에는 이상적인 덕치가 요구되어 유교 본래적 민본정치를 주장하는 파(재야 사대부인 사림파)가 등장하게 된다. 즉 창업기에는 민족의 외향적 성장에 기여한 패도가 대두하고, 안정기에 민족의 내향적 성장에 기여한 왕도가 우세한 것이 역사 진전에서의 일반적 특징이라고 하겠다. 따라서 왕도를 표방한 사림파의 정치 세력은 조선 초기에는 현실성을 갖지 못했고, 조선조가 안정기에 접어든 16세기 이후에야 비로소 정치 무대 표면에 등장하게 되었다.

이러한 역사적 배경 속에 사림파가 등장하게 된 직접적인 계기는 성종의 왕권 안정화 정책이었다. 성종은 세조 이후 정치를 주도한 훈구파가 왕실과 혈연을 맺고 차츰 권귀화(權貴化)되어 정치를 농단하자 이를 견제하기 위해 학통·지역·정치 의식이 다른 신진 사류(士類)를 등용했다.

실제 김종직의 발탁은 성종의 이러한 배려에서 이루어졌다. 김종직은 언관직을 맡아 왕을 보도(輔導)하며 훈구대신의 전횡을 약화시켜서 왕권의 안정에 기여했다. 그러나 차츰 사림파의 세력이 커지자 훈구파의 거센 반발을 받게 되어 소위 4대 사화(四大士禍)를 겪은 후 선조대에 가서야 사림 정권이 확실하게 이루어졌다.

사화는 기성 관료인 훈척 계열과 신진 관료인 사림 간에 벌어진 단기적 정치 투쟁이며 연산군 이래 네 번의 사화에 모두 사림 세력이 타격을 받았으나, 이런 과정을 겪으며 성장해 점차 정치 주도권을 잡다가 선조대에 이르러 사림 정권을 수립하게 되었다. 사화기(士禍期)를 거치고 선조 즉위로 척신정치(戚臣政治)가 일단락됨으로써 관료정치에서 정파정치의 양상을 띠는 추세에 있었다.

그러나 사림파는 의리와 도덕을 지나치게 숭상해 허례·명분화로 빠져들었고, 강한 경직성과 중도적 포용성의 결핍은 사림 간의 대립을 초래했으며, 언론의 존중으로 지나친 비판 풍토가 조성되어 학벌(學閥)·지벌(地閥)과 연결되는 당쟁으로 격화되었다. 따라서 16세기의 사회문화는 차츰 탄력성과 개방성을 잃고 사회적 계층 분화와 문화적 경직성을 심화시키면서 중세기의 모순을 드러내기 시작했다.

또한, 사림의 지나친 성리학에의 심취는 재래의 신앙을 이단시해 문화의 이분화 현상을 초래했고, 중국 숭상 경향이 강했으며, 기술학이나 군사학을 천시해 부국강병이 약화되어 외적 침략에 대응할 능력을 약화시켰다.

사림은 중앙집권보다 향촌 자치제를 이상시함으로써 향촌 자치와 향촌 교화에 기여해 왔으나, 사림과 평민 간의 신분적 차별이 심화되어 양반 사회의 성립을 촉진시킨 반면, 엄격한 신분제·문무 차별·적서의 구별 등으로 오히려 양반 사회의 모순을 심화시키기도 했다(반윤홍, 1986: 88-93).

4) 과거 제도의 확립

조선조의 과거 제도는 대개 고려의 구제(舊制)에 약간의 수정을 가한 것이었다. 그 두드러진 특징은 조선조 문화정책의 기본을 이루었던 유교를 바탕으로 하고 있다는 점이었다. 이와 같은 과거제를 실시하게 된 동기는 다음과 같다. ① 무인의 힘으로 조선왕조를 건국한 후에는 좀더 우수한 문인을 등용해 무신을 억제하고 강력한 왕권을 확립하려는 것이었다. ② 유교로써 국왕에게 충성심을 앙양하려는 유학에 의한 세뇌 작용의 일종이었다. 그리하여 과거 제도는 유교를 국교로 삼았던 조선왕조에서 유교 이념에 투철한 충신을 선발해 문치주의로서 왕권을 강화하는 데 크게 기여했다(정시채, 1986a: 288).

4 행정기구 간의 상호 견제와 균형적 체제

조선왕조의 통치 체제는 명분상 왕권을 절정으로 하고 있으나, 그것은 절대주의적 전제정치 체제가 아니고 유교적인 양반 관료에 의하여서 통치되는 관인 지배 체제였다.

이 관인 지배 체제는 구조상 상당히 분화되고 기능상 자율성이 비교적 높게 보장되어 있었다. 정치 권력의 집중을 배제하고 있었으며, 관인 간의 회의제와 견제 기구가 고도로 발달되어 있었고, 묘당, 언관 및 각 조의 합의제, 사법 및 통제구조의 분화, 정책기구와 행정기구의 분화 등의 발전이 이루어졌다(김운태, 1981: 240).

특히 조선조 통치 체제에서는 왕권에 대한 견제 요인이 많이 있었기 때문에 국왕의 독재는 사실상 불가능했다. 왕권을 제약하는 요인으로는 다음과 같은 것이 있었다. ① 영의정·좌의정·우의정의 3정승이 수반이 되어 정사를 합의하고 모든 정사는 이 합의제를 거쳐야 했다. ② 홍문관·사헌부·사간원의 삼사는 의정부와 육조를 견제함과 동시에 국왕의 독주를 막았다. 특히, 국왕이 법을 개폐하거나 당하관을 임명한 후에 대간에 묻는 서경 제도가 있었다. ③ 명종 10년(1555년) 이후 문무 요관의 합의기관으로 비변사(備邊司)가 설치되었으며, 이는 국가의 중요 정책을 심의하고 결정했다. ④ 윤대(輪對)·소대(召對)·독대(獨對) 등을 통해 신하의 의견을 청취해야만 했고, 또한 3정승 이하 전 관료의 상소 제도가 있었기 때문에 왕의 독재를 견제할 수가 있었다. ⑤ 성균관 학생들은 권당(捲堂: 공관[空館])을 통해 왕권을 어느 정도 제약할 수 있었다(정시채, 1986a: 175).

조선 초기에는 고려 시대보다 간관과 어사의 기능이 제도적으로 강화되었다. 이것은 재상권의 강화와 함께 조선조의 건국과 더불어 나타난 중요한 정치 제도상의 변화였다. 고려 시대에 중서문하성에 소속되어 있던 간관이 따로 독립해 사간원으로 독립된 관청을 형성하게 되었다. 또한 어사대는 사헌부로 개칭되었으며, 그 기관의 책임자인 대사헌의 품계도 승격되어 2품이 되었다.

이와같이 재상권과 언권(言權) 및 감찰권의 성장은 군주 독재와 관리의 부정·부패를 억제할 가능성이 커졌다는 점에서 그것은 곧 민권의 신장과 민본정치의 성장을 뜻하는 것이었다고 하겠다(한우근, 1983: 154).

5 언로 개방과 여론 중시의 체제

민본·위민정치가 좀더 실효를 거두기 위해서는 정령(政令) 결정이나 정령 집행 과정에서 여론의 투입이나, 국민 또는 언론기관에 의한 정책 비판과 감찰이 자유스럽게 보장되어야 한다. 그것은 천하 만민의 현명한 의견과 지혜를 모을 적에 현인정치가 더욱 보장될 수 있고, 또 양심의 지지를 얻을 수 있기 때문이다. 여기에서 언로의 개방이 문제가 되는 것이다. 언로의 개방은 통치자, 특히 군주의 독선과 독재를 예방하고 민의·민정을 상달시킬 때 매우 효과적인 수단이다.

정도전은 재상권의 강화와 비슷한 열도(熱度)로 언로의 개방을 강조하고 언관(간관)의 기능을 강화할 것을 역설했다. 그가 언로의 개방을 어느 정도 열망했는가는 개국 직후 태조 이성계에게 지어 바친 「문덕곡(文德曲)」 가운데서 '작개언로(作開言路)'를 이성계가 수행했던 네 가지 중요한 사업 가운데서 첫째로 지적하고 있는 것으로 보아서도 알 수 있다. 태조가 민정을 득통하기 위해 언로를 크게 열어서 사총(四聰)을 통달한 것은 순(舜)과 같은 덕이라는 것이 그 요지이다.

그는 우선 언론의 자유가 국민 전체에 개방되어야 할 것을 강조한다. 그는 중국의 요·순·삼대를 언론의 자유가 가장 잘 보장되었던 것으로 보고 있었다. 그러나 주가 망한 후 진인(秦人)들은 천하의 비판을 싫어해 비방과 요언(妖言)을 금지하니 이 때부터 언로가 막혀 버렸다. 한대에 이르러서 다시금 언로를 터주기 위해 처음으로 간관을 설치하게 되었는데, 간관(諫官) 제도가 생겨나게 되면서부터 간관만이 오로지 간쟁의 자유를 갖게 되고, 간관이 아닌 사람은 간쟁의 길이 막혀 버렸기 때문이라고 했다. 이와같이 정도전은 언로가 좁아졌다는 점에서 간관제도 자체를 원칙적으로 못마땅하게 생각하면서도 현실적으로 간관 제도를 없애야 한다고 생각한 것은 아니었다. 간관 제도는 그대로 유지하면서 간관의 기능을 대폭 강화하고 다른 한편으로는 간관이 아닌 사람에게도 간쟁의 문호를 넓게 열어 주면 언로의 협착은 제거될 것으로 믿었다(한우근, 1983: 147-149).

이이(李珥, 1536~1584)는 위민의 윤리와 여론정치의 중요성을 다음과 같이 설명했다. 즉 공론(公論)이라 하는 것은 백성이 모두 그렇다고 생각하는 것을 말한다. 그리고 그와 같은 공론은 백성들로부터 나오는 것으로 그것을 막지 않아야 한다고 했다. 그리하여 공론은 국가의 원기가 되는 것이고, 공론이 조정에 있으면 나라는 다스려지고, 공론이 여항(閭巷)에 있으면 나라가 어지러우며, 만약 공론이 상·하에 함께 없으면 나라는 망한다고 했다. 이이의 주장을 바탕으로 조선조 정치문화를 고찰하면 다음과 같은 특징을 찾아낼 수가 있다.

첫째, 국시(國是)의 기반은 여론(공론)이라는 것이다. 여기서 국시는 국가의 존재 이유와 국가 이념이라는 두 가지 의미를 갖는 것으로서, 공론은 바로 그와 같은 국시의 기반이 되기 때문에 어떠한 정치도 그 공론을 떠나서는 이루어질 수 없으며, 그것은 결국 공론의 존재 여부가 통치 권력의 정당성을 결정한다는 것이다.

둘째, 여론은 정치 권력의 정당성을 부여하고 있기 때문에 조선왕조의 통치 질서는 절대 권력이 용인되는 전제 질서로 빠져들지 않았으며, 정치 권력은 정당성과 동의를 내포하는 권위의 성격으로 발전되었다.

셋째, 여론의 형성 기반이 넓을수록 정치는 안정을 기할 수 있다는 사상이 바탕이 되어 있었기 때문에 정치 과정에서 투입 기능이 발달되어 있었다.

이와 같은 정치·행정문화를 토대로 하여 절대왕권의 배제, 왕권과 신권의 균형, 그리고 언로의 개방 등을 내용으로 하고 있는 조선조의 관인 통치 체제가 구축되었다(김운태, 1981: 218-219).

제 9 장 조선 후기의 행정

제 1 절 행정환경

1 왜(倭) · 호(胡)와의 전쟁

1) 임진왜란

(1) 발생 및 경과

16세기 후반기에 들어서는 동아시아에서 적지 않은 정세 변화가 일어났다. 대륙에서는 명나라의 세력하에 분산되어 있던 만주족(여진족)의 홍기 징조가 나타났고, 서세동점(西勢東漸)의 새로운 조류를 탄 포르투갈인의 동남아 진출은 동아시아의 정세에 새로운 국면을 초래하는 하나의 단초가 되었다.

16세기 말에는 일본에서 정세의 큰 변화가 있었다. 15세기 후반기 이래 거의 100년간에 걸친 일본 국내의 피비린내나는 전란이 끝나 1573년에는 오다 노부나가(職田信長)에 의해서 아시 바쿠후(足利幕府)가 멸망당하고, 1590년에는 그의 부장이던 도요토미 히데요시(豊臣秀吉)에 의해서 전국의 통일이 성취되었다.

일본국의 통일이 거의 성취되어 갈 때 도요토미 히데요시는 대마도주를 통해 조선에 대해 수교를 요청하는 한편, 명을 정벌하기 위한 그의 군대가 조선을 통과할 것을 요청하자 조선은 이를 거절했으며, 1592년 봄에 도요토미 히데요시는 15만 대군을 파견해 바다를 건너 부산을 공격했다. 일본군은 부산에 상륙한 지 불과 2주 조금 지나서 수도 서울에 입성했다.

그 동안 조선은 남부 연안은 왜구(倭寇)와 북부 국경은 여진(女眞)의 침입에 대비해 일부 금군(禁軍: 궁성수위군)을 확충 보강하고 또 비변사라는 새로운 기구를 신설해 변경의 방비를 준비했으나 그 당시 조선의 군대는 병농(兵農) 미분리 상태에 있었으며, 정부가 병정을 고용하는 일이 일반화되었고 그들은 또 군사훈련 대신에 요역에 동원되는 경우가 많아서 정예 군대를 보유하지 못했다. 무기에서는 화포나 화약의 개량에 노력하기는 했으나 그 성능은 저열한 것이었고, 주요 무기는 궁화(弓火)와 창도(槍刀)로서 조총의 위력에 대해서는 전혀 알지 못하고 있었다.

조선은 명에 원군을 청해 지원을 받았고, 육전(陸戰)에서의 참패에 반해 해전에서는 명장 이순신(李舜臣)이 지휘하는 수군이 도처에서 일본군을 섬멸하고 제해권을 장악해, 일본군의 해로에 의한 보급을 불가능케 했다. 한편으로는 국내 각지에서 이족 침구(異族侵寇)에 의분을 느낀 유생·승려가 궐기하고, 민중에 의한 의병의 봉기가 있었다.

그 후 전투는 교착 상태에 빠져서 일진일퇴하는 동안에 1599년 도요토미 히데요시가 병사(病死)하자 일본군은 철수하게 되었다. 이로써 도요토미 히데요시의 교만과 탐욕에 의해서 도발되었던 7년간에 걸친 전란이 끝났으며, 그것은 조선조에 막대한 피해를 입혔을 뿐만 아니라 동아시아의 정세에도 새로운 국면을 가져왔다(한우근, 1987: 294-299).

(2) 영 향

7년간의 전란으로 조선이 입은 피해는 대단했다. 인구의 감소와 대대적인 유망, 그리고 농지의 참담한 황폐는 조선 사회를 그 밑바닥부터 붕괴시켰다. 특히 농지의 황폐는 농민의 생활을 비참하게 만들었는데, 왜란 후 전국의 경작 면적은 종전의 3분의 1에도 못 미쳤으며, 왜군의 피해를 가장 많이 받은 경상도의 경우는 겨우 6분의 1에 불과했다. 게다가 기근과 질병이 만연해 농민의 참상은 이루 말할 수 없었다.

국가의 재정 역시 악화되었고, 조세의 파악 근거인 호적과 양안(量案)마저 소실되어 버렸다. 또한 사회적으로도 신분제의 해이가 두드러지게 나타났다. 전쟁 초에 노비들에 의해 노비 문서가 소각됨으로써, 조선 신분제의 기반인 노비층에 대한 파악이 불가능해졌다. 또 전쟁 중에는 재정 조달의 방편으로 납속책(納粟策)이 시행되어 신분에 관계 없이 수직하거나 면직시켜 주었다. 이제 양인이 양반이 되고 노비가 양인이 됨으로써, 조선 전기의 엄격한 신분제는 무너지기 시작했다. 문화재의 손실도 막심해서 경복궁 등 궁전과 불국사 등 수많은 사찰이 불타 버렸다.

다만 전쟁 중에 절강병법(浙江兵法)을 새로이 도입·수용했고, 비격진천뢰(飛擊震天雷)나 화차 등 신무기를 개발함으로써 전술 무기의 발달이 촉진되었다. 임진왜란은 조선뿐만 아니라 중국에도 큰 타격을 주어 명이 멸망하고 전란 중에 크게 성장한 여진족이 후금(後金: 뒤의 청)을 건국하는 왕조의 교체가 일어났다.

일본에서는 전쟁에 참여했던 서부 지방의 영주들이 몰락하고 동부의 영주들이 흥기해 도쿠가와 이에야쓰(德川家康)의 통일국가가 성립했다.

일본은 전쟁중에 약탈해 간 서적·활자·도공 등을 밑바탕으로 주자학을 비롯한 학문과 문화예술에서 커다란 진보를 이룰 수 있었다.

전쟁이 끝난 뒤 조선과 왜와의 외교는 단절되었으나, 선조 40년(1607)에 회복되었다. 이후 조선은 통신사를 파견해 양국은 19세기에 일본에서 메이지유신(明治維新)이 일어나 바쿠후(幕府) 정권이 무너질 때까지 평화적인 관계를 지속했다(변태섭, 1987: 322-323).

2) 병자호란

(1) 발생 및 경과

왜란 중 명의 세력에서 벗어난 여진족은 강대한 세력으로 성장해 마침내 후금을 건국하고(1616년) 명을 압박했다. 이 때 조선에서는 광해군(1608~

23년)이 내정과 외교에서 훌륭한 솜씨를 발휘하고 있었다. 그는 주자학적인 사림정치가 부국강병에는 무력하다고 보고, 북인을 등용해 정통 주자학자를 비판하는 가운데 성지(城池)와 무기를 수리하고 군사 훈련을 강화하는 한편 전쟁으로 피폐된 산업을 재건하고 국가 수입을 확대하기 위해 양전(量田) 사업과 호적 정리를 실시했다. 또한 외교에서도 왕조 교체를 이룬 대륙의 정세를 간파해 신중한 중립 외교를 견지했다.

그러나 후금과의 화평은 오래 계속되지 못했다. 인조반정(仁祖反正, 1623년)으로 광해군이 퇴위하고 북인 대신 서인이 집권하면서 친명배금의 외교노선을 분명히 했기 때문이다. 인조반정 후 서인들 사이에서는 논공행상을 둘러싼 분열이 일어났는데, 이른바 이괄(李适)의 난이다.

당시 조선과 명의 연결을 경계하고 있던 후금은 이를 구실로 하여 3만의 군사를 내어 조선을 공격하니 이것이 정묘호란이다(인조 5년, 1627년). 후금군이 평산에 이르자 정부는 강화로 피난하고 화의를 청하니 이에 후금은 형제의 맹약을 맺고, 조공과 국경에서의 관무역을 조건으로 철군했다.

그 후 후금의 태종은 국호를 청(淸)으로 고치고 조선에 대해서는 군신의 관계를 강요하기에 이르렀다. 이 무리한 요구에 조선이 크게 반발해 전국에 선전(宣戰) 교서를 내리고 청에 대항하려 하자 청 태종은 직접 10만의 대군을 이끌고 조선을 침공하니 이를 병자호란(1636년)이라 한다.

이에 조선 조정에서는 주전(主戰)·주화(主和)의 양론이 분분하다가 결국 인조가 삼전도(지금의 송파)에 나아가 항복의 예를 행하게 되었다. 이로써 조선은 청의 요구대로 청에 대한 군례를 취하고 조공을 약속하는 한편 명과 단교하고 명나라 정벌시에 원병을 파견할 것 등을 약속했다.

(2) 영 향

두 번의 호란으로 청군에게 유린당한 서북 지방은 극심하게 황폐화되었고, 소중화(小中華)를 자처하던 조선의 자존심은 여지없이 실추되었다. 두 왕자가 인질로 잡혀가고 주전파 관리(主戰派官吏)를 비롯해 수많은 백성들이 포로로 끌려가는 비운을 당했다. 이로 말미암아 청에 대한 적개심은 충천했고, 특히 효종 때에는 북벌이 국시로서 계획되기도 했다. 그러나 이 정책은 국왕의 친위군과 수도경비의 군사력을 강화하는 데 그치고 실현되지는 못했다. 그 후 18세기 후반에는 청의 발달된 문화를 수용해야 한다는 북학론이 대두해 청에 대한 의식에 근본적인 변화가 일어나게 되었으며, 청에 대한 종속 관계는 대한제국이 성립될 때까지 계속되었다(변태섭, 1987: 323-325).

2 통치 체제의 변화

1) 붕당 제도의 변질

본래 붕당정치는 사림정치의 전개 및 서원의 발전과 밀접한 관련이 있다. 대체로 학연으로 맺어지는 붕당은 각 지방의 서원을 중심으로 결집되어 여론을 형성하면서 그것을 중앙에 진출한 자기 정파의 관료 또는 사림을 통해 정책에 반영시키는 것을 본지(本旨)로 삼았다. 그리고 본래 붕당은 성리학에서 언제나 강조하고 있는 수기치인(修己治人)과 공도(公道)의 실현을 목표로 삼았으며, 이를 위해 노력하는 '군자(君子)의 당(黨)'만이 진붕(眞朋)으로 간주했으며, 이러한 공도의 실현을 붕당 간의 상호 비판의 정치 원리를 붕당정치라고 한 것이다. 그러나 이와 같은 붕당정치의 이념도 벌열 중심의 일당 전제화 추세 등으로 인해 변질되었다(김운태, 1981: 360).

선조 초 동서분당(東西分黨)으로 시작된 조선 시대 사림의 붕당정치는 선조대와 광해군대까지의 과도기를 거친 후 인조반정에서 현종대에 이르기까지 그 난숙기를 맞이했던 것으로 이해할 수 있다. 성리학을 지배 이념으로 하는 사림정치에서 예의 문제는 곧 모든 사회 질서의 기본적인 규범이었으므로 예론을 중심으로 하는 붕당 간의 대립은 필연적인 귀결이었다. 또한 그 과정에서도 소수당의 존재가 허용되고 그들에 의한 공개적인 비판과 견제가 가능했다는 점에서 붕당정치의 원칙이 충실히 지켜진 셈이다. 이와 같은 원칙은 현종 말년(1674년)의 2차 예송 때까지만 해도 퇴색하지 않고 남아 있었다.

그러나 숙종 6년(1680년)에 남인이 역모의 혐의를 받아 실각하고 다시 서인정권이 수립되자(병신대출척: 丙申大黜陟) 붕당 간의 대립의 양상은 크게 달라졌다. 즉 이 때 집권한 서인은 철저한 탄압으로 남인의 재기를 막으려 하여 남인의 중심 인물을 주살했던 것이다. 이로부터 붕당정치의 기본 원리는 무너지고 상대 세력의 존재를 인정하지 않는 일당 전제의 추세가 나타나기 시작했다. 따라서 상대 당에 대한 보복 수단으로서 사사(賜死)의 예가 빈발했고 외척의 정치적 비중이 상승했으며, 정쟁의 초점이 왕위 계승 문제에 두어지는 등 붕당정치의 폐해가 두드러졌다.

숙종 20년(1694년) 이른바 갑술환국(甲戌換局) 이후 남인은 재기 불능의 상태로 전락하고 말았다. 이로부터 주로 서인 내에서 노론과 소론이 대립하는 양상이 전개되었다. 이러한 양상은 영조가 즉위하면서부터는 노론 중심의 일당 전제 추세가 짙어갔다.

이와 같은 붕당정치의 붕괴와 노론 중심의 일당 전제의 추세 속에서 정권은 몇몇 벌열 가문에 의해 농단되었고, 지배층 사이에서는 종래 공론에 의한 붕당보다 개인이나 가문의 이익을 우선하는 경향이 현저해졌다. 또한 중앙의 정쟁에서 패배한 사람들은 정계에서 배제되어 지방 세력화했으니, 이들은 지연이나 혈연 또는 학파·당파 등의 연고지로 낙향해 그곳에 서원을 건립하고 자기의 근거지로 삼았다. 따라서 이 시기의 서원은 붕당정치의 중요한 토대로서 기능하던 본래의 모습에서 벗어나 특정 가문의 선조를 봉사하는 사우(祠宇)와 혼동되어 폭발적으로 남설(濫設)되었다.

이러한 붕당정치의 폐해로 나타난 극단적인 정쟁과 일당 전제의 추세는 붕당 간의 세력 균형 위에서 안정될 수 있었던 왕권을 약화시키는 결과를 초래했다(변태섭, 1987: 330-331).

2) 관료 체제의 파탄

왕실의 외척에 의한 정권의 독차지는 필연코 그 척족 일문에 의해 정부의 고관 현직이 독점되다시피 되어 정치의 기강을 더욱 문란하게 했다. 과거 제도도 순조 이후에는 더욱 난맥상을 드러내었다. 따라서 실제 재주 있고 유능한 학자는 문란해진 과거 제도를 외면하여 고고한 태도로써 일절 응시하지 않는 기풍이 더욱 현저해졌다.

중앙의 정치 기강 문란은 곧 지방의 행정 내지 재정의 난맥상을 초래했다. 지방의 수령이나 이서들의 탐학(貪虐)은 19세기의 세도정치하에서 더욱 격심해졌다. 흔히 뇌물로써 관직을 얻게 된 지방관은 재임 기간 중에 재부(財富)를 보충하기에 노력했을 뿐만 아니라 그것을 더욱 늘리기에 급급했다. 그들은 흔히 지방 출신의 하급 이서들과 결탁해 사리를 꾀했다.

이서배(吏胥輩)는 원래부터 일정한 법정 급료가 없이 그들 자신이 맡은 실무적인 직장에서 그들의 생계를 꾸리게 되어 있었다. 그 위에 그들이 애초에 이서의 직임을 맡기 위해서는 그 대가를 미리 수령에게 바쳐야 했다. 그것을 흔히 임채(任債) 또는 임뇌(任賂)라고 했다. 그들이 돈을 내고 그들의 직임을 사는 것이었다. 그들이 일단 어떤 직임을 맡게 되면 그들이 수령에게 바친 대가를 벌충할 수밖에 없었다. 그 방법은 주로 두 가지가 있었다. 하나는 그들이 농민에게서 어떠한 구실을 붙여서라도 되도록 많이 거두어들이는 길이었으며, 다른 하나는 그들이 속해 있는 지방관청의 세곡이나 세전의 일부를 불법적으로 착취하는 것이었다. 이와 같은 이서들의 거의 관습화된 악폐는 한편으로는 국가 재정을 좀먹어가게 되었다. 중앙에서는 이와 같은 지방정치의 문란을 막기 위해, 때때로 암행어사를 파견해 수령들의 부정이나 탐학을 적발케 하는 일도 없지 않았으나, 그것도 별다른 효과를 거둘 수 없었다. 암행어사가 흔히 적발해 낸 자는 일반적으로 전직 수령인 경우가 많다는 점도 그 현실적인 효과가 적었다는 일면을 말해 주며, 나중에는 암행어사 자신까지도 엄정한 검찰관일 수가 없었다.

그리하여 양반 관료 체제가 그 기반부터 붕괴될 수밖에 없었다. 이러한 폐해는 누구에게나 절감되었음에도 불구하고 그 근본적인 시정책은 제대로 강구되지 않았다(한우근, 1987: 371-373).

3 경제의 발달

1) 광작 농민의 등장과 농촌 분화

17세기로 들어서면서 농업은 기술적으로 크게 발달했다. 이앙법(移秧法)

은 못자리에서 묘를 길러 적당히 자란 뒤에 이를 뽑아 본전에 옮겨서 기르는 것을 말하는데, 양묘하는 동안 본전에서는 보리를 기를 수가 있어서 벼와 보리의 이모법이 가능해졌다.

벼의 이앙은 양묘에서나 이식에서 물이 절대로 필요하므로, 과거보다 수리(水利) 문제가 더 절실해졌다. 그러므로 제언(堤堰)·보 등 저수지가 새로 많이 만들어지고 또 수리하게 되었다. 저수지 시설은 현종 3년(1662년)에 제언사가 설치되고, 정조 2년(1778년)에 제언절목이 반포되어 국가적인 뒷받침을 받게 되었다. 18세기 말에는 저수지의 총수가 약 6,000에 달하게 되었다. 이와같이 벼와 보리의 이모작에 의한 농지의 집약적 이용으로 토지의 수확고가 크게 증대했다. 이와 비슷한 농경 기술의 발전은 밭농사에도 있었다. 즉, 밭을 밭고랑(畎)과 밭이랑(畝)으로 다스리고 곡종은 밭고랑에다 파종하는 견종법(畎種法)이 발달해 널리 보급되었다.

이앙법은 직파법보다 일정한 면적의 토지를 경작하는 노동력을 대폭 감소시켰고, 따라서 농민 한 사람이 경작할 수 있는 토지의 면적을 몇 배씩이나 늘렸다. 견종법도 또한 노동력을 크게 감소시켰다. 이에 따라서 상당히 넓은 면적의 토지라도 이를 병작하지 않고 자작하는 광작(廣作)이 크게 보급되었다. 대체로 광작하는 농민들은 부농이었으며, 이들은 이미 자가의 소비를 위해서가 아니라 상품으로 팔기 위해 생산하는 기업농이었다. 이렇게 넓은 토지를 광작하는 부농층은 가족의 노동력뿐 아니라 임(賃)노동자의 힘을 빌어야 했다.

이앙법과 견종법이 보급되면서 농촌에서 많은 노동력이 불필요해졌고, 이들은 자연히 이농하게 되었으므로 임노동자를 구하기란 힘든 일이었다. 말하자면 이앙법과 견종법의 보급으로 인해 농촌 사회는 광작을 하는 부농과 토지를 떠나는 이농자의 양자로 분화하는 현상이 나타났다. 대부분 영세 소농 출신인 이농자들은 농촌에서 임노동자도 했지만, 때로는 유민이 되어 걸식하거나 작당해 도적이 되기도 했다.

광작은 지주층이나 자작농뿐만이 아니라 소작농들도 했다. 즉 소작농들은 남의 토지를 많이 차경(借耕)함으로써 광작을 했던 것이다. 이렇게 광작을 하는 소작농들도 점차 부를 축적하게 되었고, 이러한 소작농의 성장은 지대를 도조법(賭租法)에 의해 물게 하는 결과를 가져왔다. 원래 그 때까지 행해졌던 타조법(打租法)은 소작료로서 수확량의 2분의 1을 지주에게 내어주는 것이었다. 이 경우에 지주는 경비와 흉작의 위험을 소작농과 공동으로 부담하는 대신 경영에도 관여했다. 대개 지주의 신분이 높고 소작농의 신분은 낮았으므로 소작농의 자유로운 농업 경영이 어려웠다. 그러나 도조법은 정해진 양의 소작료를 내는 대신 소작농 자신이 생산의 경비와 흉작의 위험을 단독으로 부담했다. 따라서 지주의 감독권을 배제하고 자유로운 농업 경영을 할 수가 있었다. 이러한 능력은 광작을 하는 소작농에게서 비로소 가능한 일이었으며, 또 지주와의 사이에 신분적인 차별이 요구될 필요가 없었다. 이리하여 지대의 지불은 타조법으로부터 도조법으로 발전하기 시작했고, 이것은 장차 화폐로 지불하는 도전법(賭錢法)으로 발전하는 터전이 되었다.

한편 농촌 사회에서는 인삼·담배·목면 등 특수 재배물에 대한 상업적 생산이 발달했다. 특히 인삼은 개성이 재배지로 유명했는데, 재배된 인삼은 거의 전부가 상품시장을 상대로 한 것이었고 청이나 일본으로 수출도 되었다.

곡식을 심는 것보다 이익이 커서 양전옥토(良田沃土)에서 담배를 재배하는 경우도 있었다. 목면도 그 때에는 점차 자가 소비의 범위를 넘어 상업적인 목적으로 재배하는 경향이 늘어났다.

그 때의 농민들은 농업 기술의 향상으로 인한 생산고의 증대, 농업 경영 방식의 발전, 상업적 농업 생산의 발달 등에 따르는 부의 축적으로 인해 부농으로 발전해 새로운 평민 지주가 되었다. 이들은 심지어 일정한 양의 곡식을 바치고 성명이 기재되지 않은 관직 수여증인 공명첩(空名帖)을 사서 양반 신분으로 상승하는 경우도 있었다.

그 반면에 정권에서 소외된 양반으로서 소작농으로 전락하는 경우도 생겼다. 이리하여 양반과 상민의 관계는 비록 그 구분 자체가 없어진 것은 아니지만, 현실적인 재부에 토대를 두고 크게 변질되어 갔다. 물론 농민들 중에서는 더욱 영세 소작농으로 전락하거나 혹은 임노동자나 유민이 되는 자도 많았다. 이러한 모든 현상은 조선조 사회의 신분 질서의 변화가 일어나고 있었음을 증명해 주는 것이다(이기백, 1984: 269-271).

2) 상품 · 화폐경제의 진전

농업 생산력의 발달과 조세의 전세화(田稅化) 및 금납화(金納化)는 상품·화폐경제의 발전을 촉진시켰다. 또한 인구가 증가하고 농민의 계층 분화가 심화되어 가는 속에서 비농업 인구의 도시 유입이 현저해짐으로써 상업은 더욱 발달했다.

조선 후기 상업 활동의 중심이 된 것은 공인(貢人)이었다. 대동법(大同法)의 실시에 따라 나타난 공인은 관청과 결탁한 어용 상인으로서 서울의 시전(市廛)뿐 아니라 지방의 장시(場市)를 중심으로 활동했고, 특정 물품을 대량으로 취급하는 바람에 독점적 도매상인 도고(都賈)로 성장했다. 또 이들은 물종에 따라 공동 출자를 하여 계를 조직하고 상권을 독점했으며, 직접 수공업자와 관련을 맺기도 하여 점차 상업 자본으로 발전해 갔다.

한편 서울을 비롯한 각지에서 사상(私商)의 활동이 전개되었다. 이들은 당시 농산물 및 수공업 제품의 활발한 유통을 배경으로 한 공인의 성장에 자극받아 역시 도매 상인으로 성장했다. 즉 지방 장시의 객주·여각들이 도고로 발전해 전국적인 상업망을 개척했으며, 특히 물산의 집산지나 유통의 중심지 등 상업 활동이 유리한 지역의 상인들도 종전의 상업 기반을 전국으로 확장시켜 나갔다.

인구의 급증으로 상업이 특히 발달했던 서울에서는 일찍부터 상업 활동을 독점해 왔던 시전 상인과 비시전 사상(非市廛私商)들 사이에 충돌이 일어나게 되었다. 이에 육의전(六矣廛)을 비롯한 시전 상인들은 도중(都中)이라는 조합을 결성하고 정부로부터 금난전권(禁亂廛權)을 얻어내 사상들의 활동을 억압했다. 그러나 사상들은 이를 무릅쓰고 상행위를 계속함으로써 번창해 갔다.

한편 시전 상인들이 금난전권을 과도하게 사용해 물가 상승을 비롯한 여러 가지 부작용이 일어나자 정부는 다시 사상들의 건의를 받아들여 금난전권을 점차 완화시키다가 결국은 신해통공(辛亥通共)을 반포해 육의전을 제외한 나머지 시전의 특권을 모두 폐지했다(정조 15년, 1791년). 이로써 서울에서도 사상들의 자유로운 상업 활동이 보장되었다.

이러한 사상의 성장은 전국적인 시장의 발달에 토대를 둔 것이었다. 18세기 중엽에 전국의 장시는 이미 1,000여개소를 넘을 정도로 발달해 있었다. 이는 대개 5일장으로서 하루 왕래가 가능한 30~40리의 거리를 기준으로 하나의 시장권을 형성하고 있었는데, 이 중에는 상설시로 발전한 곳도 있었다.

장시(場市)에서는 객주·여각 등이 도고(都賈)로서 상품 도매뿐 아니라 창고업·운송업·위탁판매업·숙박업을 겸했고, 심지어는 자금 대부·어음 발행·예금 업무 등 은행업에까지도 손을 대어 지방경제의 유통을 장악했다.

또한 전업적인 상인으로서 보부상(褓負商)들이 개시일의 차이를 이용해 전국의 장시를 무대로 활동했는데, 이들은 자신의 이익 옹호와 단결을 위해서 보부상단이라는 조합을 이루었다. 그리고 이와 같은 장시를 통한 전국적 시장권의 형성과 도고 상업의 발달에 따른 자본의 축적은 화폐의 사용을 불가피하게 했다. 따라서 숙종 4년(1678년)에 정부의 재정 확보책으로 주조되었던 상평통보(常平通寶)가 점차 전국에 통용되기에 이르렀다.

한편 축적된 화폐자본은 고이자를 통해서 증식되었으며, 서서히 면업·조선업·광산업·제지업·어업 등 생산 부문에 투자되거나 수공업에서 공장(工匠) 고용 및 원료·제품 매점에 이용되어 생산 형태의 변동을 초래했다. 농업에서 화폐지대(貨幣地代)의 발생도 이러한 추세와 결부되어 나타난 것이다.

그리고 조선조 후기 농업의 변동 및 상품·화폐경제의 진전과 함께 수공업과 광업도 발달했다. 이 때 수공업은 종래의 관영 수공업이 쇠퇴하고 사영 수공업이 성장하는 추세를 보였다. 무기나 왕실의 자기 제조는 늦게까지 관영 수공업으로 남아 있었지만 이것도 역시 사영 수공업으로 점차 전환되는 등 모든 수공업 분야가 사영화했다. 이러한 추세에 다라 18세기 말인 정조대(1776~1800년)에는 정부가 공장안(工匠案)을 폐기함으로써 공장들은 이제 독립적인 사영 수공업자가 되어 장인세(匠人稅)를 부담하는 대신 자유롭게 제품 생산에 전념할 수 있게 되었다. 이 때의 사영 수공업자들은 대개 공인이나 상인들로부터 주문과 함께 원료와 자금을 선대(先貸)받아 제품을 생산했으며, 생산품은 이를 공인·상인에게만 의존했으며, 아직 독자적으로 제품을 생산할 만큼 성장하지 못했다.

수공업의 발달은 주로 도시를 중심으로 나타났지만 점차 농촌에서도 전개되었다. 농촌의 수공업은 그 일부가 자영 수공업으로 성장해 갔고, 농가 부업의 수공업도 전업화하는 추세에 있었다. 이러한 수공업 제품의 유통 및 수요 증가는 그 원료 생산을 촉진시킴으로써 광업의 발달을 가져왔다(변태섭, 1987: 343-349).

4 사회 질서의 변화

1) 양반 신분 제도의 동요

조선조의 양반 사회는 크게 볼 때에 양반을 기반 계층으로 하는 신분 질서 사회였다. 그런데 이 양반 중심의 신분 체제가 17세기 이후 점차 무너져 가기 시작해, 19세기에 이르면 격심한 신분의 상승과 하강 현상으로 인해 양반이라고 불리는 신분층의 사회적 존재 의의가 흐려져 가는 추세를 나타내었다. 이러한 결과를 가져오게 된 것은 몰락하는 양반의 수가 늘어난 때문이다. 벌열정치가 행해지면서 소수의 노론 가문만이 정권을 독점했고, 세도정치가 행해지면서 척족에 의한 정권의 독점이 이루어졌는데, 그 결과로 정권에서 소외된 많은 양반들은 지방으로 낙향해 향족으로 전락하게 되었다. 그뿐만 아니라 몇 대를 이어 내려오면서 관직을 얻지 못한 양반 중에는 소작농이 되는 사람도 있었다. 이들은 양반으로서의 권위를 유지할 수 없을 정도로 몰락한 소위 잔반(殘班)이었으며, 그들의 수는 점차 늘어갔다.

한편 적서(嫡庶)의 차별이 타파되어 갔다. 서얼 출신으로서는 일찍이 정조에 의해 규장각에 검서관으로 임명된 예가 있었던 것과 같이 그들의 사회적 차별 대우가 점차적으로 약해져 갔다. 또 중인들도 그들의 사회적 지위를 향상시켜 갔다. 역관들은 청에 왕래하는 동안에 새로운 문물에 접해

견문을 넓힐 뿐 아니라 사무역(私貿易)으로 재부를 축적해 사회적 영향력을 확대해 갔다. 그리고 의관이나 관상감원 혹은 화원(畫員)들은 높은 전문적 식견을 통해, 서리들은 행정 능력이나 문화적 소양을 통해 그들이 차지해야 할 정당한 위치에 대한 새로운 주장을 하고 나섰다. 그들은 몰락한 양반인 잔반과도 쉽게 동지적인 유대감을 가질 수 있는 처지에 놓여 있었다. 그리고 부농이나 거상들 또한 신분적인 상승 작용을 하고 있었다. 또 지금까지 차별 대우를 받던 지방의 세력도 점점 커져 가는 추세였다. 예컨대 평안도 출신의 과거 합격자의 수가 급격히 증가되어, 정주 같은 곳은 전국에서 가장 많은 합격자를 냈다. 비록 그들이 중앙 관직에 등용되기는 힘들었다 하더라도 이 경향은 하나의 큰 변화였다. 이러한 모든 사실은 소수 가문에 의한 지배 체제에 위협이 되었다.

그리고 양반 지배 체제의 동요는 사회의 기층에서도 일어났다. 양인 농민들 중에 부농으로 성장해 양반 신분으로 상승하는 경우가 있기는 했으나, 궁가(宮家)나 세도가의 대토지 소유가 확대됨에 따라서 영세 소작농으로 전락하는 자도 많았다. 그런가 하면 농민들 중에는 토지를 잃고 임노동자로 전락하는 자도 많았다. 그것은 이앙법이나 견종법의 보급으로 인해 농촌에서 노동력이 남아돌게 되었기 때문이다. 이렇게 토지를 잃은 농촌의 남은 노동력은 이앙기나 추수기 같은 농번기에 농촌에서 임노동을 하기도 했으나, 한편 수공업이나 광산 채굴에서 임노동을 하는 경우도 있었다. 이러한 임노동자 중에는 농한기를 이용해 돈벌이를 하려는 일시적인 성격의 임노동자가 있는가 하면 또 아예 농촌을 떠나서 수공업 노동자나 광산 노동자가 되는 경우도 있었다. 때로는 그들로 인해 하나의 촌락이 이루어지고 장시(場市)가 형성되었다.

그러나 이들 양인 농민들이 옛날과 같이 노비로 전락하는 일은 없었다. 이미 노비는 점차 자취를 감추어 가고 있었기 때문이다. 조선 전기의 15세기에 35만 명에까지 이르던 공노비의 수는 조선 후기의 17세기에 이르면 20만 명에도 미치지 못하는 수로 감소되었다. 이렇게 공노비의 수가 줄어든 것은 임진왜란 때 노비안(奴婢案)이 불타버려서 이산해 버린 것도 한 이유이다. 그러나 반드시 그것만의 이유로 말미암은 것은 아니었다.

노비로서 양역인 군역에 종사하는 신천역양(身賤役良)의 현상이 나타났으며, 그들 양역에 종사하는 노비들은 시방(試方)에 의해 양인이 되기도 하고 혹은 2대에 걸쳐 양역에 종사한 때문에 양인이 되기도 했다. 그런가 하면 군공과 같은 어떤 공로를 세우거나 혹은 납속(納粟)을 하거나 하여 양인 신분을 취득하는 경우도 있었다.

또 비록 신분이 해방되지 않은 채 노비안에 기재되어 있는 공노비(公奴婢)라 하더라도 실제로 아무런 신공(身貢)을 내지 않았으므로 사실상 양인이나 다름이 없었다. 이러한 경우는 사노비의 경우에도 마찬가지였다. 몰락해 가는 양반들이 그들의 사노비를 유지하기가 어려웠기 때문이다. 이러한 경향은 결국 공노비를 국가가 스스로 해방시켜 주는 결과를 낳게 했다. 즉 순조 원년(1801년)에 노비안을 국가 스스로 불살라 버림으로써, 특수한 경우를 제외하고는, 공노비가 천민의 신분을 벗어나서 양인이 되었다. 비록 공노비라 하더라도, 지방 관아 등 일부에는 아직 남아 있었고, 또 사노비 제도까지 폐지된 것은 아니었다. 그러나 이것은 커다란 사회적 변화를 의미한다. 노주지분(奴主之分)을 엄격히 지켜 오던 과거의 신분 체제가 무너져 가고 있었기 때문이다(이기백, 1984: 299-301).

2) 삼정의 문란

세도정치에 의한 권력의 집중은 정치의 문란을 가져왔으며, 그로 말미암은 피해는 농민의 부담이 되었다. 많은 재물을 바치고 관직을 얻은 관리들은 그 대가를 농민에게서 염출해야 했기 때문이다. 그 결과 국가의 재정 기구는 마치 관리들의 사재(私財)를 불리기 위한 협잡기관으로 화해 버린 느낌이었으며, 당시 국가의 가장 중요한 재정 수입원인 전정(田政)·군정(軍政)·환곡(還穀)의 이른바 삼정(三政)은 극도로 문란에 빠지게 되었다.

전정(田政)은 토지를 대상으로 징수하는 각종 세를 말한다. 따라서 전정(田政)이 제대로 운영되기 위해서는 토지에 대한 결수(結數)의 파악이 정확하고 세의 부과가 공정을 기하지 않으면 안 되었다. 그러나 18세기 말 이후 궁방전·이전 등 면세지와 진황지·재해지 등 토호들의 탈세지가 현저하게 증가했고, 따라서 출세지(出稅地)는 자연히 감소할 수밖에 없었다. 결국 정부의 재정 기반은 축소되었고, 이는 필연적으로 정부로 하여금 양반 관료 및 향리와 더불어 농민 수탈을 강화하도록 했다.

이리하여 실제 전정의 운영은 남징(濫徵)·과징(過徵)이 일반화되었다. 본래 법제상으로 토지 1결당 부과하는 세액은 전세 4두, 삼수미 1두 2승, 대동미 12결, 결작 2두 등 모두 합해도 20두를 넘지 않았으니, 이는 수확의 10분의 1에도 미치지 못하는 적은 양이었다. 그러나 중앙과 지방의 관청에서는 세수입을 증대시키기 위해서 각종 부가세와 수수료 등 40여 종류에 이르는 잡세를 거둠으로써 실제 납세액은 1결당 100두에 달했다. 당시 18결당 수확량은 300두였다. 더욱이 토지세는 토지를 소유하고 있는 사람에게만 부과하는 것이 원칙이었는데, 실제로는 지주제하에서 모든 소작 전호들에게 세의 부담이 전가되어 일반 농민의 고통은 극심했다. 이 밖에도 관리들이 음성적으로 백지징수(白地徵收)라 하여 황무지에서도 세를 거두었고, 도결(都結)이라 하여 자기들이 축낸 공금을 보충하기 위하서 정액 이상의 세를 징수하는 등 온갖 비리를 자행해 전정은 극히 문란했다.

군정(軍政)은 16세에서 60세까지의 장정으로부터 수취하는 대역세로서, 이것은 균역법(均役法) 실시 이후 군포 1필을 부과했던 것이다. 그러나 감소된 군포의 몫을 어업세·염세·선박세 등으로 충당하게 되었고, 농민에게는 다시 결작을 부과한 바 있었다. 이러한 군포는 정전의 수에 따라 부과되었으므로, 포 1필이 미 6두에 해당해 전세보다 높은 비율이었다. 거기에다 족징(族徵)이라 하여 도망자·사망자의 체납분을 이웃 사람에게 물리기도 했고, 60세 이상의 사람은 나이를 줄여 징수하기도 했다. 또 황구첨정(黃口簽丁)이나 백골징포(白骨徵布) 등이 있었다.

환곡은 정부 양곡의 대여로써 그 수입을 취하는 관곡의 대여 제도를 말한다. 이것은 춘궁기에 농민에게 관곡을 대여했다가 추수기에 1할의 이식을 첨가해 받는 제도로, 그 이식의 불균형과 잡다한 부가세의 징수로 그 문란상이 가장 심했다. 따라서 환곡은 합법적 고리대로 변질되어 농민에게 준 피해가 극심했다. 여기에는 늑대(勒貸)라 하여 필요 이상의 미곡을 강제로 대여하는 폐단, 반작(反作)이라 하여 허위문서를 날조해 회수량만 높이는 폐단, 가분(加分)이라 하여 저장분을 대여해 착취하는 폐단, 허유(虛留)

라 하여 재고가 없는데도 있는 것으로 장부를 꾸미는 폐단 등이 있어 농민을 괴롭혔다.

삼정의 문란으로 인해 농촌은 점점 피폐해 갔고, 탐관오리의 수탈과 정치 기강의 해이는 농민을 더욱 곤궁에 몰아넣었다. 특히 수령들은 이서와 작당해 온갖 명목으로 수취에 전념했고, 이에 농민은 그런 피해로부터 벗어나고자 농토를 버리고 유민화되어 갔다.

삼정의 문란과 부패는 어느 시기에나 나타났지만 특히 세도정치 아래서는 극심한 지경에 이르렀다. 이것은 표면적으로는 수령·아전들의 횡포와 그 운영상의 문제로 나타나고 있었지만 기본적으로 조선 후기의 조세 수취가 신분제와 지주 전호제에 바탕을 두고 운영되는 데에서 연유하는 것이다. 결국 조선 후기의 경제 변동 속에서 몰락하고 있었던 농민들은 정치적 혼란과 결부되면서 진행된 삼정의 문란으로 더욱 궁핍해져 갔다(남도영, 1984: 261-263).

3) 민란의 발생

날로 격심해지는 통치 질서의 혼란과 삼정의 문란은 농촌 사회의 피폐를 초래했고, 몰락 농민들의 생활은 극도로 궁핍해졌다.

영세농·소작 전호·무전농의 수는 갈수록 증가되었고, 더욱이 빈번한 자연재해와 질병은 이들의 어려움을 더욱 부채질했다. 몰락 농민 가운데 일부는 세리(稅吏)의 추적을 피해서 깊은 산속에 들어가 화전을 일구기도 하고, 아예 국경을 넘어 간도나 연해주로 이민하기도 했다. 또한 도시나 광산촌·수공업촌으로 흘러들어가 임노동으로 생계를 꾸려 나가는 사람도 많았다.

한편 다행히 유망을 면할 수 있었던 농민들은 지주·토호의 압박과 삼정의 수탈에 대처하기 위해 공동조직을 결성하고 있었으니, 계(契)의 성행이 바로 그것이다.

당시 계는 양반 지주나 토호들 사이에서도 유행해 이들은 주로 친목과 공제를 위한 종계(宗契)·동갑계(同甲契)·혼상계(婚喪契)·동계(洞契) 등에 참여하고 있었지만, 농민들은 군포계(軍布契)·제언계(堤堰契)·농구계

(農具契)·우계(牛契) 등 주로 경제적 곤란을 공동으로 타개하기 위해 조직했던 것이다.

이러한 농민층의 계가 성행한 것은 양반 지주층의 주도하에 있었던 종래의 농촌 자치체인 향약이 이 시기에 와서는 그 신분적 성격 때문에 제 기능을 발휘하지 못했던 데에도 큰 이유가 있었다. 구황 작물인 고구마와 감자가 이 시기에 전래·보급된 것도 이러한 농민층의 빈궁에 대한 비상 대책이었다.

농촌 사회가 피폐해 가는 가운데 농민들의 정치 의식·사회 의식도 성장했다. 우선 이들의 현실적인 불만은 음성적으로 표출되었으니 전국 각지에서 일어난 괘서·방서사건이 바로 그것이다. 순조 4년(1804년)에는 서울의 4대문에 '관서비기(關西秘記)'가 나붙었고, 황해도 안악에서는 정부를 비방하는 노래가 유포되었으며, 그 후에도 크고 작은 사건이 빈발해 민심을 자극했다. 농민들의 저항은 여기서 그치지 않고 더 적극성을 띠어 각처에서 화적(火賊)·수적(水賊) 등 도적이 일어났는데, 이들은 서강단(西江團)·폐사군단(廢四群團)·유단(流團) 등의 명칭을 가지고 대규모 조직을 결성하기도 했다.

이러한 농민층의 저항은 민란으로 발전했다. 이미 세도정치가 시작된 직후인 순조 즉위년(1800년)에 경상도 인동에서 60여 명의 농민이 관아를 습격한 사건이 발생한 것을 비롯해 순조 8년(1808년) 이후로는 함경도 서천·북청과 개성·춘천 등지에서 이러한 사건이 계속 일어났으니, 이는 조선조 사회의 모순이 농민의 주체적 항쟁으로 표출된 것이다. 그 가운데 가장 대표적인 것은 순조 11년(1811년)에 평안도에서 일어난 홍경래(洪景來)의 난이었다. 이 난은 그 규모나 성격에서 단순한 민란의 단계를 벗어나 농민전쟁으로 발전했다. 정부군의 반격에 의해서 4개월 만에 진압되었지만 그렇다고 그 원인인 사회 문제가 해결된 것은 아니었다. 이 난의 구성원은 당시의 사회 변동에 의해서 배출되었고, 그 속에서 피해를 받는 계층들이었는데, 몰락 양반·상인·광산 경영자·임노동자, 그리고 농민 등이었다. 세도정치의 부패와 특권 어용 상인에 대한 반발, 그리고 지주제에 대한 부정 등이 이들의 사회 의식을 고양시키고, 투쟁의 대열에 서게 했던 것이다.

이러한 현상은 전국적으로 만연되어 있었으므로 민란은 이후에도 전국 각지에서 계속 일어났다.

이와 같은 민란의 전개 속에서 농민의 사회 의식은 더욱 상승했고, 지도층의 지도력도 한층 향상되어 갔다. 이리하여 민란은 대원군 치세나 개항 이후까지도 줄기차게 계속되었는데, 이러한 농민들의 주체적 항쟁은 조선조의 양반 사회 체제를 결정적으로 붕괴시킨 요인이 되었다(변태섭, 1987: 375-380).

5 사상의 변화

1) 실학의 대두

16세기 후반부터 정치적인 대립과 분열이 거듭되고 있을 때의 유교의 학풍이란 주로 사장(詞章) 중심이거나 사색 당파를 조장하는 경향으로 흘러서 사회 체제를 개편하거나 혁신하는 데에 아무런 도움이 되지 못했다.

그 위에 왜구의 침입 이후로 허물어져 가는 사회 체제는 더욱 박차를 가해 뜻있는 관료나 학자들로 하여금 좀더 현실적인 문제의 해결에 관심을 가지게끔 했다. 그래서 그들은 사장적인 학풍이나 사변적인 성리학을 배격하고, 급박한 현실 사회를 규제할 수 있는 구체적인 방안을 모색한 결과, 종래의 전통적인 사회 규범에 대한 경험적이고 실증적인 인식의 태도를 찾게 되었다(유원동, 1984: 10).

실학(實學)이 조선 후기의 절박한 사회 현실을 타개하기 위한 사회 개편 이론과 비판 정신을 기초로 하여 출발한 것이었기 때문에 그 연구 대상이나 이론 전개 과정이 매우 다양했다. 그러나 그것들은 그 당시의 사회적 현실 타개라는 공통적 기반에서 출발했던 것으로 단일한 실학의 개념으로 설명되어 왔다(김운태, 1981: 306).

실학은 조선 후기의 사회경제적 변동에 따른 갖가지 사회적 모순에 직면해 그 해결책을 구상하는 과정에서 나타난 사회 개혁 사상이다. 그러므로 그 사상이나 개혁의 논리는 종래의 주자학과 같을 수 없었고, 유교 사상의 자기 반성과 그의 극복 과정에서 나타나는 발전적 국면이었다.

실학의 중심 과제는 조선 후기의 제반 사회 문제를 어떤 방향에서 해결하느냐에 집중되었고, 그것은 우선 농촌 경제·농업 경영에 초점이 두어졌다. 당시 농업 경제의 건재 여부는 사회의 안위와 국가의 존폐에 직결되는 문제였기 때문이다. 따라서 실학자들은 주로 농민층의 입장에서 현실의 토지 문제, 곧 지주 전호제의 모순을 개혁하기 위한 여러 가지 방안을 제시했다. 유형원·이익·정약용으로 이어지는 이른바 경세치용학파에서는 중농주의 입장에서 토지 제도의 개편을 주장했다.

농업 문제의 개선과 더불어 혹은 이와는 별도로 상공업을 진흥시켜야 한다는 주장이 나타났다. 이는 당시 상업적 농업을 전제로 하는 경영형 부농의 역할이 주목되는 상황에서 당연한 일이었다. 실학자 가운데 특히 상업 진흥을 강조한 사람들은 유수원·홍대용·박지원·박제가·이덕무 등 이른바 이용후생학파였다. 18세기 전반에는 이익을 중심으로 한 경세치용학파가 일어났던 것이다. 이들은 중상론과 함께 청의 발달된 문물을 받아들일 것을 주장했으므로 북학파라고도 한다. 이들의 청의 문물도입론은 병자호란 이루 경색되었던 화이론(華夷論)적인 명분론에서 탈피하는 것이었다(이우성, 1983: 1-17).

한국 실학의 발전에서 지대한 공헌을 한 사람은 다산(茶山) 정약용(丁若鏞, 1762~1836)이다. 그는 이익의 학문을 계승·발전시키면서 경세치용학파와 이용후생학파를 종합해 집대성했다. 그뿐만 아니라 공자(孔子)의 수사학(洙泗學)[1]에 기초해 한국 실학을 철학적으로 체계화시켰다(이을호, 1983: 199-200).

정약용은 18년간의 유배 생활을 통해 당시의 농촌을 중심으로 한 사회 실정을 몸소 체험했고, 그 체험을 기초로 하여 500여권에 달하는 방대한 저

1) 수사학: 공자의 사상과 학통을 지칭한다. 본시 수사(洙泗)는 두 물 이름으로 산동성 곡부현에 있는 사수와 그 지류인 주수를 합칭한 말인데, 공자가 이 지역에서 제자들을 교육했다 하여 차츰 변하여 공자의 학문과 사상을 대표하는 명사로 불려지게 되었다(참조, 종교대사전 권5, p. 1156).

서와 함께 구국책(救國策)을 제시했다. 이 당시 정약용을 비롯한 많은 실학자들은 정치・경제・사회・군사・교육 등 여러 부문에 걸친 제도의 개편을 주장했다. 그러나 이러한 개혁안의 원리와 이념은 정책에 반영되지 못했다. 그것은 당시 정부에서는 이들의 주장을 공식적으로 논의까지는 했지만 양반・지주층의 입장을 해치지 않는 범위 내에서 부차적이고 지엽적인 것만을 채택했다. 따라서 당시의 사회적 모순은 정치혁명이나 사회혁명 등 비상 수단에 의해서 해결될 수밖에 없었다. 조선조 후기의 민란은 이러한 상황에서 발생했다.

19세기에 들어서면 실학은 전 단계의 현실적인 개혁론보다는 오히려 그것을 이론적으로 뒷받침하기 위한 학문적 연구에 치중하는 경향을 보였다. 이러한 학문적 경향을 가진 학자들은 실사구시학파(實事求是學派)라고 한다. 이들은 선행 실학자들의 실증적 연구 방법을 계승하는 한편, 청의 고증학을 받아들여 실증적인 학문 연구의 태도를 확립했다(유명종, 1981: 481-482).

실학자들은 서구의 과학 기술을 도입했고, 당시 전래된 천주교를 종교로서가 아니라 서학으로 인식해 학문적으로 연구했다. 이러한 실학사상은 정약용과 김정희(金正喜)의 제자들에 의해서 초기 개화사상에 영향을 주었으며, 구한말의 광무개혁(光武改革)이나 일제의 침략에 대응하기 위한 국민운동을 전개할 때 그 개혁안이 원용되었다. 이것은 실학사상 안에 근대 지향적 성격이 있었음을 나타낸다(김영호, 1985: 453-460).

2) 서구 사상의 도입

서양으로부터의 충격은 이미 임진왜란(1592~98년) 직후부터 서서히 시작되고 있었다. 특히, 명말 이래로 천주교와 함께 중국에 들어오고 있던 서양의 과학 내지 기술은 비록 후일의 산업혁명 내지 기술혁명을 거친 뒤와 같은 상태일 수는 없었으나 당시의 중국으로서도 경이적인 것이 적지 않았고, 그것은 빈번한 연행 사절(燕行使節)을 통해 상당한 정도로 조선조에도 파급되어 왔다(천관우, 1970: 968).

천주교는 16세기 말엽 중국에 전래되었고, 이것이 17세기에는 북경을 왕래하는 사신들에 의해 한국에 소개되었다. 이 새로운 종교에 대해서 처음으로 관심을 가진 것은 실학자들이었다.

광해군(1608~1623년) 때의 이수광(李睟光)은 『지봉유설(芝峰類說)』 속에서 마테오 리치(Matteo Ricci)가 지은 『천주실의』를 소개한 바 있다. 뒤에는 이익·안정복 같은 실학자들도 역시 서학에 호기심을 가지고 논의한 바가 있다. 그러나 이들은 단순한 호기심을 가졌을 뿐으로서 사상적으로는 오히려 비판적이었으며, 아직 서학에 대한 신앙심을 가진 것은 아니었다. 그러던 것이 정조(1777~1800년) 때에 남인 학자들을 중심으로 신앙운동이 점차 열을 띠게 되었다. 더욱이 정조 7년(1783년)에 이승훈이 자기 부친을 따라 북경에 갔다가 서양인 신부에게서 세례를 받고 온 뒤에는 신앙운동이 본격화되었다.

이들 서양 신봉자들은 서양 선교사들의 전도에 의해서보다는 중국으로부터 전래된 『천학초함(天學初函)』 등의 천주교 서적들을 읽고 자발적으로 이에 깊은 관심을 가지게 되었다. 그 까닭은 소수 벌열의 집권으로 말미암은 사회적·정치적 모순을 극복하는 길을 서학에서 찾으려고 했기 때문이다.

성리학과는 반대로 인간원죄설을 주장하는 서학(西學)은, 약한 자를 억누르고 개인의 이익을 추구하는 데 골몰하는 벌열들이나 부농·거상들로 말미암아 빚어진 모순에 가득 찬 현실 속에서 이에 비판적인 재야 학자들에게 매력을 느끼게 했다. 암담한 현실 속에서 몸부림치던 일부 경세치용의 실학자들은 종교적 신앙을 통해 천국을 건설하는 데 새로운 희망을 느끼게 되었다. 그러므로 서학이 유행한다는 것은 벌열 중심의 양반 사회에 대한 서학의 도전이 표면화되어 사회의 논란거리가 된 것은 유학적인 의식을 거부함으로써 야기된 전례(典禮) 문제에서 비롯되었다.

조선조는 정조 9년(1785년)에 서학을 사교(邪敎)로 규정해 금령을 내리고, 다음해에는 북경으로부터의 서적 수입을 금했다. 정조 15년(1791년)에는 전북 진산에서 상(喪)에 신주를 없앤 윤시충을 사형에 처했다. 이같이 천주교는 전례 문제를 계기로 점차 탄압을 받기에 이르렀다. 그러나 정조 19년(1795년)에 청인 신부 주문모(周文謨)가 입국해 활약함에 따라 교세는 더욱 떨치게 되었고, 신자가 약 4천 명으로 증가되었다.

정조가 왕위에 있는 동안 남인인 채제공(蔡濟恭)이 정부의 요직을 차지하고 서학을 묵인하는 방향으로 이끌었기 때문에 서학에 대한 큰 박해는 없었다. 그러다가 정조가 돌아가고 순조(1800~1834년)가 즉위하면서 대왕대비 김씨(영조비)가 후견을 하자 천주교에 대한 혹독한 박해가 가해졌다. 그것이 신유사옥(辛酉邪獄)이었다(순조 원년, 1801년). 이 신유사옥은 대왕대비 김씨와 연결되는 노론 벽파(辟派)가 남인 시파를 타도하기 위한 의도도 개재해 있었다. 이 때에 황사영(黃嗣永)이 몰래 백서(帛書)를 북경의 서양인 주교에게 보내려다가 발각되어 사형을 당한 사건도 있었다(이기백, 1984: 285-287).

그 후 천주교는 순조 31년(1831년)에는 정하상 등의 활약으로 조선 교구가 독립되었으며, 프랑스 신부가 들어와 포교하면서 신도가 더욱 늘어났다. 1830년대 조선조의 통치가 풍양 조씨(豊穰趙氏) 세도로 바뀌면서 천주교 탄압이 가열되어 헌종 5년(1839년)에는 천주교에 대한 탄압이 있었는데 이를 기해사옥(己亥邪獄)이라 한다. 이 사건 이후에 '척사윤음(斥邪綸音)'을 반포해 천주교를 금압시켰고, 5가(家)를 1통(統)으로 하여 자치적 연대 책임으로 천주교 포교를 감시케 했다.

철종조(1849~1863년)에 들어와서도 천주교 교세는 계속 확장되었다. 당시 세도가인 안동 김씨가 노론 시파(時派)였기 때문에 천주교에 대해 관대하기도 했지만, 세도정치의 극성으로 관기(官紀)가 해이해진 점과 민중의 가혹한 시달림은 오히려 신도를 증가시켰고, 프랑스 신부도 계속 입국하여 적극적인 포교 활동을 했기 때문이다.

이 무렵에는 천주교 서적이 자체적으로 인쇄·유포되었으며 왕실에까지도 파급되었다. 그러나 고종이 즉위(1864년)해 대원군이 집정하자 다시금 병인사옥(丙寅邪獄, 1866년)이라 일컬어진 대박해가 있었다. 대원군은 처음에는 천주교를 묵인했으나, 러시아의 남하를 프랑스 함대로 견제해 보려던 계획이 실패로 돌아가고 척사의 여론과 왕권 강화 등의 이유로 천주교에 대한 일대 탄압령이 내려졌다. 이 사건으로 프랑스 군대의 침공이 있었는데 이를 병인양요(丙寅洋擾, 1866년)라 한다. 이 사건은 결과적으로 대원군의 쇄국정책을 강화시킨 계기가 되었다.

이상과 같이 1783년 천주교가 본격적으로 포교된 이래, 유교적 사상 체계와의 상치 및 전례 문제, 정치적 상황 등으로 많은 탄압을 받았지만 그 교세는 위축되지 않았다. 그러나 농민종교 내지는 민족종교로 확산되지 못한 것은 기본적으로 각기 상이한 문화적 속성과 그 제약 때문이었고, 또한 현실 개혁의 의지보다는 현실의 고뇌를 내세 신앙으로 달래보려는 입장이 컸기 때문이다. 따라서 천주교 전래 이래 불우한 계층의 옹호를 받으면서도, 오히려 자생적 농민종교인 동학의 창도에 일부 영향을 주어 결국 그와는 대립된 경향이 나타났다(반윤홍, 1986: 349-351).

17, 8세기에는 서양의 새로운 과학과 기술이 들어와서 이 방면에도 새로운 발전을 이루었다. 선조(1567~1608년) 말년에 명에 갔던 사신이 구라파 지도를 가져온 것이 서양에 관한 정확한 지식을 가지게 된 시초였다. 그 뒤 인조 9년(1631년)에는 정두원이 명에 사신으로 갔다가 오는 길에 천주교 서적과 함께 화포 · 천리경 · 자명종 · 만국지도 · 천문서 · 서양풍속기 등을 가져온 일이 있었다. 또 소현세자가 청에 인질로 갔을 때 아담 샬(Adam Schall)과 사귀고 돌아오는 길에 과학 서적을 가지고 왔다. 그리고 인조 6년(1628년)에는 네덜란드인 웰테브레(J. J. Weltevree)가 표착해 왔는데, 그는 이름을 박연이라 고치고 일생을 조선에서 살았다. 그는 대포를 만드는 기술이 있었기 때문에 훈련도감에서 일했으며, 그 방면에 공헌했다. 그 뒤 효종 4년(1653년)에는 역시 네덜란드인인 하멜(Hendrick Hamel) 일행이 표착해 서울까지 왔다가 탈출해 돌아간 일이 있는데, 그는 뒤에 『하멜표류기』를 지어 처음으로 한국을 서양에 소개했다.

이리하여 인조(1623~1649년) 때부터는 서양의 과학에 대한 관심이 점차 높아지게 되었다. 그러다가 효종 4년(1653년)에는 김육(金堉)의 노력으로 새로운 역법(曆法)이 연구되고, 이어 개량력이 시행되게 되었다. 또 정약용은 청으로부터 거금을 주고 구입한 『기기도설(奇器圖說)』에서 얻은 지식을 기본으로, 연구를 더해 기중기를 고안해서 화성(수원성) 축조에 이용하기도 했다. 그런가 하면 김석문 · 이익 · 홍대용 등이 지동설을 내세울 수도 있게 되었다. 이리하여 동양을 세계의 전부로 알고, 이를 중심으로 생각해 오던 세계관 · 우주관은 새로운 변혁을 맞이하게 되었다(이기백, 1984: 288-289).

3) 동학의 발생

18세기 이후 농업·상업·수공업·신분제 등의 심한 변화 현상은 봉건 체제의 해체를 가져왔으며, 그것은 실학의 발전과 평민 의식의 대두 등 사회 의식으로 반영되었다. 19세기에 접어들면서 세도정치라는 보수 반동적 폐정이 나타나자 이에 민란으로 반발해 행동화되었고, 산발적인 민란이지만 전국적으로 확산되어 조선조 사회의 해체를 가속화시켰다.

민란의 주체인 농민층의 의식 세계는 아직 명확한 봉건 사회의 실상을 인식하거나 새로운 세계관을 수립할 정도는 아니었지만, 새로운 이념과 어떠한 조직적 지도가 필요한 상황에 놓여 있었다. 더욱이 지주 전호제가 발달했던 삼남 지방의 농민들은 경제적 곤경 속에 사상적 동요까지 일어나 기복적 미신신앙과 황당한 비기(秘記) 등에 빠져들었고, 도교(道敎)도 민간 신앙화하여 제천제성(祭天祭星) 의식이 만연되었다.

이와 같은 현상은 삼남 지방뿐만 아니라 전국적인 현상이었으며, 또한 일부 지식층은 파행적 정치 현실을 외면하고 노장(老莊)의 허무은둔(虛無隱遁) 사상의 영향을 받아 현실 도피적인 경향으로 흘렀고, 서울과 그 주변에서는 불우 계층들이 천주교에 몰입되었다. 19세기 중엽 이후 서세동점의 본격화와 양화(洋貨)의 범람은 조야를 막론하고 위기 의식을 가지게 되었으며, 인심을 흉흉하게 만들었다. 이와 같은 시대적 상황과 사상적 혼돈은 어떠한 새로운 이념이나 종교를 갈구하게 했는데, 이를 바탕으로 발생한 것이 동학(東學)이다 (반윤홍, 1986: 351-352).

동학사상의 창도자는 수운(水雲) 최제우(崔濟愚, 1824~1864년)이다. 그는 37세에 밖으로는 접무(接巫)의 기가 있고, 안으로는 강화(降話)의 교가 있어 상제의 선어(仙語)를 청문하는 종교적 체험을 통해 도를 깨달음으로써 동학사상을 제창하게 되었다. 그는 『동경대전(東經大典)』에 실린 글에서 “내 또한 동방에 태어나서 동방에서 도를 받았으니 비록 천도이나 학(學)인즉 동학이라”고 한 것으로 미루어 서학에 대응하는 동학임을 알 수 있다.

동학의 근본 사상은 하늘을 밖에서 찾는 것이 아니라, 인간 자신 속에서 찾아야 한다는 것이다. 그러므로 하늘의 마음이 사람의 마음이고, 사람의 마음이 곧 하늘의 마음이라 하여 본래적으로 천인(天人)이 일체(一體)임을 강조한다. 여기서 인내천(人乃天) 사상으로 발전되는 근거를 발견하게 된다. 따라서 종교적 교리에서도 타력(他力) 신앙이 아니라, 어디까지나 자력(自力)으로 수행해 깨치려는 사상이다. 그러므로 동학에서의 시천주(侍天主) 사상은 인간의 마음속에 내면화된 하나님을 모신다는 뜻으로서 철두철미 인간의 주체적 자각을 통한 천주를 강조하는 것이다. 이런 까닭에 수운은 『용담유사(龍潭遺詞)』에서 "천상에 상제(上帝)님이 왕경대(王京臺)에 계시다고 보는 듯이 말을 하니 음양이치(陰陽理致) 고사하고 허무지설(虛無之說) 아닐는가" 라고 읊었다. 천국이라고 하여 천상의 어느 곳을 말하는 것이 아님을 알 수 있다. 그런 까닭에 서학에서 말하는 바 죽어 천당에 간다는 것도 "상천하고 무엇할꼬 어린 소리 말아서라"고 하여, 서학의 교리에서 주장하는 대상적(對象的) 천주신앙과 사후천당설을 마치 유치한 생각으로 문제도 삼지 않았다.

동학사상에서 또 하나 중요한 것은 지기일원설(至氣一元說)에 입각한 세계관적 원리이다. 수운에 의하면, 지기(至氣)란 허령창창(虛靈蒼蒼)하여 무슨 일에나 간섭하지 아니함이 없고, 무슨 일이나 명하지 않음이 없다. 형용이 있는 듯하되 형상하기 어려우며, 들리는 듯하되 보기가 어려운 것이니 이 또한 혼원(渾元)한 일기(一氣)라고 한다. 그리하여 신도 자연도 모두 지기로 본다. 따라서 인간의 선·악간 마음의 용사(用事)도 일기(一氣)의 조화로 설명하고 있다. 그러므로 수운은 수심·정기를 거듭 강조했다(『동서철학입문』, 1985: 261-262).

이와 같은 사상은 유·불·선 삼교의 융합과 샤머니즘, 심지어 서학적 요소도 가미해 전통 사상을 계승한 형태지만 비과학적이며 추상적인 것이었다. 이것은 몰락 양반이 창도했던 한계성 때문이다. 관리도 아니요 생산담당자도 아니기 때문에 관념적으로 동양사상의 천도·천운, 즉 주역과 음양오행설의 운수관에 젖어 있었고 현실적으로는 영세한 농민과 곤경을 같이하고 있으므로 토착신앙을 인정, 승화시켜 동학 교리의 실천 방안으로 구현시켰다.

주문(呪文)의 '지기…'는 만물 중에 가장 빼어난 기(氣), 즉 인간을 의미 또는 중시하는 것으로 유교의 기철학 측면이며, 부적의 '궁궁을을(弓弓乙

乙)'은 정감록의 '궁을'을 지상의 천국으로 상징화해 원용했고, 나아가 재난을 막을 뿐만 아니라 서학 제압의 암시로 적용했다. 즉 궁은 활이요 을은 새이며, 궁은 동을 상징하고 을은 서를 상징하니 활이 새를 제압한 것과 같이 동(학)이 서(학)를 제압한다는 것이었다. 이와 같은 사상 체계는 사회사상적 측면에서 혁명적·반봉건적 성격이며 외세 배척의 국가적·민족적 성격이 되는 것이다. 이러한 추상적인 한계성이 있다고 하더라도 결국 동학은 민족적이요 민중적인 종교로 성장해 나갔으며, 교세가 급속히 확산되자 포(包)·장(帳)·접(接) 등의 교단 조직도 정비했다.

최제우가 갑자년(철종 15년)에 좋은 소식이 있을 것이라고 했던 예언이 퍼지자 조정에서는 그 전 해에 혹세무민(惑世誣民)이라 하여 체포 사형했다. 교리서(敎理書)는 2대 교주 최시형에 의해서 『동경대전(東經大典)』과 『용담유사(龍潭遺詞)』로 정리되었는데, 전자는 한문으로 된 경전으로 잔반층을 위한 것이었고, 후자는 한글로 된 가사로서 무식한 농민층을 위한 것이었다.

동학은 재래의 전통 신앙과 사상을 통일하고 그것을 포용할 수 있는 원리를 갖추었다는 점에서 민족 종교로서 성장할 가능성이 엿보이며, 다른 종교에서와 마찬가지로 신비적·추상적 요소가 있기는 하지만 총체적으로 봉건적 세계상을 부정할 수 있는 사상적 토대를 제공했다는 점에서 정치적으로도 매우 중요한 의미를 지니고 있었다. 그리고 외세 침략을 막고 지상에서 새로운 세계를 건설하자는 주장은 민족적 성격과 보국안민의 사회사상적 측면을 가지고 있었다.

농민층이 동학 교문에 운집했던 이유는 그들이 민란 등 권익 신장에서 독자적으로 이념과 조직을 창조할 역량이 없었기 때문이며, 이러한 농민층 신도의 대량 증가는 교문의 성격에서도 약간의 차이를 나타내게 했다. 잔반층은 개인적 구제에 치중하고 지상천국의 실현 방법에서 무위이화(無爲而化)의 온건성이 있는 반면 농민층은 농민 전체의 해방을 주장하고 지상천국의 건설에서도 폭력을 포함한 구체적 실천이 있어야만 가능하다고 한 점이다. 이 후자의 경우는 바로 동학혁명과 직결되었다(반윤홍, 1986: 352-353).

제2절 행정 주체 및 이념

1 사림파의 진출과 행정 주체의 변화

1) 사림파의 등장

조선왕조의 초기에 정치·경제·사회·문화를 지배해 온 것이 양반 사대부였다. 그러나 그 중에서도 특히 훈구 세력이라고 부를 수 있는 사람들이 실질적으로 조선조 사회를 움직여 왔다.

훈구(勳舊) 세력은 이성계를 도와 건국에 공로가 큰 사람을 비롯해 역대의 제왕을 보좌해 조선왕조의 제도를 정비하는 데 참여한 인물들이다. 이들은 높은 관직을 차지하고, 많은 토지와 노비를 소유한 집권 세력이었다. 이들은 실용적인 학문에 능해 많은 편찬 사업에 참여한 관료형 학자였으며, 대개 경기도를 중심으로 한 지역에 거주하고 있었으므로 근기파(近畿派)라고도 불렀다.

그러나 훈구 세력의 지배는 성종(1469~1494년) 때에 지방의 사림들이 중앙의 정치무대에 등장함으로써 진통을 겪어야 했다. 사림(士林)이란 지방에 근거지를 가지고 있는 독서인군(讀書人群)을 일컫는 말이다. 이들은 중앙의 정계에 진출하기보다는 향촌에서 유향소나 향청을 통해 그들의 영향력을 행사해 오던 세력이다.

사림 중에서도 영남의 사림은 고려 왕실에 대한 절의를 지켜 조선조에서 벼슬하기를 거부한 길재의 학통을 이어받은 학자들이었다. 이들의 세력이 크게 떨치게 된 것은 길재의 손제자인 김종직에 이르러 김굉필·정여창·김일손 등의 많은 자제들로서, 교육에 전념하던 이들은 성종이 훈구 공신의 일방적인 비대를 막고자 등용함에 따라 중앙으로 진출했다. 그리고 주로 삼사의 계통에 자리를 차지하고 언론 문필을 담당했다. 이리하여 정치계는 훈구 세력과 사림 세력 간의 대립 투쟁을 조성해 사화(士禍)를 낳게 했다. 연산군 4년(1498년)에 있은 무오사화, 연산군 10년(1504년)의 갑자사화, 중종 14년(1519년)의 기묘사화, 명종 1년(1545년)의 을사사화를 치러야 했다.

위의 네 번 사화는 그 내용이 모두 달랐으나, 사림 세력이 중앙의 정치무대에 등장함으로써 빚어진 훈구 세력과의 대립 투쟁이 그 주류를 이루었다. 그리고 몇 차례의 사화에 의해 타격을 받으면서도 사림의 세력은 점점 정치의 주도권을 잡아가고 있었다.

사림들은 되풀이되는 사화 속에서 거듭 심한 타격을 받으면서도 향촌에 확고한 사회적 기반을 가지고 서원과 향촌과 농장을 토대로 발전해 갔으며, 드디어 선조(1567~1608년) 때에는 재차 정치 무대에 등장해 결국 정계를 지배하기에 이르렀다(이기백, 1984: 245-247).

2) 노론의 집권

사림이 중앙의 정치무대에서 주도권을 장악하면서 정치에 참여하는 양반의 수는 더욱 증가해 갔다. 그러나 관직의 수는 일정해 큰 변화가 없었다. 일정한 관직을 허다한 양반 귀족들이 서로 차지하려고 하면, 자연히 대립 투쟁이 벌어질 수밖에 없었다. 이렇게 해서 생겨난 것이 당쟁(黨爭)이었다. 동서 분당이 생긴 초기에는 동인이 득세해 서인을 압도했다. 동인에는 대체로 이황(李滉)과 조식(曺植)의 문인이 많고, 서인에는 이이(李珥)와 성혼(成渾)의 계통이 많아서 당쟁은 학파의 대립과 관계가 있었다. 그러나 서인 정철(鄭澈)의 건저의사건(建儲議事件)을 전후해 동인 중에는 서인에 대한 강경파와 온건파로 갈리어 남인과 북인의 대립이 생겼다. 이 남북인의 분열도 학파로 보면 이황의 문인과 조식의 문인 간 대립이었다.

임진왜란 이후 세력이 강해진 북인이 광해군(1608~1623년)을 추대했기 때문에 광해군대는 북인이 정권을 전담했다. 그러나 야(野)에 눌러 있던 서인은 광해군을 죄로 몰아 폐하고 인조를 옹립했다(인조반정, 1623년). 이 이후 오랜 동안 서인이 정권을 담당하게 되었다. 특히 효종(1619~1659년) 때에 송시열(宋時烈)이 등용되면서 서인은 그 정치적 기반을 굳히기에 이르렀다.

그러나 서인은 가끔 남인의 도전을 받기도 했다. 간혹 남인이 정권을 잡는 때도 있었으나 몇 년 안 되는 짧은 기간을 유지했을 뿐이다. 따라서 오랜 동안 서인이 홀로 정치의 실권을 쥐고 있었던 셈이다. 서인이 숙종 때(1674~1720년) 송시열을 중심으로 한 노론과 윤증(尹拯)을 중심으로 한 소론으로 갈린 뒤에는 송시열 계통의 노론이 주로 정치의 권좌에 눌러 앉아 있었다. 특히 노론을 중심으로 한 장기 집권층인 벌열이 성립되기에 이르렀다. 이들은 정치의 실권을 독점하고 부정 수단으로 자제들을 과거에 합격시켜 그 지위를 세습시켰다.

사림 세력이 중앙의 정치무대에 등장해 권력 투쟁을 벌인 끝에 드디어는 노론의 소수 가문에 의한 벌열 통치로 굳어져 버렸던 것이다. 이러한 상황 속에서 과거를 외면하는 경명행수(經明行修)의 재야 학자가 우림을 대변하는 존재로서 산림(山林)이라 불리며 존대를 받았다. 이들은 그러나 국가의 회유정책에 의해 성균관의 제주(祭酒)와 같은 특수 관직을 받고 벌열과 타협해 어용화의 길을 밟게 되었다(이기백, 1984: 249-264).

3) 척족의 농단

일당 전제적인 신권의 비대는 왕권의 상대적인 약화를 가져왔다. 이와 같은 정세하에서 왕이 특수한 인물을 두터이 신임해 그에게 왕권의 대행을 위임함으로써, 그가 정권을 독차지하게 될 때 이를 일반적으로 세도정치라고 한다. 그러한 신권의 비대 속에서 이를 견제하려는 왕의 신임을 얻을 수 있는 자는 유력한 양반이며, 동시에 왕 또는 왕실과 혈연 관계를 갖게 된 왕실의 외척이기가 쉬웠다. 특히 정조의 뒤를 이어 즉위하게 된 순조 이후의 역대 왕은 모두 나이가 어려서 왕실과 척족(戚族) 관계에 있는 양반 관료가 실제 정치 권력을 장악했다. 이들 외척의 세력이 지나치게 비대해져서 오히려 그들이 왕실의 권세를 압도하게 되고, 그 외척이 원래부터 유력한 당파에 속하는 경우에는 그들의 권세가 절정에 달하는 반면에 왕실은 극도로 쇠미해졌다(한우근, 1987: 370).

이제 정치는 양반들 전체 혹은 노론들 전체의 공존이나 그들 상호간의 투쟁에 의해서가 아니라, 일개 척족의 농단에 의해서 좌우되는 시대로 변화한 것이다(이기백, 1984: 297).

2 사림문화의 발전

1) 도학적 성격의 형성

되풀이되는 사화(士禍)에 의해 정계 진출을 단념한 많은 사림 학자들은 지방의 서원을 중심으로 학문의 연구와 후진의 교육에 더 많은 노력을 기울이는 경향을 나타냈다. 이렇게 관계와 등진 학자들이 실제적인 학문보다는 사색(思索)적이고 이론적인 것을 즐겨한 것은 당연했다. 성리학이 그들의 비위에 가장 적합한 것으로 환영받은 것은 그 때문이다(이기백, 1984: 258).

조선조의 기틀이 확고해진 15세기의 성리학은 사화의 파란을 헤쳐 나와야 했던 사림들에 의해서 역사적 기능을 수행하게 되었다. 15세기의 성리학은 곧 사림 정신으로 구현된다. 이로써 한국 성리학에는 실천궁행을 강조하는 도학적 성격이 강하게 깃들이게 된다. 성리학의 도학화와 그 도학 정신에 의한 지치적(至治的) 민본·위민통치의 지향이 이 시기의 성리학이 담당했던 역할이다.

2) 심성설 위주의 이론 탐구

성리학이 토착화되어 감에 따라 본격적으로 전개되는 이론 탐구는 16세기부터 시작된다. 그 이론 연구의 거봉이 이황(李滉)과 이이(李珥)이다. 이때에 와서 한국의 성리학은 심성설의 한정된 부분에서나마 중국의 성리학을 능가하게 되었다. 그리고 한국의 성리학에 학파가 형성되게 되었다. 이황이 중심이 된 주리파(主理派) 또는 영남학파(嶺南學派)와 이이가 중심이 된 주기파(主氣派) 또는 기호학파(畿湖學派)가 그것이다(윤사순, 1984: 183).

3) 예학적 변용과 그 구현

16세기 말 17세기 초부터 왕성하게 일어난 예학(禮學)은 성리학과 밀접한 관련을 가지는 것으로서, 성리학의 형식주의적 관념화라고 할 수 있다. 물론 성리학 아래서의 예 의식의 고취는 고려 말·조선 초부터 적극 권장된 가례의 시행에서 비롯된다. 그러나 여기서 주목되는 사실은 예학자의 예 의식이 이 무렵에 와서 변한다는 것이다. 과거와 같이 예는 천리의 절문이며 인사(人事)의 의칙(儀則)이라든지, 의(義)의 실(實)이라고 하면서도, 특히 의례나 의례도에 입각해 정통의 성질을 크게 중요시하게 되었다. 한 집안이나 한 나라에서의 정통을 바로 하는 일이 무엇보다도 중요하다는 의식이 이 때에 팽배해진다. 이러한 예 의식은 복상 문제로 인한 예송(禮訟)을 일으켰다.

4) 인물성동이론의 논쟁

사단칠정론(四端七情論)이 이황·이이 이래 1백 여 년을 끌어오다가 18세기에 이르렀을 무렵 성리학계는 또 하나의 문제를 둘러싸고 격론을 벌이게 된다. 그것이 다름 아닌 인물성동이론(人物性同異論)이다.

이 논쟁은 인성과 물성이 같으냐 다르냐 하는 문제이다. 그것은 인성을 논하는 범위가 물성과 연결시키는 범위, 즉 자연계에까지 확대되었다는 점에서, 다 같은 심성론이라 하더라도 이것이 사칠론보다는 형이상학의 폭이 한층 더 확대되었다고 할 수 있다. 이것이 사칠론 이래 1세기 이후의 한국 성리학의 이론적 발전을 말해 준다. 그뿐만 아니라 성리학이 특히 17세기 이후에는 예학에 의거해 거의 교조적으로 계승되었음을 감안한다면 이 인물성동이론의 발상은 그 경화된 예학적 사회 풍토를 사칠론 등의 인물론만으로 뒷받침하기에 부족함을 느끼고서 도출된 것으로 보인다.

그 뒷받침이 인성론만으로는 부족함을 느낀 나머지 우주론의 차원으로 확대·심화해 마련한 것이라 할 수 있다(윤사순, 1984: 186-188).

5) 이기론의 경화와 척사운동

그 동안 일찍이 15세기 경부터는 왕양명의 심학(心學)도 전해졌지만, 그것은 이황 등의 강한 배척을 비롯해(현상윤, 1982: 267-271) 많은 정주(程朱)계 학자들의 배척에 부딪쳐 수용조차 제대로 되지 못했다. 그보다는 오히려 이제까지 발전하려는 정주계 성리학만이 더욱 심화되어 왔다. 그 결과는 이황・이이 이후 본격적인 편향을 보이던 주리・주기설의 두 경향은 19세기에는 심지어 유리(唯理)・유기(唯氣)의 이기설을 낳게 된다. 우주의 모든 이상을 '이일분수(理一分殊)'로 혹은 '기일분수(氣一分殊)'로 설명하는 기정진(奇正鎭)・임성주(任聖周)의 이기설이 그 대표적인 것이다.

그러나 이러한 성리학이 19세기의 격변・격동하는 현실에는 너무나 무기력한 것이었고, 그런 의미에서 공리공론으로 간주되었다. 다만 한말(韓末) 이항로(李恒老)・김평묵(金平墨)・유인석(柳麟錫) 등이 제국주의로 무장한 서양의 위협 및 일본의 침략 앞에서, 성리학에 기초한 구국운동을 전개해 성리학계의 허물어져 가는 기반을 회복시키려 했을 뿐이다(윤사순, 1984: 188-189).

제 3 절 행정 제도

1 왜란과 행정 제도의 변화

조선왕조 초기에 확립된 행정 제도는 선조 때(1568~1608년)까지 큰 변화가 없었다. 그러나 임진왜란 때에 일본군의 침입으로 조선조의 정치・행정 및 군사조직이 그 취약성을 드러내자 조정에서는 국난을 극복하기 위한 행정기구의 개편이 불가피함을 인식하게 되었다. 그리하여 비변사의 기능 강화를 비롯해 군사 제도의 개편을 단행했다.

중앙관제는 초기의 의정부를 정점으로 한 육조의 행정기구가 그대로 존속되었으나, 그러한 평상시의 행정기구로는 임진왜란과 같은 국난을 타개해 나갈 수 없다고 판단하기에 이르렀다. 따라서 국난 극복을 위한 강력한 중앙협의기구를 마련하게 되었는데, 그것이 비변사이다. 즉 명종 때(1545~1567년) 설치되었던 비변사를 문무백관의 협의기관으로 확대시켰으며, 군무뿐만 아니라 서정(庶政) 일반을 관장하는 국가 최고기관으로 개편했다.

지방 제도도 중앙 관제와 같이 초기의 관제가 그대로 존속되었다. 다만 개경을 비롯한 강화·수원·광주 등에 유수를 둠으로써 4도제가 실시되었다.

군사 제도는 임진왜란 때에 종래의 오위제(五衛制)가 하루아침에 붕괴됨으로써 개편되지 않을 수 없게 되었다. 그리하여 훈련도감을 창설하고, 특수부대를 편성해 조선왕조 중기 이후의 기본적인 군사조직이 되었던 오군영(五軍營)이 이루어졌다.

이와같이 임진왜란 이후의 행정 제도는 비변사의 기능 강화와 군사 제도의 개편 등을 비롯해 전시 체제로 바뀌었지만, 이것은 관제의 모순을 근본적으로 시정 또는 개혁하기 위한 것이 아니고, 단순한 미봉책이었으므로 왕권의 약화 등 많은 문제점을 안고 있었다(정시채, 1986a: 305).

2 행정 제도 변화의 내용

1) 중앙행정기구

중앙행정기구의 변천에서 가장 중요한 것이 비변사의 등장이다. 원래 국방에 관한 중요한 일이 생겼을 때 변사주략(邊事籌略)에 정통한 사람을 회의에 참석시켜 논의하는 일이 많았다. 특히 고정적으로 참여하는 전임 고관들은 지변사재상(知邊事宰相)이라고 호칭되었다.

비변사의 창설 연대에 관해서는 여러 문헌에서 논의하고 있는 것으로서 확실하지는 않으나, 학계의 연구 결과에 의하면 중종대(1506~1544년)에 실질적인 창설을 보았다고 한다.

그 창설 연도야 어떻든 비변사는 명종(1545~1567년) 초년에 이르기까지는 정식 관제로 되지 않은 채 거의 상설 기관화되어 변사주략에 중요한 역할을 담당해 왔다.

그 후 명종 9년 후반부터 잦아진 변경사가 다음 해의 을묘왜변으로 이어지는 동안에 비변사는 그 활동이 활발해지고 그 권한도 커져서 명종 10년(1555년)에 관제상의 정식 아문이 되었다. 그 당시만 해도 아직은 변경의 수비와 변무 처리의 기관으로서 한계가 있었으며, 비록 1품 아문이라 해도 의정부에 비할 정도는 되지 못했다.

그러나 선조 25년(1592년)에 임진왜란을 계기로 비변사를 국가의 최고정책결정기관 및 집행기관으로서 변경사만이 아니라, 정치·경제·외교·군사·문화 등 군국사무 전반에까지 관여하게 되었으며, 더구나 인조 14년(1636년)에 병자호란을 맞아 더욱 기능이 확대되어 의정부의 기능은 상대적으로 크게 약화되었다.

비변사의 관원 편제는 도제조·제조·부제조·낭청 등으로 되어 있었다. 도제조는 시(時)·원임의정(原任議政)이 모두 이를 겸임했다.

제조는 2품 이상의 지변사재상을 비롯해 이·호·예·병의 4조판서, 강화유수가 겸임했다. 부제조는 정3품당상 중에서 병무를 아는 3명이 유사당상이, 실무진인 낭청에는 모두 12명의 정원이 있었다.

그 뒤 선조 27년(1594년)에는 훈련대장도 이에 참여하게 되었다. 이와같이 난 중에 확대된 비변사는 정1품아문으로서 비(備) 또는 주사(籌司)라 했으며, 사실상 의정부와 육조를 흡수해 한 나라의 병권과 정권을 통합했고, 나아가 군정·민정·외교·재정까지 포괄하는 초정부적인 기구로 되었다. 그 뒤에도 이 비변사는 점점 그 기구와 기능을 확대해 나갔다. 이에 반비례해서 의정부는 유명무실해졌으며, 그로 인해 행정의 명령 계통이 어지러워지자 비변사의 폐지를 주장하는 논의가 대두되었으나, 비변사는 끝내 폐지되지 않았다. 그러나 고종 원년(1864년) 흥선대원군이 의정부와 비변사의 권한을 분장시켰다가 그 이듬해 3월에 비변사를 의정부에 통합해 일부로 만들었으며 비변사는 폐지되었다(김운태, 1981: 323-329).

또한 임란과 호란 중에 극심했던 재정난을 극복하기 위한 대책의 일환으로 선혜청과 균역청 등의 새로운 행정기구를 설치했다. 개편된 기구 중에서 중요한 것은 다음과 같다.

선혜청(宣惠廳)은 광해군 원년(1608년)에 설치된 대동미와 포·전의 출납을 맡아 보던 기관으로서 조선 후기의 가장 비대한 재정기구였다. 균역청(均役廳)은 균역법의 시행에 따른 사무를 관장하기 위해 영조 26년(1750년) 7월에 설치되었다(『영조실록』 권71, 영조 26년 7월 신해).

진휼청(賑恤廳)은 일종의 구휼기관으로서 세종 5년(1423년)에 설치했던 구황청을 인조 4년(1626년)에 진휼청으로 개칭했다(『대전회통』 권2, 호전, 창고, 1972: 229.

준천사(濬川司)는 영조 36년(1760년)에 설치되어 한성 내 하천의 준설 업무를 담당했다(『대전회통』 권4, 병전, 경관직, 정일품아문, 1972: 454).

장예원(掌隸院)은 세조 13년에 설치되어 노예적과 노예의 소송에 관한 사무를 관장했으나, 영조 45년(1780년)에는 보민사로 개칭되었다가 영조 50년(1785년)에 폐지되었다(『대전회통』 권1, 이전, 경관직, 정삼품아문, 장예원, 1972: 85).

2) 지방행정기구

조선조의 지방행정기구는 태종 13년(1413년)에 전국을 경기·충청·전라·경상·강원·황해·평안·함경 등 8도로 구분한 8도제가 이루어진 다음에는 조선조 말 갑오개혁(1895년)이 있을 때까지 큰 변화 없이 그대로 유지되어 왔다. 다만 조선 중엽 이후에 4도제(四都制)를 실시하고, 그곳에 유수(留守)를 배치했으며, 행정구역 중에서 일부를 변경하는 데 불과했다.

4도는 개성·강화·수원·광주를 지칭한다. 강화에는 인조 5년(1627년)에, 수원에는 정조 17년(1793년)에, 광주(廣州)에는 정조 19년(1795년)에 각각 유수를 두었다.

유수의 직은 본래 경도였던 곳에 한해 두었으나, 광주는 병자호란의 경험에 비추어 국가의 요충지가 되었으며, 수원은 정조 때 특별히 경도와 같이 다루어졌기 때문에 유수부가 되었다.

4도의 유수는 각각 2인이었는데, 그 중 1인은 관찰사가 겸직했다.

이들 유수는 관찰사와 동등 또는 그 이상의 관직으로서 관찰사의 지휘감독을 받지 않았다. 그들은 또한 경관으로 중앙 관아에 속했으며, 비변사의 구성원이 되었다. 더욱이 철종 5년(1854년)부터는 원임대신(原任大臣)으로 유수에 임명하는 관례가 생길 정도로 유수가 중요시되었다. 수원·광주에는 판관(종5품)이, 개성·강화에는 경역(종4품)이 있어서 유수를 보좌해 실제 행정을 담당했다.

그리고 지방행정구역 중에서 일부 변경된 곳도 있었다. 충청도의 감영(監營)은 선조 31년(1598년)에 충주에서 공주로 옮겼으며, 인조조에는 한때 공청도·공홍도·충홍도 등으로 개칭한 일이 있었다. 전라도도 인조조(1623~49년)에는 전남도·광남도로, 영조 4년(1728년)에는 전광도로 한때 개칭한 일이 있었다.

그리고 강원도도 효종 때(1649~59년) 원양도로, 숙종 때(1674~1720년)에 강양도로 각각 한때 개칭한 일이 있었으나, 그 때마다 바로 강원도로 바꾸어 불렀다(김운태, 1981: 351).

3) 중앙군사 행정기구

선조(1567~1608년) 때 일어났던 왜란은 전전(前戰)의 국방 체계를 전면적으로 개편하지 않으면 안 되게 하였다. 당시 왜군은 이른바 그들의 전국시대를 극복하면서 다져진 백전 노장들이었고, 더욱이 그들은 당시로서는 신무기에 속하던 조총으로 무장되어 조선 군대들은 이들 일본군의 예봉 앞에 어이없이 무너지고 말았다. 이와같이 급박한 난국을 타개하고자 조선정부는 총력을 기울여 임기응변적인 조처를 취하지 않으면 안 되었다(차문섭, 1973: 179).

조선의 행정·군사기구는 대개 『경국대전』이 반포된 15세기 말 성종(1460~1494년) 때에 일단락되었다. 그러나 임진왜란과 병자호란의 결과 조선왕조의 모든 행정 제도는 근본적으로 파탄에 직면했으며, 국방 시설에 대한 문제점이 더욱 절실해졌다. 유명무실한 개병제(皆兵制)인 오위에 대신해 새로운 모병제가 채택됨으로써, 결국 군사 제도의 진보가 표면으로 나타났으나, 도리어 군포와 같은 군역의 고충이 첨가되었다. 특히 속오군(束伍軍)과 납속의 실시는 전통적인 신분 질서를 붕괴시켜 조선 사회 발전에 역설적인 계기가 되었다.

오군영(五軍營)은 훈련도감·어영청·총융청·금위영·수어청을 의미했으며, 그 내용은 다음과 같다.

훈련도감은 선조 27년(1594년) 임진란 중에 명나라의 낙상지(駱尙之)의 건의로 설치되었던 것으로, 척계광(戚繼光)의 『기효신서(紀效新書)』에 의존해 3수병(三手兵)을 양성했다. 즉 포수(총병)·사병(궁병)·살수(창병)의 무예를 닦게 한 모병제의 첫 출발이며, 그 재원은 삼수미세였으며, 1결당 2두씩 받게 했다. 훈련도감은 도제조·제조의 겸직관과 대장(종2품)이 실질적인 책임자로서 고종 19년(1882년)까지 존속되었다.

총융청은 인조 2년(1624년)에 이괄의 난으로 수도와 경기도의 방비가 더욱 필요하게 되어 설치한 군영으로서, 남양·수원·장단의 삼진을 중심으로 경기도의 경비를 강화하려는 것이었다. 사(使: 종2품)를 우두머리로 하며, 주로 경기도의 속오군으로 편성되었으며, 1884년에 폐지되었다.

수어청은 남한산성의 수비를 위해 인조 4년(1626년)에 설치했다. 광주유수가 사(使)가 되었으며, 병란이 있을 때 왕의 최후 피난처인 남한산성의 경비대 구실을 했다.

어영청은 어영군을 근간으로 효종 3년(1652년)에 설치된 수도경비대이다. 대개 통·기병으로 구성된 이 정예부대는 효종의 북벌계획의 본영이 되었고, 6도의 장정으로 교대 근무케 했으며, 대장이 그 사령관이었다.

금위영은 숙종 8년(1682년)에 설치되었다. 이는 서울의 도성, 특히 궁중의 수비를 목적으로 한 군영이었으며, 대개 기병으로 편성되었다. 6도의 장정이 반농반병(半農叛兵)의 입장으로 교대 근무하고 있었으며, 대장이 사령관이었다(변태섭, 1977: 430-431).

전술한 바와 같이 왜란 이후 훈련도감을 비롯한 오군영은 그 성립 과정에서 명백하게 드러나듯이 임란과 그 후 양차에 걸친 호란, 그리고 몇 번의 내란을 겪으면서 그때그때 필요에 따라 임기응변으로 설군한 것이 그대로 지속되어 제도화된 것이다. 따라서 운영 과정에서 제도적으로 내포된 여러 가지 모순이 드러남으로써 적지 않은 폐단을 가져왔다.

첫째, 오군영은 변란을 당하고 또 당할 염려가 있어서 정권의 안정을 도모하기 위해 중앙의 방위에 치중해 설치되었기 때문에 모두 궁성과 수도를 방위하는 임무를 띠고 설치되었으나, 이들의 임무가 서로 중첩되고 또한 이 중첩된 임무를 통합·조정해 주는 기관이 없었으므로 군영 계통의 통일을 결여하는 폐단이 있었다.

둘째, 임란 이전의 오위 체제로부터 오군영 제도에로의 전환은 급료를 바탕으로 하여 정병주의 용병제를 채택하겠다는 것을 의미한다. 이러한 방식으로 많은 군문을 설치한 결과, 많은 재원이 필요하게 되었다. 그러나 당시 극심한 재정난으로 허덕이고 있던 정부로서는 그에 필요한 재원을 조달할 수가 없었기 때문에 변칙적 군수 조달 방법을 취할 수밖에 없었다. 그리하여 마련된 것이 속오군의 증가와 정번수포법(停番收布法)이었으나, 이는 군제(軍制)의 허실화를 재촉했다.

셋째, 오군영제의 변혁으로 양역 형태가 변질되었다. 양민은 포 2필을 바침으로써 양역을 필하는 것으로 해 주는 군포제가 이루어졌다. 그 결과로 양민은 무거운 부담을 강요받게 되었고, 군정은 극도로 문란해졌다. 그리고 양역을 빙자한 간리(奸吏)들의 농간과 탐욕은 극심했고, 그것을 더 이상 감내할 수 없게 된 농민은 이농유망(離農流亡)했기 때문에 군정은 점차 더 문란해져 갔다(김운태, 1981: 348-350).

4) 지방군사 행정기구

도・목・부・군・현 등의 지방 군병은 중앙의 군병과 약간 그 목적을 달리하고 있었다. 중앙 군병은 왕실을 호위하는 것을 제일의 목적으로 했고, 지방의 군병은 각 지방의 치안을 유지하고 국방의 책무를 수행하는 것을 일차적인 목적으로 했다.

중앙군인 오위제가 국민개병제를 표방하고 있던 초기에 지방에는 진영체제가 형성되어 있었다. 그러나 임란에 오위제가 그 허구를 드러내게 되자 중앙에는 훈련도감이 창설되고, 지방에는 속오군이 설치되었다.

군제가 오군영제로 개편된 후에는 역시 오영의 제도에 의거해 지방 군사조직도 개편되었다. 그리고 이들 지방 군병은 긴급한 경우를 제외하고는 왕명 없이 동원하지 못하도록 되어 있었다.

임란 이후 중요한 지방 군사기구로는 속오군・병마평사・통제사(수사)・통어사・중군・방어사・진영장・별장 및 감목관 등이 있었으며, 그 내용은 다음과 같다.

속오군(束伍軍)은 임진왜란이 일어나자 병력 증강을 위해 선조 27년(1594년)에 새로 조직한 양천(良賤) 혼성군이었다. 이들은 평시에는 군포만을 납부하고 군역은 담당하지 않았으며, 유사시에만 동원되었다.

속오군은 유성룡(柳成龍)이 주장해 편성되었다. 그는 오(伍)를 중심으로 훈련해 서로 명령 계통을 확립해 싸우면 대장 1인이 능히 전 군대를 지휘해 적을 격파할 수 있다고 했다. 그러나 속오군의 설치는 실제 군역의 확대를 가져왔다. 이러한 사실은 납속과 함께 광범한 신분 질서의 동요를 가져왔으며, 조선 후기 천민층의 지위 향상에 크게 기여했다(변태섭, 1977: 430-431).

병마평사(兵馬評事)는 병마절도사 밑에서 군정에 참여하는 문관의 한 직종이었으며, 정6품직이었다. 병마평사는 세조 원년(1455년)에 처음으로 함경도 북병영(경성)에 두었으며, 동 9년(1463년)에는 평안도에, 그리고 명종 8년(1533년)에는 경상도에, 동 10년에 비로소 8도에 모두 파견했다. 그 후 함경도의 북병마평사를 제외하고는 모두 폐지되었다. 이것은 약칭으로 북평사라 했으며, 북평사는 육진교양관(六鎭敎養官)을 겸하고 있었다.

통제사(統制使)는 수군의 총사령관에 해당하며 무직으로서는 최고의 영광된 직위였다. 본래 충청의 보령, 경상의 동래(좌)·거제(우), 전라의 순천(좌)·해남(우) 등에는 수군영도사를 두었다. 선조 26년(1593)에 이순신이 전라우수사로서 경상·충청·전라 등 삼남수군을 통솔해 구선(龜船)으로써 노량·한산의 승첩을 거둠을 계기로 그를 삼남수군통제사로 발탁해 전권을 행사하게 했다. 통제사의 칭호는 여기에서 비롯되었다.

통어사는 인조 5년(1627년) 수륙군 정비의 일환으로 기획되었고, 고종(1863~1907년) 때에는 수차의 양요를 겪으면서 신장할 기회가 있었으나 크게 발전하지 못했다. 이 통어사는 처음부터 삼남통제사에 비해 그 존재가 미약했기 때문에 끝내 기대되는 능력을 발휘하지 못했던 것이다. 고종 25년(1888년)에는 충청병사를 한때 삼도육군통어사라 개칭하고 병사(兵使)를 겸직케 한 일이 있으나, 고종 30년(1893년)에 이를 없애고 병사를 부활시켰다.

중군은 중앙 및 지방의 각 군영 주장의 보좌역으로서 병권자의 수석 개인 막료였다. 중군의 직품은 그것이 소속되어 있는 영문의 지위에 따라 일정하지 않았다. 훈련대장의 중군은 종2품이었고, 진무사의 중군은 정3품이었다.

각 도 관찰 겸직의 병·수사 밑에는 부장으로서 순영중군을 두어 순찰사의 실무, 곧 도 내의 군무를 처리하게 했다. 따라서 각 도에는 관찰사의 감영이 있고, 중군영이 있고, 또 행정부가 병존해 있었는데, 이를 '삼위문(三衛門)'이라 불렀다. 순영중군은 각 도에 하나씩 있었으나, 함경도만은 접무영에 중군을 두었기 때문에 둘이 있었다.

방어사는 절도사에 다음 가는 요지 수비의 종3품 무관직이다. 방어사의 명칭은 당에서 처음 생겼고, 고려 중엽에 우리 나라에서도 사용했다. 조선조에서는 명종 10년(1555년) 이후에 와서 초기의 진영제의 독립적인 군 조직을 개혁해 군병을 각 도읍으로 분속시키는 분군법을 채용하면서 각 도의 요지에 두게 된 직제로서, 이를 각 도의 방어사는 수령·변장으로 하여금 겸임케 한 것이다.

병마방어사는 8인이 있었다. 즉 경기의 수원·광주·파주(처음에는 장단)·북계·강원의 철원·함경의 길주·평안의 창성·강계 등에 있었다.

수군방어사는 본래 3인으로 경기의 영안·평안의 선천·삼화 등에 있었는데, 고종(1863~1907년) 때 경상의 창원, 전라의 진도, 충청의 태안에 신설했기 때문에 이를 합해 모두 8인이었다. 조선조의 방어사는 직품이 관찰사·병마절사와 대등했고, 수군절도사보다는 오히려 높았다. 그러나 일반적으로 관찰사가 수사를 겸직했으므로 실제로는 대등했다.

진영장(鎭影將)은 지방 군병의 관리를 위해 설치한 정3품직의 장관으로 영장이라 칭했다. 감영은 인조(1623~1649년) 때 군대 편제, 특히 병원 징용의 편의를 위해 설치되었다. 이 기구에는 중앙의 총융청·수어청·진무영에 속한 것과 각 도의 감영·병영에 속한 것의 양 계통이 있었다. 그들의 업무는 지방 군병을 관리하는 것으로 동일했다.

중앙 소속의 진장은 본영의 제관(制官) 혹은 중군과 부근의 주목(州牧)이 겸직했고, 각 도의 소속은 도내의 주군을 적당히 관할구역으로 분할해 설치했는데, 대읍에는 진영을 별도로 설치하고 그렇지 않은 곳에는 지방관이 겸임하도록 했다. 그리고 각 진영장은 현종(1659~1674년) 때부터 토포사(討捕使)를 겸직하게 되고, 도적 포치(捕治)의 업무도 담당했다.

별장(別將)은 임란 중에 의병으로 모집한 비공식적인 수장으로 종9품에 해당했다. 내지의 소진보, 특히 산성진도 및 소도 등에 두었다. 인조(1323~49년) 이후에 여러 곳에 증설되었다.

진도별장은 국도 도로의 요충지인 진도의 도선에 관한 사무를 관리하는 외직이었으며, 조선 초기에는 도승(渡丞)이라고 했다.

감목관(監牧官)은 목장의 관련 업무를 수행하는 종6품직이다. 이것은 조선 초기부터 있었으나 조선 후기에는 군비 확장의 필요로 인해 증원되었다. 감목관은 지방관에 의해 겸직되고 있는 경우가 반수 정도 되었으며, 중요한 곳에는 전임의 감목관을 두었다.

대원군은 병인양요(1866년)에서 프랑스 함대가 물러가자 강화도에 진무영(정2품)을 설치했다(1866년).

그리고 강화유수(종3품)가 진무사와 삼남수군통어사를 겸하게 했다. 이는 이 지역이 수도 방어를 위해 중요한 지역이라고 판단해 취한 조치였으며, 강화부를 승격한 것이다. 소속 부대는 종전의 경기 영하에 있던 각 진이 이속되어 구성되었고, 그의 병력은 포군을 중심으로 하여 약 3,000여명에 달했다. 또 대원군은 해방(海防)의 요충과 변방의 요지에 많은 변진을 설치해 해방을 강화했다. 그리고 진영 중에서도 군사상 요충지는 방어영으로 승격시켜서, 당해 지방의 수륙군을 통제하는 조처를 취했다.

대원군은 고종 3년(1866년)부터 동 9년(1872년)까지 전국의 해안 요소에 변진을 증설했고, 방어청을 설치해서 연쇄적인 요새화를 기했다(김운태, 1981: 332-359).

제 4 절 행정정책 및 관리

1 전제의 개편

16세기 이후 해이되어 오던 수취 제도는 임진 · 병자 양란(兩亂)을 거치면서 결정적으로 무너져 버렸다. 따라서 조선정부는 재정수입의 확보를 위해 전제 및 전세제와 공납제·부역제 등 모든 조세 제도에 대한 개편을 가할 수밖에 없었다. 두 차례의 전란은 토지·인정·호구 등 모든 것을 파괴하고 감축시켰다.

양란 후 최대의 문제는 농경지의 황폐와 그로 인한 전제의 문란이었다. 전국의 토지 결수는 종래의 170만 결에서 왜란 직후에는 54만 결로 격감했는데, 그것은 경작지의 황폐와 토지대장의 소실에 따른 결과였다. 따라서 정부는 서둘러 경작지를 확충하는 한편 양전사업을 실시했다.

농지 개간은 신분 여하에 관계 없이 누구에게나 허용되고, 개간자에게는 개간지에 소유권과 함께 보통 3년간의 면세 혜택이 주어졌다. 따라서 재력이 있는 사람이면 누구나 개간을 통해 얼마든지 자기 소유지를 획득하고 확대할 수 있었으므로 왕실·정부기관·양반뿐만 아니라, 상인·농민·노비 등 사회의 모든 계층이 개간에 참여했다. 그러나 실제로는 재력이 튼튼하고 권세가 있는 왕실·각급 관청 및 양반·토호 등 지배층이 중심이 되었으며, 개간에 부여되는 각종 혜택도 이들에 의해 집중적으로 향유되었다.

또한 정부는 농토의 확대와 더불어 거기에서 나오는 전세를 확보하기 위해 양전사업을 서둘렀다. 이것은 양안(토지대장)에서 빠진 은결(隱結)을 찾아내서 다시 양안에 올려 세원을 증가시키려는 의도에서였다. 그 결과 광해군 때 54만 결에 불과했던 전국의 토지가 인조(1623~1649년) 때 120만 결로 늘어났고, 숙종(1674~1720년) 때에는 140만, 그리고 영·정조대(1724~1800년)에는 최고 145만 결까지 증가하기에 이르렀다.

그러나 이러한 토지 결수의 증가에도 불구하고 국가의 수입은 크게 늘어나지 않았다. 그것은 왕실에게 준 궁방전이나 관아·군영이 소유하고 있는 토지가 많았는데, 이것들이 모두 면세지였기 때문이다. 따라서 정부는 전세(田稅)의 개혁을 단행할 수밖에 없었다.

세종대(1418~1450년)에 만들어진 공법, 즉 전분육등법(田分六等法)과 연분구등법(年分九等法)은 매우 번잡스러운 것이어서 당시에도 제대로 운용되지 못했고, 16세기에는 이것이 거의 무시된 채 저율의 세원이 적용되었다. 전란 후 농지의 황폐, 농민의 곤궁, 지주제의 확대는 이런 관행을 법제로 확정해 인조 13년(1635년)부터 전세는 풍흉에 관계 없이 1결당 미(米) 4두로 고정되었다(영정법). 이와 함께 양전 방식도 개량되어 1등전 1결의 양전척을 기준 척으로 삼고 그 이하의 토지는 결부 수를 체감하는 방식을 채택했다.

전세의 징수 기준이 풍흉에 상관 없이 하하년(下下年)을 기준으로 한 미 4두로 하향 조정되었으므로 국가의 재정수입은 여전히 증가하지 않았다. 여기에는 전쟁 후 궁방전·관둔전 등 면세지가 확대되었고, 수시로 양전사업이 실시되었음에도 불구하고 토지대장에서 누락된 은결이 증가해 실제 수세지가 감소한 데도 원인이 있었다. 또한 농민들도 전세가 내렸다 해도 아무런 혜택을 받지 못했다. 그것은 전세 외에 여러 가지 부가세가 가징(加徵)되었기 때문에 오히려 조세의 부담은 증가했다. 즉 전세를 납부할 때 여러 명목의 수수료·운송비, 자연 소모에 대한 보충비 등이 함께 부과되었는데, 그 액수가 전세액 자체를 훨씬 넘어 실제 납부액은 법정 수세액의 몇 배가 되었다.

이 밖에도 왜란 중 훈련도감의 경비 충당을 위해서 남부 5도에서 부가로 징수되었던 삼수미(三手米)가 전란 후에 정규 세목으로 변해 1결당 2두를 부과했다. 이러한 전세는 원래 전주에게 부과하는 것이었으나 당시 지주제의 보급에 따라 지주들이 소작 농민에게 전가시켰으므로 농민의 부담은 더욱 증가될 수밖에 없었다(변태섭, 1987: 333-335).

2 대동법의 실시

소수의 벌열을 중심으로 한 지배 체제가 굳어져 갈 무렵, 국가적으로 심각하게 문제된 것은 재정적 궁핍이었다. 그것은 전란으로 인해 농토가 황폐해져서 경작 면적이 줄어들었고, 양안(量案: 토지대장)이 흩어져 없어진 것이 많아 양안에서 빠진 은결이 늘어났기 때문이다. 그 결과 임진왜란 이전에는 170만 결에 달하던 토지 면적이 전란 후 광해군 시대(1608~23년)에는 불과 54만 결밖에 안 되었다. 3분의 1 이하로 줄어든 것이다. 이렇게 새로운 양안에 올린 면적이 감소된 것은 곧 국가의 조세수입이 그만큼 감소되었음을 의미한다. 이 조세액의 감소를 무엇으로 보충하느냐 하는 것은 지극히 중요한 문제가 아닐 수 없었다.

여기서 이미 임진왜란 이전부터 일부에서 주장되어 오던 공납을 미곡으로 바치게 하는 수미법(收米法)이 다시 논의되기에 이르렀다. 원래 공납 제도는 여러 가지 불편을 수반하고 있어서 방납이 행해지게 되었던 것인데, 이에 따라서 공납자들의 부담이 더욱 무거워졌음은 당연한 결과였다. 이에 공납자인 농민들은 이 괴로움에서 벗어나기 위해 유망(流亡)하는 등 소극적이나마 반항을 계속해 왔다. 이에 공물을 미곡으로 대납시킴으로써 방납(防納)에 따르는 납공자들의 피해를 덜자는 것이 수미법을 주장하는 이유였다.

이 주장은 임진왜란 이전에는 결국 시행되지 않았다. 그러다가 임진왜란 후에 조세의 감소로 인해 재정의 곤란을 당하고서야 비로소 그 보충을 목적으로 실시하게 되었다. 즉 광해군 즉위년(1608년)에 이원익(李元翼)의 주장에 따라서 우선 경기도에 시행되었다. 그 후 인조 원년(1623년)에는 강원도에, 효종(1649~59년) 때에는 충청도와 전라도에 실시되었고, 숙종 34년(1708년)에 전국에 실시되게 되었다.

대동미(大同米)라는 명칭으로 전(田) 1결에 대해 미 12두씩을 징수하게 되었는데, 이를 혹은 포(大同布)나 전(大同錢)으로 대납하게도 했다. 그리고 이를 관할하는 관청을 선혜청이라고 했다. 이 대동법이 실시된 후에도 필요에 따라 농민들로부터 공물을 받아들이기는 했으나, 원칙적으로 공납제도는 폐지되었다. 이같이 공납이 전세화(田稅化)함으로써 사회적으로 적지 않은 영향을 끼쳤다. 우선 농민들의 경제적인 부담이 가벼워지게 되었다. 그뿐만 아니라 공인(貢人)이란 어용 상인을 중심으로 한 상업자본을 발전시켰고, 아울러 공인으로부터 주문을 받아 생산하는 독립적인 수공업을 일으켰다. 이러한 여러 현상은 사회적인 커다란 전환을 초래하게 했던 것이다 (이기백, 1984: 265-266).

3 균역법의 실시

오군영의 하나인 훈련도감의 설치는 일본군 침입 당시인 16세기 말이었으며, 오군영이 모두 갖추어진 것은 17세기 후반기에 이르러서였다. 이와 같은 군제의 개편은 종합적인 계획에 의했다기보다는 내외의 변란에 대처해 왕도(王都)의 경비를 강화하려는 의도가 더 농후했다. 그 편대에서도 일부는 교체 상번되는 농민으로 편성되었으나, 훈련도감군(삼수병)에서부터 발달된 모병제는 점차 보편화되어 갔다. 국민에 대한 병역의 의무는 수포대역에서 발달된 납포의 의무만이 남겨지게 되었다. 정남 1인에 대해 1년에 포 2필을 징수 이를 군포라고 했으며, 당시의 평균 포가로 미 12두에 해당하는 것이며, 풍년의 경우에는 20두까지 이르렀다. 그것은 또 1호의 정남 수에 따라 배수로 누증되게 마련이며, 아무런 생산의 매개도 없이 인정(人丁)에 부과되었으므로 일종의 인두세와 다름이 없었다. 가령 한 가호에 부자 3명의 정남이 있다면, 그 가호에 부과되는 군포의 액은 1년에 6필(미 36두)이 되어 다른 어느 세액보다도 엄청나게 과중했다. 그것도 양반 자제는 사실상 그 의무를 지지 않았으며, 일반 농민 중에서도 서원에 투탁(投託)하거나 향교의 교생으로 들어가고, 혹은 양반이라 호칭해 그 의무를 피하는 자가 많았기 때문에, 실제로 군포를 납부해야 하는 자는 궁핍한 백성뿐이었다.

한편 정해진 액에 대한 군포 징수의 책임이 지워진 지방 관아에서는 그 책임을 다하기 위해 수단을 가리지 않아, 소아를 정남으로, 혹은 죽은 자를 생존자로 간주해 오직 징감(徵斂)에만 골몰하기에 이르렀다. 따라서 피역 도망자는 더욱 늘게 되고, 그러면 또 도망자의 일족이나 인족(隣族)으로부터 대신 거두어들이기까지 되었다. 이로 인해 이른바 황구첨정 · 백골징포나 족징(族徵) · 인징(隣徵)은 군포 징수에 따르는 통폐로 지적되었다.

군포 징수에 따르는 여러 가지 폐단에 대한 시정책은 17세기 중엽 이후로는 거듭 논의되어 왔으나, 확고한 대책은 쉽게 이루어지지 않았다. 예컨대 군포 징수의 대상을 양반 신분에까지 확대시켜야 한다는 안은 양반 계급의 반발을 살 것이라는 의구심 때문에 시행에 옮기지 못했다. 그리하여 영조 25년(1750년)에 이르러 오랫동안 논의만 거듭된 몇 가지 방안 중에서 징수액을 반감하자는 방안으로 결정되었다. 따라서 징수액을 반감해 정남 1인에 대해 연(年) 1필의 포를 거두게 하고, 이로 말미암은 군사 재정의 부족은 종래 궁방이나 권문 세족에 사점(私占)되었던 어세·염세·선박세 등을 다시 정부에 귀속시키는 한편, 따로 결미 또는 결전의 명목을 붙여서 전세를 증수케 함으로써 보충케 했다.

이와 같은 조처를 근간으로 해서 이른바 균역법(均役法)이 시행되었다. 이로 말미암아 농민의 군포 부담액은 형식상 반감되었으나, 한편으로는 어염·선세의 과중한 부담으로 인해 어민·염부 등이 이산하게 되고, 다른 한편으로는 전세의 증액과 군포 징수에 따른 전과 다름없는 여러 폐단으로 인해 농민의 부담은 사실상 경감된 것이 아니었다. 그 위에 양반 계급에 대해서는 여전히 군포 납부의 의무를 지우지 못했다(한우근, 1987: 333-334).

그럼에도 불구하고 소극적인 것이나마 유망 등의 반항에 몰리어 실시하지 않을 수 없었던 이 균역법은 농민들의 부담을 약간이나마 가볍게 해 줄 수 있었다(이기백, 1984: 268).

4 탕평책의 추진

붕당정치의 붕괴와 노론 중심의 일당 전제의 추세 속에서 정권은 몇몇 벌열 가문에 의해 농단되었고, 지배층 사이에서는 종래 공론에 의한 붕당보다 개인이나 가문의 이익을 우선하는 경향이 현저해졌다. 또한 중앙의 정쟁에서 패배한 사람들은 정계에서 배제되었다(변태섭, 1987: 331). 이들은 자연히 성리학 지상주의를 비판하고 자유로운 이상을 품을 수 있는 정신적 여유를 가지게 되었다. 이들 속에서 조선조의 현실을 개혁하려는 실학사상이 일어나기도 하고, 또 현실을 부정하는 정감록이나 서학(천주교)의 사상이 싹트게도 되고, 혹은 주자의 학설에 반대하는 양명학이 행해지게 되었다.

한편 일당의 오랜 집권에 의해 지금껏 여러 당파와 균형 속에서 유지되어 오던 왕권이 그 권위를 지켜 나갈 수 없게 되었다. 이러한 사태를 시정하고자 취해진 것이 탕평책(蕩平策)이었다. 영조(1724~1776년)에 의해 처음 표방되고 정조(1776~1800년)에 의해 계승된 탕평책은 노론과 소론을 비롯해 남인과 북인의 사색을 고루 등용하자는 것이었다. 이 결과 당쟁은 비교적 잠잠해지고 양반들 사이의 균형이 이루어져서 왕권도 크게 신장되었다. 영정 시대의 정치적 안정은 그로 인한 결과였다

그러나 탕평책은 당쟁의 근본 원인을 없애지는 못했다. 어느 면에서는 오히려 그것을 조장한 느낌이었다. 그것은 관직을 바라는 양반의 수를 더욱 증가시킨 결과가 되었기 때문이다. 이런 속에서 시파(時派)와 벽파(辟派)의 새로운 대립이 생겨나게 되었다.

영조는 그의 아들 장헌세자를 죽인 사실이 있었는데, 이 사건을 계기로 장헌세자의 죽음을 동정하는 시파와 그의 죽음의 정당성을 주장하는 벽파가 생겨났다. 이 시파와 벽파의 분립은 파(派) 안에 파를 낳게 하여 당쟁의 양상을 더욱 복잡하게 만들었다(이기백, 1984: 264-265).

5 삼정이정절목(요강)의 분포

순조(1800~1834년) · 헌종(1834~1849년) · 철종(1849~1863년)의 3대 60여년의 세도정치라는 족벌정치는 결국 왕권을 명목적인 것으로 만들었고 왕권을 극도로 추락시켰다. 모든 정사가 세도의 손에 의해서 움직여졌고, 관료정치는 파탄되어 관기는 극도로 문란해졌다. 따라서 매관매직이 유행했고 회뇌(賄賂)가 성행했으므로 조선왕조는 광범위한 위기에 직면하게 되었다.

이와 같은 세도정치에 의한 관기의 문란과 관료제의 파탄은 지방행정의 난맥을 초래했고, 지방관은 축재와 착취에 여념이 없었다. 특히 수령은 서리들과 결탁해 농민을 착취했고, 그에 따라 조선조 재정의 원천인 삼정(三政)이 극도로 문란해졌다. 농민은 농토를 떠나서 유민화되었고, 초근목피

(草根木皮)로 연명하지 않을 수 없는 비참한 지경에 떨어지게 되었다.

이러한 농민의 곤궁과 농촌의 파탄은 결국 민심의 동요를 가져와 각처에 비기(秘記)와 벽서(僻書)가 유행했고, 정부를 공격하는 유언비어가 만연되었다. 이와 같은 상황에서 농민의 동요는 이른바 민란으로 폭발했으니, 그 선구자가 바로 홍경래의 난(1811년)이었다.

홍경래의 난 이후 농민의 동요는 점증되어 사회는 더욱 혼란에 빠져들었다. 철종 13년(1862년)의 진주민란은 병사 백낙신의 탐학에 대한 농민의 봉기였다. 진주민란을 필두로 개령민란이 잇따랐으며, 또한 3남 지방에서 민란은 광범위하게 확대되었다. 이들 민란은 똑같이 탐관오리의 착취와 그들의 부정・부패에 대한 농민의 항거라는 공통성을 띠고 있었으며, 조선 후기의 사회적 혼란을 더욱 고조시켰다(변태섭, 1977: 483-484).

조선왕조에서는 이들 민란의 근본 원인을 삼정의 문란에 있다고 보고 박규수(朴珪壽)의 건의에 따라서 삼정 개혁을 위한 대책을 마련했다. 즉 철종 13년(1862년) 5월 삼정 폐책을 강구하고자 일종의 세제개정위원회인 '삼정이정청(三政釐整廳)'을 신설했고, 이 삼정이정청은 삼정에 대한 개혁안을 만들기 위해 조야의 견해와 주장을 모아 검토했다. 그 검토 결과에 따라 환곡 제도를 폐지해 전결에로 귀일시키도록 하는 내용과, 전정에 대해서는 민원을 참작해 그 폐해를 시정하는 내용을 골자로 하여 '삼정이정절목(三政釐整節目) 요강'을 작성해 일단 이를 공포했던 것이다.

그러나 삼정이정절목에 대해서는 중신 간에 견해가 일치되지 않았고, 빈번한 수정을 가했기 때문에 기대한 만큼 결실을 거두지 못했다. 그리고 개혁을 꺼려하는 안동 김씨 일가의 압력도 작용해 이정청은 폐지되었다. 여하간에 이정청이 설치되어 그 대책이 논의되고 있던 동안에는 그처럼 치열했던 각 지방의 민란도 소강 상태를 회복하고 있었다. 그러나 삼정이정청이 폐지된 후에는 다시 민란이 일어났다. 즉 철종 13년(1862년)에는 함흥에서 민란이 일어났고, 이어서 함경・제주・경기・황해도에서도 일어났다.

철종 14년(1863년)에는 서울 한복판에서 금위영 군졸의 소요까지 일어났다. 이렇듯 삼정의 문란은 전국적 규모로 농민의 항쟁을 불러일으켰으며, 나아가서는 조선왕조의 변질과 동요를 촉진하는 계기가 되었다(김운태,

1981: 405).

6 대원군의 행정 개혁과 쇄국정책

철종이 즉위 14년 만에 후사가 없이 죽자 고종이 12세의 어린 나이로 즉위하고, 그의 생부인 흥선군(興宣君) 이하응(李昰應)이 대원군으로 정치의 실권을 잡게 되었다(1863년).

대원군은 안동 김씨의 외척 세도하에서 불우한 생활을 하면서도 야심을 가지고 당시 왕실의 어른이었던 조대비(익종비)와 은밀히 연결해 기회를 기다리고 있었다. 철종(哲宗)이 죽은 뒤 조대비가 고종을 후사로 결정하고 형식적으로 수렴청정을 했으나, 대원군으로 하여금 국왕을 보좌하도록 했기 때문에 실제로는 대원군이 정치의 실권을 장악했던 것이다. 이에 따라 순조 이후 60여 년 동안 외척 세도가에게 맡겨졌던 정치의 실권이 왕실로 돌아오게 되었다.

대원군은 그의 불우했던 시절에 안동 김씨의 세도 아래서 세도가 및 그들과 연결된 양반들의 횡포와 그에 따른 정치 질서의 혼란, 그리고 농민 생활의 실상을 직접 목격하면서 국내 정치의 현실을 누구보다도 잘 파악하고 있던 인물이다. 따라서 그는 실권을 장악하자 곧 왕권을 강화하기 시작했다. 그리고 그 동안 국내 정치에 나타났던 폐단을 제거하고 조선왕조의 지배 체제를 재정비하려는 일대 개혁을 추진했다.

그는 먼저 외척 세도를 해 온 안동 김씨 일가를 정권에서 밀어내고 당파와 신분의 구별 없이 능력을 보아 인재를 등용했다. 이러한 인사정책은 대원군이 그의 정치적 기반을 마련하려는 의도와도 관련이 있다.

왕권 강화를 위한 그의 노력은 정치 기구의 재정비에서도 나타났다. 그 동안 문무 고관의 합의체로서 주요 정무를 총괄하고 집권 양반의 정치 권력을 뒷받침했던 비변사를 폐지해(1865년) 의정부의 기능을 부활시키고, 삼군부(三軍府)를 다시 설치해 정치와 군사를 분리시켰다. 또한 법치 질서를 정비하기 위해 『대전회통(大典會通)』과 『육전조례(六典條例)』를 간행했으며, 왕실·국가의 전례를 정비하기 위해 『종부조례(宗府條例)』와 『오례편고(五禮便攷)』를 편찬했다.

대원군은 또한 문란해진 삼정을 바로잡고 농민 생활을 안정시키기 위한 정책을 추진했다. 국정에서는 토지대장에서 누락된 국토를 찾아내는 한편 지방관이나 토호들의 토지 겸병을 금지하고 이를 어기는 자를 엄하게 다스렸다.

군정에서는 종래의 상민에게만 징수해 온 군포를 양반에게까지 확대시켜 이를 호포(戶布: 동포[同布])라 했다. 또한 가장 폐단이 심했던 환곡제를 개혁해 좁은 지역을 단위로 운영하는 사창제(社倉制)를 실시함으로써 농민들이 실제로 구휼의 혜택을 입도록 했다. 그리고 지방 양반들의 세력 기반으로 당쟁의 근거지가 되어버린 서원을 대폭 정리해 전국에 47개소의 서원만을 남기고 나머지는 모두 철폐했는데, 이 때 철폐된 서원은 600여개나 되었다.

원래 서원은 선현의 봉사(奉祀)와 자제 교육의 뜻으로 설립된 것이지만, 전지와 노비를 소유하고 면세·면역의 특권을 가지고 있어 피역자(避役者)들이 모여들었으며, 지방 농민을 괴롭히고 지방행정에 압력을 가하기까지 하는 등 그 피해가 막심했는데, 대원군의 과감한 철폐로 그 폐단이 사라지게 되었다.

대원군의 왕권 강화를 위한 노력은 임진왜란 때 소실된 후 폐허된 채로 남아 있던 경복궁을 중건하는 대역사를 추진하기에 이르렀다. 고종 2년(1865년)에 착수한 이 공사는 왕 4년에 완성되어 근정전·경회루·광화문 등을 비롯한 대궁전의 모습이 다시 갖추어졌다. 그러나 이에 필요한 막대한 경비를 마련하고자 관민에게 원납전(願納錢)이라는 명목으로 강제로 기부금을 징수했으며, 전지에는 결두전(結頭錢)이라는 부가세를 신설했고, 서울의 4대문을 출입하는 사람에게 통행세를 받았다. 그리고 당백전(當百錢)이라는 화폐를 주조해 강제로 통용시켰는데, 이 당백전의 사용으로 물가가 등귀해 일반 국민의 생활에 큰 위협을 주었다.

한편 공사에 소용되는 목재를 충당하기 위해 전국적으로 큰 나무들이 벌채되고 양반의 묘지림까지 징발되었으며, 또한 농민들이 토목공사에 강제로 동원되었으므로 대원군은 양반과 백성들에게 큰 원성을 사게 되었다.

조선에서 세도정치가 실시되던 19세기에는 서양에서 일찍이 산업혁명을 거쳐 자본주의 경제 체제를 이룩한 열강들이 상품시장과 원료 공급지를 확보하기 위해 군함을 앞세워 아시아 여러 나라에 경쟁적으로 침입해 오고 있었다.

영국이 아편전쟁에서 승리해 중국의 문호를 개방시켰고(1842년), 이어 애로(Arrow)호 사건을 계기로 영국과 프랑스가 연합해 북경을 점령했으며(1860년), 미국도 일본을 위협해 조약을 체결했다(1854년). 한편 북방에서는 러시아가 남하해 연해주 일대를 그 영토로 확보했다. 이와 같은 서양 세력의 물결은 조선에도 미쳐 오고 있었다.

그러나 전통 질서를 재정비하고 조선왕조의 집권 체제를 강화하려는 대원군의 개혁정치에서 서양 세력의 통상 요구는 일단 저지해야 할 대상이었다. 더욱이 대원군의 집권 이전부터 프랑스 선교사가 국내에 잠입해 선교활동을 하고 있어 천주교 신자가 나날이 늘어나고 있었으며, 또한 의주·동래 등지의 국경 무역을 통해 양화(洋貨)가 들어와 사용됨으로써 당시 조선에서는 이러한 서양 세력의 침입에 대한 위기 의식이 고조되었다. 따라서 천주교를 금압하고 양화의 유입을 엄금해야 한다는 여론이 강하게 일어났다. 이와 같은 여론에 힘입어 대원군은 쇄국정책을 고수해 서양의 통상 요구에 불응하고 양화 금단을 명령하는 동시에 천주교에 대한 탄압을 단행했다.

그리고 병인양요(1866년) 때 프랑스의 함대를, 또한 신미양요 때 미국의 함대를 격퇴한 대원군은 서양에 대한 자신감을 얻어 쇄국정책을 더욱 강화했다. 그는 양이배척(洋夷排斥)의 결의를 전 국민에게 다짐하기 위해 척화교서(斥和敎書)를 반포하고 서울의 종로와 전국의 중요 지역에 척화비를 세웠다. 그 내용은 "양이침범 비전즉화 주화매국(洋夷侵犯 非戰則和 主和賣國: 양이가 침범함에 싸우지 않음은 곧 화의하는 것이요, 화의를 주장함은 나라를 파는 것이다)"이라고 되어 있었다.

이와 같은 두 차례에 걸친 양요를 격퇴하고 대원군의 강경한 척양정책이 계속 고수될 수 있었던 것은 서양 세력의 침입에 대한 위기감이 일어나는 속에서 특히 전통 질서와 윤리에 강한 의식을 가진 유생들의 척화론이 대원군의 대외정책을 지지하고 있었기 때문이다. 또한 프랑스나 미국이 당시 자국의 여러 사정으로 적극적으로 대조선 정책을 추진할 수 없었던 데에도 이유가 있었다.

당시 프랑스는 인도차이나의 식민지 경영에 주력하고 있었고, 미국도 남북전쟁 이후에 서부 개척 등 국내 문제에 전념하고 있었으므로 조선 문제에 적극적일 수 없었다. 또한 영국의 경우는 인도 경영으로, 러시아는 새로 획득한 연해주 개척으로 조선에 대한 관심을 크게 가질 여유가 없었으므로 대원군의 쇄국정책은 당분간 더 유지되었다.

대원군의 쇄국정책은 비단 척양만으로 나타난 것이 아니었다. 1854년 미국에 의해 강제로 문호를 개방한 일본은 그 후 서양 여러 나라와 통상조약을 체결했고, 1868년 도쿠가와 바쿠후(德川幕府)를 무너뜨리고 천황제를 중심으로 하는 메이지유신을 단행해 근대 국가 체제를 갖추었다. 그리고 조선에 대해서는 이러한 사실을 알리면서 새로이 수교할 것을 요청해 왔다. 그러나 대원군은 일본이 보낸 국서의 형식이 종래의 관례에 어긋났기 때문에 이를 받아들이지 않았을 뿐만 아니라, 서양 문물을 수용한 일본에 대해서도 서양 제국에 대한 것과 똑같이 적대감을 가지고 대응했으며, 척양과 함께 척왜를 표방했다.

이와같이 조선조는 그 자체의 복고적 체제 강화에 노력을 기울이고 서양 세력의 문호 개방 요구에 대해 쇄국정책을 고수함으로써 새로이 펼쳐지는 역사적 상황에 대처하는 좀더 적극적이고 능동적인 정책을 마련하지 못했다(변태섭, 1987: 383-389).

7 인사정책 및 관리

임진왜란이 끝나자 통치 체제가 변질되고 행정의 질서가 문란해졌으며 기강이 해이해졌다. 그리하여 수회(收賄)·사치의 폐풍은 더욱 성행해 갔기 때문에 법령·제도를 고수해 나갈 수가 없게 되었다. 그 대표적인 예가 임진란 이후에 나타난 과거제의 혼란이다. 원래 과거 시험에는 그 응시 자격을 신분상으로 엄격하게 제한해 적서 여부와 재가의 자손 여부, 8대 조부의 임관 유무, 외조의 서출 여부, 처부의 신분까지를 가렸다.

그러나 점차적으로 신분의 구별에 혼돈이 생겼으며, 더욱이 임란 후에는 호적이 제대로 갖추어지지 못함으로써 양천의 신분을 분간할 수가 없게 되었다. 그리하여 신분상의 응시 자격 제한이 거의 무시되었다.

이 밖에도 대리 응시하는 사기 행위가 많았으며, 응시자의 연고자가 시험관이 되어 부정행위를 자행하는 경우도 있었고, 고관의 가문에 출입해 뇌물을 바치고 부정행위를 통해 과거에 합격하는 자가 나왔다. 그리고 거듭되는 흉작으로 인해 공명첩(空名帖)을 발매해 재정에 충당하는 경우도 있었으므로 관기가 극도로 문란해졌고 매관이 자행되었다. 관리는 취임시에 거금을 관에 납부하지 않으면 안 되므로, 그가 일단 부임하면 그 돈을 백성에게 전가시켜 더 많은 돈을 회수했다.

한편 조선 후기 인사행정의 폐해 원인으로 중요한 것은 관직의 정원이 무시되었다는 점과 용관(冗官)이 많았다는 것이다. 특히 중앙집권 체제에 대한 통제가 미치지 못했고, 관인의 행정의 무책임성 및 수령의 임기가 너무 단기간이었다는 점도 인사정책 발전의 저해 요인으로 작용했다. 또한 관인에 대한 보수에서, 명종(1545~1567년) 때에 직전(職田)이 폐지되었고, 인조(1623~1649년) 이후에 점차적으로 녹과(祿科)가 멸소됨으로써 관인들은 도저히 생계를 유지할 수 없는 보수를 받았다. 그러므로 관인이 부패한 것은 불가피한 현상이었다고 하겠다(김운태, 1981: 406-410).

8 재무정책 및 관리

조선왕조는 임진왜란(1592~98년)을 분수령으로 하여 전국의 전결(田結) 수, 그리고 재정구조와 재정 절차 및 그 내용면에서 각기 명백한 특징을 드러냈다. 그것은 임란을 계기로 하여 전통적 경제 체제의 붕괴가 촉진되고, 아울러 전란과 재정 궁핍을 타개하기 위한 재정상의 정비가 촉구되었기 때문이다.

1) 재무 기구의 확대

임란 후에는 소요 재정의 충족을 위해서 호조 외에 특별 재정관청이 설치되었다. 이에 따라서 호조의 권한이 많이 축소되었다.

조선 후기에 신설된 재무 기구로는 양향청(糧餉廳)·선혜청(宣惠廳)·균역청(均役廳) 등이 있다. 이러한 재무 기구의 난립과 수취 체계의 다원화는 재정의 주요 담당 기구였던 호조의 권한과 통제력을 축소시키는 결과를 가져왔다. 또한 이것은 조선조 후기의 재정의 문란과도 무관하다고 할 수는 없었다. 조선조 후기에 신설된 재무 기구를 살펴보면 다음과 같다.

양향청은 훈련도감의 경비를 관리하는 기관으로, 임진왜란 후에 신설되었다. 임진왜란 중에 선조(1567~1608년)는 군비를 강화하고자 훈련도감을 설치하고 둔전을 만들어 훈련도감의 경비를 충당해 나갔는데, 이를 관리하기 위해 훈련도감 산하에 양향청을 신설했다. 이 기구는 갑오개혁(1894년) 때까지 상설기구로 존속했으며, 훈련도감의 둔전이 가장 많은 때는 7만 4천여 결에 달할 때도 있었다. 이 기구는 둔전에서 나오는 막대한 수입과 호조에서 지급받는 삼수미(三手米)를 주요 재원으로 하여 훈련도감 산하의 역원과 군병의 급료 및 군복·병기의 조달 업무를 관장했다.

선혜청은 조선 후기에 대동법이 실시됨에 따라서, 대동세의 출납을 관장하는 기관으로 신설된 재무 기구이다. 이 기구가 관장하는 대동세의 세입 규모는 실로 막대했으며, 호조의 전세(田稅) 규모(약 18만 전)를 훨씬 능가(약 50만 전)했다.

균역청은 균역법의 실시에 따른 업무를 관장하기 위해 신설된 기구이다. 임진왜란 이후 문란해진 양역 행정을 바로잡고 농민 부담을 감소시켜 주기 위해 영조 26년(1751년) 균역법을 제정했다. 이 법은 종래의 농민의 양포 부담을 반감(2필에서 1필로)시켰으며, 이 반감된 부분은 해세(海稅)·선군관포(選軍官布)·음제결(陰除結)의 수입과 결작(결반) 수입에서 보충하도록 규정했다. 결국 균역법은 해세 등 세 가지 재원에 의한 수입을 가지고, 오영과 여러 관부에 대한 군수급대(양포 감축에 따른 군사비 부족분을 지급해 주는 것)하는 업무를 관장했다(유종해 외, 1987: 159-160).

2) 예산 제도의 내용

조선 후기의 재정은 토지 및 현물과 전화(錢貨)의 이원 체제로 운영되었으나, 가산적(家産的)이고 무계획적인 단조로운 구조를 이루었다. 즉 국왕을 정점으로 하는 가산국가로서 법제도가 개괄적이고 형식적이었던 만큼 국왕과 관인의 재량권 행사의 여지는 매우 컸으며, 공사재정(公私財政)의 한계가 모호해 삼정(三政)의 문란과 같은 재정상의 난맥을 야기하는 원인이 되었다.

그러나 왕실 재정과 일반 재정 간의 구별이 모호하기는 했으나 양자가 전혀 무분별한 것은 아니었다. 왕실 각부를 위한 기구 및 인원과 왕실의 재산(적전 기타 내수사에서 출납하는 재물)은 법 기타 관례에 의해 제약을 받고 있었으며, 왕실공상량(王室供上量)도 일정한 한계가 있었다. 그리고 조선조에서 국가 재정은 1년제를 기준으로 해서 일정한 예계(豫計) 속에서 운영되었다.

『경국대전』에는 '범경비, 용횡간급공안(凡經費, 用橫看及貢案)'이라 명문화되어 있고, 『속대전』에는 '참용대동사목(參用大同事目)'이라는 문언이 추가되어 있으며, 『대전통편』에는 '참용탁지정례(參用度支定例)'라는 문언이 추가되어 있는데, 이 횡간 · 공안 · 탁지정례 등이 모두 국가 재정에 관한 예탁, 즉 소박한 예산 제도의 유형이라 할 수 있다. 여기서 횡간은 매년의 지출을 예산으로 산정해 횡으로 열기한 것이다. 공안은 각 궁과 각 사에 공상하는 공물을 예정해 기재한 서책이다. 대동사목은 광해군 초에 실시한 대동법에 기초해 산정한 대동미에 관한 사목(事目)이다. 탁지정례는 영조 25년(1749)에 세속 일반이 사치에 흘러 국가 재정이 곤경에 빠지자, 각 전(殿) · 궁묘(宮廟) · 사(社) · 부(府) · 원(院) · 사(寺) · 감(監) 등에서의 대소용도를 절감시키기 위해 호조판서 박문수(朴文秀)에 명해 만든 탁지(度支), 즉 국가 회계에 관한 정례이다.

그리고 『만기요람(萬機要覽)』 재용편(財用編)에는 각 도의 연분(年分)을 성책(成冊)하여 세전계문(歲前啓聞)하고 호조에서 실시하도록 규정하고 있는데, 이것이 이른바 '수조안(收租案)'으로서 1년 전세수입 예산안이었다.

그리고 『경국대전』에 규정되어 있는 녹과(봉급 규정)도 부분적인 예산 수단이었으며, 공안(貢案)은 토지대장과 같은 기능을 했던 것으로 토지에 대한 일종의 예산 수단이 되었다.

조선조에서 재정수입은 조(租)·용(庸)·조(調)의 3자를 기간으로 하여 구성되어 있었고, 재정 지출은 왕실비·행정비·녹과비 등이었는데 이는 주로 왕실과 정권 유지를 위한 소비적인 부면의 것이었으며, 단조로운 편이었다. 이와같이 재정 부문의 지출 구조가 단조롭게 되어 있던 것은 당시의 산업구조가 농업에 치중한 사실과 국가의 기능이 주로 보호적이고 소비적인 기능에 치중되어 있었기 때문이다(김운태, 1981: 413-414).

3) 세제의 변화

조선 후기에는 세제상의 변화가 있었다. 선조대(1567~1608년) 이후 대동법이 실시됨에 따라서 전통적인 조·용·조의 조세 체계가 조(租)로 일원화되었으며, 또한 대동세에 금전 납부를 허용함으로써 종래의 현물 경제 체계가 화폐 경제 체제로 변화되어 갔다는 데에 주의할 필요가 있다. 그러나 대동세(大同稅)의 납부에서 미(米)를 원칙으로 하되 면·마포와 함께 전으로도 징수할 수 있게 함으로써 수세 체제를 현물 체제로부터 현물 및 전화 이원 체제로 진전시켰다. 이것은 갑오개혁 이후의 금납 일원 체제로 전환되어 가는 데 과도기적인 구실을 했다.

조선 후기의 세제상 또 하나의 특징이라면, 당시의 세제 변화가 재정 궁핍을 해결하기 위한 정책의 일환으로 이루어졌다는 점이다. 임란 후에 행정력이 감퇴됨으로써 전제가 문란해졌으며, 이것은 세원의 고갈로 연결되었다. 토지 제도 자체만 하더라도 명종대(1545~1567년)에 직전제가 폐지된 후 궁방전·관아문전 등이 확대되었다. 그리고 세제에서는 세율의 변화 및 각종 부가세의 부과와 더불어 대동세·삼수미세·결세 등의 새로운 세종(稅種)이 나타났다(김운태, 1981: 413).

4) 재정수지의 내용

조선 시대의 전세 수납은 대체로 각 군에서 매년 11월에 개시해 다음 해

정월에 마치고, 경창운납(京倉運納) 기한은 각 지방도정의 원근과 수운·육운에 따라 다르게 규정했다. 그리고 어세 같은 것은 매년 관찰사가 조사해 수세안을 작성하고 읍진(邑鎭)에 이첩해 징수시켰으며, 당해 연도 8월 내에 납부하도록 했다. 한편, 세공물의 수납은 다음 해 6월까지 상납해야 하고(전세 외의 공물은 2월 한), 호조는 매년 말에 각 사의 공물 수납 수를 검토해 미납한 관사(官司) 및 수령은 계문(啓聞: 관찰사·어사 등이 글로써 상주함)해 파면했다.

조선 시대의 법전은 수입에 관해서는 많은 규정을 두고 있으면서도 지출에 관해서는 적은 규정을 두고 있으며, 봉급 지출에 관해서만 상세한 규정을 두고 있다. 이것은 당시의 '양출제입(量出制入)'의 원칙에 의해서 재정을 운영한 것이 아니라 무조건 많은 재물을 거두어들이고 이에 따라 자의적으로 지출한 때문이라고 하겠다.

그리고 재정의 회계는 다음과 같이 이루어졌다. ① 모든 물질의 출납 결과는, 경은 계삭(季朔)에, 경외는 세계(歲季)에 회계해 계문해야 하고, ② 호조 소관 외의 제사(諸司)는 승정원의 승전첩인을 받고 제물을 지공(支供)하며, ③ 관리체대시(官吏遞代時)에 소장물이 이상이 없으면 해유장(책임해제령)을 발급했다.

조선 시대에 실제 재정수입액이 얼마나 되고, 종목별 세입이 얼마나 되었는가 하는 것은 당시 통계가 발달되지 않았기 때문에 신빙성 있는 자료가 없다.

한편 지출 구조도 당시의 지출 수단이 다양한 현물이었고, 여러 가지 통계치가 단편적으로 마련되어 있을 뿐더러 용어가 불분명하기 때문에 일정 연도의 총 경비를 기능별로 분류할 수는 없다(김운태, 1981: 419-420).

제 5 절 행정의 특징

1 비변사 기능의 확대

조선왕조의 지배 체제는 15세기 말에 『경국대전』의 반포로 일단 완성되었으나, 16세기에 접어든 후부터는 양반 관인 사회의 모순이 나타나기 시작했다. 즉, 농장의 확대를 비롯해 공납제의 붕괴, 신분제의 해이 등 여러 면에서 지배 체제가 흔들리기 시작했다. 임진왜란 이전부터 이와같이 지배 체제가 흔들리기 시작하다가 임진·병자 양란을 거치면서 그 허점이 적나라하게 드러났다. 따라서 전란의 복구 및 사회의 변화 등으로 임시적이거나 항구적이거나 간에 제도의 개편은 불가피해졌다.

행정 기구의 개편은 임진왜란 중에 종래의 의정부·육조를 대신해 비변사(備邊司)가 최고 권력 기구로 개편되는 것을 비롯해 군제의 개편이 이루어졌다.

비변사는 변경에 대비한 국방기관으로서 을묘왜변(명종 10년, 1555년)으로 상설화되었으나, 임란 중 최고 기구화하여 초정부적인 기능을 발휘했고, 그에 비례해 의정부의 기능은 약화되었다.

비변사는 종래 정3품아문이었으나, 정1품아문으로 승격해 군사뿐만 아니라 행정권까지 관장했고, 문무관의 최고 합의기관으로 삼정승이 겸임하는 도제조와 육조의 판서 및 오군영의 장과 유수 등이 제조가 되고, 실무를 맡은 낭청으로 편제되었다. 왜란 이후 호란 등으로 그 기능이 더욱 강화되어 의정부·육조의 행정 체제가 무너지고 문무합의체의 권력화를 통해 왕권을 제약하기도 했다. 이것은 행정과 군정이 일원화되는 것을 의미한다. 그 후 비변사의 강대한 권한을 축소해야 한다는 건의가 있었으나 후기까지 그대로 존속되어 왔다. 그러나 대원군이 등장해 왕권의 강화를 기도하면서 행정은 의정부로, 군정은 군부로 분리해 귀속시킴으로써 비변사는 폐지되었다(변태섭, 1987: 326-327).

2 군제의 개편

임진왜란 중에 군사 제도가 가장 부실했다는 것이 증명되었다. 진작 오위와 진영 체제로 편성되었으나, 점차 문신이 서반 상위직을 점거하고 수포방군(收布放軍)의 일반화로 군령 체계나 양병(養兵)에서 모든 허점을 드러냈다. 이러한 점이 임란 초기부터 참패를 연속케 했던 것이다. 이와같이 무력함이 드러나자 난중에 새로운 군사조직의 필요성을 절감해 종래의 오위 제도를 폐지하고, 선조 27년(1594년)에 훈련도감 등 오군영을 차례로 편제했고, 지방에서는 속오군을 창설하기에 이르렀다.

오군영은 훈련도감·어영청·총융청·수어청·금위영이다. 이 중에서 훈련도감을 제외하고는 대부분 인조(1623~1649년) 때부터 숙종(1674~1720년) 때까지 설치되었으며, 수도 방위와 지방군을 관할하는 독립된 군단으로 형성되었다.

훈련도감은 가장 먼저 설치되었다. 유성룡의 주장과 명장(明將) 낙상지의 건의로 난중에 겪은 실전 경험과 중국의 절강법(浙江法)을 참고해 수도 방위와 포수(총병)·사수(궁병)·살수(창병)의 삼수병을 훈련시키기 위해서 설치되었다. 삼수를 양성하기 위해 그 재원으로 전지 1결당 2두의 삼수미세를 내게 했는데, 이것이 모병제의 첫출발이었다. 이 때부터는 조선조 전기의 의무적 부병제가 무너지고 직업적 용병제로 전환되었다.

어영청은 인조 2년(1624년)에 이귀(李貴)의 어영군을 시초로 하여 발전했다. 수도경비를 담당했고, 효종(1649~1659년) 때는 북벌군으로 양성되었다.

총융청은 인조 2년(1624년)에 경기지방의 경비를 위해 특설된 군영이다. 남양·수원·장단의 3진 수비를 주요 임무로 맡았다.

수어청은 인조 4년(1626년)에 설치되었다. 남한산성 및 그 부근의 진을 수비하는 것이 주요 임무였다. 병자호란 때는 실전에 임해 항전했으며 승군(僧軍)도 양성했다.

금위영은 숙종 8년(1682년)에 정식으로 설치되었다. 도성과 궁중의 수비를 목적으로 했는데, 어영청과 마찬가지로 재정의 타개를 위해 지방 향군으로 하여금 번상하되 보인(保人)을 두어 수도경비를 담당하게 했다. 이들 5군영의 관직은 대동소이했고, 대장·중군·별장·천총 등이 있었다.

그러나 중앙에 중점을 둔 훈련도감·어영청·금위영과 지방적 성격을 가진 총융청과 수어청 간에는 차이가 있었다.

5군영은 주로 수도 방비의 목적을 가지고 설치되었으나, 임기응변적으로 이루어졌기 때문에 일관성을 결여했다. 그리고 급료병제의 소모군이었기 때문에 국가의 재정 부담을 가져왔으며, 효율적인 운영이 이루어지지 못했다.

속오군은 선조 29년(1596년)을 전후해 전국적으로 편제되었던 것으로 지방군의 근간이었다. 중앙에서 훈련도감과 마찬가지로 삼수의 기법을 익혔다. 그리고 영(營)·사(司)·초(哨)·기(旗)·대(隊)·오(伍)의 속오편제로 운영해 종래의 횡적 연결이 잘 안 되었던 폐단을 보완했다. 동시에 분오법(分伍法)에 의해서 초 단위로 운영했다.

평시에는 초관(哨官)의 지휘 아래 향촌에서 스스로 경비를 부담하면서 훈련을 했고, 유사시에는 영장의 지휘하에 전쟁에 임했다. 속오군은 전쟁 중에 편성되었던 것으로 처음에는 양반이나 천인의 구별 없이 이 군대에 가담했다. 그러나 영조 시대(1724~1776년)에는 사천군(私賤軍)화되었기 때문에 노비의 신분 상승에는 기여했지만, 그 후로는 유명무실한 존재로 되었다(김운태, 1981: 332-359).

3 관인 지배 체제의 파탄

1) 벌열의 대두

벌열이란 조선 후기 재조 사림(在朝士林) 가운데 훈척을 중심으로 귀족화된 소수의 가문이 연합해 정권을 농단하는 정치 세력을 의미했다. 숙종 시대(1674~1720년)의 당쟁 격화기를 거쳐서 영정 시대(1724~1800년) 이후 철종 시대(1849~63년)에 이르는 노론 일당 전제 시기를 대체적으로 벌열(閥閱) 정치 시대라고 한다. 그러나 벌열이란 개념이 반드시 이 시기에 비롯되었거나 이 시기에만 적용되었던 것은 아니다. 그리고 척신들이 특권 문벌을 형성해 정치를 주도한 계층이 광의적으로 이에 해당한다.

이러한 세력들은 대체적으로 왕위 찬탈이나 사화·반정 등 정치적 큰 변동기에 공신이나 집권파들이 그들의 세력을 더욱 강화하는 한편, 왕실과 혼척 관계를 맺어 특권 문벌로 성장했다.

조선 후기에 사림정치가 본격화되면서부터 조선 전기의 훈구파 계열과 직접적인 연맥(緣脈)을 이루고 있는 것은 아니라고 하더라도, 조선 후기의 벌열도 그 양상에 별 차이가 없었다. 특히 조선 후기의 사림 세력들은 당쟁에서 살아남거나 집권을 연장하기 위해서 더욱 다양한 벌열 관계를 형성했다. 즉 사우(師友) 관계를 통한 학벌, 지연 관계를 통한 지벌, 혼인 관계를 통한 인벌(人閥)로 소수 가문이 문벌을 형성해 정치행정적 특혜를 독점했으며, 이 가운데서 가장 특권 문벌은 왕실과 통혼해 국혼을 유지했던 가문이었다.

인조반정으로 권력을 잡은 서인 훈신들 중에는 그들의 정치적 입장을 튼튼하게 하고 명분과 실리를 동시에 추구하기 위해, 국혼(國婚)을 잃지 말 것과 산림(山林: 재야 덕망자)을 중용할 것을 비밀로 약속했다고 한다. 이것은 곧 벌열이 성립되는 시초가 되었다.

벌열 통치는 일당 전제 통치 형태로서 권력을 농단했고, 반대파의 인물이나 의견을 철저히 봉쇄함으로써 정치행정을 파행적으로 이끌어 갔다. 이것은 통치적 대처 세력의 상실을 가져왔으며, 양반 사회의 불균형을 초래했기 때문에 통치력의 탄력성을 상실했다. 또한 이들은 대지주화 등 경제적 특권을 향유했으므로, 제도의 혁신이나 사회 모순을 시정하는 데 매우 소극적이었다. 사상적으로도 명분과 존주대의(尊周大義)를 중시했기 때문에 사대적이고 배타적인 성향이 매우 농후했다. 더욱이 이들은 횡포와 부패 타락으로 인해 재야의 비난과 농민의 항거를 당하게 되었을 때에는 이에 유연하게 대응해 그것을 고수해 나가는 것이 아니라, 더욱 그들 자체의 권력을 강화시켰고, 세도정치의 징후를 나타냈다. 결국 벌열정치는 왕권을 상대적으로 약화시켰을 뿐만 아니라, 조선 후기의 양반 사회를 이완시켰으며, 그 사회의 취약성을 가속시켜 양반 관료 사회를 붕괴시키는 작용을 했다(한우근, 1987: 324-328).

2) 세도 정치·행정의 전개

세도(世道)정치와 세도(勢道)정치는 본질적으로 다른 개념이다. 세도(世道)란 문자 그대로 세상을 올바로 이끌고 다스리는 도로서 사림정치에서 강조한 통치의 원리이다. 사림 자신이 실천궁행하고 그들의 정치문화가 널리 교화될 때에 세도가 행해져 이른바 지치적(至治的) 정치가 이루어진다고 보았던 것이다. 그 때의 사림의 역할은 집단적 현인정치의 성격을 띠면서 군왕에 대한 상소 및 견제를 통해서 전제를 막고 사림 스스로의 토론과 비판에 의해 통치이론의 심화를 추구했다.

조선조에서 전자의 경우는 충절의 행동화로 순국까지 불사하는 보국정신으로 발전했는가 하면, 후자의 경우에는 소극적 갈등 형태로 파벌을 자아내서 사화·당쟁의 폐단을 가져왔다. 하여튼 세도(世道)의 성취를 위한 교화의 담당자는 사림이기 때문에 어떠한 통치자도 이 사림의 세도를 외면할 수는 없었다. 만약 이 사림의 세도를 따르지 않을 때에는 집권자는 그 권력의 정당성을 승인받을 수 없었다. 그리하여 통치자 또한 이 세도를 내세워 자신의 통치를 조정하고 정당성을 인정받으려 했다. 그러므로 세도정치란 유교적 왕도정치를 구현하기 위한 수단으로 학덕을 겸비한 산림 학자를 등용해서 통치를 맡기는 형태였다. 이 위임 통치 과정에서 특수 훈척이 권세를 자행하면 그 세도는 변질되어 타락하고 정치 기강의 문란을 초래하게 되는데, 이것이 곧 세도(勢道)정치였다. 이러한 세도정치는 기본적으로 벌열 통치에서 비롯되었으나, 그것은 소수 문벌의 연합 형태로부터 단독 가문으로 권력이 집중되는 과정을 거치게 되었다.

그리하여 한 나라의 통치를 일가(一家)에서 자행하는 결과를 가져오게 되었으며, 이러한 상태에 이르게 되면 사림은 이상적인 세도(世道)를 다시 일으켜야 했고, 또한 포악한 세도(勢道)를 막아야 하는 이중적 과제를 짊어져야 했다. 그러나 이 때에도 세도가 자신이 타락하고 산림이 이용물로 전락되면 아무런 성과를 얻을 수 없다.

19세기 초엽에 바로 이러한 세도정치의 현상이 나타났다. 세도는 군주와의 관계에 따라 총신 세도(寵臣勢道: 홍국영) · 외척 세도(김조순 등) · 친족 세도(대원군) 등으로 구별할 수 있다. 이 가운데에서도 가장 피해가 컸던 것은 외척 세도의 형태였다.

세도정치는 정조(1776~1800년) 때 홍국영(洪國榮)으로부터 시작되었으나, 그는 오래 가지 않아 정권에서 배제되었기 때문에 큰 피해는 없었다. 그러나 순조가 즉위(1801년)한 후 국구(國舅)인 김조순(金祖淳)이 국왕을 대행함으로써 세도정치가 본격화되었다. 정조의 부탁으로 나이 어린 순조의 후견인이 되었던 김조순은 그의 딸을 왕비로 만들었고, 그것을 기반으로 하여 통치 권력을 안동 김씨 일문으로 집중시켰다. 그리하여 노론계인 안동 김씨는 정부 요직을 독점하고 왕실을 포함해 어떠한 세력의 적대행위도 용납하지 않았으며, 드디어 일당 일가의 전제적 외척 세력을 구축했다.

이와같이 순조(1801~1834년) 일대에 전권을 장악했던 안동 김씨는 한때 풍양 조씨에게 세도를 빼앗긴 때가 있었다. 즉 순조 말년에 세자(익종 추존)에게 대리 청정케 했다. 이 때 조만영의 딸이 세자비가 되었기 때문에 그 후 헌종(1834~1849년) 때까지 15년간 풍양 조씨가 세도를 장악했다.

그러나 헌종이 사망하고 철종이 즉위(1849년)하자 다시 안동 김씨가 세도를 잡게 되었다. 그것은 김문근의 딸이 철종비가 되었기 때문이다. 이 때 안동 김씨의 세도는 절정에 달했고, 순조 · 헌종 · 철종의 3대 60여 년간 세도를 부리는 동안 왕권은 극도로 약화되었으며, 통치 질서는 극도로 문란해졌다. 즉 과거 제도의 난맥, 매관매직의 남발, 수령 이서의 탐학, 삼정의 문란 등이 그 도를 넘어섰던 것이다. 그리하여 홍경래의 난을 필두로 전국적인 농민의 저항이 거세게 일어났다. 이러한 농민의 저항이 세도 정권을 붕괴시키는 상태에까지는 이르지 않았으나, 이로 인해 안동 김씨의 세도도 더 이상 지탱할 수는 없었다. 그리하여 다음에는 그 형태를 달리한 대원군의 세도정치로 넘어갔다(반윤홍, 1986: 257-258).

4 대원군의 개혁정치

19세기 이후 조선조의 사회는 세도정치의 여폐(餘弊)와 서세동점의 파장으로 인해 조선왕조의 통치력은 탄력성을 상실해 갔다. 특히 철종조(1849~1863년) 14년간은 각지에서 민란이 연속적으로 일어났다. 이와같이 빈사상태에 처한 조선왕조의 복구를 위해서는 우선적으로 외척 세도를 제거하고, 왕권을 강화하는 것이 첩경이라고 생각되었다. 이러한 역사적 상황 속에서 홍선대원군이 실질적인 통치자로 등장했다.

순조(1801~1834년) 이후에는 외척 세도정치가 연속되었다. 이 기간의 대부분은 안동 김씨 일문이 세도를 장악하고 있었다. 헌종(1834~1849년) 때 잠시 풍양 조씨가 세도를 부린 적이 있었지만, 철종이 즉위하면서 다시 세도는 안동 김씨에게로 돌아갔다. 철종 때부터 안동 김씨 가문과 풍양 조씨 가문 사이에 암투가 있었지만 풍양 조씨가 밀려났던 것이다. 더욱이 안동 김씨 가문의 김좌근, 김병익 부자의 세도는 점차 더 강력해졌고, 이들 앞에서는 왕실의 종친까지도 일신의 보전을 위해서 전전긍긍하는 상태에 있었다.

홍선군(興宣君) 이하응(李昰應)이 안동 김씨의 학대를 피하기 위해 파락호・궁도령 등 호협 방탕한 생활을 했던 것도 그 자신의 보신을 위한 것이었다. 그리고 풍양 조씨 가문과 은밀한 연결을 가지고 왔던 것은 동병상련의 입장에서 나온 것이었다고 하겠다.

철종은 후사 없이 사망했다. 이 때 왕실 법도상 익종(순조의 아들로 추존됨)의 비인 조대비가 대통을 결정하게 되어 있었다. 그리하여 조대비가 영조의 현손이요, 홍선군의 둘째아들인 당시 12세의 명복(命福)을 새로운 왕위에 즉위시켰다. 그가 고종(1863~1907년)이며, 그 이후 안동 김씨 가문은 거세되었다.

조대비는 형식상의 섭정을 얼마간 하다가 고종의 생부인 홍선대원군으로 하여금 섭정케 했다. 그리하여 외척 세도는 제거되었고 새로운 형태의 세도인 친족 세도가 등장했다. 이와같이 하여 역사에 등장한 대원군은 먼저 안동 김씨 가문을 축출하고 왕권 강화를 위한 과감한 개혁정치를 단행했다. 그의 혁신정책은 대부분 봉건왕조의 복구와 왕권 강화를 내용으로 담고 있었다. 즉 정치 제도적으로는 정무와 군무를 분리하는 조치를 취했다. 종래의 정무와 군무를 통합적으로 다루던 비변사를 폐지했고, 의정부의 기능은 확대되었으며, 삼군부를 설치해 군무를 담당하도록 했다. 그리고 『대전회통(大典會通)』 등의 법전을 편찬해 통치 규범을 재정비했다. 경제적으로는 말썽 많던 환곡 제도를 폐지하고 사창 제도(社倉制度)로 변경했다. 호포제(戶布制)를 실시해 양반에게도 부과시켰으며, 둔전법·포량미세 등을 받아들여 삼수병의 강화와 성벽의 증축 등 적극적인 국방정책을 펴나갔다. 또한 사색(四色)을 고루 등용해 외척 세도 및 문벌과 지벌을 없애고 능력 위주로 인재를 선발했다. 영의정에는 조대비계인 조두순을 임명하고, 좌의정에는 안동 김씨계인 김병학을, 우의정에는 유성룡의 후예인 남인의 유후조를, 홍문관 대제학에는 북인의 강시영을 임명해 사색을 철폐하고, 벌열정치 및 세도정치를 배제하는 데 노력을 기울였다.

사회적으로는 지방 유림의 막강한 근거지인 서원의 철폐를 단행했다. 따라서 서원은 그 자체의 본래적 기능이 크게 변질되었다. 즉 서원전의 확대, 당파의 소굴, 피역의 도피처, 노비의 과다 점유 등 그 부정적 요소가 많았다. 영조 때의 600 여개 소의 사액서원(賜額書院)을 대부분 철폐하고 도학과 절의에 뛰어난 선현의 봉사소인 47개소의 서원만 남겼다. 특히 노론의 영수 송시열을 향사하는 화양동서원(華陽洞書院)과 그 부속의 만동묘(萬東廟)를 시범적으로 철폐했다.

이 서원 철폐는 양반 세력을 억압하고 면세·면역을 줄여 국가 세원의 확대 및 양정의 확보에 크게 기여했다. 그리고 이와 함께 대대적인 관기 숙정과 상하 검소 생활을 권장했다. 그리하여 대원군의 혁신정책은 국민의 지지를 받았다.

그러나 절대군주권의 강화와 왕실의 존엄을 과시하기 위해서 경복궁을 재건하려고 했던 것은 무리한 정책이었다. 이것을 완성하는 데는 과도한 비용 지출이 있었기 때문에 국민의 비난을 받게 되었다.

임진왜란 때 완전히 소실되었던 경복궁을 중건하는 데는 막대한 인적·물적 비용이 필요했다. 2년여의 공사 기간에 경기 일원의 양정(良丁)이 강제 동원되었고, 공사비를 염출하기 위해서 새로이 세금 명목을 만들어 국민들로부터 세금을 징수했다. 전지 1결당 결두전(結頭錢)이라 하여 100문(文)의 세전을 부과했고, 도성을 출입하는 자에게는 통행세를 받았다. 그리고 강제 기부의 형식으로 원납전(願納錢)을 거두었으며, 심지어는 당백전(當百錢)이라는 악화를 남발했다. 그리하여 백성의 원성은 점점 높아졌고, 경제 질서는 혼란을 거듭해 갔다.

이와 같은 재정정책의 실패와 서원 철폐로 인한 유림의 반발, 강력한 쇄국정책 및 민비 일파와의 갈등으로 인해 대원군은 집권 10년 만에 하야하게 되었다(1872년). 따라서 그가 추진했던 개혁정책은 바람직한 결말을 가져오지 못했다.

대원군의 개혁정책은 외척 세도의 종식, 유교적 민본정치의 부흥, 부국강병 정책의 추진에 중점을 두고 있었다. 그리고 대원군의 조선왕조의 복구와 왕권의 강화정책은 적극적으로 추진되었으며, 어느 정도 실효도 거두었다. 그러나 그는 외세에 효과적으로 대응하지 못했다는 역사적 비판도 면할 수는 없을 것이다. 그것이 대원군의 역사적 한계라 하겠다.

제5편
근대(1): 개화기의 행정

제10장 개항과 행정개혁

제1절 행정환경

1 개화사상의 대두

18세기 이후 조선조 사회는 실학의 대두와 서양 문화의 영향을 받아 조선조의 전통적인 사상과 구(舊)체계를 탈피해 새로운 사상을 전개시키려는 움직임이 있었다. 이것을 개화사상이라고 불렀다. 대원군의 강경한 척양(斥洋)·척왜(斥倭) 정책이 추진되고 있을 때 정계 일각에서는 문호를 개방해 서양 문화를 받아들이고 통상(通商)을 하는 것이 필요하다는 통상개화론이 대두되었다. 이러한 주장은 이미 실학파의 북학론에서 제기되었던 것으로 특히 박제가(朴齊家)는 청(淸)의 발달된 문물을 받아들여 우리에게 유용하게 할 것을 주장했을 뿐만 아니라, 동남아 또는 서양과도 통상을 해야 나라가 부강해진다고 했다.

이러한 주장은 그 후 19세기에 들어와서 이규경(李圭景)이나 최한기(崔漢綺)에 의해서 계승되었고, 다시 박규수(朴珪壽)·오경석(吳慶錫)·유홍기(劉泓基) 등에 의해서 더욱 발전되었다. 이들이 부국강병의 방편으로 주장한 통상개화론은 그 후 개화사상의 형성과 개화정책의 추진에 선구적인 역할을 했다. 이것은 한국사의 전개 과정에서 내재적인 발전의 측면을 보여주는 중요한 움직임이라고 할 수 있으며, 이는 한민족의 주체적 역사 발전의 하나의 동력으로 평가되어야 할 것이다.

이러한 통상 개화의 주장은 대원군의 집권 중에는 표면화되기 어려웠으나 고종 10년(1873년)에 대원군이 권좌에서 물러나자 문호를 개방하게 된 원동력이 되었다(변태섭, 1987: 389-390).

2 강화도조약과 개항

일본은 대원군의 하야와 정권 교체 사실을 탐문하고 이것을 그들의 침략적 의도에 입각한 통상조약을 강요할 수 있는 절호의 기회로 여겼다. 이리하여 그들은 운요호사건(雲揚號事件)을 일으켰다. 운요호사건은 고종 12년(1875년)에 일어났다. 이 사건은 일본 군함 운요호가 강화도 초지진(草芝鎭) 앞바다에 나타나자 초지진의 수비병이 발포함으로써 일어났다. 일본은 미국 군함의 함포 시위로 문호를 개방하지 않을 수 없었던 스스로의 경험을 조선에 대해 계획적으로 재연한 것이다. 일본은 운요호사건을 두고 침략적 의도가 없는 일본함에 대한 불법 발사라고 주장했다. 그러나 실제의 운요호는 일본을 떠날 때 조선과의 사이에 어떤 사건을 일으킬 것을 명령받고 있었다. 일본 군함 운요호는 음료수의 공급을 원한다는 명목으로 강화도 초지진 앞을 거슬러 올라왔다. 이에 대해서 초지진 포대가 발포하니, 운요호는 응사한 뒤 영종도를 노략하고 돌아갔다.

이를 계기로 일본은 구로다 기요타카(黑田淸隆)를 전권대신으로 삼아 군함 6척을 이끌고 조선에 와서 운요호사건에 대한 사죄·보상 및 통상 요구를 내세웠다. 이에 조선정부는 할 수 없이 그 위협 속에서 일본의 요구를 승인하게 되었다. 이와같이 운요호사건의 책임을 따지고 그 조건으로 개항을 요구함에 따라 조선정부는 고종 13년(1876년)에 신헌(申櫶)을 내세워 강화도에서 일본의 구로다 기요타카와 전문 12개조로 된 강화도조약(병자

수호조약)을 체결했다.

일본의 강요로 맺어진 강화도조약은 근대 조약으로서의 성격보다 불평등 조약으로서 의미가 크다. 그 불평등성은, ① 정치・군사면의 불평등성으로는 편무적 영사재판권의 행사, 조계(租界)의 설정, 연안 측량권과 해도 작성권 등이고, ② 경제면의 불평등성으로는 관세 주권의 부인, 일본 화폐의 유통, 자유무역의 강제 등에서 나타난다. 이 조약으로 조선은 처음으로 문호를 개방하게 되었다. 그리하여 조선에서는 일본에 수신사가 파견되고 일본에서는 하나부사 요시모토(花房義質)가 공사로 부임해 왔다. 동시에 부산(1876년)・원산(1880년)・인천(1883년)이 각각 정치적・경제적・군사적 목적으로 개항되었으며, 따로 강화도조약에 의거해서 조일통상장정(朝日通商章程)이 마련되었다. 이 조약에 의해서 일본의 화폐가 조선에서 사용되기에 이르렀고 수년간 모든 대일 수출입품에 대해 과세하지 않았다. 따라서 그것은 조선에 대한 일본인의 경제적 침투가 공공연하게 용인된 불평등 조약이었다(남도영, 1984: 278-280).

3 구미 제국과의 수교

일본에 문호를 개방한 조선은 종래의 척양정책을 그대로 존속할 수 없었다. 그것은 밖으로부터 서양의 여러 나라가 적극적으로 접근해 왔을 뿐만 아니라 국내에서도 세계 정세에 대한 새로운 안목이 형성되면서 서양과의 교섭이 필요하다는 것을 인식하게 되었기 때문이다.

이것은 당시 개화사상의 성립에 따라 세계 정세에 대한 인식이 높아져 가고 있었을 뿐만 아니라, 러시아의 침략 위협에 대해 미국과의 수교의 필요성을 제시한 황준헌(黃遵憲)의 『조선책략(朝鮮策略)』이 국내에 소개되어 미국과의 수교를 주장하는 움직임이 있었기 때문이다.

이와 같은 국내외 정세 속에서 제물포에서 구미 제국 가운데 1878년 5월 최초로 미국과의 수호통상조약이 체결되었다. 이 조미수호통상조약은 모두 14개조로 되어 치외법권, 조차권 설정의 승인, 그리고 최혜국 조관 등을 규정했다. 이 조약에 따라 조선은 민영익을 전권대신으로 하여 홍영식·서광범 등 수신사 일행을 미국에 파견했으며, 미국에서는 푸트(Lucius H. Foote)가 초대 공사로 서울에 왔다.

미국과 조약을 맺은 후 조선정부는 서양의 다른 여러 나라와도 조약을 체결하고 문호를 개방했다. 영국과는 1882년 역시 제물포에서 청의 중재로 통상조약을 체결했는데, 관세가 고율이라는 점과 아편 수입을 금지한 내용에 영국측이 불만을 품고 비준을 하지 않아 1883년에 일부 수정을 가한 뒤 정식으로 조인되었다. 독일과도 역시 청의 중재로 1882년 제물포에서 조약을 체결했다. 러시아와는 청의 중재를 거치지 않고 직접 조노통상조약을 체결했다. 그것은 북경 주재 러시아 공사관의 서기관 웨베르(Karl Wäber)가 조선에 파견되어, 임오군란 후 청에 의해서 외교 고문으로 추천되어 조선에 와 있던 묄렌도르프(Paul G. van Möllendorff)의 협조를 얻어 체결되었다. 프랑스와는 병인양요 이후 계속된 문호 개방의 추세에 따라 1886년에 조약을 체결했다. 이어 오스트리아·벨기에·덴마크 등과 잇달아 조약을 체결하고 외교 관계를 수립했다.

이와 같은 서양 제국과의 수교로 조선은 국제 무대에 참여하게 되고 서양 문물을 수용하고 근대 사회로 발전하는 계기를 마련했다. 그러나 개국과 근대화의 준비가 미숙했던 조선은 그것이 곧 식민지화의 과정이 되고 말았다. 개국과 식민화란 두 개의 어휘 속에 휘말린 조선은 이제 서양 문물을 수입해야 했지만, 그 속에 민족의 전통을 수호해야 할 보수적 자주성과 세계사의 일원으로서의 시대 조류에 적응해야 할 개화사상의 갈등으로 시련과 고통을 면치 못했다(변태섭, 1987: 392-395).

4 개화정책에 대한 반발

강화도조약이 체결된 직후에 조선은 김기수(金綺秀)를 수신사로 임명해 일본에 파견했다. 그들 일행은 귀국해 일본이 특히 무기·전신·기선, 그리고 농업에서 서양의 기술을 도입하고 있으며, 그 밖에 서양 각국에 유학생을 파견해 서양의 각종 기술을 배우게 하고 있다는 사실을 보고했다.

이 때에 일본은 하나부사 요시모토(花房義質)를 공사로 파견했고, 몇 차례의 교섭을 거친 뒤 서대문 밖에 있던 청영관(천연정)을 가(假)공사관으로 정했다. 조선정부가 세계 사정에 좀더 눈을 뜨게 된 것은 고종 17년(1880년) 김홍집(金弘集) 일행이 수신사로 일본에 다녀온 뒤부터였다. 그들의 임무는 그 때 마련된 통상장정(通商章程)에 대한 일본 정부의 의향을 살피고, 일본 내의 물정을 다시 자세하게 알아오는 데 있었다. 이 때 김홍집은 일본의 놀라운 발전상을 목격했고 개화의 필요성을 절감하게 되었다. 그가 귀국할 때는 청국의 참찬관 황준헌이 지은 『조선책략』이라는 책자를 가지고 왔다. 이 『조선책략』에는 국가의 부강을 위해서 서양의 제도와 기술을 배워야 할 것을 강조하고 있으며, 그리고 러시아의 남하정책을 저지시키려면 친(親)중국 · 결(結)일본 · 연(聯)미국의 외교정책에 의해서 조선의 자강(自强)을 꾀해야 한다는 주장이 실려 있었다.

김홍집은 이 책을 소중히 여겨 귀국 즉시 국왕에게 바쳤고, 고종은 이를 여러 대신에게 검토케 했다. 그리하여 대신들은 정세의 변천에 따르는 외교정책의 전환이 불가피하다고 생각해, 이 『조선책략』을 복사해 전국의 유생들에게 돌렸다. 그 목적은 유생들의 식견을 넓혀 주고, 그들의 전통적인 이적관(夷狄觀)이나 척사론(斥邪論)의 잘못을 계몽하려는 것이었다(송병기, 1985: 70-74).

그러나 당초 의도와는 달리 유생들은 전면적으로 이에 반발했다. 완고한 유생들을 비롯한 국내의 쇄국양이론자들은 이 책을 정면으로 공격하고 나섰다. 원래 유생들 사이에서 개항(開港) 반대의 소리는 강화도조약 체결 당초부터 일어난 일이었다.

이들 유생들의 수호통상 반대론은 반외세 · 반개화적 성격을 강하게 띠고 있었으며, 시대적인 추세에 다소 둔감한 보수적인 면이 없지 않았고, 외세나 개화에 대한 충분한 검토를 거쳐서 얻은 결론이었다고 보기는 어렵다. 그러나 다른 한 면에서 척사론자들의 주장은 소박했지만, 정곡을 찌른 바도 없지 않았다. 그것은 그들은 개항과 통상, 즉 외세의 영입은 마침내 그 외세의 침략을 받게 될 것이라는 점에 대해 심각하게 우려했던 것이다.

일본과의 통상이 그 경제적 수탈을, 일본·미국과 연합해 러시아를 막자는 계책이 도리어 그 침략을 초래하게 될 것이라고 그들은 굳게 믿고 있었다. 그리고 개항 이후의 사태가 그러한 방향, 특히 일본의 침략으로 움직여 갔던 것은 누구도 부정할 수 없는 역사적 사실이다(송병기, 1985: 167-192).

그런데 그 당시 척사파(斥邪派)들은 자본주의적 침략이라는 대외적 모순에 철저하게 저항했다. 그런 의미에서 우리는 이들 척사파들을, 개화파들이 수행한 역사적 기능에 내재되어 있던 제약을 보완해 주는 기능을 수행했다고 긍정적으로 평가해야 하겠다.

제 2 절 행정 주체 및 이념

1 개화파의 대두와 개화운동

개화사상은 심한 반발을 받았으면서도 세계의 정세에 대한 지식이 넓어짐에 따라서 양반 관리들에게 큰 영향을 주었다. 당시의 대표적 정치가들이라고 할 만한 김홍집(金弘集)·김윤식(金允植)·어윤중(魚允中) 등을 비롯해, 민씨 중에서도 민영익(閔泳翊)과 같은 사람들이 개화에 찬성하고 있었다. 그러나 이들은 점진적인 방법을 주장했고, 더구나 청의 원조에 의해 이를 실시할 것을 생각하고 있었다.

이에 대해 척족 민씨에게 압박받는 양반층에 속하는 김옥균(金玉均)·박영효(朴泳孝)·서광범(徐光範)·홍영식(洪英植) 등의 청년들을 중심으로 급진적인 개화정책을 주장하는 일파가 생겨났다. 이들은 모두 당시 개화사상의 대표적 존재인 유홍기(劉鴻基: 대치[大致]) 문하였는데, 유홍기는 의(醫)를 업으로 하는 중인이었으며, 또한 불교 신자이기도 했다. 이동인(李東仁) 같은 승려도 이에 가담했다. 그리고 변수(邊樹)와 같은 중인(中人)이나 유상오(柳相五) 부자와 같은 무인이나 이창규(李昌奎) 같은 상인들도 이에 참여했다.

이같이 신분을 초월해 개화사상을 가진 많은 인물들이 서로 접촉하며 개혁 방안을 모색했다. 이들은 평등사상의 소유자들로서 신분 차별 없이 일본의 메이지유신을 본떠 정치·행정을 쇄신하는 한편, 청의 간섭을 배격해 독립국가의 실(實)을 얻으려 했다. 그 방법으로서 어떤 비상 수단을 쓸 것을 생각하고 있었으며, 이를 위해 일본의 원조를 얻을 것을 희망하고 있었다. 이들의 모임은 비록 비밀단체적인 성격을 띠고, 따라서 그 수가 제한된 것이기는 했으나, 그 당시의 정계에서는 공공연히 드러난 존재였다. 이들을 보통 개화당 혹은 독립당이라고 불렀다.

이들의 활동이 상당히 활발해졌던 것은 임오군란 후에 박영효가 고종 19년(1882년)에 수신사로 일본에 갔을 때였으며, 이 때 김옥균·서광범 등이 동행했다. 이들은 해외 견문이 넓었기 때문에 고종의 사랑을 받게 되었고, 이로 인해 그 세력이 커져서 여러 가지 개화정책을 건의하고 실천했다. 즉 그들은 박문국(博文局)을 설치해 「한성순보(漢城旬報)」를 간행했고, 군사·학술 등을 배우기 위해 우정국(郵政局)을 설치했으며, 또한 비록 민씨 세력의 반대로 인해 곧 중지되기는 했지만 광주(廣州)에서 신식(新式) 군대를 양성했다.

또한 그들은 국가의 독립을 유지하기 위해서는 외교 활동이 중요하다는 것을 인식하고 열강의 외교 사절과 빈번하게 접촉했다. 그러나 그들의 성급한 의욕에도 불구하고 이런 정도에서 그칠 수밖에 없었던 것은, 민씨 일파의 미움을 받아 그들이 요직에 임명되지 못했고, 일본의 태도가 냉담해지면서 군대를 양성하는 등과 같은 비상 수단을 실천하기 위한 자금을 얻기 위한 차관 교섭이 거절당했기 때문이다. 그러므로 그들은 그들의 계획을 뜻대로 밀고 나갈 수가 없었다(이기백, 1987: 327-329).

2 척사파의 대두와 척사운동

문호 개방 이후 개화사상이 고조되고 정부의 개화정책이 추진되는 과정에서 외세의 침략에 대한 위기 의식을 바탕으로 존왕양이적(尊王攘夷的)인 위정척사운동이 전개되었다. 이 운동은 주로 성리학을 신봉하는 보수적인 유생들이 주도했는데, 이들은 일본의 침략을 규탄하면서 정부의 개화정책을 반대했다. 이 위정척사운동은 외세가 침투하는 상황에 따라 단계적으로 전개되었다.

1866년 병인양요 당시 이항로(李恒老)는 척화주전론을 내세우며 양이의 침범은 국가 존망의 위기를 조성한다고 주장하면서 양물(洋物)을 배척하고 통상을 반대했다. 이 때 기정진(奇正鎭)도 같은 내용의 척사론을 주장했는데, 이들의 주장은 당시 대원군의 쇄국·척양정책을 뒷받침하는 것이었다.

그러나 개화·통상의 추세에 따라 일본과 강화도조약이 체결되었다. 이 때 최익현(崔益鉉)은 왜양일체론(倭洋一體論)을 내세워 개항에 반대하는 「5불가소(五不可疏)」를 올렸다. 이어서 경기·강원 유생들의 「절화소(絶和疏)」가 잇달아 올려졌다. 그러나 국왕과 정부의 강력한 의지로 개항은 이루어졌고, 이에 따라서 위정척사운동의 양상도 달라지게 되었다.

고종 17년(1880년) 김홍집이 황준헌의 『조선책략』을 일본에서 가져왔다. 그리고 국왕은 개화의 필요성을 고취하기 위해 이것을 관리뿐만 아니라 유생들에게도 돌려가며 읽도록 했다. 그러나 이것이 오히려 역효과를 가져왔으며, 1881년에는 격렬한 위정척사운동이 전개되었다. 경상도 유생 이만손(李晩孫)을 소두(疏頭)로 한 「영남만인소(嶺南萬人疏)」는 『조선책략』을 비난했을 뿐만 아니라, 그것을 들여온 김홍집을 처벌할 것을 요구했다. 이 「영남만인소」를 비롯해서 전국의 유생들이 같은 내용의 상소를 올렸다. 특히 강원도 유생 홍재학(洪在鶴)이 올린 「만인척사소(萬人斥邪疏)」는 그 내용이 매우 격렬하여, 고종의 친정 이래 일본과의 수교가 이루어지고 양물·양학이 만연해 종묘와 사직이 위기에 빠졌다고 비난했고, 나아가서는 정치 권력자에 대한 저항에까지 이르고 있었다.

이러한 1881년의 위정척사운동은 다만 외세의 침입을 경계하던 종래의 모습에서 벗어나 이제는 정부의 개화정책을 반대하는 정치적 움직임으로 확대되었다. 즉 척사의 방향이 당시 개화정책을 추진하던 정치 담당자와 정책 대결로 발전해 국내 정계에 개화와 보수의 양 세력 사이에 대립과 갈등을 빚게 했다. 이러한 위정척사운동은 당시 정부의 개화정책이 외세의 침투에 직면해 주체적으로 대처하지 못하는 것에 대한 비판에서 비롯된 것으로서, 외세의 본질을 정확하게 파악하고 그들의 침략을 막아야 한다는 애국적 성격을 강하게 가진 것이었다. 뒷날 일본의 침략이 노골화되었을 때 이 위정척사운동이 항일의병운동으로 연장된 것은 바로 이러한 이유에서였다.

그러나 다른 한편으로는 이것이 주체적인 근대화 방법론을 제시한 것이 아니라, 다만 조선왕조의 전통적인 정치·행정 체제와 사회·경제 질서를 그대로 유지시키려는 데 그 목적을 두고 있었다는 점에서 전근대적인 성격이 강함을 부인할 수 없다. 실제로 위정척사운동은 당시 정부로 하여금 적극적인 개화정책을 추진하지 못하도록 하는 장애물이 되었고, 그만큼 역사의 발전을 가로막은 역기능을 가지고 있었다(변태섭, 1987: 398-400).

그러나 1970년대에 들어와 학계 일각에서는 위정척사운동을 더욱 적극적으로 평가하려는 움직임이 일어났다. 즉 초기에는 척사운동이 수교적인 수구운동이었지만 최익현에 의해서 민족의식에 입각한 자주적인 사상 체계로 승화·발전했다고 보는 것이며, 이것은 또한 외세의 침략에 대한 자주적인 저항 세력으로 평가하고 있다(최창규, 1981: 123-140).

그 당시 유생들의 수호통상반대론은 시대적인 추세에 다소 둔감한 보수적인 면이 없지 않았다. 그러나 어느 의미에서는 자본주의적 침략이라는 대외적 모순에 철저히 저항했던 척사파들이 개화파가 지녔던 자기 제약을 보완해 주는 상보적(相補的) 역사 기능을 수행했던 긍정적 측면을 간과해서는 안 될 것이다(남도영, 1984: 281).

1882~84년의 조선 정치 세력의 분화를 보면 <표 10-1>과 같다.

〈표 10-1〉 1882~84년의 조선 정치 세력의 분화

	정 파	중 요 인 사	특 징
(1)	급진 개화파 (개화당)	유홍기, 김옥균, 박영교, 홍영식, 박영효, 서광범, 유상오, 서재필, 윤웅렬, 윤치호, 변 수, 박제경, 그 밖의 다수	㉠ 변법(變法)적 개화를 추구 ㉡ 국정 전반에 걸친 대경장 개혁을 추구 ㉢ 청국의 간섭정책에 적극적 반대 ㉣ 정변의 방법도 불사 ㉤ 주로 청년 선각 지식인층으로 구성 ㉥ 조정의 중간 관직에 다수 진출
(2)	온건 개화파 (중간파)	김기수, 김홍집, 어윤중, 박정양, 김만식, 김인식, 강문향, 이헌영, 신기선, 이원회, 조병호, 그 밖의 다수	㉠ 동도서기론(東道西器論)적 개화의 추구 ㉡ 점진적 개화를 추구 ㉢ 정변의 방법에 불찬성 ㉣ 주로 장년층이 중심이 되어 구성 ㉤ 조정의 고위관직에 다수 진출
(3)	민비 수구파 (집권파)	민 비, 민태호, 민겸호, 민응식, 민영익, 민병석, 민영목, 민종묵, 조녕하, 한규직, 이조연, 윤태준, 그 밖의 다수	㉠ 수구를 원칙으로 추구했으나 불가피할 때에는 개화를 승인 ㉡ 임오군란 후에는 친청사대 정책을 추구 ㉢ 민씨 척족을 중심으로 하여 구성 ㉣ 주로 노년층과 장년층이 중심이 됨. ㉤ 조정 내에서 최고 지위를 점유한 집권파임.
(4)	대원군 수구파	홍선대원군, 이재원, 이재완, 이재만, 이재선, 홍순향, 정현덕, 신응조, 이경하, 한성근, 그 밖의 다수	㉠ 수구를 원칙으로 했으며, 왕권의 강화와 종사의 구습 보전을 추구 ㉡ 청에 대해서는 의례적 사대외교만 하고 실질적으로 자주를 추구 ㉢ 대원군을 중심으로 하여 종친과 그 세력으로 구성 ㉣ 임오군란 때 1개월간 집권했으나 그 이후는 실권
(5)	위정척사파 (재야유림 수구파)	김평묵, 최익현, 유인석, 이만손, 백영관, 양헌수, 신 섭, 홍재학, 한홍열, 고정주, 김진순, 그 밖의 다수	㉠ 철저한 수구와 위정척사를 이론적·실천적으로 고수 ㉡ 명과 중국에는 사대적이며 청에는 중립적 외교 지지 ㉢ 일본과 서양에 대해서는 극단적으로 배척 ㉣ 서원과 향교를 근거지로 한 유림세력으로 구성 ㉤ 평상시에는 조정의 관직에 진출하지 않고 재야 세력으로 존재

자료: 신용하(1987: 31).

제 3 절 행정 제도

1 통리기무아문의 설치 및 개편

강화도조약이 성립된 고종 13년(1876년)에 조선은 김기수(金綺秀)를 수신사로 임명해 일본으로 파견했다. 그는 그 당시의 견문을 적은 『일동기유(日東紀遊)』를 고종에게 바쳤다. 그러나 이것은 신문명에 대한 조심스런 비판이 담겨 있는 내용이었다. 그 동안 일본은 하나부사 요시모토를 공사로 파견해 몇 차례의 교섭 끝에 서대문 밖의 청수관(천연정)을 가(假)공사관으로 삼고 머물고 있었다.

조선이 세계의 사정을 좀더 상세히 알게 된 것은 고종 17년(1880년)에 김홍집이 수신사로 일본에 다녀온 뒤였다. 김홍집은 일본의 놀라운 발전상과 세계 정세의 동향을 살피고 개화에 대한 의욕을 갖게 하게 되었다. 김홍집은 귀국할 때에 청국 참찬관 황준헌으로부터 『조선책략』과 『이언(易言)』을 얻어가지고 왔다.

『이언』은 정관응(鄭觀應)이 지은 것인데, 국가를 부강하게 하려면 기술만 중요시해서는 안 되며, 기술 뒤에 있는 정치 제도 등도 받아들여야 한다는 내용이었다.

이러한 영향과 자극 속에서 정부의 당국자들은 점점 개화의 방향으로 정책을 이끌어 가게 되었다. 즉 김홍집이 귀국한 다음해인 고종 18년(1881년)에는 조준영·박정양·어윤중·홍영식 등을 신사유람단(紳士遊覽團)이라 칭해 일본에 파견했다. 각종의 시설을 시찰하기 위한 전문위원의 파견이라 하겠다. 그들은 70여 일 동안 일본의 각지를 다니면서 행정기관을 비롯해 군사·교육·공업 등의 상황을 상세히 시찰했다.

한편, 청의 권고에 따라서 김윤식을 영선사로 삼아 양반 출신의 학도(學徒)와 공장(工匠) 수십 명을 거느리고 청의 천진기기국(天津機器局)에 가서 신식 무기의 제조법과 군사 관계의 기초 과학을 배우게 했다. 이리하여 세계의 진운에 따라가려는 의식적인 노력이 표면화되었다. 이렇게 얻은 신지식을 토대로 해서 개화의 노선에 따라 정치·행정개혁이 실시되었다(이기백, 1987: 321-322).

그리하여 조선정부는 고종 17년(1880년) 청의 제도를 본떠서 통리기무아문(統理機務衙門)을 설치했다. 그 명칭과 직무 내용 등에 관한 직제는 당시 작성된 '신설아문절목(新設衙門節目)'에서 구체적으로 규정했다(『비변사담록』 제이백육십일책 고종 십칠년 병진십이월, 신설아문(국사편찬위원회, 1960, 460-461). 이 신아문은 내외의 군국기무를 총령하도록 했다. 그리하여 정1품아문으로 마련해 의정부와 동격으로 했고, 대신 중에서 도상(都相: 총리)을 임명해 겸직케 했다. 당상관은 원수(員數)에 관계 없이 통리기무아문에서 임명하고, 신청(新廳)은 문·음(蔭)·무에서 정수 없이 선임했다.

그런데 참상은 주사로 하고 참하는 부주사로 했고 관아는 전(前) 삼군부의 청사를 이용하도록 했다. 또한 신아문의 사무를 분장하기 위해 그 밑에 12개의 사(司)를 두었으며, 각 사와 그 분장 사무는 다음과 같다. ① 사대사(事大司)는 대중국 외교에 관한 업무, ② 교린사(交鄰司)는 대일본 및 기타 국가와의 외교 업무, ③ 군무사(軍務司)는 군사를 통솔하는 업무, ④ 변정사(邊政司)는 국경 및 이웃나라의 동정 정찰 업무, ⑤ 통상사(通商司)는 중국 및 이웃나라와의 통상에 관한 업무, ⑥ 군물사(軍物司)는 병기 제조에 관한 업무, ⑦ 기계사(機械司)는 각종 기계 제조에 관한 업무, ⑧ 선함사(船艦司)는 각종 선박의 제조와 관리에 관한 업무, ⑨ 기연사(譏沿司)는 연안 각 포구에 출입하는 선박의 순검 업무, ⑩ 어학사(語學司)는 각국의 언어와 문자의 번역 업무, ⑪ 전선사(典選司)는 각 관청 직원의 인사관리에 관한 업무, ⑫ 이용사(理用司)는 각 사에 소요되는 물품의 조달에 관한 업무를 취급하는 것으로 되어 있었다.

새로 설치된 신아문의 총리대신에 영의정 이최응(李最應)을 임명하고 당상관 10명도 발령했다. 그런데 신설 당시의 통리기무아문의 당상관 인선은 수구파 중심으로 되어 있었고 김홍집이 개화파였다. 이 신아문의 구조나 기능은 혁신적인 것은 아니었다. 그러나 이는 당시의 국내 사정과 중국과의 관계에 의한 부득이한 일이었다. 당시 국내의 일반적 여론은 여전히 인습적 척사 멸양(斥邪滅洋)의 기운에 차 있었다. 학조기계사(學造器械事)를 추진시킨 이유원(李裕元)조차 그 수구적 풍조에서 벗어나지 못하고 있었다. 그리하여 서양 각국과의 통상과 학조기계에 대해 매우 소극적이었다. 이홍장(李鴻章)이 이에 대해 불만을 표시하고 비난할 정도였다고 한다. 그러나 한 가지 특기할 일은 고종 자신이 학조기계사에 대해 비교적 적극적인 태도를 취했다는 사실이다.

어쨌든 통리기무아문의 설치는 당시의 시대적 요청에 따른 것이다. 이러한 제도의 수립은 일찍이 일본이 권고한 바도 있었으나, 이 때는 전통적인 사대 관계와 척사의 분위기 때문에 그 권고에 쉽게 응할 수가 없었다.

신아문의 설치는 그 뒤 국제 정세의 변천을 감안한 중국의 무비・통상의 권고를 통해 비로소 이루어졌다. 그러나 여기서 유의할 점은 중국이 권고한 의도는 조선의 근대화 자체에 있었던 것이 아니고, 그들의 국제상의 편의를 도모하고자 했던 데 있었다는 것이다. 또한 우리 국내에서도 근대적 문물 제도를 수용하려는 자발적인 의식이 당시까지만 해도 희박했기 때문에 신아문의 성격은 혁신적인 것이 될 수는 없었다.

그러나 신기구의 발족은 외국과의 개국 통상을 위해 진일보한 조치였으며, 뒤에 이루어진 모든 개혁의 시발점이 되었다는 점에서 중요한 의의가 있다(김운태 외, 1985: 76-77). 통리기무아문은 1880년 음력 12월에 신설된 후 몇 차례의 개편이 있었다. 우선 다음해 고종 18년(1881년) 1월에 신아문을 궐 내에 설치해 내아문이라 칭했다. 그리고 각 사의 당상관을 정식으로 배치해 사무를 개시했다. 그러나 통리기무아문은 고종 18년(1881년) 1월에 일본에 파견되었던 신사유람단이 그 해 11월에 귀국해, 귀국 복명한 후 몇 차례의 큰 개편을 했다. 즉 국왕 이하 정부 내의 소장 개화 세력은 부국강병을 위한 제2단계의 혁신정책을 채택했다.

우선 고종 18년(1881년) 11월에는 통리기무아문의 12사를 동문・군무・통상・이용・전선・율례・감공 등 7사로 개편하고 각 사의 담당 기능과 관계도 조정했다. 즉, ① 동문사(同文司)는 사대사와 교린사를 통합한 것으로 청・일에 관한 외교 업무, ② 군무사는 군사와 이웃나라의 동정에 대한 정찰 업무, ③ 통상사는 외국과의 통상 업무에 관한 업무, ④ 이용사는 각 사에 필요한 물자 공급에 관한 업무, ⑤ 전선사는 인사관리에 관한 업무, ⑥ 율례사(律例司)는 법률에 관한 업무, ⑦ 감공사(監工司)는 토목 관리에 관한 업무를 담당했다.

그리고 관계(官階)에서는 판서급 이상을 '경리통리기무아문사(經理統理機務衙門事)'(약칭 당상경리사)라고 하여 각 사의 업무를 총괄하게 했고, 소장 기예(少壯氣銳)한 인물로 실무를 담당하게 했는데 이를 '부경리사'라 했다. 이 개편된 기구에는 민비 계열의 요인과 개화파의 중진이 망라되었고, 신사유람단의 인물은 거의 전부가 각 사에 배치되었다. 특히 군무사는 총무국・참모국・교련국 등 3국으로 나누어 그 업무를 분장시켰는데, 여기에는 개화파 인물을 배치해 근대식 관리를 꾀했다.

그 후 고종 19년(1882년) 6월 임오군란을 계기로 대원군이 정권을 장악한 후 한때 통리기무아문이 폐지되었으나 청・일의 간섭으로 민비 척족세가 복귀되면서 복구되었다. 그 후 고종 19년(1882년) 11월에는 통리기무아문을 통리아문과 통리내무아문으로 분화시켰다. 통리아문(외아문)은 외교에 관한 일체의 업무를 관장했고, 통리내무아문(내아문)은 사민(使民)・이국(利國)에 관한 업무를 관장했다. 그리고 고종 19년(1882년) 12월에는 통리아문을 '통리교섭통상사무아문'(통서 또는 외아문)이라 개칭했고, 통리기무아문을 '통리군국사무아문'(일반적으로 내아문)으로 개칭했다.

이와 같은 행정기구의 개혁은 그 명칭이나 중앙 관제상의 위치가 청국의 총리각국사무아문(총리아문)을 참작한 것이다. 특히 통리교섭통상사무아문은 청국의 총리아문과 상통한 것이었다. 당시의 통리군국사무아문은 삼군부・비변사의 후신으로서, 군국의 기무는 물론 내정의 일체를 관장했고, 여기에는 개화파 사람들이 많이 진출해 있었다. 그 후 고종 21년(1884년) 10월에는 통리군국사무아문이 의정부에 통합되었고, 통리교섭통상아문은 그 후 통리아문으로 기구가 축소된 채 갑오경장(甲午更張) 때까지 존속되었다.

이와 같은 통리기무아문의 설치와 개편은 그 기구 편제에서 볼 수 있듯이 개항 이후의 외교・통상 사무를 비롯해 새로운 과제들에 대응해서 설치된 것으로서, 초기 개화정책을 실현하는 데 중요한 역할을 했다(정시채,

1986a: 327-333).

2 군제의 개편

고종조 초 대원군이 집권하게 된 당초부터 병제·군비를 강화해야 한다는 여론이 비등했다. 대원군은 어느 정도 그 나름으로 군비를 강화해 쇄국책을 강화하기도 했다. 그러나 대원군이 실각된 후에 민씨 정권 아래서 일본의 무력 시위로 일본과 강화(講和)하게 되면서 조선의 군대는 그 위세가 추락되었다. 고종은 대원군이 정권에서 물러난 직후인 1874년에 종래의 5영 외에 무위소(武衛所)라는 군영을 새로 설치해 수하의 친병으로 삼았다. 그리하여 이에 선발된 군졸들에 대해서는 특히 대우를 후하게 했기 때문에, 대우가 원래부터 박했던 5영의 군졸들은 불평불만을 더욱 크게 품게 되었다. 강화도조약 체결 이후 조선조 정부가 개화책을 기도하는 중에서도 가장 간절했던 것은 군비강화책이 아닐 수 없었다. 이것을 위해서는 근본적으로 새로운 군기 제조술과 군사 조련술을 습득할 필요가 있었으며, 또 군대 개편에 따르는 신무기의 구입도 필요했다.

한편으로 중국은 중국 자체의 안전을 위해 조선의 군비강화책을 도울 필요를 느꼈다. 그리하여 중국의 이홍장은 조선정부에 대해 청국에 유학생을 파견해 군기 제조술과 연병술을 학습케 하고 아울러 군기(軍器)를 구입해 오도록 종용했다. 그리고 조선정부도 군기 제조술의 학습을 위한 유학생의 파견만을 청국 정부에 교섭하게 되었다. 이와 같은 교섭은 1879년 말부터 시작되어 거듭된 절충 끝에 1880년 말에 결말이 나서 조선 정부는 적당한 인재를 선발해 청에 파견하는 일만 남게 되었다.

한편 일본은 일본대로 조선의 군제 개혁을 일본의 교도(敎導)하에 실시케 함으로써 조선의 군사력을 일본의 영향 아래 두려는 심산이었다. 일본은 이른바 신사유람단이 일본 시찰 중이었고, 청에 미처 유학생을 파견하지 못했던 그 시기에 일본 공사를 통해서 그가 헌납했던 신식 소총 무기의 조련과 소총부대의 편성을 조선 정부에 권유해 왔다. 국왕과 민씨 정권은 청에 유학생을 파견하는 계획을 추진하는 한편, 일본 공사의 권유에 따라 그러한 특수부대를 편성하도록 했다. 그리하여 종래의 5영(五營)의 군문에서 지원자 80명을 특선해 별기군(別技軍)이라는 이름으로 편성했다.

이 별기군은 무위영에 속하게 했고 그 교관은 일본 공사가 추천한 일본인 장교 호리모토 레이조(掘本禮造)가 담당했다. 이 별기군은 속칭 '왜별기'라고도 했으며, 그 부대의 교련과 경리는 민영익·민겸호가 각각 관장하고 있었다.

이 별기군은 일본 교관의 교도하에 이를테면 국왕의 근위병, 민씨 척족의 사병화(私兵化)되었고, 종래의 구군졸과는 달리 후대를 받았다. 이와같이 하여 현실적으로 요구되던 군비 강화책은 전면적이고 획기적인 개혁을 보지 못했다. 다만, 유생들의 수교(修交) 반대의 여론이 비등한 가운데 일본 장교의 교도하에 일부 특수부대의 편성만을 보게 된 것이다(한우근, 1987: 419-420).

그러나 조선 정부는 뒤이어 1881년 11월 신사유람단이 귀국해 귀국 복명한 후에 통리기무아문을 처음의 12사에서 동문(외교)·군무·통상·이용·전선(인사)·율례(법률), 그리고 감사(사본)의 7사로 개편했다. 특히 이 중 군무사는 이를 다시 총리국·참모국·교련국으로 나누어 그 편제를 근대화시켰고, 또한 개화파 인사들로 그 기관에 충원했다. 이러한 과정을 거친 끝에 1881년 12월에는 국가 권력의 근간을 이루는 군사 제도의 대개혁이 착수되었다. 그 결과 종래의 훈련·용호·금위·어영·총융의 5영 군문이 폐지되었고, 무위(武衛)·장어(壯禦)의 2영이 설치되었다.

무위대장에는 이경하(李景夏), 장어대장에는 신정희(申正熙)가 임명되었다. 이들은 앞서 설치되었던 별기군과 더불어 초록 군복을 입고 활기를 띠고 서울 장안거리를 활보하면서 인기를 모았다. 그러나 그 반면 전래의 군대는 초라한 모습과 굶주린 기색을 감추지 못한 상태에 있었다(정시채, 1986a: 333).

제 4 절 행정정책 및 관리

1 개항정책의 추진

1876년 강화도조약으로 문호를 개방케 된 조선은 부산·원산·인천의 세 항구를 열었으며, 일본에 사절을 파견해 처음으로 국제 무대에 진출하게 되었다. 그리고 1879년에는 하나부사 요시모토(花房義質)가 초대 공사로 부임했고, 서대문 밖에 있는 청수관을 공사관으로 사용했다. 이어 1882년에는 청의 알선으로 미국과 통상조약이 체결되었고, 영국·프랑스·이탈리아 등 구미 각국과도 통상조약을 체결했다. 그리하여 조선 정부는 신문화를 수입하고 새 제도를 마련하기 위한 개화정책을 추진하지 않을 수가 없었다.

1) 수신사의 파견

강화도조약에 의거해 조선과 일본은 사신을 파견했다. 그 첫째의 것이 수신사의 파견이었다. 제1차 수신사는 고종 13년(1876년)에 김기수(金綺秀) 일행 75명이 일본에 파견되어 정치·군사·교육·문화 등의 신문화를 시찰하고 돌아왔다. 김기수는 『일동기유(日東記遊)』·『수신사일기(修信使日記)』 등을 써서 발전된 일본의 문물과 서양의 기술·문화를 받아들여야 한다고 역설했고, 직업과 산업의 분화·육성을 강조했다.

제2차 수신사로는 고종 17년(1880년)에 김홍집이 파견되었다. 그 역시 군사·교육·산업을 시찰하고, 일본의 군사와 산업의 발전상과 세계 정세를 보고하고 강력한 개화정책의 추진을 강조했다. 특히 그는 황준헌의 『조선책략』을 얻어 와 조선의 외교정책과 부국강병책을 제시했다. 그러나 이러한 정책은 보수 세력, 특히 유생들의 반발에 직면했다.

2) 신사유람단의 파견

고종 18년(1881년)에는 김홍집의 보고와 권고에 따라 박정양·엄세영·어윤중·홍영식·조준영 등을 신사유람단으로 선정해 일본에 파견했다. 이들은 70여 일간에 걸쳐서 도쿄(東京)·오사카(大阪) 등지의 행정·군사·산업시설을 시찰하고 돌아왔다. 이들도 역시 개화정책의 추진을 주장했다.

3) 영선사의 파견

고종 18년(1881년)에는 청의 이홍장은 일본의 신사유람단에 대항해 영선사(領選使)란 유학생을 청에 파견할 것을 조선 정부에 요청했다. 이에 대해 조선 정부는 김윤식을 영선사로 삼고 양반·중인의 자제 40여명을 선발해 천진으로 파견했다. 이들은 그곳에서 무기의 제조 및 제련법과 근대 과학을 배웠다. 그러나 근대 기술에 대한 기본 지식이 부족해 중도 탈락자가 많았고, 게다가 정부의 재정 지원이 부족해 큰 성과를 보지 못하고 있었다. 그러던 차 고종 19년(1882년)에 임오군란이 일어나자 1년 여 만에 전원 철수했다.

그러나 이들은 귀국시에 기기와 서적을 구입해 왔고, 또 중국 천진(天津)에서 공장(工匠)을 데리고 와서 서울의 삼청동에 기기창을 설치했다. 이와 같이 영선사 파견은 기대한 만큼의 효과는 이루지 못했지만 약간의 부수적인 성과는 거두었다고 하겠다(변태섭, 1987: 497-498).

4) 개화 관련 문헌의 도입

개항 이후 조선과 일본 간에는 수신사·관찰단 및 외교관의 빈번한 왕래와 접촉이 있었다. 이러한 과정을 통해 근대 문화의 이입과 각종 문물이 도입되었는데 이는 조선의 개화의 기운을 움트게 하는 데 중요한 기능을 했다.

여기서 『일동기유』, 『수신사일기』, 『만국공법』, 『조선책략』, 『이언』, 『중서관계론』의 내용을 살펴봄으로써 그 당시 조선에 소개된 근대 문화의 내용을 유추해 보려고 한다.

(1) 『일동기유(日東記遊)』

이 책은 김기수가 일본에 다녀 온 다음해인 고종 14년(1877년) 2월에 정리한 것이다. 이 책은 일본에 갔다 온 그의 사명과 일본의 정치·행정·경제·문화 및 사회 상황에 대해 기록한 것으로, 당시의 일본은 개국한 지 9년밖에 되지 않았지만 많은 변화를 가져왔다. 그 개화의 모습을 직접 목도하고 그 소감을 소개한 것은 조선의 개화에 경종을 울려 주었다고 하겠다.

(2) 『수신사일기(修信使日記)』

제1차 수신사 김기수가 1876년 5월에 일본을 방문했을 때의 일들을 적은 책이다. 이 책에서는 조선을 강화시키는 방법이 기록되어 있다. 그 때 일본인 모리야마 시게루(森山茂)는 조선의 지리적 조건에 비추어 부강하게 하는 방법은 군비(軍備)와 이기(利器)를 마련하고 군량을 확보하는 것이며, 기계를 일신하는 것이라고 강조했다. 또 그는 수신사가 일본을 유람하는 목적에 대해 ① 일본의 군제를 널리 시찰해 좋은 점을 습득할 것과 ② 기계(器械)를 자세히 시찰해 그 이점을 파악할 것이며, 일본 풍속을 멀리 탐색해 취사선택할 것과 귀국해 조선에 소개해 전파함으로써 조선의 부국강병을 도모할 것을 권고했다. 그리고 그는 조선 정부의 정책 결정 과정의 지연을 지적하고 있다. 그 때 조선의 수신사는 이 권고를 감사하게 생각하고 받아들였다고 했다.

(3) 『만국공법(萬國公法)』

이 책은 박규수·오경석 등이 북경에 외교사신으로 다녀오면서 가져온 것으로 알려져 있으며, 1880년 초부터 개화 사상가들 사이에서 널리 읽혀졌다. 특히 조선의 대외 교섭에서 국제법의 표준을 알려 주는 기본 참고서로서 통용되었고, 일본의 부당한 침략을 외교적으로 방비하는 명분으로 이용되었다(김운태, 1984: 114-118).

(4) 『조선책략(朝鮮策略)』

고종 17년(1880년) 두 번째의 수신사로 김홍집을 일본에 파견했다. 김홍집은 일본에 있는 동안 일본 정부의 교관으로부터 앞으로 조선이 계속 문호를 개방하는 것이 좋을 것이라는 의견을 들었고, 귀국할 때에는 청의 외교관인 황준헌으로부터 조선의 외교정책을 논한 『조선책략』을 얻어 와 이를 국왕에게 바쳤다.

이 책의 내용은 조선이 부국강병하기 위해서는 서양 제국과 통상해 그 기술을 받아들이고 산업을 일으켜야 하며 외국에 유학생을 파견할 것을 권고하고 있었다. 그리고 조선의 외교정책으로는 '친(親)중국·결(結)일본·연(聯)미국'하에 러시아의 남하를 막아야 한다고 제안한 것이었다. 이는 러시아의 남하에 직접 위협을 받고 있으면서 한편으로는 조선에서의 독점적인 일본 세력을 견제할 필요가 있었던 청의 입장에서 나온 의견이었다.

고종은 이 책에 깊은 관심을 가지고 여러 대신들에게 보이면서 개화에 대한 식견을 넓힐 것을 권했다. 이와같이 조선은 일본에 파견한 수신사를 통해서 일본의 발전상과 세계 정세에 대한 이해를 얻을 수 있었다(송병기, 1985: 69-90).

(5) 『이언(易言)』

이 책은 정관응이 지은 것으로 1881년에 간행되었다. 조선에서는 1880년 일본에 수신사로 갔던 김홍집이 『조선책략』과 함께 가져와 처음 소개되었다. 그 내용은 부강하려면 양제양기(洋制洋技)를 학습해야 한다는 것을 체계적으로 자세하게 서술한 것이었다.

1881년 이후의 개화 상소에서 가장 많이 인용되었다. 예를 들면 1882년에 지석영(池錫永)의 시무상소(時務上疏)에서는 부국방비책이 모두 『이언』 속에 있으니 구구하게 지적할 필요가 없다고 했으며, 윤선학(尹善學)은 『이언』을 치세의 요결이라고 추천했다. 그리고 일부 개화 사상가들의 강력한 추천으로 이 책은 복간되었으며 그 후 번역본까지 출간되어 일반 국민에게 널리 읽혀졌다.

(6) 『중서관계론(中西關係論)』 및 기타 서적

고종 18년(1881년)에 하나부사 요시모토(花房義質)가 영의정 이최응에게 기증한 『중서관계론』 1권과 동서백리아(東西伯利亞) 지도 및 흑룡강변추지도 등은 당시의 위정자나 개화인들에게 국제 정세 및 대아책(對俄策)에 대한 자각을 촉구하는 데 도움이 되었다.

그리고 이 밖에 『지구설략』·『보법전기』·『박물신편』·『격물입문』·『격치휘편』, 중국의 월간지 『만국공보』 등의 외서와 교리 김옥균 소집 『기화근사』, 승지 박영교 소찬의 『지구도경』, 진사 안정수 역 『농정신편』, 전(前) 현령 김경수의 『공보초략』 등의 국내 인사 저술도 개화사상을 이해하는 데 많은 도움을 주었다. 특히 김경수가 중국의 『만국공보』를 토대로 편집한 『공보초략』은 1882년에 간행되었는데, 이것은 한국 개화사상의 형성과 개화정책을 추진하는 데 매우 중요한 공헌을 했다.

(7) 일본의 문명개화론

개항 이후 개화사상을 형성하는 데 청말 양무사상의 영향과 함께 메이지(明治) 일본의 문명개화론의 영향이 지대했다. 일본의 문명개화론의 이론적 토대를 닦은 후쿠자와 유키치(福澤諭吉)는 그의 저서 『문명론지개략(文明論之槪略)』을 1875년에 출간했다. 그는 김옥균·박영효·유길준 등과 접촉하면서 이들의 문명 개화 사상의 형성에 큰 영향을 주었고, 또한 이들의 개화운동에 많은 정신적·물질적 지원을 했다.

그 중에서 유길준(兪吉濬)은 게이오 의숙(慶應義塾)에 유학하는 동안 그의 자택에 수년 동안 기거하면서 그로부터 직접 교육을 받았다. 그러므로 유길준의 『서유견문』에는 후쿠자와의 『문명론지개략』과 거의 동일한 문명관 및 역사관이 깔려 있다.

아울러 후쿠자와는 김옥균·박영효·유길준 등의 『한성순보』 발간을 적극 지원했고 또한 김옥균이 주동이 된 갑신개화운동을 물심 양면으로 도왔다. 그러나 주의를 요하는 것은 후쿠자와의 문명개화 사상에는 본질적으로 일본의 제국주의적인 한국에 대한 침략성이 내포되어 있었다는 것이다. 따라서 후쿠자와의 사상적인 영향을 받았던 이들에게서는 일본 자본주의와 일본 제국주의가 가지고 있던 한국 침략 야욕에 대한 인식이 부족했다.

따라서 그것에 대한 경계심이 약했다. 이러한 경향은 개화 초기에 외래문화를 수용하는 과정에서 주체성의 결여라는 비판을 받았다. 그것은 전통문화의 중요성에 대한 인식이 부족했기 때문으로, 이에 대한 반성이 후기 개화정책에 나타났다(김운태, 1984: 114-122).

5) 개화사상의 적극적 수용

(1) 해관의 설치

한국은 일본의 무력 위협에 강요되어, 일본과 조일수호조규, 수호조규부록, 무역규칙 10칙 등 불평등조약을 체결하고, 무관세 무역을 인정하게 되었다.

개항 이후 일본과의 무관세 무역 관계에서 국가적 손실을 깨달은 조선 정부는 적당한 관세의 징수를 위한 해관(海關)의 설치를 개화정책의 당면 과제로 중요시하게 되었고, 이를 위한 대일 교섭을 추진했다.

조선 정부는 1878년 9월 부산 두모진에 수세소(收稅所)를 설치해 수출입세를 부과했다. 그러나 일본의 무력 시위에 의한 협박과 이홍장의 권고에 따라 1878년 11월에 이를 정지했다. 그 뒤 조선 정부는 1880년 5월 김홍집을 수신사로 일본에 파견해 관세의 설정에 대한 교섭을 벌였다. 그러나 일본 측의 무성의로 인해 관세 설정의 목적은 달성되지 못했다. 조선 정부는 그 뒤에도 관세 설정을 위한 외교정책을 적극 추진했으나 일본 측의 고의적인 트집과 무성의로 성공하지 못했다. 김홍집・김윤식 등 초기 개화파들은 일본 측이 관세 설정에 끝까지 응하지 않으므로 우선 구미 제국과 자주 개국을 하여 수호통상조약을 체결할 때 공정한 해관 세칙을 삽입함으로써, 대일 관세율도 해결하려는 전략을 택하기로 했다. 그리하여 1882년 조미수호조규의 제5관에 조선 정부가 주장하는 관세자유권과 10% 기준의 관세율을 규정하는 데 성공했다. 그 후 조미 간의 정식 통상 관계가 수립되었고 해관의 설치가 필요하게 되었다. 이 때 조선 정부는 이홍장의 추천을 받아서 독일인 묄렌도르프를 관세 실무자로 채용했다.

조선 정부는 1882년 6월 김전연・김홍집을 통해 일본 정부에 미국과 동률의 관세율을 적용할 것을 주장하고 이의 동의를 촉구했다. 그러나 동년 6월 임오군란이 발생해 국내의 정세가 급전되었다. 그리하여 개화파들은 좌천되었고, 조선의 자주성이 약화되었으며 청국의 간섭이 심화되었다. 이 때 묄렌도르프는 통리교섭통상사무아문의 협판(協辦)으로 임명되어 총세무사의 직책을 겸임하고 있었다. 그리고 그는 일본과 교섭을 벌여 해관 설치와 관세 설정 문제를 타결했다. 즉 그는 초기 개화파인 김윤식·김홍집·어윤중 등 관세 문제의 전문가들과는 상의하지 않고, 독단적으로 일본에게 유리한 통상장정과 해관세칙 초안을 작성했다. 결국 묄렌도르프의 무책임한 양보로 일본에게 유리한 관세조약이 체결되었고, 이것은 조영조약과 조독조약이 개정되는 일로까지 확장되었다.

결국 해관은 1883년 11월 설치되었고, 수세소를 개설했다. 해관 밑에 부산·원산·인천에 감리서를 설치하고, 조선인 감리를 임명했다. 그러나 이와는 별도로 관세 처리기관으로 총세무사 묄렌도르프 밑에 중국인을 비롯한 외국인이 임명된 세무사가 설치되어 있었다. 그러므로 관세 관장기구는 해관과 총세무사의 이원 체제로 구성되었다. 그리고 이 때는 조선조의 정부 기능이 약화되었고 청국의 간섭이 심했기 때문에 조선의 해관 사무가 조선인 감리에 의해서가 아니라, 외국인인 세무사에 의해서 관리·운영되었다. 이러한 해관 업무의 행정 체계는 시정되지 않아 한말의 해관은 외국인의 손에 장악되어 있었다. 해관과 총세무사는 원래는 통리기무아문에 속해 있었으나, 갑오개혁 때 탁지부(度支部)로 이속되었고, 1904년(광무 8년) 일본인 재정고문이 총세무사를 겸임하면서부터는 해관이라는 이름을 세관(稅關)이라고 개칭했다(서태윤, 1985: 169-170).

(2) 교육 제도의 개화

고종 19년(1882년) 12월 국왕은 앞으로는 양반이라도 상업에 종사하고, 또 농·공·상 출신의 자제도 향교와 성균관에 입학하는 것을 허락했다. 이것은 양반만이 학문을 독점하던 인습을 타파하고 사관(仕官)을 위한 유교 교육에서의 봉건적 특권을 부정하려는 것이었다. 이것은 당시에 이미 직업과 교육에서 봉건적 신분상의 규제를 타파하려는 개화 풍조가 점차 침투하고 있었음을 반영해 주는 조치였다.

그러나 이것은 봉건적 교육 제도를 부정했지만, 교육 내용을 새로운 시대에 맞게 개혁한다는 것은 아니었다. 조선에서 근대 교육이 처음 시작된 것은 1883년부터였다. 강화도조약에 따라 1880년에 개항된 원산에서는 일본 상인의 진출에 대한 저항이 대단했다.

이 때 신교육의 필요를 느낀 덕원(원산)부사 겸 감리 정현석(鄭顯奭)은 개화파 관리들과 주민들의 협력을 얻어 원산학사(元山學舍)를 설립했다. 조선의 민간 유지에 의해 건립된 이 학교는 1883년 10월 정부의 승인을 받았다. 본래 외국의 학교를 모방해 설립한 것이 아니라, 실학적 전통을 기반으로 하여 서당을 개량해서 근대 학교로 발전시킨 것이다. 교육 내용은 먼저 경학(經學) 등 전통적인 것을 밝혀서 대본(大本)을 세우고, 다음에 외국어·세계지리·역사·자연과학 등을 공부해 대용(代用)을 다한다고 하는 동도서기(東道西器)적 성격이 강했다.

한편, 원산학사와 같은 문화와 과학을 가르치는 일반 학교는 아니지만 영어 학교로서 통역관 양성을 위해 1883년에 설립된 '동문학(同文學)'이 통리기무아문에 소속되어 있었다. 이 동문학으로부터 통역과 세관 분야의 실무 담당 관리가 많이 배출되었다. 그리고 3년간의 이 학교 운영의 경험은 그 후에 정식 학교로 설립되었던 육영공원(育英公院)을 경영하는 데 기초가 되었다. 육영공원은 1883년 민영익이 답례사절단을 이끌고 미국을 방문했을 때 구상된 것이다. 그 때 미국의 여러 문물을 시찰했던 그들 일행은 육영공원의 설치 필요성을 절감했고 귀국 즉시 국왕에게 요청했으며, 국왕은 1884년 그 설치를 허락했다. 그 후 이에 대한 준비 작업이 진행되었으나 갑신정변으로 인해 일시적으로 중단되었다.

그러다가 1886년 6월 미국 정부의 추천으로 길모어(G. W. Gilmore) 등 세 명의 미국 교사가 내한했고, 육영공원은 설치·운영되었다(이광린, 1970: 106-120).

(3) 근대 신문의 간행

초기 개화파들은 1880년대에 들어서자 우선 개화사상을 대중에게 계몽·교육시켜 개화운동을 효과적으로 전개하기 위해서 신문 발행을 추진했다. 1883년 10월에 창간된 「한성순보」와 이어서 1886년 1월에 창간된 「한성주보」는 우리 나라 최초의 근대 신문으로서 초기 개화운동에서 획기적인 일이었다.

「한성순보」의 발간은 수신사 박영효 일행이 일본을 시찰하고 돌아온 후부터 본격적으로 착수되었다. 이들 일행은 귀국할 때 일본에서 후쿠자와 유키치(福澤諭吉)의 추천으로 이노우에 가쿠고로(井上角五郞)을 비롯한 신문 제작을 도울 기자와 인쇄공 등 몇 명의 일본인을 데리고 왔다.

그리고 박영효는 한성부판윤이 되어 국왕에게 신문 발간에 대해 자주 진언할 수 있었다. 마침내 1883년 2월 신문을 한성부에서 맡아 간행하라는 국왕의 허락이 있었다. 그리하여 박영효는 본격적으로 준비를 했고 신문 간행의 모든 실무는 당시 게이오(慶應)의숙에 유학하고 귀국해 통리기무아문의 주사로 일하고 있던 유길준에게 맡겼다. 그러나 중앙 정계에서 급진 개화파였던 박영효가 수구파의 미움을 받고 광주유수로 좌천됨으로써 신문 발간 계획은 좌절되었다. 이와같이 신문 발간을 준비해 오던 급진 개혁파의 인물들이 물러나자, 그 계획은 온건한 개화파에 속하는 김윤식 · 김만식 등에 계승되어 결실을 보았다. 즉 1883년 10월 이들에 의해서 「한성순보(漢城旬報)」의 창간호가 발간되었다. 이 신문의 체재는 가로 25cm, 세로 9cm의 크기에 8면으로 되어 있었고, 기사는 순한문으로 기록했다. 신문의 체재나 내용은 유길준이 준비해 놓았던 것을 많이 참작했다. 이 신문은 10일에 한 호씩 발간되었고 14개월 동안에 40호 이상 발간된 뒤 폐간되었다. 폐간된 이유는 1884년 갑신정변으로 인해 박문국(博文局)이 불타버렸기 때문이다.

이 「한성순보」의 발간은 당시 국민과 관리들에게 국내외 사정을 알려 주고 국민을 계몽하고 교양을 높이는 데 큰 역할을 했다. 또한 개화 동조 세력을 부식(扶植)하는 데도 큰 도움이 되었다. 그 후 김윤식이 통리아문독변에 임명되면서 그 복간에 노력했다. 그리하여 폐간된 지 5개월 만에 순보 속간의 허락이 국왕으로부터 내려졌다. 그리고 1885년 12월에는 「한성주보(漢城周報)」 창간호를 간행했다. 속간된 「한성주보」는 「한성순보」를 계승한 것이었고 그와 비슷한 체계를 갖추었다. 그러나 이 한성주보는 주 1회 발간됐으며, 기사는 국한문 혼용이나 한글만을 전용해 기록했다. 이것은 국민 대중을 의식하고 간행했음을 말해 주는 것이다. 이 신문도 1888년 5월에 100여 호를 간행되고 속간된 지 2년여 만에 재정난으로 폐간되었다(신용하, 1975: 381-384).

(4) 근대 산업시설 및 기술의 도입

개항 후 개화파 인사들은 부국강병을 위한 개화정책으로서 근대적 상공업의 발전과 광업의 개발, 근대적 교통·운수·통신 수단의 개발, 근대적 농업 기술의 도입 등을 매우 중요시했다. 개항 이후 각 개항장과 서울에는 수많은 일·청 양국의 점포와 영·독의 상사까지 개설되었고, 일본인의 상업회의소도 나타났다. 그리고 주로 일본과 청국에 왕래하는 사신들을 통해서 외국의 회사 활동과 조직에 대해서 알아볼 수가 있었다.

그러나 한편에서는 일부 지도층 인사들이 서구의 회사 제도를 소개했고 회사의 설립을 촉구했다. 그 중 대표적인 인물이 유길준이었다. 그는 1882년에 회사 규칙을 소개하면서, 회사가 산업 개발을 위한 가장 능률적인 제도라고 강조했다. 그리고 민간 자본의 축적과 동원에 의한 회사의 설립을 권장하고, 회사를 조직해 운영하는 25개조의 원리를 상세하게 설명했다.

유길준 등 개화기의 선각자들이 서구의 상업조직들을 소개하고 그 설립 필요성을 역설함과 때를 같이하여 조선의 상계(商界)에서도 상사 또는 회사 설립의 기운이 점차 움트기 시작했다. 조선에서 상사·공사, 혹은 회사 등의 명칭을 가진 근대적 상업조직이 나타난 것은 1880년대 초였다.

조선 정부에서도 부국강병책을 강구해 전환국·기기국·전보국 등 새로운 시설을 창설했다. 그리고 한편으로는 부국책의 일환으로 고종 21년(1884년) 9월에 농상(農桑)·조직(造織)·자전(瓷甎)·목축·지차(紙茶) 등의 사업을 정부에서 운영하기 위해 농상공사(農桑公司, 1884)·직조국·종목국(種牧局, 1885년)·조지국(造紙局, 1887년) 등을 설립했다.

한편 개화운동이 한창 비등해 간 1880년대에 조선 정부는 부국강병을 이루기 위해서 선진 영농 기술을 적극적으로 도입했다. 즉 1884년에는 농무목축시험장이 설치됨으로써 당시의 농업 근대화에 획기적인 공헌을 했다. 그리고 1884년에는 잠상공사가 설치되었는데 이는 양잠업 발전에 크게 기여했다. 이 시기에는 훌륭한 농서(農書)도 간행되었다. 안종수의 『농정신편』(1881년), 이우규의 『잠상집요』(1884년), 정동하의 『농정제요』(1886년), 편자 미상의 『잠상집요』 등이 그것이다.

한편 기선 해운 시설도 도입되었는데, 고종 21년(1884년)에 미국 상선을 도입해 기선회사를 설립했다. 그리고 1884년에 한국 정부는 운송국을 설치했고 3척의 기선을 구입해 연해의 화물 수송과 조곡 수송을 비롯해 군대와 관용 화물 수송에 종사했다.

이 밖에 박영효가 한성판윤으로 재임하고 있을 때 치도국(治道局)을 설치했고 종로에서 동대문까지 근대적 도로 확장 사업을 추진했다. 그리고 홍영식이 우정국을 설립하는 것을 계기로 근대적 우편 제도가 이루어졌다.

(5) 국민 생활의 개화

개항 이후 외국의 근대 과학 기술이 도입되었고 또한 개항장을 통해서 각종 외국 상품이 밀려들어와 국민 생활의 변천과 개화를 가져왔다. 복제(服制)가 서양식으로 간소화되었으며, 구미의 의학 기술인 종두법이 일본을 거쳐 전래되어 소아 보건에 획기적인 효과를 가져왔다. 키니네가 들어와서 당시 누구나 무서워하던 말라리아 질병이 쉽게 치료되었다. 고종 17년(1880년)에는 석유가 수입되어 조명과 연료계에 혁명을 가져왔다. 자기광양면·양염료·양철 등이 수입되어 널리 보급되었다. 또한 임오군란 후에는 농상직조·목축·질그릇·벽돌 등을 취급하는 전국(專局)이 설치되었고, 이러한 것들이 보급되면서 경제 및 가정 생활에 큰 변화를 가져왔다.

고종 20년(1883년)에 조미조약이 체결된 후 조선 정부는 민영익 사절단을 미국에 파견했다. 이 사절단은 미국과 구라파의 문물을 시찰하고 그 이듬해 1884년 5월에 귀국했다. 당시 민영익 사절단의 구미 시찰은 조선의 문화에 많은 영향을 주었다. 이들의 귀국 후에 비로소 근대적인 우편 제도가 설치되었고, 신식 농장이 설치되어 가축의 개량법과 곡물과 채소 등의 새로운 재배법이 도입되었다. 그리고 미국인 고문 교사·광사(鑛師)·육군장교 및 기술자가 초빙되었다. 또한 미국식 병제(兵制)의 수입도 계획되었고, 미국인 외교 고문도 초빙되었다.

그러나 무엇보다도 이 사절단이 조선에 크게 영향을 미쳤던 것은 기독교의 신교가 조선에 진출하는 계기를 마련해 주었다는 것이다. 그 후 미국으로부터 전래된 신교는 단시일 내에 조선에 널리 보급되었고, 부대사업으로 전개한 교육·의료·학술면의 활동 및 조선의 근대화에 기여한 바가 컸다.

조선조가 서구식의 민주주의와 자유·평등·박애를 알게 된 것도 이 때부터였다. 이로써 조선 문화에 미국적인 문화 요소가 스며들게 되었다. 그러나 한편에서는 개항 이후 일련의 개화정책과 근대 문화의 이입은 그대로 환영만 받았던 것은 아니다. 일본과 청국을 비롯한 선진 자본주의 공업에 대해서는 무력 침공 이상으로 두려운 위협이었다. 그리하여 고종 19년 신사년(1882년)에 유생을 중심으로 한 양이운동과 반일운동이 거세게 일어나기도 했다(신용하, 1975: 383-392).

2 임오군란과 복고정책

개화와 보수의 대립은 개화파인 민씨 세력과 수구파인 대원군 사이에 정치적 싸움에 얽혀 척사론을 바탕으로 한 개화 반대운동이 일어났으니, 그것이 곧 임오군란이었다. 정부의 급격한 개화정책과 그에 따른 일본 세력의 침투에 대해 국민의 반감이 고조되는 가운데 군제 개혁으로 천대를 받게 된 구식 군인들이 고종 19년(1882년)에 폭발했던 것이다.

고종 18년(1881년)에 개화정책의 일환으로 신식 군대인 별기군이 창설되었고, 이들은 특별히 우대되었다. 그러나 구식 군인에 대한 정부의 차별 대우는 극심했다. 더구나 개항 이후 대량의 미곡이 일본으로 유출됨으로써 국내에 미곡이 부족해졌기 때문에 구식 군인에게는 녹봉미가 제때에 지급되지 못했다. 1882년에는 13개월치나 밀려 있었으므로 이들의 불만은 대단했다. 때마침 밀린 급료 중 1개월치를 지급하는 과정에서 이를 취급하는 선혜청의 고리(庫吏)들이 사리(私利)를 채우기 위해서, 쌀에 겨와 모래를 섞은 사건이 발생했다. 이에 격분한 군인들과 고리들 사이에 충돌이 일어났다. 당시 선혜청 당상이던 민겸호(閔謙鎬)가 군인들 가운데 주동자를 극형에 처하려 하자 평소에 누적된 군인들의 불만이 폭발해 민겸호의 집을 습격·방화하고 폭동을 일으키게 되었다. 이들은 대원군을 찾아가 도움을 청하는 한편 일본 공사관을 불태우고 별기군의 일본인 교관 호리모토 레이조(掘本禮造)를 타살했다. 이어 군인들은 궁궐 안에 침입해 민겸호와 경기감사 김보현(金輔鉉) 등을 살해했다. 그리고 민비(閔妃)를 탐색했으나 이미 궁궐 밖으로 탈출한 뒤였다.

이러한 군인들의 폭동을 수습하고자 고종은 군인들이 지지하는 대원군에게 전권을 위임함으로써 1873년 민씨 일파에 의해서 실각했던 대원군이 다시 정권을 잡게 되었다. 새로 집권한 대원군은 개화정책의 일환으로 설치되었던 신제도를 즉각 철폐하고 구제를 복구했다. 즉, 무위영과 장어영 등 2영과 별기군을 폐지하고 5군영을 부활했으며, 통리기무아문을 폐지했다. 이리하여 조선은 보수정치 행정 체제로 되돌아가게 되었다.

임오군란과 대원군의 재집권은 조선을 둘러싼 청·일의 새로운 움직임을 초래했다. 일본은 군인들의 공격으로 공사관이 불타버렸고, 하나부사 요리모토(花房義質) 공사는 간신히 도망쳐 본국으로 돌아갔다. 일본 정부는 이를 기화로 하여 조선 정부에 대해 군란으로 인한 피해의 보상과 주동자의 처벌을 요구했다. 그리고 일본인 보호를 위한 일본 군대의 서울 주둔을 요구했고, 거제도나 울릉도의 할양까지도 요구할 것을 고려하고 있었다. 이에 하나부사는 육해군의 병력을 거느리고 서울로 와서 조선 정부와 고섭을 벌였고, 이와는 별도로 사태의 전개에 대비해 일본 규슈(九州)에 군함과 병력을 대기시켜 언제라도 출동할 태세를 취했다. 그러나 이러한 일본의 의도는 제대로 이루어지지 못했다. 그것은 당시 일본에 의해 조선에서의 종주국의 위치에 위협을 받아오던 청이 관여했기 때문이다.

청은 임오군란을 세력 만회의 호기로 판단하고 더욱 적극적인 태도를 취했고, 군란의 소식에 접한 즉시 조선에 군대를 상륙시켰다. 즉, 오장경(吳長慶)은 3척의 군함에 3천 여 명의 병력을 싣고 경기도 남양만에 상륙했고, 서울로 들어와 대원군을 군란의 책임자라 하여 청으로 압송해 갔다.

또한 군란을 피해 충주에 가 있던 민비는 당시 영선사로 천진에 머물다가 청군을 따라 귀국한 김윤식을 통해 청과의 접촉을 요구했다. 그리하여 청은 민비와 제휴해 민씨 일파의 정권을 세우는 한편, 원세개가 이끄는 군대를 서울에 주둔시키고 조선의 내정에 간섭했다. 이러한 청 세력의 진출로 조선에 대한 일본의 태도는 수그러지지 않을 수 없었다. 일븐은 조선 정부와 군란 처리를 둘러싼 교섭을 벌이던 중 청의 우세한 군사력에 압도당했고, 더욱이 대원군이 군란의 책임을 지고 청에 납치되자 더 이상 조선에 대한 강경한 요구를 할 수 없었기 때문이다. 일본은 다만 1882년에 제물포 조약을 체결했다. 그 결과로 군란 관계자의 처벌, 50만 원의 배상금 지급, 그리고 일본 공사관의 경비병 주둔 등을 요구해 인정받았을 뿐이었다(변태섭, 1987: 400-402).

3 갑신정변과 개혁정책

개화당은 고종 21년(1884년) 그 일원인 홍영식이 총판으로 있는 우정국의 개국 축하연을 이용해 정변을 일으켰다. 이들은 궁궐로 들어가 왕과 왕비를 창덕궁에서 경우궁으로 옮기고 개화당을 따르는 50명의 사관생도와 200명의 일본군으로 호위케 한 뒤, 왕명으로 궁에 들어오는 민씨 일파의 대신들과 각 군영의 영사들을 살해했다. 이것이 이른바 갑신정변이다.

이리하여 정권을 장악한 개화당은 신정부를 조직하고 이를 각국의 외교관들에게 통고하는 한편 다시 국왕과 함께 창덕궁으로 돌아와 이곳에서 14개조의 혁신 정강을 마련했다. 그 내용은 문벌의 폐지로서 국민의 신분상의 평등을 규정하고, 지조법(地租法)을 합리적으로 개혁해 국가의 수입을 증대시키며, 국가의 재정을 호조로 일원화하려고 한 것이다.

또한 내시부를 혁파하고 고관회의로 국정을 운영케 한 것은 국왕의 전제를 막으려는 의도를 드러낸 것으로 개화당 정부가 근대적인 국민국가의 건설을 목표로 했음을 나타낸 것이라 할 수 있다.

그러나 이 개혁은 결국 실시되지 못했으니 그것은 청군의 출동으로 개화당의 정변이 실패로 돌아갔기 때문이다. 서울에 주둔하고 있던 원세개의 청군 1,500명이 창덕궁을 공격하자 개화당과 국왕을 호위하던 일본군은 수적 열세로 곧 패퇴했고, 김옥균・박영효 등 중심 인물이 일본 공사를 따라 일본으로 망명함으로써 결국 정변은 3일 천하로 끝나고 말았다.

이 개화당의 정변은 그들이 제시한 14개조의 혁신 정강으로 보아 청으로부터의 완전한 독립을 목표로 했을 뿐 아니라, 양반 중심의 지배 체제를 청산해 근대적인 국민국가를 지향하는 최초의 정치 개혁운동이었다. 그러나 이것은 일반 민중에 뿌리박지 못한 일부 정치 엘리트의 위로부터의 개혁운동에 불과했기 때문에 결국 실패하고 말았다. 이 정변이 국민들의 지지를 얻지 못했던 것은 일본의 침투에 반발하고 있는 당시 상황에서 일본의 지원을 받고 있었다는 점이 가장 큰 요인으로 작용했다.

정변이 실패한 뒤 조선 정부의 청에 대한 의존도는 더욱 심화되었으며, 조선에서의 청의 지위는 한층 강화되었다. 이 때 일본은 청군의 공격을 받아 공사관이 불타고 일본의 희생자가 있었음을 들어 조선 정부에 그 배상을 요구했다. 이에 대해서 조선 측에서는 정변에 일본이 관여한 것을 문책하고 망명한 인물의 송환을 내세워 맞섰지만, 결국 한성조약을 체결해 일본에 대한 공사관의 건축비와 배상금 지불을 약속했다(1885년).

또한 조선에서 더욱 열세에 몰린 일본은 조선에서의 청의 세력을 약화시키기 위해 조선으로부터 청·일 양국 군대가 모두 철수할 것과 앞으로 조선에 군대를 파병할 경우에는 서로 통고할 것을 내용으로 하는 천진(天津)조약을 체결하였다(1885년). 이로써 일본은 그의 군대가 이미 쫓겨난 상태에서 청의 군대를 조선에서 철수시켰을 뿐 아니라 앞으로 조선에 군대를 파병할 수 있는 권리를 청과 동등하게 확보했다. 그리하여 장래에 한국에 대한 침략의 발판을 마련했다(한우근, 1987: 436-440).

4 열강 세력의 침투와 대응책

1) 열강 세력의 침투

(1) 일본의 침투

갑신정변은 끝났으나 국제 간의 복잡한 문제는 더욱 엉클어졌다. 조선 정부는 다케조에 신이치로(竹添進一郎) 공사의 부당한 군사적인 내정 간섭을 비난하고 그 책임을 추궁했다. 일본은 다케조에 공사의 행동이 부당하다는 것을 인정하면서도 공사의 행동을 시인하는 입장에서 교섭에 임해 왔다. 이리하여 외무경 이노우에 가오루(井上馨)가 대표로 와서 책임 문제보다도 선후책의 강구를 위주로 하는 해결을 꾀했다. 그 결과 일본 조해민(遭害民)에 대한 위휼금의 지급, 공사관 건축비의 배상 등을 내용으로 하는 한성조약이 고종 21년(1884년)에 체결되었다. 일본은 나아가서 이 정변을 계기로 청의 조선에서의 지배권을 약화시키려고 했다. 그 방법으로서 일본은 청·일의 양군이 조선으로부터 공동 철병할 것을 희망했다. 이리하여 일본의 이토 히로부미(伊藤博文)는 청국을 방문하고 이홍장과 회담했다. 그 결과 고종 22년(1885년)에 천진조약이 체결되었고 이 문제는 해결되었다. 조약 체결 후 4개월 내에 청·일의 양군이 철퇴할 것과, 금후 양국은 교련(敎練)을 위한 파병을 하지 말 것과 파병할 때에는 사전에 서로 통고할 것을 약정했다. 이 조약에 의해서 양군은 철수했다.

일본은 임오군란·갑신정변에서 청에게 패배해 그 세력이 위축되었고, 더구나 서구 열강의 침투로 그 세력이 약화되었다. 이에 그 방향을 경제적으로 전환시켜 상품 시장·식량 공급지로서 한국 경제를 침식해 갔다. 특히 미곡의 약탈에 중점을 두었고, 부산·인천 등의 무역항을 중심으로 조선 무역을 독점했다.

(2) 청국의 침투

천진조약에 의해서 양군이 철수되었다고 하여 조선이 자유로운 입장에 서게 된 것은 아니었다. 청의 원세개(遠世凱)는 통상사무 전권위원이란 명목으로 여전히 서울에 남아 있었고 그 간섭은 심했다. 그의 비호 아래 청상인(淸商人)들은 서울에서뿐 아니라 국내 상인들에게도 타격을 주었다. 이에 대한 국민의 반감이 증대하게 되자 원세개는 그들을 집단적으로 거주하게 했고, 그 결과로 서울에 중국인가가 이루어졌다. 당시 청의 입장은 조금도 후퇴하지 않았다. 반면에 일본의 입장은 여전히 약했을 뿐만 아니라 조선 정부의 증오의 대상이 되었다.

(3) 러시아의 침투

그 당시 청에게는 새로운 적대 세력이 등장했는데, 그것은 러시아였다. 러시아가 조선과 통상조약을 맺은 것은 고종 21년(1884년)의 일이었다. 그 후 서울에 온 러시아공사 웨베르는 외교 수완이 능란해 궁궐에 자주 드나

들면서 친러 세력을 키워 나갔다. 청의 지나친 간섭에 염증을 느끼던 조선 정부에서는 친러적인 경향이 점차로 대두하게 되었다. 이 친러적 경향은 묄렌도르프의 협력을 얻어서 더욱 촉진되었다.

묄렌도르프는 청·일의 두 세력을 제어하기 위해 제3세력을 끌어들일 필요가 있다고 판단하고 러시아 세력을 유치하도록 알선한 것이었다. 이리하여 고종과 민비는 친러항청(親露抗淸) 방향으로 기울게 되었고, 러시아와 비밀협정설이 나돌기도 했다. 이러한 조선 정부의 친러 경향은 청이 경계해 온 것이었고, 이에 대항하기 위해 대원군을 귀국시켰다. 또 원세개는 러시아와의 비밀협정설을 트집잡아 고종을 폐하려 했고, 그렇게 함으로써 청에게 불리하게 돌아가는 국면을 타개하려고 했다. 그리고 청은 묄렌도르프 대신에 새로 미국인 데니(O. N. Denny)를 외교 고문으로 추천하고, 동시에 묄렌도르프에 의해서 처음 개설된 조선 해관의 사무를 청에 예속시켰다.

그러나 데니도 역시 원세개를 통한 청의 간섭을 배제하기 위해 러시아와 연결할 것을 주장했다. 그 동안에 러시아와는 육로통상장정이 맺어졌다. 이에 의해서 경흥(慶興)이 러시아와의 무역을 위해서 개방되었고, 여기에 러시아인의 조차지(租借地)가 허용되었다. 또한 러시아인이 두만강을 자유로이 항행하는 것을 인정했다. 그리고 러시아는 원산과 절영도에 저탄소(貯炭所)를 설치하려고 했으나 청의 간섭으로 그 목적을 달성하지 못했다.

(4) 영국의 침투

러시아 세력의 조선 침투에 대해 경계를 게을리하지 않은 나라로는 청 이외에 영국이 있었다. 세계의 각지에서 러시아와 대립하고 있던 영국은 조선에서의 러시아의 진출에 대해 방관하지 않았다. 영국은 청의 양해하에 고종 22년(1885년) 함대를 파견해 전라도의 거문도를 불법으로 점령했고, 그곳을 기반으로 하여 러시아 세력의 진출을 막으려고 했다. 영국이 거문도를 점령한 뒤에는 병영을 세우고 포대를 쌓는 등 영구적인 주둔을 꾀하려는 듯한 징조까지 보였다. 거문도는 대한해협의 문호에 해당하는 곳이며, 러시아 동양함대의 요로를 점하는 위치에 있었다. 그러므로 이것은 러시아를 견제하려는 명백한 의도에서 나온 것임이 분명했다. 따라서 이 사실에 가장 놀란 것은 러시아였다.

러시아는 조선 정부를 통해 영국에 항의서를 제출하는 한편 청에 대해서 러시아도 조선의 영토를 점령할 것이라고 위협했다. 이에 청이 개입해 2년 동안이나 교섭을 벌인 결과 고종 24년(1887년)에 영국 함대는 거문도에서 물러났다. 그러나 어떠한 나라도 조선의 영토를 점령을 하지 못한다는 러시아의 다짐을 받고서 철수했다. 이러한 영국의 행동은 러시아 세력의 진출에 커다란 제약이 되었다. 어쨌든 조선의 문제가 조선이 아닌 다른 여러 나라에 의해서 그들의 이익만을 위해 홍정되고 있었다.

2) 중립국론의 대두

청·러·영의 여러 야욕 속에 둘러싸인 조선은 커다란 국제적인 위험에 놓여 있었다. 조선 정부는 고종 24년(1887년)에 박정양(朴定陽)을 특명전권공사로 미국에 파견해 미국과의 접근을 꾀한 것은 이 위기의 타개를 위한 하나의 정책이었다. 그리고 독일 공사 버들러(Budler)가 영세국외중립국(永世局外中立國)을 만들도록 운동할 것을 고종 22년(1885년)에 조선 정부에 건의했는데, 그것도 마찬가지 이유에서 비롯되었다. 그리고 미국 유학에서 돌아온 개화파의 유길준은 청·러시아·미국·일본 등 강대국이 보장하는 중립론을 구상하고 제안했다. 이러한 제안들은 묵살되고 말았지만, 이것은 당시 국제 정세의 긴박한 사정을 말해 주는 좋은 증거이다(이기백, 1987: 331-334).

제 5 절 행정의 특징

1 행정지도자의 근대적 식견 결여

갑신정변(1884년) 이후 갑오동학란까지에 이르는 10년간은 대체로 태평의 시기라고 하겠다. 이 시기는 구미 문물을 직수입해 자율적인 근대화를 기할 수 있었던 절호의 기회였다. 당시의 행정책임자들이 근대 문명에 대한 올바른 이해를 하고 일심 협력해 근대화를 추진했다면 우리 나라는 식민 통치의 굴욕을 면할 수 있었을 것이다. 그러나 국가의 운명을 좌우한 중요한 시기에 권력을 장악하고 있었던 양반 귀족이나 고관은 내부적 당쟁에 몰두해 무의미한 정치적 보복에 온갖 지혜와 정력을 낭비했다. 결국 정부의 지도자는 국가 발전을 위해 근대적인 문물을 적극 도입하고 생산적으로 활용하지 못했다.

개항한 지 근 10년이 지나도록 조선 정부의 지도자들은 여전히 근대 문명에 대해 올바른 이해를 하지 못했고, 근대 과학이나 기술을 습득해 국가 산업 발전에 기여할 생각을 하지 못했다(김운태, 1984: 219-220).

2 행정의 문란과 국민의 저항

갑신정변(1884년) 이후 척족 세도의 지배자층은 외국의 세력에 대해 무능했고, 내부적인 당쟁에 몰두해 자신의 보신을 도모하는 데 바빴기 때문에 민정에 관심을 가질 여유가 없었다.

개항 이후에는 무기 구입, 해외사절단 파견, 배상금 지급 등 대외 관계 문제를 처리하기 위한 경비를 충당하는 데 골몰했고, 게다가 왕궁의 비용 증대 및 지배층의 재정적인 부정행위는 국가의 재정을 핍박하게 만들었다. 국가 수입을 관장하는 중앙관서로서 호조가 있었지만 선혜청의 권력이 증대됨에 따라 재정의 불통일을 초래했다. 또 중앙과 지방의 각 관아는 다소의 수입에서 제각기 출납과 수지를 달리하는 경향이 있었으므로 재정상의 혼란을 야기시켰다. 그리고 경상도 낙동강 연안에는 많은 수세소가 설치되어 통행 선박에 과세했다.

그리고 왕궁이나 왕족은 어용이라 하여 멋대로 신규세를 설정해 징수하는 경우도 있었다. 이와 같은 징세의 문란으로 재정상의 협잡과 농간이 있었다. 이러한 상황 속에서 국민의 부담은 점점 과중해졌고, 민심은 흉흉해져 갔다. 또한 인사행정도 극도로 문란해졌다. 이 나라 과거 제도는 고려·

조선 시대를 통틀어 면면히 1천 여 년 간 사대부의 등용을 위한 국가 고시로서 그 권위는 사림이 신성시할 정도로 대단했다.

그러나 이러한 과거 제도도 부패되고 말았다. 즉, 민비 척족(閔妃戚族) 정부는 이를 정치적으로 이용했고 또한 금전 거래 장소로 만들어 버렸다. 이러한 인사행정의 문란은 과거 제도뿐만 아니라 인사행정 전반에 걸쳐서 이루어졌다. 이를테면 팔도감사는 2만 내지 5만 냥, 부사급은 2천 내지 5천 냥, 군수·현령은 1천 내지 2천 냥으로 매도되었다. 그리고 지방관은 국민을 직접 수탈하는 자리로서, 부정 음성 수입이 많다고 소문이 났었기 때문에 그 자리를 지망하는 자가 많았다. 행정의 문란은 외무행정에서도 예외는 아니었다. 대외적 자주성은 유명무실했고 사신의 해외 파견은 국비만을 낭비하는 실정이었다.

이와같이 중앙과 지방의 모든 행정이 문란해짐에 따라 국고는 바닥이 났고 민생은 도탄에 빠졌다. 따라서 민심은 동요되었고 사회적 불안은 막을 길이 없게 되었다. 국민은 개항 이후 내정에 간섭해 침략성을 드러내었던 외국 세력을 증오하게 되었고, 또한 정부에 대한 불평과 불만이 행동으로 나타났다. 결국 전국 각지에서 민란이 일어났고, 이러한 국민의 항쟁은 갑오동학란(甲午東學亂)이란 농민혁명운동으로 이어졌다. 그 당시 동학 교문은 척왜척양을 표방하고 나섰고 지칠 대로 지쳐 있던 국민에게 새로운 지상천국의 이상을 제시해 주었기 때문에 국민의 뜻을 그곳으로 집결할 수가 있었다 (김운태, 1984: 225-232).

3 개화·수구정책의 갈등과 행정 이념의 혼란

1876년 강화도조약으로 개국하게 된 조선조는 그 조약이 비록 불평등한 내용의 것이었다고 할지라도 비로소 국제 사회의 일원으로서 세계 무대에 첫발을 내딛게 되었다. 이러한 개국은 곧 근대화를 의미했으나 개국과 근대화에 대한 준비가 미숙한 상태에 있었던 조선은 그것이 곧 식민지화의 과정이 되고 말았다. 개국과 식민지화라는 두 개의 어휘 속에 휘말려 들어가 있던 조선은 한편에서는 서양 문물을 도입해야 했지만, 또 한편에서는 그 속에서 민족의 전통을 수호해야 했다. 이와같이 민족의 전통을 수호해야 했던 보수적 자주성과 세계사의 일원으로서 시대 조류에 적응해야 했던 개화사상의 사이에서 갈등이 있었다. 그리고 그 갈등을 지혜롭게 해결해 나가지 못했기 때문에 민족의 비극은 벌어졌다고 하겠다.

개화정책이 청·일의 제도를 모방한 시책이었던 관계로 양국은 서로 그 세력의 부식을 위해서 대립했다. 더구나 일본식의 별기군이 창설됨으로써 유생과 수구파를 자극했고, 개화와 척사의 격동 속에서 정국은 더욱 혼란에 빠졌다.

또한 일본에 대한 항거 의식이 점차 높아졌고, 대원군과 민씨 간의 정권 쟁탈전은 점점 가열되어 양자 간의 충돌은 피할 수 없는 상황에 있었다. 그러한 상황을 나타낸 것이 임오군란이었고 갑신정변이었다. 안으로 근대화의 진통과 더불어 밖으로 국권 수호의 몸부림이 동시에 나타났던 것이다.

서학이 유교 사회에 전래되어 심층으로 확대되면서 그것이 서민에게 복음으로 또는 부국강병책으로 기능했다고 할지라도, 조선조의 전통과 안정에 대해서는 커다란 위험 요소가 아닐 수 없었다. 더구나 19세기 후반에 서양의 무력적 위협이 가중되자 이를 방어해 전통 질서의 안정을 확보하려는 유학자의 비장한 신념과 활동이 일어났다. 이러한 활동의 대표적 인물로서 화서(華西) 이항로(李恒老)와 그의 문하인들을 들 수 있다. 이항로의 척사론(斥邪論)은 병인양요를 계기로 주전척화(主戰斥和)의 어양론(禦洋論)으로 나타났다. 그는 화이론(華夷論)의 역사 의식과 정통 의식에 척사론의 서학에 대한 이념적 비판을 결합해 강경한 척양의리(斥洋義理)를 제시했다.

그의 문하인 김평묵과 유중교는 강화도조약과 갑신정변을 겪으면서 척사어양(斥邪禦洋)의 의리를 내세운 상소(上疏) 운동을 전개했다. 그리고 최익현과 유인석은 정부의 개화정책에 따른 상소의 한계에서 을미사변을 당한 후에는 의병운동으로 정부의 정책을 거스르면서 항일민족운동을 전개했다.

화서학파의 척사위정론은 외세의 정치적·경제적·사회적 침투에 대해 예리하게 분석했다. 그들은 서양과 일본의 제국주의적 침략성과 서양 문물에 내재되어 있던 물질주의적 탈(脫)윤리성을 정확하게 파악하고 지적했다. 이것은 민족의식의 각성인 동시에 서양 문명의 본질에 대한 비판적인 인식으로서 높은 가치를 지녔다. 그러므로 척사수구론을 근대적 역사의 방향에 역행한 망국의 원인이 되었다고만 비난하는 것은 타당하다고 할 수 없다. 그리고 개화론에 대한 평가에서도 개화론이 외세와 결합한 매국적인 것이었다고 단정하는 것도 옳지 않다.

결국 역사의 연속성 위에서 본다면 수성도 필요한 것이며, 역사에는 수성(守成)의 때도 있고 경장(更張)의 때도 있는 것이다. 수도(守道)와 더불어 행권(行權)의 요청도 현실적인 것이며, 특히 역사의 전환기에는 이 양면성의 조화가 더욱 절실히 요구된다. 여기서 유교 전통의 근원에 놓여 있는 인도(人道) 사상은 한국 사상의 창조적 전개를 위한 미래적 방향을 정립하는데 중요한 의미를 가지는 것이라고 하겠다(금장태, 1984: 202-204).

제 11 장 갑오경장과 행정개혁

제 1 절 행정환경

1 농민의 동요

조선은 긴박한 국제 정세에 처해 있었지만, 이렇다 할 정부의 대책은 없었다. 고종과 민씨 지배하의 정부는 외국 세력에 의존함으로써 그 존립을 꾀하려는 의타적인 태도를 취하고 있을 뿐이었다. 게다가 국가의 재정적인 궁핍은 더욱 심해 갔다. 면세(免稅)·진결(陳結)·은결(隱結) 등에 의해 수입이 감소되고, 개항 이후에 내외국 사절의 환송, 배상금의 지불, 현대 문명 시설의 도입 등 새로운 항목의 지출이 증가한 때문이었다. 이러한 지출의 일부는 관세의 수입이나 외국으로부터의 차관에 의해서 메워졌다.

그러나 대부분의 수입은 농촌에서 거둬들이는 것이었다. 이리하여 농민에게는 이중삼중의 부담이 겹치게 되었다. 각종의 명목을 가진 세금이 증가되었고, 이를 징수하러 오는 향리의 행패도 막심했다. 그러므로 농민들 속에서 솟구치는 양반 관료들에 대한 불평은 금방 폭발될 것 같은 기세였다. 이리하여 각지에서 민란이 자주 일어나게 되었고 물화(物貨)가 집산하는 장시(場市) 같은 데는 화적들이 흔히 출몰했다.

한편 일본의 경제적 침투가 조선의 농촌 경제를 더욱 좀먹어 들어갔다. 일본은 조선에 가장 먼저 침략의 손을 뻗쳤음에도 불구하고, 갑신정변 이후 그 세력은 후퇴하지 않을 수 없었다. 그러나 일본의 경제적인 침투는 다른 어느 나라도 추종할 수 없을 정도로 놀랄 만한 것이었다. 일본의 상관(商館)은 인천·부산·원산의 각 개항장에 허다하게 설치되었다.

이러한 일본의 경제적 침략에 대한 반항으로 곡물의 수출을 금하는 방곡령(防穀令)이 내려지기도 했다. 그러나 일본의 항의로 효과를 거두지 못했다. 이리하여 농촌은 더욱 헐벗어 갔고 농민의 일본 상인에 대한 적개심도 커갔다(이기백, 1987: 334-336).

2 동학농민군의 봉기

교조(敎祖) 최제우(崔濟愚)가 사형을 당한 후 동학은 한때 표면적인 활동을 할 수가 없었다. 그러나 제2세 교주 최시형(崔時亨) 때에 여러 가지 난관을 극복하고, 『동경대전』·『용담유사』 등을 편찬해 교리를 정리하는 한편, 각지에 포(包)·접(接)이라 일컫는 교도의 조직망을 설치하는 데 성공했다. 이것은 농민의 양반들에 대한 반항과 외국 세력에 대한 저항이 그들로 하여금 동학에 가담케 했기 때문이다.

동학이 커다란 사회적인 세력으로 확대되자 그 힘은 교조신원운동이라 하는 시위운동으로 발전했다. 신원(伸寃)운동이 표면화한 것은 고종 29년(1892년)의 일이었다. 이 해에 수천의 교도가 전라도 삼례에 모여서 충청 및 전라의 양도 감사에게 교조의 신원과 교도에 대한 탄압의 금지를 요구했다.

교조 신원은 그들의 권한이 아니기에 각하되었으나, 향리들의 탄압에 대해서는 이를 금지하도록 할 것을 약속받았다. 그러나 그들은 이에 만족하지 않고 상경하여 복합상소(伏閤上疏)로써 목적을 달성할 것을 결의했다. 이 복합상소도 탄압을 받아 실패하자 그들은 다시 교도들에게 충청도 보은에 모이도록 지령했다. 이에 모여든 교도의 수는 2만 여 명에 달했는데, 그들은 '척왜양창의(斥倭洋倡義)'의 구호를 내세웠다. 당황한 정부는 무력 동원의 기세를 보이며, 탐학한 향리들을 징벌할 것을 약속해 회유함으로써 겨우 해산시킬 수가 있었다. 이같이 그 힘이 커감에 따라서 동학에 대한 금령은 사실상 무력해졌으며, 이에 따라서 동학 세력이 확대되어 갔다(이기백, 1984: 336-337).

이렇게 확대되고 조직화된 동학에 가담한 농민들이 대규모적인 군사행동을 수반한 혁명운동을 일으킨 것은 고종 31년(1894년)의 일이었다. 즉 고종 31년 전라도 고부에서 지방관의 탐학에 대항해 일어난 민란을 발단으로 동학혁명이 전개되었다. 고부 군수(古阜郡守) 조병갑(趙秉甲)은 각종 명목으로 농민들을 수탈해 원성이 높았다. 특히 만석보(萬石洑)를 수축하는 데 농민을 강제로 동원했을 뿐 아니라 이들로부터 고액의 수세를 징수해 착복했다. 이에 분격한 농민들이 동학 접주 전봉준(全奉準)의 지휘 아래 만석보를 파괴하고, 고부 관아를 습격해 불법적으로 징수한 미곡을 풀어 농민에게 분배해 주었다.

이러한 사태에 접한 정부에서는 안핵사(按覈使)를 파견해 사후 처리를 하도록 했으나, 안핵사는 오히려 모든 책임을 동학교도들에게 돌리고 이들을 체포·처형했다. 이에 전봉준은 동학교도들에게 창의문을 보내고 다시 봉기하니 각지의 농민들이 여기에 가세해 그 세력이 고부·태인·부안·금구·정읍 등지로 확대되었다. 고부군 백산에 집결한 이들은 '제폭구민(除暴救民)'·'전국안민(轉國安民)'의 기치를 들고 나아가 황토현에서 관군을 격퇴하고 북상했다. 정부에서는 중앙의 정예부대를 파견했으나, 사기가 오른 동학군은 이를 장성에서 격퇴하고 전주를 점령하기에 이르렀다.

그러나 이 때 정부의 요청으로 청이 군대를 파견하자, 일본도 또한 재빨리 거류민을 보호한다는 구실로 군대를 보내 인천에 상륙했다. 이에 정부는 하루속히 사태를 수습하기 위해 동학군의 요구 조건을 들어 주겠다고 회유했다. 동학군은 정부가 폐정의 개혁을 약속함에 따라 전주에서 강화를 맺고 해산했다.

전주 화약(和約)으로 해산한 동학교도와 농민들은 곧바로 폐정 개혁에 착수했다. 전라도 53군에 일종의 민정 기구인 집강소(執綱所)를 설치해 지방의 치안과 행정을 맡았다. 집강소에는 한 사람의 집강이 있고, 그 아래 서기·집사 등의 임원을 두었으며, 전주에는 대도소(大都所)가 있어 전봉준이 여기서 총지휘를 했다. 이들은 정치 개혁의 요강을 발표했다. 그것은 지방관의 농민에 대한 수탈의 중지, 신분 차별의 폐지, 토지 균분제(均分制)의 실시 등 전근대적 정치·사회 체제의 개혁과 일본의 침략에 대항하는 내용이 그 중심을 이루었다.

동학군이 전주에서 관군과 화의해 해산한 뒤에도 청·일 양국의 군대는 계속 증강되었다. 정부는 난이 평정되었다는 사실을 양국에 알리고 철수를 요구했다. 그러나 조선에서의 사태를 재침략의 계기로 이용하려고 한 일본은 오히려 서울을 군대로 포위한 상태에서 조선 정부에 대해 내정개혁을 강요하는 한편, 청에 대해서도 협조할 것을 요구했다. 이 때 청은 일본의 요구가 조선에서의 세력 확충을 꾀하려는 것임을 간파해 이를 거절하고 공동 철병을 주장했다. 그러나 일본은 전쟁을 도발해서라도 청의 세력을 조선으로부터 몰아내고 자기들의 주장을 관철시키려 했다.

마침내 일본군은 궁궐에 침입해 민씨 정권을 몰아내고 대원군을 떠받들어 내정개혁을 강요하는 한편, 청에 대해서 전쟁을 도발해 청·일전쟁을 일으켰다.

이와 같은 일본의 침략에 대항해 위급을 구하기 위해 동학군은 다시 집결해 봉기했다. 고부민란을 계기로 한 1차의 봉기가 전근대적인 정치·사회 체제에 대한 개혁운동이었다고 한다면, 이번 2차의 봉기는 일본의 침략에 대항하는 항일구국운동의 성격을 띤 것이었다. 또 이번에는 1차 봉기 때의 종교적인 입장을 고수해 적극적으로 가담하지 않았던 최시형 등 북접(北接)의 동학 교도들도 합세해 충청도 논산에서 집결한 뒤 북상했다. 그러나 동학군은 우수한 무기를 가지고 정규 군사훈련을 받은 일본군과 관군에게 공주 우금치고개에서 격전 끝에 패배했다. 그 뒤 전봉준·김개남·손화중 등 지도자들이 체포됨으로써 동학혁명은 결국 실패로 돌아가고 말았다.

동학혁명은 우리 나라 역사상 가장 규모가 큰 농민운동이었다. 지방의 몰락 양반과 농민이 동학의 조직을 이용해 일으킨 이 운동은 전근대적인 사회 체제에 대한 밑으로부터의 혁명운동이라는 의미를 가졌으며, 또한 외세의 침략에 대항하는 민족주의적 성격을 띤 것이었다. 다시 말하면 동학혁명은 대내적으로 반체제, 대외적으로 반침략의 두 가지 성격을 아울러 가지고 있었으며, 이것이 농민전쟁의 단계에까지 이르렀다. 이 동학혁명은 비록 실패했지만 갑오경장을 통해서 근대 사회로 발전하는 계기가 되었다. 그리고 밖으로는 일본에 의해 청·일전쟁이 야기되어 마침내 청의 세력이 조선에서 밀려나고 일본이 조선 침략의 기틀을 굳히는 계기가 되었다(변태섭, 1987: 411-414).

제 2 절 행정 주체 및 이념

갑오경장에 대해서는 자율성론(自律性論)과 타율성론(他律性論)이 양립한다. 타율성론은 갑오경장이 한국에서 근대적 개혁임에는 틀림없으나, 일본의 무력과 위협에 따른 것이었고, 따라서 결과적으로 일본의 침략에 도움을 주게 되었다는 인식이고, 자율성론은 일본의 위협에 따른 면이 있는 것은 사실이나 근본적으로는 실학사상을 계승한 개화사상과 19세기 이래 계속된 민란, 그리고 갑신정변과 동학혁명으로 이어지는 전통 사회에 대한 근본적 개혁 요구의 전개 등 한국사의 내재적인 발전 과정에서 나타난 필연적 사실로 보는 것이다.

갑오개혁이 일본의 침략과 결부된 밖으로부터의 제도상의 근대화 개혁의 성격을 지닌 것이지만, 그렇다고 해서 오랫동안 지속되어 온 내정 개혁을 위한 내재적 요구와 자립적인 세력의 성숙을 간과할 수는 없다. 여기서는 갑오개혁의 추진 과정과 그 내용을 그 주체와 이념을 중심으로 하여 다음과 같이 3기로 나누어 알아보기로 한다.

제1차 개혁은 제1차 갑오개혁이라 부르고, 1894년 7월부터 11월까지 김홍집 내각과 군국기무처가 주도한 개혁을 지칭한 것으로 한다.

제2차 개혁은 제2차 갑오개혁이라 부르고, 1894년 11월부터 1895년(을미년) 5월까지 김홍집·박영효의 연립 내각이 주도한 개혁을 지칭하기로 한다.

제3차 개혁은 을미개혁이라 부르고, 1895년 8월 을미사변 이후에 새로 개편된 김홍집 내각이 주도한 개혁을 지칭하기로 한다.

1 제1차 김홍집 내각의 개혁과 일본의 침략 야욕

조선 후기의 실학사상에 바탕을 두고, 개항 이후 서양의 근대 문물과 접촉하면서 형성된 개화사상은 근대 국가로의 발전을 위한 위로부터의 정치 개혁을 주장하게끔 성장하고, 그것이 1884년의 갑신정변으로 나타난 바 있다. 또한 점증하는 청·일의 정치적 간섭과 경제적 침투, 그리고 그것에 주체적으로 대응하지 못하는 정부나 지배층에 반발해 농민들이 아래로부터의 개혁을 주장하면서 일으킨 것이 동학혁명이다. 비록 이러한 두 개의 흐름이 모두 실패로 돌아갔다고 하지만, 내부적으로는 전근대적인 전통 사회를 지양하는 혁신적인 개혁의 필요성이 고조되고 있었는데, 이것이 갑오개혁의 시대적 배경이 되었다.

동학혁명을 계기로 조선 침략을 계획한 일본이 군사력으로 조선 정부를 위협해 내정 개혁을 강요했지만 정부는 스스로 내정 개혁을 위해 설치한 교정청에서 이미 개혁을 추진하고 있음을 들어 이를 거절하고 일본군의 철수를 요구했다. 이에 일본은 군대를 출동시켜 경복궁을 포위한 가운데 민씨 세력을 몰아내고 대원군을 앞세워 집정케 하는 한편, 김홍집을 수반으로 하는 중립적 인사와 친일적인 인사들로 신정부를 구성해 개혁을 추진하도록 했다(갑오개혁, 1894년). 그러나 당시 일본은 청과 전쟁중에 있었으므로 개혁에 관여할 여유가 없었고, 따라서 신정부가 거의 독자적으로 개혁 정치를 수행할 수 있었다.

신정부는 우선 군국기무처라는 회의 기구를 설치하고 김홍집을 총재관으로 해서 박정양·김가진·안동수·유길준 등 17명의 회의원을 중심으로 이곳에서 모든 개혁안을 의결했다. 이 때 군국기무처는 국왕이나 대원군의 간섭을 받지 않았고, 따라서 기존의 정치 세력에 의해 방해받는 일 없이 과감하게 개혁을 추진할 수 있었다. 1894년 7월에 설치된 군국기무처는 약 5개월 동안 존속하면서 208건의 개혁안을 의결했는데, 그것은 정치·경제·사회 각 방면에 걸친 광범위한 것이었다.

그러나 제1차 갑오개혁은 정치·경제·사회 등 각 방면에 걸친 대개혁이었지만 많은 문제점을 가지고 있었다. 그것은 이 개혁이 조선 정부의 자체적 필요성에서보다도 일본의 강요에 의해 시작되었기 때문이다. 당시 일본이 개혁을 강요했던 것은 조선의 근대화를 위해서가 아니라 조선의 정치·경제·사회 체제를 변형시켜 그들의 침략을 용이하게 하려는 의도에서였다.

2 제2차 김홍집·박영효 연립 내각의 개혁과 일본인 고문

제1차 갑오개혁은 당시의 시대적·사회적 발전에 적응하는 것임에는 틀림없다. 그러나 한편으로는 일본의 편의에 따라 실시되었기 때문에 조선에게 준 이익은 많지 않았다. 따라서 이 개혁은 일본의 침략적 성격과 결부되어 국민들로부터 지지를 얻지 못하고 오히려 반발을 불러일으키게 되었다. 그 중에서 가장 불만이 컸던 사람이 대원군이었다.

대원군은 개화 세력에 대항하기 위한 방편으로 일본에 의해 집권했지만, 군국기무처의 개혁에 대해 불만을 품었고 고종을 폐위시키려는 정변을 계획하기도 했다. 그리고 당시 남쪽에서 일본군과 항전하고 있던 동학군 및 평양에 주둔하고 있던 청군과 연결을 취해 일본 세력을 축출하려고 했다. 이와 같은 대원군의 반발로 개혁의 추진이 어려워지자 일본은 정계의 거물인 이노우에 가오루(井上馨)를 공사로 부임시켜 강제로 대원군을 정계에서 은퇴시키고, 그 대신 일본에 망명중이던 급진 개화파인 박영효·서광범 등을 불러들여 김홍집·박영효의 연립내각을 구성케 했다. 이 때 군국기무처는 폐지되었다. 그리고 고종은 대원군·세자 및 백관을 거느리고 종묘에 나아가 개혁정책의 추진을 서약하고 정치의 기본 강령이라고 할 수 있는 홍범 14조를 반포했다. 이에 따라 제2차 개혁에서는 일본의 간섭이 강화되었고, 급진 개화파가 참여한 가운데 계속 추진되었다. 무엇보다도 이노우에 가오루가 추천한 일본인 고문들이 임명되어 조선의 정치는 그들의 손아귀에서 움직이게 되었다.

3 제3차 김홍집 내각의 개혁과 민족의 항거

조선에서 갑오개혁이 진행되는 가운데 청·일전쟁은 일본의 승리로 끝났고, 그 결과 양국 사이에는 마관(馬關: 쓰시마[下關])조약이 체결되었다. 여기서 일본은 조선에 대한 청의 종주권을 부인해 조선에서의 우세를 확실히 했을 뿐만 아니라 배상금과 함께 대만과 요동반도를 할양받음으로써 만주와 중국으로 진출할 수 있는 발판을 마련했다. 이러한 마관조약의 내용이 밝혀지자 당시 청에 진출해 있던 서구 열강들이 반발하고 나섰다. 특히 남하정책의 일환으로 만주에 커다란 관심을 갖고 요동반도로 진출하려던 러시아는 역시 일본의 세력 확대를 경계하고 있었던 독일·프랑스와 함께 일본의 요동반도 점유가 동양 평화에 해롭다는 구실을 붙여 그의 반환을 요구했다(삼국 간섭, 1895년). 이 때 일본은 청과의 전쟁에서 많은 국력을 소모한 뒤였으므로 이 요구에 굴복하지 않을 수 없었고, 결국 요동반도를 포기했다.

삼국 간섭의 소식이 전해지자 조선 정부 안에서는 러시아의 힘을 빌려 일본의 간섭에서 벗어나려는 움직임이 일어났다. 이와 같은 배일친러(排日親露)의 경향을 이끌어 간 것은 일본에 의해서 세력이 약화되었던 민비 일파였으며, 고종도 이에 동조했다. 여기에 러시아 공사 웨베르(Karl Wäber)의 외교 활동이 가미되어 민비는 정부 내의 친일 세력인 박영효를 몰아내고, 이범진·이완용 등을 기용해 새로이 친러 정부를 세우는 데 성공했다. 이로써 일본은 커다란 타격을 받았으며, 그 동안 진행되었던 개혁도 일단 중단되지 않을 수 없었다.

일본은 청일전쟁이란 비싼 대가를 치르면서 청의 세력을 조선에서 축출하는 데 성공했으나, 이제 새로이 러시아가 경쟁 세력으로서 등장하고 조선 정부가 친러 세력으로 기울어지자 그들의 세력을 유지하기 위해 비상수단을 쓰게 되었다. 즉 이노우에 가오루(井上馨)의 후임으로 부임한 일본공사 미우라 고로(三浦梧樓)는 일본의 낭인과 군대를 앞세워 궁중을 침범해, 민비를 시해하는 만행을 저질렀던 것이다(을미사변, 1895년).

일본의 민비 시해 사건은 온 국민을 크게 자극했고, 열강도 이를 비난했지만 조선에 대한 일본의 영향력은 회복되었고, 이에 따라서 조선 정부에서도 친러파가 대거 퇴진하는 가운데 새로운 친일내각이 수립되었다.

이 때 새로 개편된 김홍집 내각은 그 동안 중지되었던 개혁을 재개해 급진적으로 추진했다(을미개혁). 결국 을미개혁은 갑오개혁의 연속이라 할 수 있지만, 일본의 강요에 의한 개혁이었기 때문에 이에 대한 반발이 뒤따랐다.

을미개혁은 국민의 지지를 받지 못했다. 그것은 일본의 침략적 간섭에 대해 국민들이 크게 반발했기 때문이다. 더욱이 민비의 시해와 단발령의 반포는 국민들의 감정을 극도로 자극했다. 특히 단발령은 조선의 오랜 관습을 하루아침에 강제로 바꾸려는 것이었으므로 "머리는 자를지언정 상투는 자를 수 없다"(최익현의 말)고 하면서 강경하게 반대했다. 이리하여 각지에서 의병(義兵)이 일어나 일본과 친일 정부에 대해 무력으르 항쟁하기 시작했다(변태섭, 1987: 414-421).

제 3 절 행정 제도

1 제1차 개혁(1894. 7 ~ 1894. 11)

1) 군국기무처의 설치

동학혁명을 계기로 조선 침략을 계획한 일본은 군사력으로 조선정부를 위협해 내정 개혁을 강요했지만 정부는 스스로 내정 개혁을 위해 설치한 교정국에서 이미 개혁을 추진하고 있음을 들어 이를 거절하고, 일본군의 철수를 요구했다.

이에 일본은 군대를 출동시켜 경복궁을 포위한 가운데 민씨 세력을 몰아내고 대원군을 앞세워 집정케 하는 한편, 김홍집을 수반으로 하는 중립적인 인사와 친일적인 인사들로 신정부를 구성해 개혁을 추진하도록 했다(갑오개혁, 1894년).

그러나 당시 일본은 청과 전쟁중에 있었으므로 개혁에 관여할 여유가 없었고, 따라서 신정부가 거의 독자적으로 개혁정치를 수행할 수 있었다. 신정부는 우선 군국기무처(軍國機務處)라는 회의 기구를 설치했다. 이는 김홍집을 총재관으로 하고, 17명의 회의원으로 구성되어 있었다. 이 때 군국기무처는 국왕이나 대원군의 간섭을 받지 않았고, 따라서 기존의 정치 세력에 의해 방해받는 일 없이 과감하게 개혁을 추진할 수 있었으며, 이곳에서 모든 개혁안을 의결했다(변태섭, 1987: 415).

이와같이 군국기무처는 모든 정무와 군사에 관한 국정을 최종적으로 심의 의결하는 합의제의 최고 결정기관으로서, 그 전반적 구성과 권한은 일본의 원로원 및 추밀원 제도를 모방한 것이다. 이 군국기무처는 1894년 7월에 설치되어 약 5개월 동안 존속하면서 208건의 개혁안을 의결했으며, 1894년 11월에 폐지되었다(정시채, 1986a: 340).

2) 행정 제도 개혁의 내용

정부조직을 궁내부와 의정부로 나누었다. 왕실 관계 기구를 궁내부라 하여 국가의 재무에서 제외하고 의정부에서 국무를 담당하게 했다.

(1) 의정부 제도

의정부 관제에는 서구의 근대 국가적 내각 제도를 모방해 총리대신을 두고, 그 밑에 구제의 육조를 개편해 내무·외무·탁지(度支)·군무·법무·학무·공무·농상무 등의 8개 아문을 설치하고 판서를 대신으로, 참판은 협판(協辦)으로 개칭했다.

의정부의 부속기관으로는 군국기무처·도찰원·중추원·의금부·회계심사국·경무청 등이 있었다.

새로운 관제에 의하면 의정부의 장관으로서 총리대신을 두고, 내각의 수반으로서 각 아문을 통할하게 한 것이었다. 각 아문도 구(舊)육조를 기초로 하여 확충한 것이며, 외무아문은 고종 18년(1881년)에 설치된 통리기무아문의 후신이고 농상아문은 일본 관제를 모방해 창설한 것이었고, 내무아문은 이조, 탁지아문은 호조, 군무아문은 병조, 법무아문은 형조, 학무아문은 예조, 공상아문은 공조를 각기 계승한 것이다. 특히 오영(五營)이 일제히 폐지되고 그 소속 장졸과 군관 영리들은 군무아문에 통합되었다.

의정부 직속기관으로서 군국기무처가 새로 그 소관으로 이관되었고, 도찰원(都察院)은 구제의 사헌부를 계승한 감찰기관이며, 중추원은 구제도의 중추부를 계승한 것이다.

법무아문에 속하는 의금사(義禁司)는 의금부를 개칭한 것이다.

내무아문에 속하는 경무청(警務廳)은 종래 좌·우포감청을 병합한 것으로 관제상으로는 내무아문에 소속되어 있으나, 실제로 그 기능은 정치적 필요에 의해 신설된 강력한 독립관청이었다. 그리고 그 기관장인 경무청의 실권은 아문대신보다도 컸다.

개혁된 행정 체계는 제한 군주적 국왕 – 의정부회의(내각) – 총리대신 – 각 아(衙)의 대신 – 동 협판(協辦: 차관) – 동 참의(국장) – 동 주사(과장) 등 상하의 명령 계통이 명확하게 제도화되어 조직의 계층적 성격이 뚜렷해졌다.

그리하여 구제도에 비하면 기관이나 관리 등의 소관 사항과 책임의 소재 및 명령 계통이 확립되었고, 행정권이 현저하게 분권화되었다. 특히 대신과 협판의 권한과 책임이 구제도의 판서와 참판에 비해 크게 확장되었고, 국왕은 대신의 보필에 의해 정사를 집행하도록 되어 있다.

그리고 내각 제도의 형식인 의정부회의는 총리대신의 주재하에 각 아문 대신으로 구성되는 회의제 정책 결정 및 조정기관으로서 정치적 연대 책임을 지고 국왕을 보필하게 되어 있었다.

이와같이 종전의 국왕의 권한을 제한해 회의적인 의정부회의와, 특히 군국기무처로 하여금 정치적 실권을 장악케 하고, 국왕은 대신과 군국기무처의 권고에 의해서만 오로지 통치할 수 있게 했다. 관찰사 이하의 어떠한 외관에 대해서도 국왕의 직접적인 지시는 거부되었다.

(2) 궁내부 제도

국왕·왕실·척족 관계의 사무를 관장하는 관청으로서 궁내부·종정부·종가부가 있었다.

군국기무처는 의정부 관제안과 같이 1894년 6월에 심의 공포하려 했으나, 왕실에서의 영향을 고려해 그 심의를 뒤로 미루었다. 그 후 국왕 자신이 초안해 군국기무처에 상정하는 절차를 밟아 1894년 7월에 심의 공포했다(김운태, 1984: 275-282).

(3) 군사 제도

제1차 내정 개혁으로 의정부 관제를 개혁하면서 종래의 병조 대신에 군무아문을 설치했다. 군무아문은 전국의 육해군을 통제하고, 군인·군속을 감독하며 관내 제부를 통솔하는 한편, 총무·친위·진방·해군·의무·기기·군의 및 회계 등 8국을 두고, 대신·협판 이하의 직원까지 임명했으나, 하부의 군대조직이 없는 군정 당국이라는 비난을 면하지 못했다.

당시의 국군은 갑오년 6월 무장 해제 후 사실상 그 존재조차 없어져 왕궁마저 일본 군경에 의해 수비되고 있었으므로, 조선 정부는 더 이상 주권 침해를 묵인할 수 없어 일본군의 왕궁 철수와 국군의 재무장을 강력히 요구하면서, 구미 외교 사절 등에 이를 호소했다.

일본에서는 대세가 불가피함을 깨닫고 1894년 7월 '조일잠정합동조관(朝日暫定合同條款)'을 체결한 후 먼저 압수한 무기의 반환과 국군 재편성에 동의하면서, 다만 일본 장교의 지도를 받을 것을 조건으로 했다. 이리하여 해산당한 장위영(壯衛營)에서 약간의 병원(兵員)을 모아 교도중대를 편성하고, 영관 이두근을 대장으로 하여 최초에 반환받은 소총 200정으로 재무장시켜 일본 장교에 의해 훈련하는 등 형식상의 군비를 갖추었다(정시채, 1986a: 376-377).

2 제2차 개혁(1894. 11 ～1895. 5)

1) 군국기무처의 폐지

제1차 갑오개혁은 당시의 시대적·사회적 발전에 적응하는 것임에는 틀림없다. 그러나 한편으로는 일본의 편의에 따라 실시되었기 때문에 조선에게 준 이익은 많지 않았다. 따라서 이 개혁은 일본의 침략적 성격과 결부되어 국민들의 지지를 얻지 못하고 오히려 반발을 불러일으키게 되었다. 그중에서 가장 불만이 컸던 사람이 대원군이었다.

대원군은 개화 세력에 대항하기 위한 방편으로 일본에 의해 집권했지만, 군국기무처의 개혁에 대해 불만을 품었고 고종을 폐위시키려는 정변을 계획하기도 했다. 그리고 당시 남쪽에서 일본군과 항전하고 있던 동학군 및 평양에 주둔하고 있던 청군과 연결을 취해 일본 세력을 축출하려고 했다. 이와 같은 대원군의 반발로 개혁의 추진이 어려워지자 일본은 정계의 거물인 이노우에 가오루를 공사로 부임시켜 강제로 대원군을 정계에서 은퇴시키고, 그 대신 일본에 망명중이던 급진 개화파인 박영효·서광범 등을 불러들여 김홍집·박영효의 연립내각을 구성하게 했다. 그리하여 1894년 11월에 군국기무처는 폐지되었다.

2) 홍범 14조 반포

고종은 1894년 12월에 대원군·세자 및 백관을 거느리고 종묘에 나아가 국가 발전을 위해 모든 개혁을 추진할 것을 서약했다. 그리고 모든 국가 발전개혁의 기본 강령이라고 할 수 있는 홍범(洪範) 14조를 반포했다. 이 홍범 14조는 일본의 메이지유신을 모방한 일종의 혁신정치에 관한 헌장이라고 하겠다. 그리고 이것은 이노우에 공사의 내정개혁 강령을 기초로 하여 작성되었으며, 조선의 자주 독립과 내정 개혁의 실시를 선포한 조선조에서는 최초의 헌법적 성격의 헌장이었다.

3) 행정 제도 개혁의 내용

김홍집·박영효의 연립내각이 출범함에 따라서, 제2차 갑오개혁은 일본의 간섭이 강화되고 급진 개화파가 참여한 가운데 계속 추진되었다. 우선 이노우에 가오루가 추천한 고문들이 조선 정부에 임명되어 조선의 정치는 그들의 손에서 움직이게 되었다. 제2차 개혁은 통치 제도의 광범한 분야에 걸쳐서 근대화 개혁을 시도한 것으로 그 내용은 다음과 같다.

(1) 중앙행정 제도

종래의 의정부를 내각으로 개정했고, 종래의 8아문을 외부·내부·탁지부·군부·법부·학부·농상공부의 7부로 개편했다.

내각은 국무대신으로 구성되는 합의제 정책심의기관으로서, 중요 정책은 반드시 내각회의를 거쳐 결정하도록 되어 있었다. 내각 제도는 종래의 의정부 기구를 대폭 폐합·축소하여 재편했다. 소속 관리의 직제는 대신, 협판(차관), 국장, 참서관, 비서관, 주사 및 고원(雇員) 등을 배치함으로써 명령 계통을 체계화시켰다.

한편 내각과 대립해 방대한 기구를 가졌던 궁내부의 개혁은 종정부(宗正府)와 종백부(宗伯府)를 폐지하고, 그 업무를 궁내부 각 원에 이관·분장시켰다. 그리하여 간소화와 더불어 그 권한도 어느 정도 축소시킨 점이 엿보이지만, 구태의연하게 무의미한 용관과 위인설관(爲人設官)도 적지 않았다. 궁내부 관제의 개혁은 제1차 개혁 때와 같이 왕실과 절충·타협 때문에 뒤늦게 공포 시행되었다.

그리고 중추원은 내각의 자문기관이었다. 법률·칙령안을 비롯해 내각에서 임시로 자문하는 사항을 심사하고 의결했다. 이 중추원은 일본의 추밀원을 모방해 설치한 것으로, 종전의 중추원에 비해 그 기능이 강화되었다. 그러나 사실상 그러한 기능을 한번도 발휘하지 못했다. 따라서 중추원은 종전과 같이 거세당했거나 나이 많은 고관을 위한 특별 양로원 또는 칙임의관(勅任議官) 및 진임의관(奏任議官)을 매관하기 위해 존재한 데 불과했다. 그러나 그것은 일종의 입헌군주 국가의 내각책임제하에서 관선 입법부적 성격을 띠고 있는 것이 주목되며, 근대적 입법부의 모체라고 할 수 있다.

(2) 궁내부 제도

궁내부 관제의 개혁은 제1차 개혁 때와 같이 왕실과의 절충·타협 때문에 뒤늦게 공포·시행되었다. 신관제에 의하면 종정부와 종백부를 폐지하고, 그 사무를 궁내부 각 원에 이관·분장시킴으로써 종전보다 다소 간소화되었다.

대신관방·장례원(掌禮院)·시종원·규장원·회계원·궁장원·제용원을 두었으며, 대신·협판 각 1인, 참서관 3인, 통역관 2인, 주사 10인, 특진관 15인 이하로 인원을 감원했다.

(3) 지방 제도

지방 관제의 개혁은 중앙관제가 개정된 거의 1년 후인 1895년 5월에야 비로소 칙령 제101호로 개정·공포되었다. 중요한 내용은 다음과 같다.

① 종래의 8도제를 폐지하고 소지역주의를 채택해 전국을 23부로 나누었다.

② 구제도에 의한 도 이하의 부·목·군·현을 폐합 개편해서 336군으로 통일했다.

③ 8도의 감영 및 안무영(함경북도에만 해당)과 개성·강화·광주·춘천의 각 유수부를 폐지하는 동시에, 각 도 관찰사·안무사 및 각 부유수 이하의 부윤·목사·부사·군수·부윤·판관·현령·현감을 폐지하고, 부에는 관찰사를, 군에는 군수를 두었다.

④ 종래 각 지방관을 통할하고 있던 행정권·사법권·군사권을 분리 독립시켰다.

이와 같은 지방 관제의 개혁으로 중앙과 지방 간의 지휘·감독 체계가 확립되어 지방행정은 내부의 소관이 되었으며, 관찰사는 내무대신의 지휘감독을 받되 각부의 업무에 따라 각부 대신의 지휘·감독을 받게 했다. 따라서 각부 대신은 지방관의 위법 부당한 명령이나 처분에 대해 취소 또는 정지할 수 있게 했다.

관찰사는 그 밑에 있는 부윤·목사·군수를 지휘·감독했다. 1906년에는 관찰사도 그 직무 범위 내에서 도령(道令)을 발할 수 있도록 했다. 예하의 부윤·군수의 부당한 명령과 처분에 대해서는 취소 또는 정지할 수 있게 했다. 1907년에는 각 도에 내무부와 경찰부를 두었다. 1910년에는 다시 각 도의 내무부에 문서계·토목계·서무계·권농계·학무계·회계계를 두어 내무부의 사무를 분장하게 했다.

(4) 군사 제도

일본은 갑오개혁 중 군사 제도의 개혁만은 가장 소극적이고 군비를 개선하는 데 있는 것이 아니라 오직 말초적인 제도를 개선하는 데 불과했다.

1894년 11월 칙령으로 종전의 각 영을 폐합해 군무아문의 소속으로 일원화하고, 1894년 12월에는 칙령으로 육군 장교와 하사관의 계급을 제정했다. 그리고 군무아문의 8국을 대신관방·군무·포공·경리·군법·의무의 6국으로 개편했고, 또한 대신을 부장으로 하고, 그 이하 국장·과장·과원까지 고 육군 장교로 충원하도록 했다. 그리고 '육군편제 강령'을 제정해 전국의 육군을 중앙의 친위대와 지방의 진위대 등 2종으로 분류했다. 그리고 각 관등의 봉급령·분한회·복장규칙 등을 제정했다.

이리하여 1895년 4월 하순까지 성립된 병력은 훈련 제1대대 장병 492명과 훈련 제2대대 장병 482명에 불과했다. 이에 장교 양성소를 위해서 훈련대사관양성소(訓練隊士官養成所)를 부설했다. 여기서는 귀천을 불문하고 학도를 모집해 3개월 교육 후 임관시켰다. 그 소장에는 영관을 임명했으며, 군무국장의 감독을 받게 하였다. 그 밑에는 부관위관 1명, 교육위관 3명을 두었다. 그 뒤 합병 직전의 군대 해산 당시에도 병력을 총 9천 명 정도에 그쳤던 것으로 어느 모로 보나 독립국가의 군대라고는 할 수 없었다.

(5) 사법 제도

종래부터 재판권은 행정부에서 독립되지 못하고, 지방관서의 장이나 행정관리들이 이를 담당해 왔으며, 제1차 내정 개혁 때에도 재판권은 법무아문에 귀속되어 행정관으로 하여금 재판을 겸무하게 했다. 그러나 제2차 내무개혁에서는 행정부로부터 사법권을 독립시켰다.

재판은 2심제를 채택했는데, 제1심 재판소에는 지방재판소와 개항재판소가 있었고, 제2심 재판소에는 고등재판소와 순회재판소가 있었다. 그리고 왕족에 대한 형사재판을 위해 특별법원을 설치했다.

판·검사의 관등·봉급에 관한 법령을 제정·공포했고, 사법시험규칙을 제정해 이에 합격한 자에 한해서 판검사 자격을 부여했다(정시채, 1986a: 356-386).

3 제3차 개혁(1895. 5 이후)

1) 군사 제도

종래의 군사 제도를 개편해 훈련대를 폐지한 후 친위대와 진위대로 편성했다. 즉 전자는 서울에 둔 것으로 중앙 수비를, 후자는 평양과 전주에 둔 지방 수비를 맡는 군대로서 다음에 일어난 의병 진압에 큰 공을 세웠다.

2) 우편소와 소학교의 설치

1884년 우정국을 설치한 바 있으나, 그 기능을 발휘하지 못하고 있었는데, 1895년에 개성·수원·충주·안동·대구·동래 등지에 우체사(郵遞司)가 설치되어 통신사무의 편의를 보게 되었다. 또한 서울에는 관립소학교를 두게 했다(변태섭, 1977: 522-523).

제 4 절 행정정책 및 관리

1 제1차 개혁

1) 정치 부문

(1) 개국 연호의 사용

종래 사용하던 청(淸)의 연호를 폐지하고, 개국 기원(503년)을 정해 공사(公私)의 문서에 기준으로 삼게 했다. 이로써 형식적으로는 청의 지배로부터 이탈된 것이지만 도리어 일본의 정치적 지배를 뜻하는 것이었다.

(2) 왕실과 정부의 분리

중앙행정기구를 개혁해 의정부와 궁내부를 구분하고, 전자는 일반 행정을, 후자는 왕실 사무를 전담케 했다. 의정부는 내각이라 하여 총리대신을 수반으로 하여 행정각부를 8아문으로 개편시켰다가 다시 7부로 나누었다. 각 부는 장관을 대신으로 하여 그 아래 국·과가 있고, 월봉 제도를 실시했다. 그 외 의정부 아래 도찰원·중추원·의금부·경무청을 두었다.

(3) 과거제의 폐지

고려 광종 9년(958년)에 처음 실시된 과거 제도를 폐지함으로써 관리 임용법을 채용했고, 문무와 귀천의 차이 없이 관리를 등용시켰다. 관리채용법은 하급관리와 고등관리 채용시험으로 나뉘었고, 하급관리 채용법은 다시 보통·특별시험으로 구별되었고, 그 시험 과목도 국문·한문·산술·외국사정 등이 채용되었다.

2) 경제 부문

(1) 재정의 일원화

조세·국채·은행 등 일체의 재정사무는 탁지부에서 관장하고, 그 산하에 세무서가 설치되었다. 1884년의 갑신정변에서 재정의 일원화 주장이 나온 바 있었는데, 이에 비로소 근대 재정정책의 성립을 보게 되었다.

(2) 화폐 제도의 개혁

갑오경장의 일환으로 발표된 신식화폐장정(新式貨幣章程)으로 구화폐 제도를 폐기하고 은본위제를 채택했다. 동시에 백동·청동·황동 등의 보조화폐를 사용케 했으며, 일본 화폐를 유통시킴으로써 점차 일본의 경제적 침투의 바탕을 마련케 했다.

(3) 조세 금납화 실시

종래의 조세는 현물 납부였으나, 비로소 금납화를 실시함으로써 세제의 근대화를 꾀했다. 그러나 통화와 금융기관의 미비는 농민에게 이중의 고통을 주게 되었다. 즉, 세곡을 환금해 대납하는 미상(米商) 회사가 환금의 편의 속에서 농민을 착취했다.

(4) 도량형의 통일

종래 공조 관할의 도량형 제도를 고쳐 내무 소관으로 하고 장척(丈尺)·두곡(斗斛)·칭형(秤衡) 등을 전국적으로 통일해 획일적으로 사용케 했다.

3) 사회 부문

(1) 신분·계급 제도의 철폐

양반·상인의 계급 제도를 철폐하고 귀천을 불구하고 인재를 등용케 했다. 특히 노비문서를 없애고 인신 매매를 금지시켜 노비제를 혁파하고, 역정(驛丁)·창우 (倡優)·백정(白丁) 등의 천인 신분도 타파함으로써 봉건적 신분 제도가 무너지게 되었다.

(2) 기타 사회적 악습의 철폐

전통적 구습인 조혼(早婚)을 금지하고, 남 20세, 여 16세 이상이 되어야 결혼을 할 수 있도록 했고, 적서(嫡庶)의 차이를 없애고 과부의 재혼을 허용했다. 또한 고문을 폐지시켰고, 연좌제를 철폐했다. 그리고 관습적으로 내려온 신분관이 무너졌고, 상업 천시의 직업관을 제거함으로써 양반도 상업을 할 수 있게 했다. 또한 의복의 간소화도 단행했다(변태섭, 1977: 518-522).

2 제2차 개혁

1) 내각 제도의 도입

의정부를 내각이라 고치고 종래의 8아문을 외부·내부·탁지부·법부·학부·농상공부·군부의 7부로 개편했다.

2) 23부제의 실시

조선의 8도를 23부(府)로 개편하고 각 부 밑에는 군·면을 두었다. 특히 관찰사의 사법·군사권을 회수하고 행정권만을 갖게 하여 근대적 지방행정 제도를 수립케 했다.

3) 사법 제도의 개혁

사법부를 행정권에서 독립시켜 2심 재판소를 설치했다. 즉 1심 재판소에는 지방·개항장재판소가 있고, 2심 재판소에는 고등·순회재판소가 있어 근대 사법 제도 설치의 계기가 되었다. 그 후 1907년에 대심원·공소원·지방재판소 등을 설치해 3심제를 확립케 했다.

4) 경찰 제도의 일원화

종래 그 권한과 소속이 불분명했던 경찰권을 독립시켜 경찰서를 설치했다. 서울에 둔 경무청은 수도 치안을 전담했고, 지방은 경찰서를 두어 경찰권을 일원화시켰다. 이로써 치안과 방범에 대한 행정기구를 완비했다.

5) 신교육 제도의 실시

교육 제도에서도 신교육을 실시하기 위해 한성사범학교를 설립하고 외국어학교 관제를 공표했다(변태섭, 1987: 416-419).

3 제3차 개혁

1) 건양 연호의 사용

종래에는 없던 연호를 1896년부터 사용했다. 1896년에는 건양(建陽)이었고, 1897년부터 1907년까지는 광무(光武), 1907년부터 1910년까지는 융희(隆熙)라고 했다.

2) 태양력의 사용

종래 사용하던 음력 대신에 양력을 쓰게 되었다. 이것은 세계사적인 일반 현상으로서 시대 조류에 맞춘 것이지만, 그 후 양·음력은 공통으로 사용케 되었다.

3) 종두법의 실시

종두(種痘) 규칙을 공포해 제너(Edward Jenner)의 우두법(牛痘法)을 소아에게 실시함으로써 국민 보건 향상에 큰 계기를 이루었다.

4) 단발령의 발표

1895년 제3차 개혁(을미개혁)에서 가장 큰 영향을 준 것이 단발령의 발표이다. 고종은 삭발의 모범을 보였고, 대신들이 이를 계승해 전통적으로 내려온 상투를 잘라버렸다. 이 사건은 국모 시해와 더불어 민심을 크게 자극시켜 유생을 필두로 거족적인 항일운동을 폭발시켰다(변태섭, 1977: 522-523).

제 5 절 행정의 특징

1 일본의 침략을 위한 제도상의 개편

일본이 조선 구래(舊來)의 봉건적인 제도를 모두 폐기시킨 것은 그들의 자본주의적 침략에 적응될 체제로 개편하려는 기도였다. 따라서 일본은 조선 자체의 사회 발전에 대해서는 물론, 개혁에 따르는 실질적인 성과나 새로운 법령의 시행 가능성 여부에 대해서는 아무런 관심이 없었다. 다만, 일본 세력을 침투시키기 유리하도록 '제도상의 개편'만을 조급하게 강요했다. 그러므로 조선에서의 시대적·사회적 요구였던 내정의 개혁은 일본의 침략 야욕이나 그 간섭 밑에 무리와 강제 속에서 이루어지게 되었다. 복제(服制)와 같은 관습적인 것에 이르기까지 법령으로써 변화를 강요했다. 따라서 개혁의 법령 중에는 전혀 시행되지 않은 채 사문화(死文化)된 것이 허다했고, 또 실시 불가능한 것도 적지 않았다.

섭정의 지위에 있던 대원군의 존재도 정치 권력에서는 완전히 소외되어 있었다. 대원군이 내심 군국기무처에 대해 불만을 품게 되고 더욱이 일본인 간섭하의 개혁에 대해서는 은근히 거부하는 태도를 취했다. 실제로 식자층에서도 일본군에 의해 국토가 유린·점거된 속에서 일본인의 위협적인 간섭을 받으며 내정을 개혁한다는 것은 진정한 자주 개화라고 할 수 없다고 주장한 인사가 있었다. 1894년 7월부터 시작된 제도 개혁은 이와같이 자기 혁신과 외세의 침입이라는 모순 속에서 이루어진다(한우근, 1976: 473).

2 밖으로부터의 근대화 작업

그러나 갑오경장은 동학혁명과 청일전쟁이라는 대내적, 그리고 대외적 사건에 잇달아 일어난 사건으로서, 비록 자율적이 아니고 침략적인 일본 팽창주의의 강요에 의한 타율적인 것이기는 하나, 근대 국가와 근대 시민사회를 형성하는 사실상의 동력이 되었다는 점에서 근대화 과정의 획기적인 계기를 이루었다. 이와 같은 갑오경장의 역사적 성격은 조선왕조 근대화의 역사적 전개 과정에 비추어 보아 이해될 수 있다. 즉 내생적인 근대화의 조건들이 성숙되지 못하고, 또 갑신정변과 같은 '위로부터'의 자주적인 근대화운동이 저지된 조선조 봉건사회 앞에는 결국 '밖으로부터'의 근대화의 길만이 남게 되었다. 갑오경장은 밖으로부터의 근대화 과정을 밟았으므로 제도상의 근대적 개혁의 성격을 띤 것이었다.

청일전쟁이 끝난 후 러시아·프랑스·독일 3국의 간섭이 있자, 일본은 이에 굴복하고, 친일 정권이 동요되면서 이 제도 개혁도 좌절되었지만, 이때 개혁된 모든 제도는 지속되어 일본의 조선 진출의 기반이 되었다(김운태 외, 1985: 98).

제12장 대한제국의 행정

제1절 대한제국의 행정

1 행정환경

1) 대한제국의 성립

을미사변으로 인해 국민의 대일 감정이 극단적으로 악화되고 각지에서 의병이 일어나 전국이 소란한 기회를 이용하여, 러시아 공사 웨베르(Karl Wäber)는 공사관 보호라는 명목 아래 수병 120여명을 서울로 데려왔다.

이에 친러파인 이범진(李範晉) 등은 웨베르와 공모해 건양 원년(1896년)에 국왕을 궁궐로부터 러시아공관으로 모셔갔다(아관파천[俄館播遷]). 이것은 정국을 완전히 전복시켰다. 친일 내각의 김홍집·어윤중 등은 살해되고, 유길준 등은 일본으로 망명했다. 그리고 이범진·이완용 등을 등용한 친러 내각이 성립하게 되었다. 국왕이 러시아공사관에 있는 1년 동안 정치는 러시아의 강한 영향력 밑에 놓이게 되었다. 각 부의 일본인 고문과 병사를 훈련하던 일본인 무관은 모두 파면되었고, 새로 터시아인 고문과 사관이 초빙되었다. 러시아의 무기가 구입되었으며, 러시아어학교가 설립되었다. 이 때 탁지부의 러시아인 고문 알렉시예프(K. Alexiev)는 마치 재무장관과 같은 느낌을 줄 정도였다.

한편 각종의 이권(利權)이 러시아로 넘겨졌다. 러시아의 이권 획득은 열강을 자극해 이익의 평등을 요구하게 되었고, 이에 따라서 아관파천 이후 많은 이권이 외국인의 손으로 넘겨졌다. 국왕이 외국 공사관에 가 있고 이권이 속속 외국인의 손으로 넘어가는 상태에 대해 국민의 비난이 집중되었다. 특히 독립협회를 중심으로 한 운동이 그러했다. 이에 고종은 경운궁(덕수궁)으로 옮겨옴과 함께 국호를 대한제국, 연호를 광무라 고치고, 왕을 황제라 칭해, 중외(中外)에 독립제국임을 선포했다(광무 원년, 1897년).

그리하여 독립제국으로서의 새 체계를 갖추게 되었고, 이것은 국민 여론의 승리였다고 하겠다. 다만 외형의 체계와는 달리 실제에서는 여러 가지 약점을 드러냈다. 고종이 경복궁이 아닌 경운궁에 있는 것은 러시아를 비롯해 미국·영국 등 경운궁을 에워싼 외국 공사관의 보호에 의지하려고 함이었다. 자기 나라의 수도에 있으면서도 외국인 일본이 무서워 국왕의 행동이 자유를 잃고 있었다. 그러므로 이권은 계속해서 빼앗기고 있었다(이기백, 1987: 356-357).

2) 독립협회의 활동

고종 31년(1894년) 동학혁명과 갑오개혁이 진행된 이래 조선의 정치·사회는 대내외적으로 급격한 소용돌이 속에 빠져버린 상태였다. 1895년에는 일본에 의한 을미사변과 을미개혁이 있었고, 이에 반발해 일어난 의병운동, 그리고 아관파천과 러시아의 간섭, 뒤이은 열강의 이권 침탈 등의 혼란이 계속되었다. 그러나 당시의 집권층은 외세에 의존한 상태에서 적극적으로 자주권 확립의 방책을 찾지 못했다. 나라의 형편이 이와같이 되자 일반 국민들 사이에서 정부의 무능을 비판하고 민족의 독립과 민권의 확립을 위한 운동이 전개되기 시작했는데, 이 운동의 중심조직이 독립협회였다.

독립협회는 갑신정변이 실패한 뒤 미국에 망명했던 서재필(徐載弼)이 귀국해 1896년 서구의 근대 사상과 개혁사상을 가진 인사들과 함께 조직한 단체로 그 중심 인물은 서재필·윤치호·이상재·남궁억 등이었다. 처음에는 정부의 고관들도 참여했으나 회원 가입이 개방되어 있고, 그 운영이 민주적인 방법으로 이루어졌을 뿐 아니라 활동 내용이 정부의 시책을 비판하는 것이 많았으므로 점차 고관들은 탈퇴했다. 독립협회는 그 조직이 지방에까지 확대되어 함흥·평양·대구 등 전국 13도에 도지회가 있었다.

독립협회에 참여한 인사들을 각계각층이 망라되었다. 서구의 근대 사상을 받아들인 신지식인과 개혁적인 사상을 가진 유학자층이 주도적 활동을 했고, 여기에 도시의 상인과 농민, 광산이나 부두의 노동자, 그리고 백정 출신들도 참여했다. 갑신정변이 일부 양반 관료 출신인 젊은 청년층이 기도한 위로부터의 개혁운동이었고, 동학혁명이 농촌의 몰락 양반과 농민이 중심이 된 밑으로부터의 개혁운동이었던 것에 비해, 독립협회는 참여한 계층의 폭이 넓어지고, 특히 도시의 신지식인인 시민계층이 중심이 된 정치·사회의 개혁운동이라는 점에 그 특징이 있다.

독립협회의 활동은 자주독립·자강혁신·자유민권의 세 가지 방향으로 전개되었는데, 이것은 외세로부터 완전한 독립을 부르짖고 스스로의 혁신을 지향하며 개화된 자유민주주의를 주장하는 것이었다. 그리고 서재필이 귀국해서 창간한 「독립신문」을 독립협회가 설립된 뒤에도 계속 간행해 독립협회의 활동을 홍보하고 국민을 계몽했다.

독립협회의 세 가지 주장 가운데 하나인 자주독립(自主獨立)은 외세의 간섭으로부터 벗어나 국가의 자주권을 확립하기 위한 것이었다. 그 구체적인 활동으로 과거 영은문(迎恩門)이 있던 자리에 국민의 성금을 모아 독립문(獨立門)을 세웠으며, 「독립신문」에 자주 독립에 관한 각종 논설을 자주 실어 국민의 자주 독립 의식을 높이고, 모화관(慕華館)을 독립관으로 개칭해 이곳에서 토론회를 열기도 했다. 그리고 아관파천으로 러시아공사관에 가 있던 고종의 환궁을 요구하고, 외국에 대한 각종 이권의 할양을 반대하는 동시에 이미 침탈된 이권을 되찾을 것을 주장했다. 자강혁신(自强革新) 운동은 자주 독립을 이룩하기 위해 부국강병을 위한 여러 가지 내정(內政)을 개혁하자는 것이었다. 여기서는 우선 전통적인 정치 체제인 전제군주제를 입법군주제로 개혁하고, 행정 제도와 재정 제도를 근대적으로 개혁하며,

신교육과 함께 근대적 산업의 개발을 내세웠다. 즉, 각급 학교를 단계적으로 설립해 국민을 교육시켜 민력(民力)을 배양하고 각종 공장을 건설하며, 또한 외세 침략으로부터 스스로를 지키기 위해 근대적인 국방력을 기를 것을 주장했다.

끝으로 자유민권(自由民權)운동은 근대적 정치사상이 높은 수준으로 받아들여지고 있었음을 나타내는 것이다. 이것은 국가의 자주 독립과 부강의 기반이 국민의 권리 신장에 있다고 하면서 서양의 천부인권사상(天賦人權思想)을 근거로 인간의 기본권인 생존권과 재산권 등을 보호하려는 운동이었다. 또한 국민의 참정권운동을 전개해 언론과 집회의 자유권, 국민 평등권, 국민 주권론 등을 내세웠다. 특히 의회 설립을 주장해 갑오개혁 때 내각의 자문기관으로 만들어진 뒤 유명무실한 채로 있던 중추원을 개편해 관선 의회와 민선 의회를 구성하되 독립협회 회원을 민선 의회에 선출하고자 했다. 이 중추원을 개편한 의회 설립의 제안은 고종의 승낙을 받아 실현 단계에까지 갔었다.

독립협회의 활동이 가장 절정에 달한 것은 광무 2년(1898년) 종로에서 열린 만민공동회(萬民共同會)의 개최였다. 만민공동회는 국정의 개혁을 실현하기 위한 민중의 정치운동이었는데, 이 때 정부의 고관들까지도 참석한 가운데 여섯 항목의 '헌의육조(獻議六條)'를 채택하고 고종에게 건의해 그 실시를 약속받기도 했다.

그러나 한편으로는 독립협회의 급진적인 개혁 요구와 그 세력에 당황한 보수적인 집권층이 오히려 독립협회 간부 10여명을 체포하고 협회의 해산을 명했다. 이에 독립협회 측에서는 연일 만민공동회를 열어 투옥 인사의 석방과 독립협회의 부활, 그리고 헌의육조의 시행을 요구하며 그 기세가 꺾이지 않았다. 그러자 정부는 보부상을 중심으로 어용단체인 황국협회(皇國協會)를 조직하고, 이로 하여금 독립협회와 충돌하게 한 뒤 사회 혼란을 이유로 독립협회와 만민공동회를 강제로 해산시켰다.

그러나 독립협회의 정치·사회개혁운동은 근대적이고 자주적인 국민 의식을 형성하는 데 크게 이바지했고, 일제 침략에 대항해 민족운동을 펼쳐 나갈 수 있는 사상적 기반과 함께 민주주의가 성장할 수 있는 토양을 형성시켰다는 점에서 큰 의의를 갖는다(변태섭, 1987: 424-427).

2 행정 주체 및 이념

1) 친러 내각과 아관파천

대한제국은 갑오개혁과 을미개혁의 뒤를 이은 또 한 차례의 근대적 개혁을 단행했다. 아관파천 후 새로이 성립된 이범진·이완용 등 친러 내각의 구성원이 대한제국의 집권 세력을 형성하고 있었다.

을미사변과 을미개혁으로 국민들의 반일 감정이 고조되고 각처에서 의병운동이 전개되자, 조선에서의 세력 확장을 꾀하던 러시아는 수병 120여 명을 서울로 이동시켰다. 그 동안 서울 주재 러시아 공사였던 웨베르는 1896년 1월에 스피에르와 교체되었지만 그대로 서울에 머물면서 막후에서 활동하고 있었다. 고종도 일본의 민비 시해에 대해 크게 분노하고 있었고, 친위대 병력은 의병 활동을 진압하기 위해 지방에 파견되어 있었기 때문에 왕궁의 경비가 소홀했다. 이 때 친러파 이범진 등이 웨베르와 공모해 고종을 러시아공사관으로 모셔갔다(아관파천, 1896년 2월).

이 때 친일내각의 김홍집과 어윤중(魚允中)은 친일파로 지목되어 일반 민중들에게 살해되었고 유길준 등은 일본으로 망명했다. 이리하여 새로운 친러 내각이 성립되었고, 그 후 조선의 정계(政界)를 주도해 나갔다(변태섭, 1987: 422).

2) 독립협회의 운동과 환궁

그러나 이 때 독립협회의 활동을 중심으로 한 국민의 여론을 무시할 수는 없었다. 그것은 국왕이나 대신들이 외세에 의존해 국가를 보전하려는 고식적인 길을 취하고 있을 때에 정부의 무능한 시책을 비판하고 민족의 독립과 자유를 위해 감연히 싸운 것은 일반 국민이었다. 특히 서양의 자유주의 사상을 배운 신지식인들이 그러했다. 이들은 각종 정치단체를 조직해 민족의 독립과 민권의 확립을 위해 투쟁했다. 그러한 여러 정치단체들의 시초를 이루고 또 활동이 가장 맹렬했던 것이 독립협회였다. 이 독립협회는 갑신정변이 실패한 뒤 미국에 망명했던 서재필이 귀국해 조직한 것이다(건양 원년, 1896년).

처음 독립협회에는 서재필 등 갑오경장의 주동 멤버들로써 조직된 건양협회, 윤치호·이상재 등 외교계 인사들로써 조직된 정동구락부, 그리고 남궁억 등 중견 실무관료급의 인사들이 참여했다. 그러므로 독립협회는 정부의 관료들을 중심으로 한 클럽과 같은 성격을 지니고 출발했다.

그러나 독립협회의 회원 가입은 전적으로 개방되어 있어서 누구의 추천이나 보증이 필요 없이 자유로이 가입할 수 있게 되어 있었다. 또 임원의 선출이나 사무의 운영이 민주적이어서, 독립협회의 일들은 회원 과반수 이상의 다수결로 결정되었다. 그러므로 독립협회는 점점 서울의 일반 시민을 중심으로 한 협회로 성격의 변화를 초래했다.

그리하여 정부의 고급관리들이 탈퇴한 후에 독립협회는 우선 서재필·윤치호·이상재 등 서양의 시민사상에 영향을 받은 신지식인이 주도적인 역할을 담당했다. 다음으로 남궁억·정교 등 동도서기파(東道西器派)로부터 발전한 유교의 혁신파라고 할 수 있는 세력이 참여하고 있었다. 이 두 세력 외에도 한규설 등의 개화파 관리, 각종 상회나 근대식 주식회사를 경영하는 시민층이 참여했고, 심지어 백정 등의 천민 신분으로부터 해방된 일반 시민들도 가담했다. 그 밖에 동학농민군의 활동을 통해 성장한 농민층, 새로 대두한 광산 노동자나 개항장의 부두 노동자, 선각적 여성층 및 학생층의 참여와 지지를 받았다. 그러므로 독립협회는 지식인층을 선두로 하고, 새로이 성장한 시민의 광범한 지지를 받으면서 발전해 갔다(이기백, 1987: 358-359).

독립협회를 중심으로 한 국민들의 환궁을 요청하는 여론으로 마침내 고종은 1897년 아관파천 후 약 1년 만에 경운궁(지금의 덕수궁)으로 돌아오게 되었다. 고종이 환궁하자 조선 정부는 독립국가로서의 면모를 내외에 선양하기 위해 국호를 '대한제국(大韓帝國)', 연호를 '광무(光武)'로 하고 갑오개혁에서 '대군주(大君主)'라고 했던 국왕의 칭호를 '황제(皇帝)'라 고쳐 독립제국의 새 체제를 갖추었다(1897년 10월).

이렇게 성립된 대한제국은 갑오개혁과 을미개혁의 뒤를 이은 또 한 차례의 근대적 개혁을 단행했다. 이것은 그 연호에 따라 광무개혁이라 하는데, 이 개혁의 방향은 '구본신참(舊本新參)', 즉 구법을 본으로 삼고 신법을 참고한다는 데 두어졌다. 이것은 앞서의 갑오개혁의 과오를 반성하고 전통적인 제도를 바탕으로 하여 새로운 제도를 받아들인다는 생각에서 비롯된 것이다. 그러면서 특히 이용후생에 관계되는 것은 외국의 제도를 적극 받아들인다는 자세를 취했다.

구법을 본으로 하는 광무개혁의 내용은 복고주의적인 성격이 강하게 나타났고, 특히 황제권의 강화가 강조된 것은 당시의 집권층이 보수적인 경향을 띠고 있었던 것과도 관련이 있었다.

이와 같은 성격은 광무 3년(1899년)에 반포된 대한국제에 그대로 나타났다. 대한국제는 황제의 통치권이 무한함을 강조하고, 황제가 입법권·행정권·사법권과 선전·강화·계엄 및 해엄에 관한 권한을 가지고 있음을 규정했다. 이것은 독립협회에서 주장한 입헌군주제 및 의회정치 제도와는 전적으로 다른 근대제국의 절대왕정 체제를 도입해 황제의 전제권을 법적으로 확립한 것이었다(변태섭, 1987: 427-428).

3 행정 제도

1) 중앙행정기구

대한제국의 중앙행정기구는 건양 연간의 개혁을 그대로 존속시켰다. 그리하여 1896년에 의정부 제도가 다시 설치되었다. 의정부는 총리대신을 개칭한 의정, 내부대신이 겸임하는 참정, 외부·농상공부대신을 포함한 10인의 찬정(贊政)과 참찬 1인으로 구성되었다. 회의는 내각 제도하에서는 각료로서만 개최할 수 있었던 것을 개정해, 국왕이 직접 참석하거나, 왕자가 대리로 참석해야만 개최할 수 있게 되었다. 그리고 이미 부결된 의안이라 하더라도 국왕이 재가할 수 있게 했다. 그리하여 의정부 제도는 국왕의 권한을 강화해 전제군주화시키는 것이 되었고, 각의의 기능은 상대적으로 약화되었다.

중추원은 다른 자주적 개혁과 마찬가지로 독립협회의 주장을 반영한 것이다. 독립협회 회원들로 중추원을 근대적 의회로 개편해, 왕권의 전제화를 방지하는 동시에 대의정부의 체제를 수립하려고 했다. 그러나 이러한 개혁안은 보수적 각료들의 완강한 반대에 부딪쳐 우여곡절을 겪었다. 그 후에 개화파 각료들의 지지를 얻어 합의를 보게 되었다.

정부는 독립협회에 대해 중추원 의관의 절반인 25명의 민선 의관의 선출을 의뢰했고, 이어 1898년 11월에는 중추원 관제를 공포했다. 새 중추원 관제는 독립협회의 주장과 정부가 강조해 온 사간원의 기능을 가미한 것이다. 그리하여 그것은 입법권, 정부(政府)의 정부에 대한 동의권, 자순권(諮詢權), 건의권, 민원처리권 등을 포함하고 있었기 때문에 근대적 의회의 기능을 구비했다고 할 수 있다.

그러나 정부가 중추원제를 공포한 즉시 독립협회의 지도자를 구속하고, 독립협회의 해산령을 내렸기 때문에, 의뢰 사항을 이행할 수 없었다. 그 후 만민공동회의 투쟁으로 독립협회가 다시 설치되고 지도자도 석방되었으나, 정부가 민선 의관제와 의관 임기제의 폐지를 골자로 한 중추원제를 다시 개정했기 때문에 근대 의회제의 성격을 가지고 있었던 중추원 개편안은 좌절되었다.

정부는 새 중추원 관제에 의해 정부관료 4명, 독립협회 회원 17명, 황국협회 회원 29명을 의관에 임명했다. 이것은 중추원을 황국협회가 주도하려는 속셈에서 그렇게 한 것이다. 그러나 독립협회 의관들이 적극 활동해 주도권을 장악하게 됨에 따라 정부는 독립협회를 해산시켰다.

왕권에 대한 억제와 민권의 신장을 기하려던 독립협회의 의회 개설운동이 실패한 관계로 국왕의 전제화 경향은 더욱 커졌고, 중추원은 종래의 기능밖에 하지 못했다.

사법 기구에서는 지방과 개항장에 재판소를 신설하거나 재판소의 위치와 관할구역을 재조정했다. 1898년에는 재판구성법을 개정해 고등재판소를 평리원(平理院)으로 고쳤고, 또한 특별법원을 설치해 황족에 대한 범죄를 다스리도록 했다. 그리고 1900년에는 순회재판소를 설치했다(서태윤, 1985: 185-186).

2) 지방행정기구

지방 제도는 갑오개혁 때 23부제로 개편한 것을 건양 연간(年間)의 개혁에서 다시 도제로 바꾸었다. 갑오개혁 이전의 8도제와 이후의 23부제를 절충해, 한성부와 13도 7부 1목 331군으로 재편했다.

종래 8도제에서 충청 · 경상 · 전라 · 평안 · 함경 등을 각각 남북도로 분리해 13도로 만들었다. 한성은 특별히 1부로 설치해 그 지방장관을 판윤(判尹)이라 했으며, 광주 · 개성 · 인천 · 동래 · 덕원 · 경흥 등에 부를 설치해 부윤을 두었다. 제주에는 목을 설치해 목사를 두었고, 전국에 331개 군을 설치해 군수를 두었다. 각 부 · 목 · 군은 5등급으로 나누었다. 행정구역의 개편과 함께 지방 관제와 지방 관봉급 · 경비에 관한 규정이 새로 제정되었고 지방관의 명칭도 개정되었다(서태윤, 1985: 186-187).

3) 군사행정기구

광무 개혁에서는 왕권 강화와 자주독립 국가의 기본 요건인 국방력 강화에도 힘을 기울여 군제를 개편했다. 이를 위해 수도 서울의 방비와 국왕의 호위를 담당하는 친위대 · 시위대 및 호위대를 창설하고 개편 증강했다. 몇 차례에 걸친 군제의 개편으로 친위대와 시위대가 각기 2개 연대로 증강되었으며(1902년), 국왕이 기동할 때의 호위를 맡는 호위군도 호위대로 증강되었다(1897년).

한편 1898년 6월에 황제가 육 · 해군을 친히 통솔할 것이라는 조칙이 반포되었다. 그리고 국방 · 용병 · 군사에 관한 각종 명령권과 군부 및 경외(京外) 각 대에 대한 지휘 · 감독권을 갖는 원수부(元帥府)가 궁내에 창설되었다(1899년). 국왕은 바로 그 대원수를 겸하고 황태자는 부원수가 되는 동시에 군무 · 검사 · 기록 및 회계 등 4국을 두어 군 행정을 분장했다. 이어서 시위기병대 · 헌병대 · 포병 · 공병 · 경중병 · 군악대 등 새로운 편제가 마련되고(1900년), 육군법률 · 육군법원 · 육군감옥 등이 창설되었다(1900년). 징병제 실시에 관한 조칙도 반포되었다(1903년).

그리고 정부는 군대의 훈련을 독자적으로 해 나갈 방침을 세워 이미 초빙했던 미국 및 러시아 교관을 해고하고 새로운 무관학교 관제를 반포했다(1898년). 새 무관학교는 곧 개교되어(1899년) 다음해에 105명의 졸업생을 배출했다. 지방군도 증강되었다. 을미개혁 당시 지방군은 평양·전주 진위군이 있을 뿐이었는데 계속 증설되어 2개 진위대대(전주·평양), 14개 지방대대로 불어났다. 그리고 평양에는 1개의 진위대가 더 증설되었다(1900년). 갑오·을미개혁 당시에는 군대의 증강이 고려되지 않았던 데 비한다면 놀랄 만한 발전이었다(김운태 외, 1985: 124-125).

4 행정정책 및 관리

1) '대한국국제'의 제정

대한국국제는 1898년 8월에 제정되어 국제 공법에 기준해 선포되었다. 갑신정변과 갑오개혁을 거쳐 아관파천에 이르는 동안 군권(君權)은 극도로 위축되었다. 1896년부터는 한반도에서 열강의 세력 균형이 이루어졌다. 이 때를 맞아 대한제국이 성립되었고 개혁정책을 시도할 수 있었다. 특히 그 동안 위축되었던 군권의 회복을 꾀할 수 있었다. 그러나 독립협회의 민권운동·의회 개설운동을 통해 군권은 다시 한 번 도전을 받게 되었다.

정부는 독립협회를 강제로 해산시켰다. 동시에 의회 개설운동을 탄압했다. 그리고 나라의 정치가 어떤 정치인가, 군권이 어떤 군권인가를 밝히고자 '대한국국제(大韓國國制)'를 반포했다. '대한국국제'는 황제의 대권 사항만을 규정해 황제가 절대 무한한 군권을 누린다고 선언하고 있다. 이는 갑신정변·갑오개혁기를 통해 위축된 군권을 회복하기 위한 일련의 군권 강화 정책의 하나요, 독립협회의 의회 개설운동에 대한 반작용이었다. 그리하여 그 동안 싹터온 근대적이고 민주적인 정치·행정사상의 맥락을 제도적으로 끊었다.

그러나 갑신·갑오의 개혁이 지나치게 과격하고 외세 의존적이었기 때문에 부작용을 초래했던 사실과, 독립협회의 의회 개설운동이 시기적으로 무르익지 못하고 성급했음을 생각할 때, 당시의 고종(高宗)과 통치 세력의 입장은 이해가 간다.

'대한국국제'는 제1조에서 대한제국이 자주 독립한 나라임을 세계 만방에 선언함으로써 대한제국의 주권을 강화하려는 의지를 드러내고 있다. '대한국국제'는 근대적 조류에 부응하지 못한 아쉬움을 남기고 있지만 당시의 고종과 통치 세력의 입장을 천명했던 것으로서 광무 연간의 모든 정책의 기본 방향을 제시해 주었다(고문숙, 1984: 51-53).

2) 대한제국의 새 체제 출범

독립협회를 중심으로 한 국민들의 환궁을 요청하는 여론으로 마침내 고종은 1897년 아관파천 후 약 1년 만에 경운궁(지금의 덕수궁)으로 돌아오게 되었다. 고종이 환궁하자 조선 정부는 독립국가로서의 면모를 내외에 선양하기 위해 국호를 '대한제국', 연호를 '광무'로 하고 갑오개혁에서 '대군주'라 했던 국왕의 칭호를 '황제'라 고쳐 독립제국의 새 체제를 갖추었다(1897년 10월)(남도영, 1984: 314).

3) 국왕의 통치권 강화

국왕의 통치권을 강화하는 동시에 그 보필을 위해 내대신(內大臣)을 신설하고 어새(御璽)·보필 및 고문의 책무를 담당하게 했다(1899년). 그리고 교정소(校正所: 뒤에 법규교정소)를 설치해 법제 업무를 관장케 하고, 예식원(禮式院)을 설치해(1900년) 궁내의 교섭 관계 사무의 일체를 통할하도록 했다.

4) 자주 외교정책 추진

자주 독립을 지켜 나가기 위한 여러 가지 조치도 마련되었다. 철도·광산에 관한 이권을 외국인에게 양여하지 않는다는 결정이 발표되었고(1898년), 철도에 관해 자영정책을 추진해 민간 철도회사에 부설권을 특허하기도 했지만 자본과 기술의 부족으로 끝내 뜻을 이룰 수가 없었다.

그리고 외국에 의뢰해 국체(國體)와 국권(國權)을 손상시키는 자를 처벌하는 법률도 반포되었다(1898년). 미처 실현을 보지는 못했지만 국민 개병을 원칙으로 하는 징병 제도에 관한 조칙(1903년)과 국민의 애국심을 고취하기 위한 국가(國歌) 제정에 관한 조칙(1902년)이 반포되었다. 이 밖에 제국으로서의 면모를 갖추기 위한 훈장 제도의 창설(1900년), 황제기(皇帝旗: 어기), 군기(1902년) 등 몇 가지 조치가 있었다.

그리고 자주 외교를 위한 노력으로서 북간도·해삼위 지방으로 이주한 교민들을 보호하기 위해 해삼위통상사무관(海蔘威通商事務館)이 설치되었고, 북간도를 영토로 편입시킬 것을 도모하기도 했다.

한편 오랫동안 종주권을 주장해 오던 청국과 통상조약을 체결해(1899년) 공사의 교환이 실현되었다. 이는 청국에 의해 대한제국의 자주 독립이 승인된 것과 대한제국의 국제적 지위가 그만큼 향상된 것을 의미한다. 청국과 통상조약을 체결한 것 외에도, 벨기에·덴마크 등의 미수교국과도 속속 통상조약을 체결했다(1901~1903년). 이것은 자주 독립을 추구하는 대한제국 외교의 중요한 성과였다.

5) 양전 사업의 추진

광무개혁에서 역점을 두어 추진한 것은 양전(量田) 사업이었다. 본래 양전 사업은 갑오개혁 당시부터 정부의 재정적 기초를 튼튼히 하고 동학운동으로 제기된 전정(田政)의 수습책으로 계획되어 전국적으로 실시할 예정으로 있었다.

그러나 국내 정치의 변동으로 실시를 보지 못하고 있다가 대한제국이 수립되면서 전정에 관한 근본적인 검토를 행해 양전 사업을 실시하게 되었다. 그리하여 1899년부터 1901년까지, 다시 1902년부터 1903년까지 두 차례에 걸쳐서 전국 토지의 약 3분의 2에 달하는 218군에 대한 양전을 마쳤다. 양전 사업이 진행되면서 지계(地契) 발급 사무도 1901년부터 시작되었다. 이 지계는 구래의 입안 제도를 근대적 소유권 제도로 발전시켰다고 하는 데서 주목된다. 그러나 사업이 중단되면서 지계 발급 사무도 중단되고 말았다.

6) 근대적 상공업 진흥정책의 추진

광무개혁에서는 근대적 상공업을 진흥·육성시키는 일도 중요한 과제가 되었다. 당시의 여론은 이미 생활필수품으로 된 외국 상품을 국내에서 생산해 공급해야 한다는 것이었다. 그렇게 하는 방법으로 근대적 기술을 도입하고, 근대적 제조 회사를 설립하는 것을 강조하고 있었다. 이러한 여론은 정부정책에도 반영되어 상공업 진흥정책을 추진해 갔다. 그 내용은 ① 정부 스스로가 제조 공장을 설립하거나 민간 제조회사의 설립을 지원하는 것, ② 유학생을 해외에 파견하거나 기술교육기관을 설립해 근대 기술을 습득케 하는 것, ③ 민간 제조회사의 근대 기술 습득을 장려하거나 기술자 장려책을 강구하는 것 등으로 되어 있었다.

정부의 이러한 상공진흥정책에 따라 섬유・철도・농업・운수・광업・상사・금융 부문에 걸쳐 많은 회사・은행들이 설립되었으며, 근대 과학 기술을 응용한 방직기계・정미기계・측량기계・유성기・사진판・전보기・양지기(量地機)・수선(輸船) 등의 제조를 보게 되었다. 또한 상공업 진흥정책으로 경제 생활의 기준이 되는 도량형 제도가 새로 제정・실시되었다. 이것은 갑오개혁 이래 숙제로 되어 있던 것인데, 정부는 평식원(平式院)을 설치해 새로운 도량형 제도의 제정을 서두르게 했다. 이리하여 도량의 기본을 척(尺)으로, 형의 기본을 양(兩)으로 하고, 여기에다 미터법을 겸용하는 도량형 규칙이 제정되어(1902년) 전국적으로 실시되었다 (1903년).

7) 기술교육 발전정책의 추진

정부는 기술교육 발전정책에 역점을 두었다. 그리하여 국비 유학생을 해외로 파견해 근대 산업 기술을 습득시켰다. 이들 유학생은 일본과 미국에서 방직・제지・인쇄・양잠 기술을 습득해 귀국했고 우리 나라의 근대 기술 발전에 기여했다.

이 밖에 많은 근대 기술 교육기관이 설립되어 기술자를 배출했고, 근대 기술 개발과 상공업 진흥에 기여하게 되었다. 또한 정부는 근대적 상인・실업자(實業者) 양성을 위해 상공학교・광무학교 등 많은 공립실업학교를 설립했다. 그리고 이러한 정부의 실업교육 강화정책은 민간에도 반영되어 실업교육을 위한 많은 사립학교가 경향 각지에 설립되었다.

8) 통신 · 교통시설의 확충

광무 연간에는 통신・교통시설도 계속 개선되어 갔다. 정부의 독자적인 힘으로 우편・정보망이 전국적으로 확충되었으며, 전국 각처에 우편사・우체지사가 계속적으로 설치되었다. 또한 외국과의 우체 업무를 처리하기 위해 외체(外遞)도 설치했다(1900년).

전신시설도 국내외로 확충되어 갔다. 광무 연간에 들어와 궁내부에 전화과가 신설되고(1899년), 서울・인천・개성・평양 등지에 전화가 개설되었다. 특히 전화는 일본이 경인 간의 가설을 계획하고 있었기 때문에 앞당겨 가설을 보게 되었다. 그리고 광무 4년 1월에는 만국우편연맹(IPU)에 가맹해 외국과 직접 우편물을 교환하게 되었다. 뒤이어 3월에는 통신망 확충에 따라서 통신국을 통신원으로 확장・개편했다.

한편 철도시설은 처음부터 외국인에게 특허되었다. 그리하여 외국인의 자본과 기술에 의해 부설되었다. 경인철도와 경부철도가 그와 같은 방식으로 부설되었다. 그러나 정부는 철도시설 자영책을 시도해 궁내부 내장원에 서북철도국을 설치해(1900년), 경의철도 부설에 착수했지만 자본과 기술의 부족으로 성공하지 못하고 일본에 의해서 개통되었다.

외국인 기술에 의존하기는 했지만 서울에 발전소를 설치해, 종로에는 전등이 나타났고 경성 전차가 개통되었다.

9) 기타 중요 정책의 추진

호적 제도가 새로이 제정(1896년)되었고 순회재판소가 설치되었으며, 또한 종합병원으로 광제원(廣濟院)이 설립되었다(1899년). 그리고 혜민원(惠民院)・혜민사・분혜민사 등의 구휼기관이 설립되었다. 특히 중요한 변화로는 단발령의 시행이었다. 다시 단발령이 내려져(1902년) 관원・군인・경찰이 상투를 자르게 되었고, 관원들이 관복으로 양복을 입게 되었다(1900년). 이 단발령은 갑오・을미개혁사업을 좌절시키는 요인이 되었다. 그런데 다시 단발령을 내렸다는 것은 광무 개혁의 성격과 그 의욕을 잘 나타내 준다. 한편 정부 예산 제도에서는 건양 연간의 예산 제도와 재무구조의 개혁에 뒤이어 광무 연간에서도 예산 절차와 규모상의 계속적인 변혁이 있었다(김운태, 1984: 381-386).

5 행정의 특징

1) 엇갈린 평가

대한제국의 성립과 광무 개혁이 외국의 간섭으로부터 벗어나 자주독립 국가의 면모를 갖추려 한 것이라는 데 대해서 부정적인 견해가 있다. 이는 당시 러시아의 간섭과 친러 세력의 집권에 의한 자주성의 한계와 집권 세력의 보수성 등으로 인해 독립협회의 활동을 억압한 점을 들어 대한지국의 성립과 광무 개혁이 갖는 근대적 의미를 크게 고려하지 않는 입장에서 나온 견해이다.

2) 자주적 근대 개혁

한반도를 중심으로 하여 열강 간에 세력 균형이 이루어진 아관파천 이후 1904년 러일전쟁이 일어나기 직전까지 8년 동안은 비교적 외세의 간섭을 받지 않고 자주적으로 국정 개혁을 추진한 시기였다. 즉 건양 연간의 개혁에 뒤이어 대한제국의 성립 이후 광무 연간의 개혁에서는 갑신정변과 갑오개혁을 반성하고 전통적인 제도와의 절충을 모색하는 한편 독립협회의 개화운동에 의한 근대화가 추구되는 가운데 추진되었다.

결국 광무 개혁은 19세기 말 제국주의 열강의 침투 속에서 자주 독립의 방책을 찾으며 근대 사회에로의 발전을 주체적으로 실현하기 위한 노력이었다고 할 수 있다. 즉 앞서의 갑신정변이나 동학혁명, 그리고 갑오·을미개혁이 정상적인 수단에 의한 개혁이 아니라 외국의 간섭을 받는 가운데 혁명적인 방법으로 추진되었고, 또한 충분한 준비 기간과 치밀한 계획에 의거하지 못하고 급진적으로 진행되어 국민의 호응을 받지 못했던 것에 반해, 이 광무 개혁은 자주적인 입장에서 근대적인 개혁을 추진했다는 데에 그 역사적 의의가 있다(변태섭, 1987: 429).

대한제국은 일제의 간섭으로 생긴 것이 아니고 세계적인 추세에 따라 민족적·자주적인 국민 여망에 따라 민주적으로 탄생되어 1910년 8월 일본에 강제로 병합될 때까지 12년간 어려운 대내외적 여건 속에서 존속된 근대 왕조로서, 비록 일제에 의해 침략은 당했지만 근대화 의식이 성장해 갔다는 면에서 주목해야 할 것이고, 그것은 자율적인 입장에서 한국 근대사관을 정립시키는 기본 방향이 되기도 했다(이현희, 1982: 30).

제 2 절 통감부의 행정

1 행정환경

1) 러·일전쟁의 발발

러시아는 18세기 이후 전통적으로 남하정책을 추진했으나 유럽·중앙아시아 등지에서는 영국에게 저지당했다. 동시에 극동아시아의 진출을 꾀해 1884년 한·러통상조약이 체결된 후 조선에 그 세력을 부식코자 했으나 항상 청·일 세력에 눌려 그 세력이 한국에서 큰 비중을 차지하지 못했다.

그러나 1895년 3국 간섭 이후 크게 진척된 러시아 세력이 을미사변으로 후퇴했다가 1896년 아관파천으로 또다시 확대되어 일·러의 정치적·군사적 대립이 격화되었다. 특히 3국 간섭으로 러시아가 동청(東淸) 철도의 부설권을 획득한 이래 1900년 청의 의화단(義和團)의 난을 진압한 러시아군이 만주를 점령해 남하정책이 더욱 강행되었다.

그리고 1899년에는 마산포를 동양함대의 기지로 삼기 위해 조차하려 했으나 일본의 강경한 반대에 부딪쳐 저지되었다. 이러한 러시아의 남하정책에 불안을 느낀 일본은 러시아와 대립 관계에 있는 영국과 1902년에 영·일동맹을 맺었다. 이 동맹에서 한국에서의 독자적 우위권을 얻은 일본은 러시아에 강경책을 쓰게 되었으며, 러시아의 조차권과 기지 획득을 반대하고 나섰다.

특히 러시아가 압록강 입구의 용암포를 점령한 후 그곳을 조차하려고 조선정부에 강요했으나, 일·미 등의 반대로 실패하고 다만 용암포를 개항하는 데 그쳤다. 이 때 러·일 양국 사이에 협상이 진행되어 일본은 한국에서의 특수 이권의 승인 대신에 만주에서의 러시아 우월권을 인정한다고 했으나, 러시아는 39°선의 한국 분할을 요구하여, 이로써 각기 세력 범위로 삼자고 맞서 양국은 더욱 날카로운 대립을 계속했다.

이러한 대립 속에서 양국의 평화 협상이 실패하고 1904년 2월 일본의 공격으로 러·일전쟁이 시작되었다. 이어 오오야마 뎅(大山嚴)에 이끌린 일본군이 평양을 거쳐 북진해 만주의 봉천전투에서 승리한 후, 쓰시마해협에서도 일본 해군 함대는 러시아 발틱 함대를 격파함으로써 전황(戰況)을 결정지었다. 사태가 불리한 러시아는 미국 대통령 루스벨트의 권고로 강화조약을 맺음으로써 러일전쟁은 일본의 승리로 끝났다.

이 전쟁의 결과로 포츠머스조약이 체결되었다. 그 내용은 ① 한국에서의 일본의 독점적 우위 인정, ② 화태(樺太) 남반부 할양, ③ 여순·대련의 양도, ④ 양국군의 만주 철수 등을 규정하고 있다. 이로써 러시아는 한국에서 손을 뗐으며, 일본의 독점적 지배권이 확립됨으로써 한·일 합방의 길로 치닫게 되었다(남도영, 1984: 315-317).

2) 일본 침략의 국제적 승인

러일전쟁은 세계 여러 나라의 예상을 뒤엎고 일본의 승리로 시종되었다. 이 때 미국 대통령 루스벨트가 강화의 알선에 나섰다. 앨런(Horace N. Allen) 주한 미국 공사는 일본의 침략을 막기 위해 미국이 좀더 적극적으로 한국 사태에 간여할 것을 주장했다. 그러나 루스벨트는 러시아 세력의 침투를 막기 위해 일본이 한국을 지배하는 것이 오히려 적절한 것으로 생각했다. 그뿐만 아니라 미국의 필리핀에 대한 지배를 승인받은 대가로 일본의 한국에 대한 지배를 인정할 필요를 느끼고 있었다. 이러한 홍정은 미·일간에 소위 태프트·가쓰라(桂太郞) 비밀협약으로 나타났다(광무 9년, 1905. 7). 또 영국도 영·일동맹을 개정해 일본이 한국에 대한 보호 조치를 취하는 것을 승인했다(광무 9년, 1905년 8월).

이런 상황 속에서 맺어진 것이 포츠머스 강화조약이었다(광무 9년, 1905년 9월). 이것은 한국에서의 일본의 최후의 적대 세력을 축출하는 데 성공했다는 것을 의미한다. 일본은 이제 아무런 거리낌없이 한국을 식민지화하기 위한 수단을 사용하게 되었다(이기백, 1987: 365-366).

2 행정 주체 및 이념

1) 일진회의 친일 활동과 을사조약 체결

일본은 러일전쟁에서 승리함으로써 한국에서 독점적 위치를 확고히 할 수 있었고, 나아가 한국을 보호국으로 삼기 위한 절차를 서둘렀다. 우선 친일파인 송병준(宋秉畯)·이용구(李容九) 등을 사주해 일진회(一進會)를 만들고, 이들로 하여금 한국에 대한 일본의 보호가 필요하다고 주장하게 함으로써 보호조약이 마치 한국인의 의사에 의한 것처럼 보이도록 했다. 그런 다음 이토 히로부미(伊藤博文)가 일본 군대를 이끌고 왕궁을 포위한 가운데 황제와 대신들을 위협해 강제로 제2차 한·일협약(한일신협약, 즉 을사조약)을 체결했다(1905년 11월).

2) 통감부의 설치와 의병의 봉기

을사조약의 핵심적 내용은 일본이 한국의 외교권을 완전히 박탈하는 동시에 한국의 외교를 관장하기 위해서 황제 아래에 일본인 통감을 둔다는 것이었다. 이에 따라서 1906년에 통감부(統監府)가 설치되고 이토 히로부미가 초대 통감으로 부임해 이른바 통감정치가 시작되었다. 원래 조약의 내용대로라면 통감은 한국의 외교에 관한 사무만을 관할하도록 되어 있었지만 실제로는 모든 내정을 관장했고, 따라서 통치권이 완전히 일본인 통감에게 넘어가 대한제국의 주권은 사실상 빼앗긴 것이나 다름이 없었다.

을사조약의 체결에 대해 한국민은 격렬히 반대했고 전국 각처에서 의병의 봉기가 잇따랐다.

3) 일본의 협박과 고종의 양위

이러한 가운데 고종은 1907년 네덜란드의 헤이그에서 열린 제2회 만국평화회의(萬國平和會議)에 이상설(李相卨)·이준(李儁)·이위종(李瑋鍾) 등 세 사람을 특사로 파견해 을사조약 체결의 부당성과 한국의 억울한 사정을 호소케 했다. 그러나 이들은 현지에서 일본과 영국의 방해로 회의에 참석하지 못하고 말았으며, 일본은 이것을 문제삼아 고종을 협박해 퇴위를 강요했다. 이에 순종이 양위를 받아 황제로 즉위하고 연호를 융희(隆熙)로 고쳤다(1907년 7월).

4) 일본 차관의 내정 간섭

고종의 양위 소식이 전해지자 한국민들의 저항은 더욱 격렬해졌으나 일제는 이를 무력으로 억누르면서 다시 한일신협약(丁未 7조약, 1907년 7월)의 체결을 강요했다. 이 조약은 한국 정부가 시정(施政)의 개선에 관해 통감의 지도를 받을 것과 법령의 제정 및 중요한 행정상의 처분은 미리 통감의 승인을 얻을 것, 고등관리의 임면은 통감의 동의를 얻을 것, 통감이 추천하는 일본인을 한국 정부의 관리로 임명할 것 등을 규정한 것이다.

이 조약에 의해 통감이 한국의 내정에 간섭할 수 있는 권한을 분명히 해놓았으며, 또한 각 부의 차관(次官)에 일본인이 임명되어 이른바 차관통치가 시작되었다.

5) 매국 내각과 한일합방

한·일신협약을 맺은 직후 일본은 얼마 남아 있지 않은 한국 군대를 재정 부족이라는 구실로 해산시켜 그들의 국권 침탈의 목적을 달성하는 데 방해가 되는 군사력을 없애 버렸다(1907년 7월). 그 후 기유각서(己酉覺書)를 교환함으로써 사법권마저 강탈했다(1909년 7월).

이러한 준비 과정을 거쳐 일제는 이완용(李完用)의 매국 내각으로 하여금 당시 통감 데라우치 마사타케(寺內正毅)가 제시한 소위 합병조약에 조인케 함으로써 대한제국은 종말을 고하고, 한국인은 주권을 빼앗긴 채 일제의 식민 통치하에 들게 되었다(1910년 8월)(변태섭, 1987: 432-434).

3 행정 제도

1) 중앙행정기구

입헌군주제하의 의원내각제의 국회 같은 특징을 지니고 있던 중추원의 기능은 상실되었고, 다만 형식상으로만 존속되었다. 중추원은 원래 조선 시대에 휴직 고관의 대기처로서 하나의 예우기관에 불과했다. 그런데 1897년 대한제국 정부의 수립을 계기로 독립협회가 서구의 국회와 같은 형태로 만들어 입헌군주정체 하의 여론 반영기구로 만들자고 주장했다.

그리하여 그것은 서구의 국회에서처럼 의안을 심사하고 대신의 출두와 해명을 요구하며 민의를 전달하는 기능을 수행하는 기구가 되었다. 그러나 얼마 되지 않아 1898년에 해산되었다.

그리고 조선왕조 전래의 의정부가 근대적인 내각으로 개편되고 의정부 대신은 종래 3명이었던 것이 1명의 내각총리대신으로 통합·개칭되었다. 이는 전술한 바와 같이 내각에 대한 국왕의 영향력을 감퇴시키고 친일내각을 구성하는 데 그 목적이 있었다.

갑오개혁 이래 의정부 밑에 8아문과 원(院)·사(司)·청(廳) 등의 많은 의정부 부속기관이 있었으나, 그간 외부·법무·군부는 폐지되고, 공부와 농상부는 농공상부로 통일됨으로써 내각은 내부·탁지부·학부·농공상부의 4개 부처만 남고 부속기관은 중추원과 궁내부가 남았다(김운태 외, 1985: 134-135).

2) 지방행정기구

대한제국 정부하의 종래 13도 밑에 부·목·군이 있었던 것을, 하나뿐인 제주목은 폐지하고 부를 개편해 일본인 집주(集住) 지역에 국한시키는 등 전국을 한성부·13도·11부·333군으로 나누었다.

도 관찰사 밑에 경시, 사무관, 주사, 경부, 번역관 등을 두고 그 직명을 일본식으로 개칭했다. 이는 관찰사의 행정을 감시하기 위한 것이었다. 그 때까지는 편의상의 행정구역에 지나지 않았던 면을 최하급 행정관청으로 하여 군에 예속시키고, 종래의 전통적 향청제(鄕廳制)를 없애고 대신 군수가 직접 임명한 면장으로 하여금 면내의 행정을 맡게 했다. 이는 지방 말단까지 행정조직을 침투시킴으로써 권력을 일원화시키고 또 민의 동정 탐색에 의해 독립운동을 근저에서 봉쇄하고, 앞으로 있을 경제적 침략을 용이케 하는 등 여러 가지 의도에서 취해진 것이다.

부윤·군수와 같은 지방관의 권한을 크게 축소시켜 부령(府令)·군령(郡令) 발포권과 국세 징수·지방재정·사법에 관한 권한을 빼앗고, 경무(警務)에 관해 군수가 간여할 수 없게 했다. 이는 후술하는 관찰사에 관한 감시와 아울러 권력을 밑으로부터 위로 집중시킨 것이다.

관찰사(觀察使)도 모두 친일파로 채우고 그 밑에 일본인 참여관(參與官)·이사관(理事官)을 두어 관찰사의 재정·경무·법무를 감시했다(김운태, 1985: 135-136).

4 행정정책 및 관리

1) 군사보호국정책 추진

러시아와 일본 사이에 전운이 감돌기 시작하자 대한제국 정부는 국외 중립을 선언했다. 그러나 일본은 한국에 군대를 보내 서울과 전국의 군사적 요지를 점령하고, 한국 정부와 한일의정서(韓日議定書)를 체결했다(1904년 2월). 이 한일의정서는 한국이 시정의 개선을 위해서 일본의 충고를 받아들일 것과 제3국의 침해나 내란으로 대한제국 황제의 안녕과 영토 보전에 위험이 있을 경우에는 일본 정부가 필요한 조치를 취할 수 있으며, 이를 위해서 군략상 필요한 지점을 사용할 수 있다는 등의 내용이었다. 이는 일본의 한국에 대한 정치적·군사적 간섭을 합리화한 것이다.

2) 고문행정의 실시

러일전쟁에서 점차 우세를 점한 일본은 한국에 대한 내정 간섭을 구체화하기 위해 한국 정부와 제1차 한·일협약을 체결했다(1904년 8월). 이것은 한국 정부가 일본의 추천을 받은 일본인 재정고문과 외국인 외교 고문을 채용하고 주요 정책에 대한 협의를 한다는 내용이었다. 이에 따라서 메가다 슈다로(目賀田種太郎)가 재정고문으로, 미국인 스티븐스(D. Stevens)가 외교 고문으로 각각 초빙되었다.

이 밖에 협약에도 없는 궁내부·군부·내부·학부에까지도 일본인 고문들이 들어와 이른바 고문(顧問)정치가 시작되었다. 이로써 한국의 정치·행정과 외교는 일본의 손에 들어가게 되었다.

3) 외교 보호국정책 추진

일본은 러일전쟁 중인 1904년에 한일의정서와 제1차 한일협약 등으로 한국의 지배권을 어느 정도 확보했다. 이미 1902년 영·일동맹에서 영국으로부터 한국의 지배권을 획득한 바 있는 일본은 1905년 태프트·가쓰라(桂太郎) 밀약과 제2차 영·일동맹에서 다시 미국과 영국으로부터 한국에서의 일본의 우위권을 얻었으며, 러일전쟁의 승리로 포츠머스조약에 의해 러시아로부터 그것이 확보되었으므로 이제는 한국을 완전히 지배하기 위한 새로운 협정을 필요로 했다.

이에 이토 히로부미는 참정대신 한규설(韓圭卨)·탁지부대신 민영호(閔泳鎬)의 반대를 뿌리치고 고종 이하 모든 관료를 위협해 1905년 11월에 을사조약을 체결했다. 이 때 이 조약의 체결에 서명한 박제순(朴齊純: 외부대신)·이지용(李址鎔: 내부대신)·이근택(李根澤: 군부대신)·이완용(李完用: 학부대신)·박중현(朴重顯: 농상공부대신) 등을 을사오적신(乙巳五賊臣)이라 부른다.

이토 히로부미의 강요로 당시 일본 공사 하야시 곤스케(林權助)와 한국의 외부대신 박제순 사이에 체결된 이 조약의 골자는 ① 일본 외무성은 한국의 외교를 일체 감독·지도한다. ② 한국은 일본의 중개 없이 어떤 조약도 제3국과 맺을 수 없다. ③ 일본은 조선의 외교사무를 관장하는 통감 1인을 둔다는 것 등이다.

일본은 이 조약으로 통감부를 두고 각 개항장에는 이사관을 두어 한국의 외교권을 박탈했다.

4) 통감부 설치

을사보호조약의 핵심적 내용은 일본이 한국의 외교권을 완전히 박탈하는 동시에 한국의 외교를 관장하기 위해서 황제 아래에 일본인 통감을 둔다는 것이었다. 이 조약에 따라서 일본은 서울에 통감부(統監府)를 설치하고 한국의 외교권을 박탈함은 물론 국내 통치까지 일본이 장악하는가 하면 군사령관에게 우리 병력의 사용권까지 부여해 우리의 주권은 사실상 완전히 상실되고 말았다. 통감부에는 처음 임시통감 대리로 하세가와 요시미치(長谷川好道)가 임명되었다가 이듬해 3월 을사조약의 원흉인 이토 히로부미가 초대 통감으로 부임했다. 그리하여 보호정치가 실시되었고, 영·미·프·독 등의 국가는 공사관을 철수함으로써 한국은 외교권 없는 국가로 전락되었다. 이로써 일본의 한국 식민지화 제3단계가 이루어진 셈이다.

5) 차관행정 체제 구축

헤이그 밀사(密使) 사건은 비록 당초 목적은 달성하지 못했으나 국제적으로 일으킨 파문은 컸다. 그러나 일본은 오히려 이 기회를 이용해 지배의 강화를 꾀하려 하여, 고종은 책임을 지고 퇴위하고 황태자가 그 뒤를 이를 것을 강요했다. 고종의 반대로 일본은 태자로 하여금 대리섭정케 한다고 했다가, 중간에서 농락하여 양위케 하고 순종이 황제로 즉위했으며(광무 11년, 1907), 연호를 융희라고 고쳤다(8월). 고종의 양위 소식이 전해지자 한국민들의 저항은 더욱 격렬해졌다.

그러나 무력으로 이를 진압한 일본은 고종의 양위에만 만족하지 않고 더욱 가혹한 속박의 손을 뻗쳤다. 그 결과 한일신협약(丁未七條約)이 맺어지게 되었다. 이로써 통감(統監)은 한국의 내정에 일일이 간섭할 수 있는 권한을 정식으로 가지게 되었다. 즉 시정 개선에 관해 통감의 지도를 받아야 하며, 법령의 제정과 중요한 행정상의 처분시에 통감의 사전 승인을 받아야 하며, 고등 관리의 임면도 통감의 동의를 얻어야 하며, 외국인의 고빙에 또한 통감의 동의를 얻어야 하게 되었다. 그뿐만 아니라 통감이 추천한 일본인을 관리로 임명해야 하도록 되었다. 이리하여 일본은 고문을 없애고 대신 각 부의 차관 이하 다수의 일본인 관리를 임명하니, 소위 차관정치가 실시되었다.

이제 일본의 한국에 대한 통치 기능은 그 기본적 골격을 갖춘 것으로, 위로는 통감, 그리고 그 아래에 일본인 차관, 그 아래에 다수의 일본인 고등관리가 각기 자리잡았고 또 내각도 이미 통감의 수중에 장악된 것이나 다름없어 위로부터 아래로 날이 갈수록 제도화되어 갔다.

6) 한국 군대 해산

한일신협약이 맺어진 직후(융희 원년, 1907년 8월)에 일본은 얼마 남지 않은 한국의 군대를 아주 해산해 버렸다. 당시 서울에는 시위보병 2개 연대 약 3,600명, 시위기병·포명·경중병을 합해 약 400명, 지방에 진위보병 8개 연대 약 4,800명, 합해 겨우 8,800명의 군대가 있었다. 이 적은 군대나마 일본의 자의로운 행동을 제어하는 존재였다.

그러므로 재정의 곤란과 징병 제도가 실시될 때까지의 잠정적 조치라는 것을 표면상의 이유로 삼아 해산케 했다. 이에 방위군 없는 허수아비 나라가 되고 말았다.

7) 사법권 및 경찰권의 박탈 및 언론 강압

이토 히로부미(伊藤博文) 후임으로 소네 아라스케(曾彌荒助)가 2대 통감으로 부임했다. 그는 1909년에 이완용을 강요해 기유각서를 체결했으며, 이 각서에서 한국의 사법권은 박탈되었다. 1910년에 제3대 통감으로 육군대신 데라우치 마사타케(寺內正毅)가 임명되었다. 그는 통감에 임명되자 곧 한국의 경찰권을 박탈하고 헌병경찰제(憲兵警察制)를 실시했다. 그리고 국민의 눈을 가리기 위해서 「황성신문(皇城新聞)」·「대한민보(大韓民報)」·「대한매일신보(大韓每日申報)」 등을 정간시켰다.

8) 합방조약의 체결

일본은 매국단체 일진회(日進會)의 합방론(合邦論)을 통해 조선 합방의 필요성을 역설했다. 그리고 1910년 8월 29일에는 망국 내각의 이완용을 강요해 합방조약을 체결했다. 이로써 대한제국은 멸망하게 되었다. 그 후 우리 나라는 일제의 식민지가 되었고, 36년간의 탄압을 받았다(남도영, 1984: 317-323).

5 행정의 특징

1) 국권 상실

일제의 침략에 의한 국권의 박탈은 한국사에서 가장 비극적인 사건이었다. 이로써 한국민은 나라를 잃고 일제의 식민 통치 속에서 갖은 고난을 겪어야 했을 뿐 아니라, 민족사의 일시적인 단절을 초래해 빛나는 전통문화의 발전이 저지되고 말았던 것이다. 이러한 한국의 국권 상실은 내부적으로 근대화를 추진하는 강력한 추진 세력이 형성되지 못해 외부 세력의 침투를 불러들였을 뿐 아니라, 당시의 정부와 집권 세력이 과감한 개혁정치와 자주권의 수호에 힘을 기울이지 못하고 외세에 의존해 정권을 유지하는 데에만 급급했으며, 특히 개화·보수의 압력과 여러 계층 간의 갈등을 하나의 민족적 역량으로 통합하지 못한 데 그 원인이 있었다.

여기에 외부적으로는 때마침 일본이 제국주의적 팽창을 강행하는 시기에 처해 있었고, 당시의 열강이 각자 자국의 이익을 추구해 일본의 한국 침략을 묵인했던 국제 정세가 또 하나의 원인이 되었다.

2) 민족의 저항

개항 이후 일본의 침략에 대한 한민족의 저항은 침략의 단계에 따라 그때그때마다 형태를 달리하면서 줄기차게 전개되었다. 이는 외세의 침략에 대해 국권을 수호하려는 주체적인 자주 의식의 표현이었다. 특히 일제가 러일전쟁을 도발해 한국에 대한 침략의 뜻을 노골적으로 드러내면서부터 한민족의 항일운동은 더욱 격화되었다.

한민족의 저항운동은 여러 방향에서 끊임없이 전개되었으며, 한 걸음 더 나아가 독립을 회복하기 위한 민족운동으로 확대·계승되어 갔다. 이러한 민족운동이 특히 뚜렷한 움직임으로 연결된 것이 무력으로 일제와 항전한 의병의 항일구국 전쟁과 개화사상에 바탕을 두고 민족의 근대적 역량을 배양해 국권을 회복하려는 애국계몽운동이었다(변태섭, 1987: 434-435).

제6편

근대(2): 조선총독부와 대한민국 임시정부의 행정

제13장 조선총독부의 행정

제1절 행정환경

순종 4년(1910년) 9월 30일 조선총독부(朝鮮總督府) 및 소속 관서가 공포되고 10월 1일부터 총독의 무단정치가 시작됨으로써 대한제국(大韓帝國)의 칭호도 폐지되어 일본의 한 지명으로서의 조선으로 바뀌게 되었다. 그 후 총독 통치는 한민족의 저항과 그들 자신의 군사적 침략 야욕에 따라서 성격적 변화를 거치면서 이루어졌다. 즉 1910~45년까지의 일제 36년간의 식민 통치는 대개 3기(期)로 나누어 설명할 수 있다.

제1기는 1910~19년까지의 이른바 무단통치 시대로서 심한 탄압과 토지조사사업을 통한 경제적 약탈의 시기였다.

제2기는 3·1운동 이후 이른바 문화통치 시대였다. 그러나 이는 표면적인 변화에 불과하고 실제로는 탄압의 연속이었으며, 특히 산미(産米) 증식계획의 실천기였다.

제3기는 1930년을 전후해서 대륙 침략의 병참기지 정책으로 중공업과 광업을 추진시켰고, 소위 민족 말살을 꾀한 때라 하겠다. 따라서 이 장에서는 식민 통치를 위와 같이 3기로 분류하고 설명하기로 한다(변태섭, 1977: 560).

1 제1기(1910～1919): 무단통치의 구축기

이토 히로부미(伊藤博文)가 안중근 의사에게 사살된 후 일본의 육군대신 데라우치 마사타케(寺內正毅)가 3대 통감으로 부임했다(1910년 5월).

데라우치는 일본 헌병을 증원해 헌병경찰 제도를 실시하고, 「황성신문(皇城新聞)」·「대한매일신보(大韓每日申報)」 등 민족지를 폐간시켜 한국의 국권(國權)을 탈취할 준비를 진행시켰다. 그리고 매국(賣國) 내각의 총리 이완용(李完用)과 함께 소위 합방안(合邦案)을 만들어 일본 헌병의 경계망 속에서 내각의 의결을 거치게 하고, 이완용과 데라우치가 이를 조인해 1910년 8월 29일에 발표했다. 이미 1905년 을사조약(乙巳條約)으로 대한제국의 국권은 사실상 침탈되어 있었으나 일제의 치밀한 합병계획에 의해 완전히 국권을 상실하게 되었다.

이로써 대한제국은 멸망하고 한민족은 일제의 가혹한 식민지 지배하에 놓이게 되었다. 이에 대한제국은 일제에 의해 조선으로 불리었는데, 조선은 일본의 한 지방을 의미하는 것이었다. 일제는 이러한 침략을 합법적인 절차로써 은폐하고자 합방조약문에 "조일(朝日) 양국의 상호 행복을 증진하며, 동양의 평화를 영구히 확보하고자 한다"고 거짓 선전을 했다. 그러나 이른바 합방조약이 일본의 무력에 의해 강압적으로 체결되었고 조약문 자체도 사기적인 허문(虛文)이었음은 두 말할 것도 없다.

일제는 1906년에 설치했던 통감부를 총독부로 바꾸고 조선총독이 한국을 지배했다. 조선총독은 일본의 육해군 대장 중에서 임명되고, 천황에 직속되어 일본 내각의 통제를 거의 받지 않았으며, 한국에서의 행정권·입법권·사법권·군대통수권을 모두 행사하는 식민지 지배의 절대권자였다.

초대 총독에는 국권 침탈(國權侵奪) 당시 통감이었던 데라우치 마사타케가 그대로 임명되었다. 총독 아래에는 행정을 담당한 정무총감과 치안을 담당한 경무총감이 있었는데, 정무총감이 총독 다음의 제2인자였으나 실권은 오히려 헌병 경찰의 지휘자인 경무총감이 더 많았다. 총독부의 관리는 거의 일본인으로 충당되었고, 하급기관에는 간혹 한국인이 기용되기도 했지만, 일본인과의 차별 대우가 심했다.

또한 총독부의 자문기관으로 한국인으로 구성된 중추원(中樞院)을 두어 식민지 통치에 한국인이 직접 참여하고 그들의 의사를 대변하고 있다는 명분을 삼았지만, 실제로는 대한제국 때의 황족과 고관들을 예우하기 위한 형식적인 기구에 불과했다. 중추원의 구성은 정무총감을 의장으로 하고 약간의 고문(顧問)과 참의(參議)로 이루어져 있었는데, 이들은 모두 친일 인사였으며, 의장의 허가 없이는 발언할 수조차 없었고, 3·1운동이 일어날 때까지 10년 동안 한 차례의 회의도 소집되지 않았다.

총독부의 한국 지배 방식은 무단통치(武斷統治)라고 불리듯이 매우 강압적이었다. 이를 위해 마련된 것이 헌병경찰 제도였으니, 데라우치 총독은 통치의 방침으로 질서의 유지를 내세우고 이러한 경찰 업무를 헌병이 맡도록 했다. 그리하여 전국에 1만 여 명의 헌병 및 이와 거의 같은 수의 헌병보조원을 배치했다. 이를 지휘하는 중앙의 경무총감에는 조선 주차(駐箚) 일본헌병사령관을 임명하고, 그 밑의 각 도 경무부에는 경찰서와 헌병분대를 함께 두었다. 이들의 임무는 질서 유지가 그 본령이었으나, 결국 한민족의 독립운동을 탄압하는 것이었으며, 각지에서 전개되고 있던 의병운동을 진압하고 많은 민족 지도자를 색출·검거했다. 또한 한국인을 의압하기 위해 일반관리는 물론 교원(敎員)까지도 제복을 입고 칼을 차게 하여 공포 분위기를 조성했다.

이와 같은 탄압 때문에 많은 민족지도자들은 해외로 망명해 새로운 독립운동의 방법을 모색하게 되었고, 의병운동도 1915년까지 곳곳에서 산발적으로 전개되다가 만주·연해주 등지로 그 활동 무대를 옮겨가게 되었다(변태섭, 1987: 455-457).

2 제2기(1919~1930): 문화통치의 표방기

3·1운동은 일제로 하여금 한민족을 지배하는 통치 방식을 변화시키도

록 하여 표면상 한민족에 대한 무단적 억압을 완화시켜 어느 정도의 자유스러운 분위기를 부여한다고 하는 소위 문화정치로 나타났다. 그러나 실제로 문화 통치(文化統治)는 한민족을 회유해 좀더 효율적으로 수탈하려는 고등적인 기만정책에 불과했다.

3·1운동 이후 교체된 새 총독 사이토 마코토(齋藤實)는 "조선의 문화와 관습을 존중하고, 문화적 제도의 혁신으로써 조선인을 유도해 그 행복과 이익의 증진을 도모한다"는 명분을 세우고 문화정치를 표방했다. 그리하여 표면상 여러 가지의 변화가 일어났는데, 우선 이 때까지는 육해군 대장으로만 임명해 오던 조선총독에 문관도 임명될 수 있도록 했고, 헌병경찰제 대신에 보통경찰제를 실시했으며, 관리·교사들이 제복을 입고 칼을 차고 다니는 것은 그만두었다. 또한 한국인에 대한 대우에서는 교육 수준을 일본인과 같은 수준으로 끌어올리고, 총독부 관리에 한국인을 임용하며, 한국인이 경영하는 한국 신문의 간행을 허용했다.

그러나 그것은 이와 같은 회유를 통해 한국인의 반발을 줄이고 좀더 철저히 수탈을 하기 위한 기만정책에 불과했다. 실제로 일제가 패망할 때까지 단 한 사람의 문관도 총독에 임명된 적이 없으며, 경찰 제도는 그 조직과 인원이 대폭 증가해 한국인에 대한 감시와 억압이 더해졌고, 이에 따라 감옥이 증설되고 사상범도 증가했다. 한국인의 총독부 관리 임용도 형식에 불과했고, 학교 시설이 다소 늘어나 3개 면(面)에 1개 교(校)의 비율로 보통학교가 증설되었지만, 이것도 식민지 교육정책을 추진하는 것에 불과했으며, 일본인과의 차별 교육도 여전했다.

한글 신문으로 1920년 조선일보와 동아일보가 창간되어 민족 의식의 고취와 민족문화의 창달에 노력했으나, 일제의 극심한 언론 통제에 의해서 삭제·압수·정간·폐간 등이 계속해서 일어났다. 결국 일제의 문화정치는 기만적 착취 정책으로서 식민 통치의 근본에는 아무런 변화가 없이 오히려 더욱 그 심도만 깊어져 갔다(변태섭, 1987: 472-473).

3 제3기(1931～1945): 민족말살정책의 강행기

1930년대에 들어서면서 세계 공황의 여파로 궁지에 몰린 일본의 자본주의는 그 활로를 찾기 위해 대륙 침략을 감행했다. 즉 일제는 1931년에 만주사변을 일으켜 대륙 침략의 발판을 마련하고, 이어 중일전쟁(1937년)·태평양전쟁(1941년)으로 침략전쟁을 확대시켰다. 이러한 전쟁을 수행하기 위해서 일제는 본국을 전시 체제로 개편했으며, 한국에 대해서는 전쟁물자를 공급하기 위한 병참기지로 만드는 동시에 철저한 민족말살정책(民族抹殺政策)을 강행했다.

대륙 침략을 개시하면서부터 일제는 한국을 병참기지화해 금속·기계·화학공업을 주축으로 하는 군수공업 체제로 개편했고, 철·석탄·중석 등 군수자원을 약탈했다. 그뿐만 아니라 군량을 조달하기 위해서 쌀·소 등을 징발했으며, 전쟁이 장기화되어 전쟁 물자가 부족해지자 고철·놋그릇·수저까지 강제로 거두어 갔다.

물적 자원뿐 아니라 인력의 수탈에도 박차를 가했으니, 중일전쟁을 도발한 이후 병력과 노동력의 보충이 필요해지자 육군특별지원병령(1938년)과 국민징용령(1939년)을 공포하고 한국인 청년을 강제로 징발했다. 또한 태평양전쟁 기간 중에는 학도지원병 제도(1943년)와 징병 제도(1944년)를 실시해 한국인 청년들에게 의무적으로 일본 군대에 복무할 것을 강요했다. 이러한 인적 수탈로 1939년부터 1945년까지 징발된 한국인 수는 100만이 훨씬 넘을 정도였다.

일제는 한국인을 그들의 침략 전쟁에 강제 동원하면서 한편으로는 한민족에 대한 민족말살정책을 강구했다. 즉 이른바 내선일체(內鮮一體)·일선동조론(日鮮同祖論)을 내세워 한민족 자체를 없애 버리려 했다. 이에 따라 한국어의 사용을 금지하고, 창씨개명(創氏改名)으로 한국인의 성명을 일본식으로 바꾸도록 했으며, 황국신민서사(皇國臣民誓詞)의 제창과 신사 참배(神社參拜)를 강요했다. 또한 한국의 문화와 전통을 말살시키기 위해 한글

연구기관인 조선어학회(朝鮮語學會)와 한국사를 연구하던 진단학회(震檀學會)를 해산시켰으며, 한글로 된 조선일보·동아일보 등 일간지를 비롯한 한글로 간행되는 모든 잡지를 폐간했다(변태섭, 1987: 478-479).

제2절 행정 주체 및 이념

1 주권 상실과 총독 통치

융희 4년(1910년) 5월에 일본은 육군대신 데라우치 마사타케(寺內正毅)를 새 통감으로 임명했다. 새 통감에게 지워진 임무가 바로 병합의 실천이었다. 그는 부임하기 전 도쿄(東京)에서 경찰권을 위양받는 조약을 맺어 한국으로 왔었다. 그리고는 일 헌병 2,000여 명을 증원시켜 경찰 임무를 담당시켰다. 그는 부임 즉시 황성신문·대한민보·대한매일신보 등 언론기관을 정간시켜 국민의 눈을 가리도록 했다. 연후에 총리 이완용(李完用)과 더불어 병합안(倂合案)을 꾸미어 1910년 8월 22일에 드디어 조약에 조인했다.

이완용은 앞서 노한 국민들로부터 그의 집이 불타고 또 이재명(李在明)의 습격을 받아 자상을 입기도 했으나, 끝내 깨우침이 없이 매국(賣國)의 원흉이 되었다.

조약안을 꾸미는 데 문제된 것은 황족과 매국 분자들의 신분 보장에 관한 것뿐이었다. 조약은 체결되었으나 국민의 여론이 두려워 감히 곧 발표를 못했다. 그들은 애국단체를 해산시키며 애국지사들을 무단히 검거하는 등 발표를 위한 사전의 태세를 갖추고, 드디어 8월 29일 순종(純宗)으로 하여금 양국(讓國)의 칙서를 내리게 했다. 이에 몇몇 매국 분자들에 의해 국민 전체의 의사에 배반해 민족은 일본의 가혹한 식민 통치 밑에 놓이게 되었다.

조약의 서문에는 양국의 상호 행복을 증진해 동양의 평화를 영구히 확보하기 위해 일본이 한국을 병합한다고 선언하고 있다. 그러나 당시 일본은 한국의 우방이 아니라 적국이었다. 또 일본은 한국인을 희생시키고 일본인을 행복하게 하기 위해 한국을 병합한 것이다. 그리고 일본의 한국 병합은 장차 일본으로 하여금 중국을 침략하는 기지를 제공케 했고, 때문에 동아시아의 평화는 더욱 교란되었다.

일본은 그의 침략 행위를 허위에 가득 찬 문구로써 은폐하고 있음을 알 수 있다. 한국을 식민 통치로 만들자 일본은 한국에 통감부 대신 총독부를 설치해 통치했다. 총독은 육해군 대장 중에서 임명했고, 한국에서의 입법권·행정권·사법권 및 군대통수권을 한 손에 쥐고 있었다.

초대 총독인 데라우치 마사타케의 통치 방법은 철저하게 강압적인 것이었다. 그는 통치 방침의 하나로 질서의 유지를 언명하고 이를 위해 헌병경찰 제도를 실시했다. 전국에는 약 1천의 헌병대와 8천의 헌병 및 이와 거의 동수의 경찰이 배치되었고, 중앙의 경무총장에는 주한 헌병사령관이, 지방의 각 도 경무부장에는 각 도의 헌병대장이 임명되었다.

이러한 헌병 경찰조직에 의해 한국인의 하찮은 언동도 취체의 대상이 되었다. 한국인의 모든 정치적 활동도 금지될 수밖에 없었다. 정치에 관한 집회나 옥외의 다중 집회를 금지하는 집합취체령(集合取締令)을 비롯한 많은 사상 관계의 법령이 제정되었다. 요컨대 일본은 한국인의 정치적 발언을 원하지 않았다. 일본은 정치적 관심을 가진 모든 한국인을 불온 분자나 폭도로 취급했을 뿐이다(이기백, 1984: 370-373).

총독 통치의 변천 사항을 보면 제1기라고 하는 1910년에서 1919년까지는 무단통치가 강행되었고, 제2기라고 하는 1919년에서 1931년까지는 문화통치라는 미명하에 탄압을 약간 완화한 상태에서 산미증식(産米增殖) 계획을 추진해 양곡 수탈 정치를 꾀했고, 제3기라고 하는 1931년에서 1945년까지는 이른바 민족말살정책을 강행했다. 일본은 그들의 침략전쟁을 위해 한국의 많은 청년을 강제 동원해 전쟁의 희생물로 만들었다(국사교재편집회, 1983: 340-341).

2 총독 통치의 내용

1) 총독의 지위

조선총독은 천황에 직속하는 최고급 행정관청으로서 천황을 제외한 어떠한 사람으로부터도 행정감독을 받지 않는 초연한 위치에 있었다. 당시 일본 정부에서 천황에 직접 상진(上奏)하는 권한은 법률상으로 총리대신(總理大臣)만이 가지고 있었기 때문에 조선총독의 경우에도 형식적으로는 총리대신을 거쳐야만 상진할 수 있었다. 그러나 조선총독은 천황에 직속해서 조선을 통할하며 조선 통치에 관한 제반 정무를 통리하는 지위에 있었으므로 조선 통치에 관한 한 실질적으로는 총리대신과 거의 동등한 위치에서 천황에 상진하고 재가를 받았다.

이와 같은 조선총독의 지위는 일본에서도 특수한 지위였다. 그것은 대만 관동주(關東州)·화태(樺太)·남양청(南洋廳)의 총독의 지위와는 달랐다. 그리고 그것은 일본의 내외지 행정일원화에 모순되었기 때문에 기회가 있을 때마다 법률상·실제상의 논쟁점이 되곤 했다. 이 논쟁은 1942년 대동아 전시 체제하에서 내외지 행정일원화를 외지 통치에 관한 중앙기구가 전면적으로 재편성될 때까지 계속되었다. 어떤 때는 조선의 일본에 대한 중요성이 강조되어 총독의 지위에 특수성이 부여되어야 한다는 주장이 나오는가 하면, 또 어떤 때는 내외지 행정일원화가 강조되어 그 특수성은 부정되어야 한다는 주장이 나오기도 했다.

그러나 실제로는 조선총독의 영향력과 식민지 직할기관인 척무(拓務)대신 또는 내무대신의 정치적 영향력의 차이에 의존하는 경우가 많았다. 결국 1942년 말까지는 초기의 특수한 지위는 그대로 유지되었다(김운태 외, 1985: 146-147).

2) 총독의 권한

조선총독은 그의 특수한 지위에 기인해 다음과 같은 권한을 가지고 있었다.

(1) 정무통리권(政務統理權)

조선의 식민 통치는 원칙적으로 총독에게 위임되어 있었다. 따라서 총독은 식민지 조선에서 모든 정무를 통할하는 권한을 가지고 있었다. 이러한 정무에는 행정·입법·사법·군사 등의 통합적 권한을 보유하고 있었으며, 특히 행정에 관해서는 통합적 권한을 행사했다. 다만 관세 개정, 고급 관리의 임면, 군대 편제, 영전 수여, 형(刑)의 은사(恩赦) 등은 천황의 친재(親裁)를 받도록 되어 있었다.

그리고 화폐·외교·군정 등도 그 성격상 일본 중앙정부의 관계 각 성(省)의 지배를 받았다. 그러나 그 밖의 각종의 광범한 인사권과 지휘감독권은 총독이 종합적으로 행사했다.

(2) 군대통솔권(軍隊統率權)

조선총독은 군정과 군대 편제에 관한 사항을 제외하고는 조선총독부 관제 제3조에 의거해 조선에 주둔하는 육·해군을 지휘·통솔하며, 나아가 치안상 필요에 따라 본국 군대에게 출병청구권을 가지고 있었다. 데라우치 마사타케 이후의 역대 총독은 모두 육군 혹은 해군대장의 현역에 있던 자들이었기 때문에 사실상 이 권한은 최대한으로 발휘될 수 있었다. 군사에 관해 총독을 보좌하기 위해 총독관방의 무관실에 무관 2인과 전속부관 1인이 참모로 배치되어 있었다.

(3) 입법권

조선총독은 성질상 본국 정부 의회의 입법권에 보류되는 사항(군정·외교·은사 등)을 제외하고는, 조선 통치에 관해 법률과 동일한 효력을 지니는 법규 명령, 즉 제령(制令)을 발포할 권한을 보유하고 있었다.

(4) 사법권

조선총독은 자신의 제령으로 사법기관의 설치 및 인사에 관한 법령을 제정하는 권한을 보유했다. 따라서 총독은 식민지 조선에서 재판소의 신설·개폐와 판사의 임면·징계를 자기의 의도대로 할 수 있는 재량권을 가지고 있었다(김운태, 1985: 150-151).

3 제 1 기(1910 ~ 1919)

1) 데라우치 총독의 통치 내용(1910. 10. ~ 1916. 10.)

데라우치 마사타케(寺內正毅)는 일본 제13대 내각인 제2차 가쓰라 다로(桂太郞) 내각에서 육군 대신으로 있으면서 한국통감을 겸하고 있었다. 그는 비타협적인 성격의 소유자로서 전제자였다고 평가된다. 그는 육군 대신 겸 조선총독으로 1910년 10월 1일에 임명되고, 1911년 8월 30일에 육군 대신 겸임을 면하게 되자, 전임(專任) 초대 총독으로 부임했다. 그 후 만 6년간 재직했다. 그는 정치가적 기질은 찾아볼 수 없는 군인 전제자였으며, 통치 방식은 1860년대의 프로이센의 비스마르크식(式)이었다. 그는 다음과 같은 식민정책을 실시했다.

① 중추원(中樞院)을 설치했고, 2회에 걸쳐서 관제를 개편했다.

② 헌병경찰 제도를 채택했다. 이 제도는 1919년까지 10년간 계속되었다.

③ 사법·행정·재정·제세령(諸稅令) 제도, 역둔토(驛屯土)의 정리, 토지조사, 지방 제도 개혁, 조선교육령 제정 등의 정책을 추진해 식민 통치의 기반을 닦아 놓았다.

2) 하세가와 총독의 통치 내용(1916. 10 ~ 1919. 8)

하세가와 요시미치(長谷川道)는 일찍이 한국주차군사령관(駐 조선군사령관 : 조선에 주둔하는 일본군 사령관)으로서 러일전쟁 이후 통감부 치하에 약 5년간 경성에 체재했다. 이 때 고종의 양위, 군대의 해산, 제2차 한일협약의 체결에 직접 관여한 자이다. 그가 제2대 총독 재임시에는 초대 데라우치 총독의 극단적인 무단 헌병 통치를 다소 완화시키려고 노력했다. 그는 산업제일주의라는 통치 방침을 내세웠다. 그러나 그것은 데라우치 총독의 식민정책을 거의 답습한 것이었다. 그는 3년간 총독에 재직하면서 다음과 같은 정책을 추진했다.

① 면제(面制) 시행
② 수리조합령의 제정
③ 농사 개량의 장려
④ 잠업령의 공포
⑤ 일본화폐법의 시행에 의한 통화(通貨)의 통일
⑥ 조선식산은행(朝鮮殖産銀行)의 창설
⑦ 사법 제도의 개혁
⑧ 독립만세운동사건의 진압

4 제 2 기(1919 ~ 1931)

1) 사이토 총독의 통치 내용(1차 1919. 8~1927. 4 / 2차 1929. 8~1931. 6)

3·1운동은 일제로 하여금 한민족을 지배하는 통치 방식을 변화시키게 했다. 즉 그 당시 일본의 하라 타카시(原敬) 내각은 종전의 무단통치 방식을 철폐하고 문화통치 방식을 채택하겠다고 했다. 그리고 하라 내각은 1919년 8월 12일 해군대장 사이토 마코토(齋藤實)를 조선총독에 임명했다.

사이토 총독은 문화정치를 표방하고, 다음과 같은 중요 강령을 발표했다.

① 치안의 유지
② 민의의 창달
③ 행정의 쇄신
④ 국민 생활의 안정
⑤ 문화 및 복지의 증진

그러나 이와 같은 정책의 변화는 어디까지나 허구였으며 근본적인 통치 개혁이라고는 할 수 없었다. 그것은 결코 식민 통치의 완화를 의미하는 것이 아니라 오히려 회유를 통해 한국인의 반발을 줄이고 좀더 철저한 수탈을 하기 위한 기만정책에 불과했다.

사이토는 1919년 8월부터 1927년 4월까지, 그리고 1929년 8월부터 1931년 6월까지 2차에 걸쳐 총독의 자리에 있었다. 그가 재직 기간에 추진한 중요한 정책은 다음과 같다.

① 총독무관제의 폐지
② 헌병경찰제를 보통경찰제로의 개편
③ 관리·교원의 착검 폐지
④ 동아·조선의 한글 신문 및 잡지의 간행 허가
⑤ 이른바 지방 유지인 친일파 인사의 중앙 및 지방행정에의 참여 허가
⑥ 내지(內地) 연장론에 따르는 교육 제도의 개혁

2) 야마나시 총독의 통치 내용(1927. 12 ~ 1929. 8)

야마나시 한조(山梨半造) 총독은 2년간 재직했는데, 그의 치적은 보잘것이 없었다. 그가 5대 총독으로 취임할 때 내건 시정 방침은 문화 진흥과 경제 발전이었다.

① 보통학교의 1면 1교제 실시
② 화전 조사
③ 소농 생산자금의 대출
④ 조선간이생명보험령의 공포와 창설

5 제 3 기(1931 ~ 1945)

1) 우가키 총독의 통치 내용(1차 1927. 4~1927. 12 / 2차 1931. 6~1936. 8)

우가키 가즈시게(宇垣一成)는 육군대신으로 재직하는 동안 1927년 4월부터 10월까지 약 5개월간 총독대리를 겸직했으며, 다시 1931년 6월부터 1936년 8월까지 약 5년간 제7대 조선총독으로 재직했다. 그가 조선총독에 취임하던 시기는 국제적이나 국내적으로 매우 불안정한 상태였다. 그가 취임하면서 내건 중요 정책은 다음과 같다.

① 광업 개발
② 남면북양(南綿北羊: 남한엔 면화 재배 장려, 북한엔 면양 양육 장려)
③ 북한 개척(일본 도항 억제, 북진론)

④ 농어촌의 진흥과 자력갱생운동의 전개

⑤ 북만 이민

우가키 총독은 농촌 문제에 관심을 갖고 농촌 진흥정책에 주력했으며, 그 당시 일본의 재벌이 광업 개발을 위해 조선에 진출하는 것을 적극 장려했다. 그 결과 구한국 시대에 특허를 얻어 광산을 경영하던 서구 외인 자본이 모두 회수되었다. 물론 우가키가 총독에 재직하는 시기는 만주사변 이후 국가 체제가 전면적으로 전시 체제(戰時體制)로 변화되는 과정이었다. 그리하여 그는 한국을 대륙 침략의 병참기지로 만들기 위해 한국에 금속·기계화학공업을 주축으로 하는 군수산업을 일으켜 나갔다. 그 결과 한국은 그들의 종전 식민지 경제정책의 하나인 미곡 단일 산업구조에서 어느 정도는 탈피할 수 있었다. 그리고 우가키 총독 자신도 일본 본토의 마음 좁은 정객들로부터 일본의 자본을 한국에 유입시켜서 공업화를 추진한다는 비난도 받았다. 그러나 우가키 총독의 이러한 산업정책은 일본의 대륙 침략 전쟁을 수행하는 데 한 방편으로 이루어진 것뿐이다. 결코 한국을 위해서 취해진 정책이 아닐 뿐 아니라 오히려 한국의 철·석탄·중석 등의 자원을 약탈해 가는 계기가 되었다.

2) 미나미 총독의 통치 내용(1936. 8～1942. 5)

미나미 지로(南次郎)는 1929년 8월부터 1930년 12월까지 조선 주둔 군사령관을 역임했고, 1934년 12월 10일부터 12월 26일까지는 관동장관을 지냈으며, 1934년 12월 26일부터 1936년 3월 6일까지는 만주국 주차(駐箚) 특명전권대사를 지냈다. 그리하여 그는 식민행정에 대한 많은 경험을 가지고 있었다. 그는 1936년 8월부터 1942년 5월까지 제7대 총독으로 6년간 재직하면서 다음과 같은 통치정책을 표방했다.

① 국체명징(國體明徵)

② 선만일여(鮮滿一如)

③ 교학(敎學) 진작

④ 농공 병진(農工倂進)

⑤ 서정쇄신

특히 미나미 총독이 중요하게 생각하고 강력하게 추진한 정책은 황국신민화(皇國臣民化)와 대륙 침략 전쟁의 수행을 위한 병참기지화였다. 그는 한국인을 철저히 황국신민화하기 위해 국민정신총동원운동을 전개했다. 그가 재직하는 동안 발생한 중요한 일은 다음과 같다.

① 중일전쟁의 발발
② 조선군의 월경(越境) 출정
③ 국경경찰관 수비대의 대폭적인 증원
④ 국경 경비 도로의 신설
⑤ 육군특별지원병 제도의 실시
⑥ 조선춘추회(朝鮮春秋會)의 조직(이는 한국에 있는 모든 일간신문사의 대표로 구성되어 있었고, 전쟁의 합리화를 선전하려는 것이었음.)
⑦ 1939년의 재단법인 조선경방협회의 설립
⑧ 창씨개명(조선인의 씨명에 관한 조선민사령[朝鮮民事令]을 개정해 일본식 씨명[氏名]으로 바꾸도록 강요한 것이다.)
⑨ 황국신민의 서사(誓詞) 제정
⑩ 학교 군사훈련의 강화
⑪ 전문학교 입시에서 영어 폐지(일본 본토에서는 존속)
⑫ 국어(일본어) 상용의 강요

그의 황국신민화운동은 민족 감정을 존중하지 않은 채 형식적으로 강행되었기 때문에 도리어 역효과만 가져왔다. 그리고 이 시기에는 노무 징용·식량 공출·놋그릇 공출 등에 의해서 한국민의 생활은 극도로 비참했다. 한민족의 최대 수난기였다고 하겠다.

3) 고이소 총독의 통치 내용(1942. 5 ~ 1944. 7)

고이소 구니아키(小磯國昭)는 육군대장으로 1942년 5월부터 1944년 7월까지 조선총독으로 재직했다. 그가 조선총독으로 부임한 때는 태평양전쟁이 최절정기에 달해 있을 때였다. 그가 표방한 중요 정책은 ① 국체본의(國體本義)의 투철, ② 도의(道義) 조선의 확립이었다.

그리고 그가 적극적으로 추진한 행정은 ① 한국인의 제1회 징병검사, ②

학도지원병제 실시, ③ 농광공 분야에서의 생산책임제 실시, ④ 징용제 강행 등이었다. 이러한 행정은 한국인에게는 너무나도 가혹한 고통을 가져다 주었다. 그러나 그 당시에는 일본 패전의 가능성이 짙었고, 사이판도 전멸의 보도가 전해지자 한국인들은 초조와 불안 속에서도 독립에 대한 잠재적 희망을 지니게 되었다.

태평양전쟁이 종반기에 접어들자 한국인의 마음은 좀더 일본으로부터 멀어졌고 동요되었다. 그것은 강제적인 식량 및 노동력의 공출이라는 악랄한 전시적 비상 체제・경제 혼란, 그리고 한국인들의 독립 쟁취에 대한 염원 때문이었다. 일본 본토에 대한 미 공군의 대대적인 공습이 계속되고, 관부연락선 곤고 마루(金剛丸)가 격침되고, 그리고 식민지와의 교통 차단이 문제가 되자 일본은 식민 통치에 불안을 느끼게 되었으며 또한 변화를 시도했다. 그리하여 제기되었던 정책의 하나가 한국인에게 참정권(參政權)을 어느 정도 부여하자는 것이었다.

고이소 총독은 1944년 4월 이례적인 열의를 가지고 일본 본국에서 한인 참정권운동을 전개했다. 그러나 하원의원 선출 문제는 단번에 거절당했고, 다만 양로원격인 귀족원에서 일종의 칙선(勅選) 의원을 선출하는 것을 고려하기로 했지만 실현되지 못했다. 그 후 이 문제가 거론되기는 했으나, 결국 한국인에게는 참정권을 행사할 기회를 단 한번도 주지 않았다.

4) 아베 총독의 통치 내용(1944. 7～1945. 8)

아베 노부유키(阿部信行)는 육군대장으로 1944년 7월에서 1945년 8월까지 조선총독으로 재직했다. 아베 총독은 일찍이 일본의 수상을 지낸 인물이다. 그는 1944년 8월 8일에 이른바 총독 유고(諭告)를 발표했다. 그 내용은 ① 국가적인 총력전의 수행을 위한 전력을 최대한 동원한다. ② 전대 총독의 정책을 그대로 계승할 것이나 강력한 통제를 구사한다는 것이다.

그러나 태평양전쟁에서 일본의 패배는 자명하게 되었고, 한국인의 대일 비협력의 태도는 점차 표면화되었다. 나아가서 한국인의 대일 적성화(敵性化)가 짙어갔고 전시경제정책의 강행은 물가 등귀, 암거래의 성행, 경제의 타락을 야기시켜서 도저히 식민정치를 더 이상 계속할 수 없는 상황에 이르게 되었다(박문옥, 1980: 204-214).

〈표 13-1〉 역대 총독의 취임 연대표

대	성 명	취임 연대
1	데라우치 마사타케(寺內正毅)	1910. 10.
2	하세가와 요시미치(長谷川好道)	1916. 10.
3	사이토 마코토(齋藤實)	1919. 8.
4	우가키 가즈시게(宇垣一成)	1927. 4.
5	야마나시 한조(山梨反造)	1927. 12.
6	사이토 마코토(齋藤實)	1929. 8.
7	우가키 가즈시게(宇垣一成)	1931. 6.
8	미나미 지로(南次郞)	1936. 8.
9	고이소 구니아키(小磯國昭)	1942. 5.
10	아베 노부유키(阿部信行)	1944. 7.

※ 해군대장 사이토 마코토(齋藤實)을 제외하고는 전부 육군대장이다.
자료: 정시채(1986a: 408).

제 3 절 행정 제도

1 제 1 기(1910 ~ 1919년)

한일합병조약이 발효되자 일본은 종래의 통감부를 폐지하고, 조선총독부를 설치해 식민 통치의 중앙행정기구로 했다.

조선총독부의 기구는 총독 밑에 중앙행정기관 · 지방행정기관 · 사법기관 · 치안기관 · 자문기관 · 경제 약탈기관 등 기능별 기구로 구성되어 있었다.

1) 중앙행정기구

한국 통치의 중앙정부인 조선총독부의 조직은 문무 양면에서 총독을 보필하는 총독관방을 비롯해, 외사 · 인사 · 회계를 관장하는 총독부, 지방 ·

학무를 관장하는 내무부, 관세·사세(司稅)를 담당한 탁지부, 식산(殖産)·상공을 관장한 농상공부, 법무·사법을 관장한 사법부 등의 1방 5부 9국으로 구성되었다.

총독부의 사무는 제2인자인 정무총감에 의해 통리·감독되었다. 그러나 정무총감은 극히 사무적인 권한밖에 없었고, 오히려 헌병경찰의 지휘자인 경무총감이 행정에 깊이 관여했던 것으로 실제상의 권한은 더 컸다. 이것은 무단독재하에서의 문관 관료의 무력함과 무관의 우월성을 단적으로 나타낸 것이다.

총독부 조직에는 이상과 같은 중앙기관 외에 소속 관서가 즐비했다. 실질적 지배기구인 경무총감부를 비롯한 재판소·감옥 등 독립적 치안조직과 토지조사국·세관·전매국·철도국·통신국·광업소·영림창(營林廠) 등의 경제 약탈기관, 중추원·조사국 등의 자문기관, 그리고 각종 학교 등의 교육기관이 있다.

한편, 총독부는 한국 통치의 합리화를 가장하기 위해 설치한 중추원, 법제 자료의 조사기관인 취조국(取調局) 등의 총독자문기관을 두었다. 이 기관은 한국인을 등용시켜 일제의 한국 통치의 조역 기관으로 삼는 데 그 목적이 있었으며, 일본인 편에서 앞장설 위인들이 임명되었다.

식민지 한국의 사법기관은 사법권의 독립이 무시되고, 일반행정관서와 같이 중앙행정 부서의 일부로 총독에 직속되어 있었다. 따라서 사법기관은 총독정치의 보조기관에 지나지 않았다. 한국 합병 이후 통감부의 사법청이 사법부로 개편·계승되었고, 재판소는 고등법원·복심(覆審)법원·지방법원의 3심 3급제로 되었다. 이 밖에 총독부는 한국 경제를 수탈하기 위한 기관을 설치했다. 철도국·통신국·토지조사국·세관·전매국·영림창·광업소·권업농장·토목회의·공업전습소 등 직속 관서의 대부분이 경제 약탈을 위한 현업(現業) 기관이었다.

이와 같은 경제 약탈기관 이외에 반관반민의 동척, 금융조합, 식산계(殖産契), 은행, 각종 산업조합 등을 세워 한국의 자력(資力)을 갈취했다.

1910년에 성립된 조선총독부의 기구는 한국민의 끊임없는 저항과 일본내의 정세에 따라 자주 부분적인 개정이 있었다. 1차 개정은 1년 6개월 뒤

[그림 13-1] 조선총독부의 중앙행정 기구표(1910. 10. 현재)

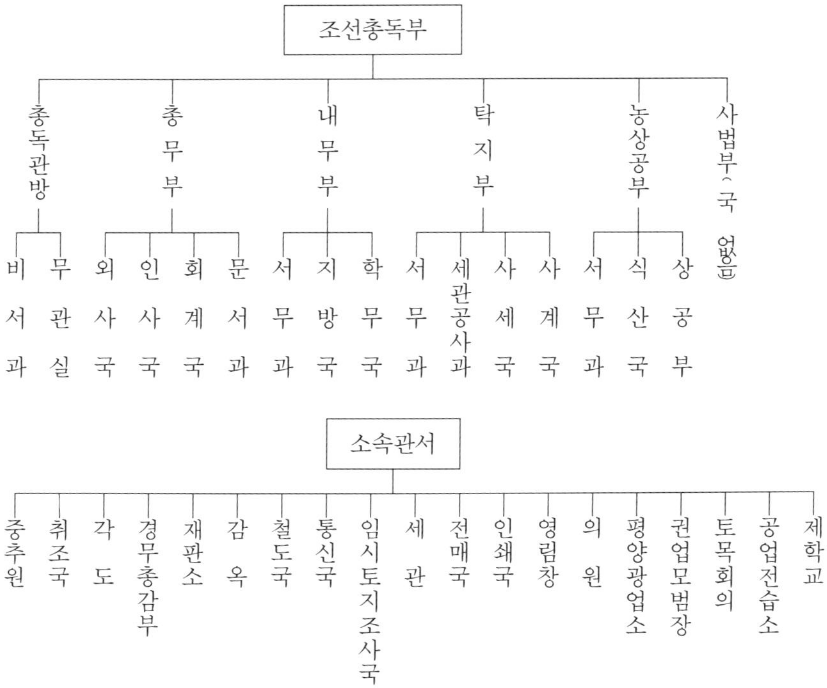

자료: 정시채(1986a: 415).

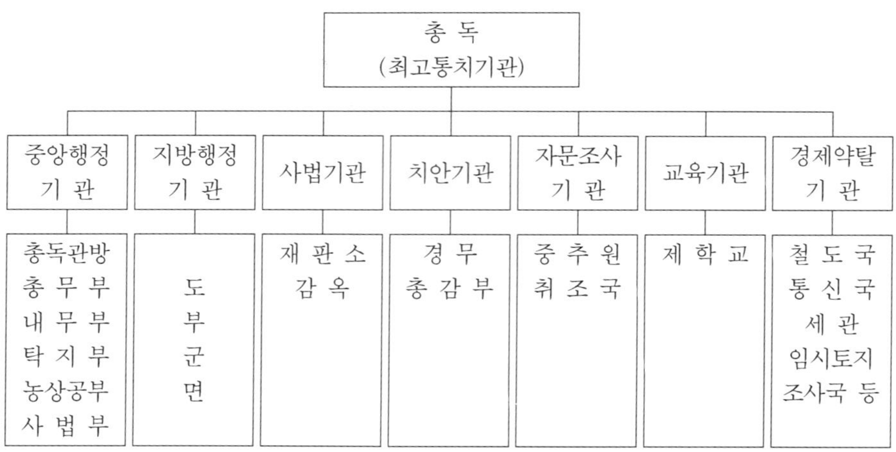

자료: 동아일보사(1978: 97).

[그림 13-2] 조선총독부의 중앙행정 기구표(1912. 4. 현재)

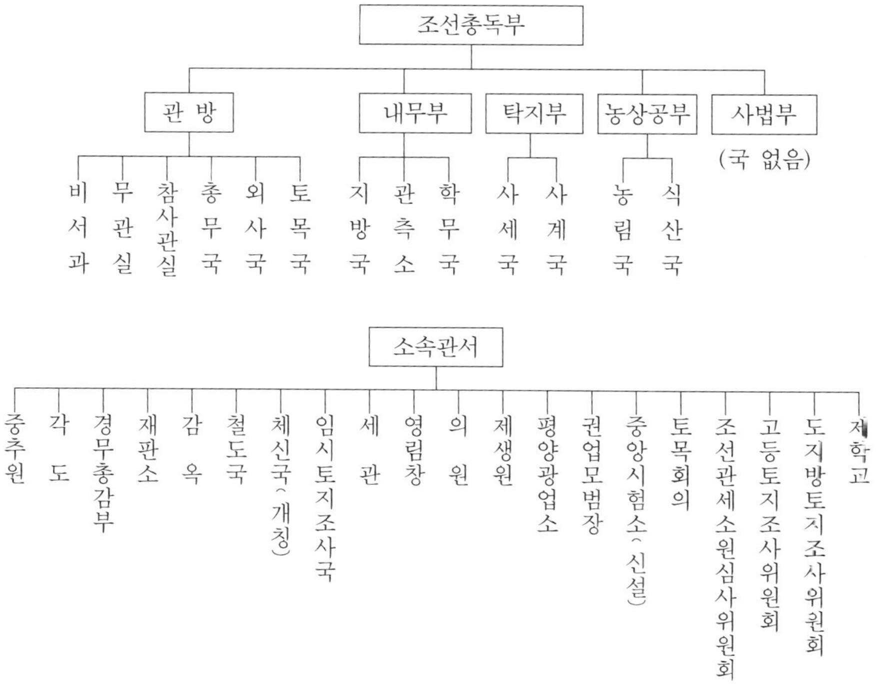

자료: 총무처 행정관리국(1980: 84).

인 1912년 4월에 있었다. 총무부를 폐지하고, 관방에 총무·외사·토목의 3국을 설치했으며, 농상공부의 식산·상공의 2국을 농림·식산으로 바꾸었다. 이는 총무부를 관방에 흡수해 총독의 지배 체제를 강화하고, 한국 농민의 수탈을 목적으로 한 포석이었다. 또한 소속관서 중에서 취조국·전매국·인쇄국을 없애고, 통신국을 체신국으로 개칭했다.

제2차 개정은 1915년 4월에 있었는데, 이는 3년간의 한국 통치의 경험을 토대로 식민지 지배 체제를 효율화하기 위한 것이었다. 즉 각부 장관 밑에 국장을 두고 있는 국 제도를 폐지하고 과를 설치하여, 각부 장관이 직접 각 과의 사무를 지휘·감독케 하려는 것이었다. 그리하여 종래의 9국 중 총무·토목·학무의 3국만을 존속시키고, 기타 6국은 과로 개편했다(서태윤,

1985: 188-191).

2) 지방행정기구

지방행정조직은 전국을 13도로 크게 기획하고, 그 밑에 부(府)·군(郡)·도(島)가 있었으며, 그 밑에 말단 행정 단위인 읍·면을 둔 3단계 조직이었다. 도에는 도장관 아래 서무와 회계를 담당하는 내무부와 세무와 이재를 담당하는 재무부로 조직되었다. 경찰사무가 독립된 것이 그 특징으로 도장관은 행정집행상의 경찰관을 사용할 수 있으나, 이는 도 경찰부장을 통해

[그림 13-3] 조선총독부의 중앙행정 기구표(1915. 4. 현재)

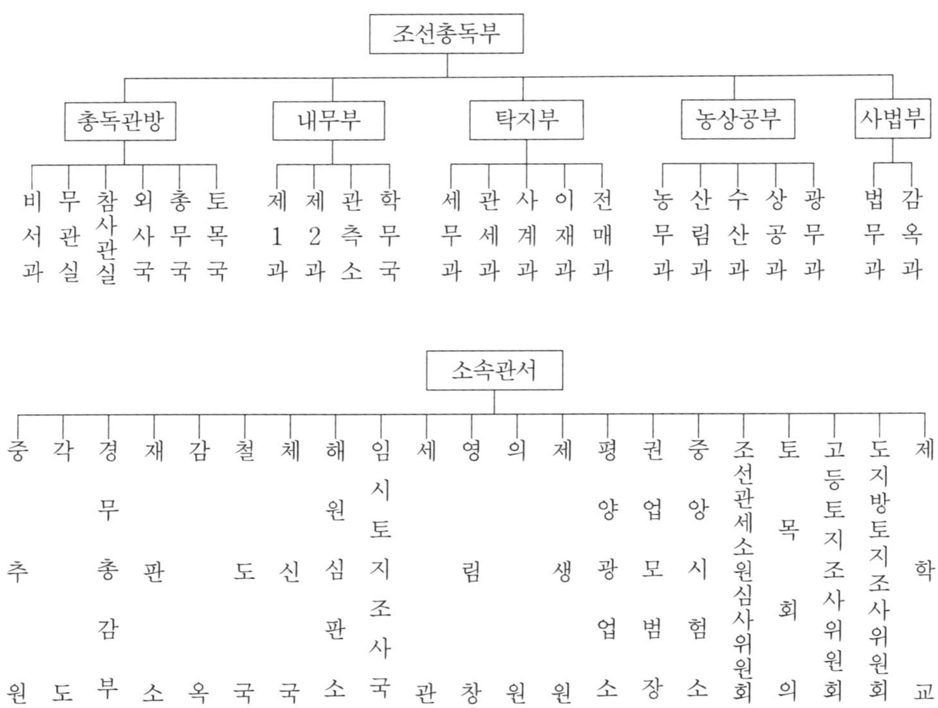

자료: 정시채(1986a: 415).

[그림 13-4] 조선총독부의 지방행정 기구표(1917. 10. 현재)

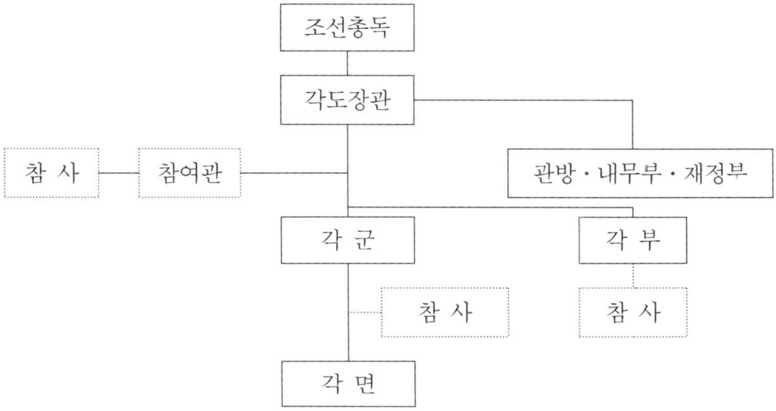

자료: 김운태 외(1985: 144).

필요한 처분을 명할 수 있는 간접적인 경찰권만을 지녔다. 따라서 지방문관도 중앙의 문관과 같이 사무적인 데 국한했으며, 지방의 권한도 극히 사무적인 기능만이 부여되어 있어 도장관은 총독부의 충실한 관리에 불과했다.

도 밑에는 부 · 군 · 도의 중간행정기관을 두고, 부윤 · 군수 · 도사는 도장관의 지휘 · 감독을 받게 했다. 부는 경성 · 인천 · 부산 · 원산 · 대구 · 평양 · 목포 · 군산 · 마산 · 진남포 · 신의주 · 청진 등 12개 도시에 설치했다. 이들 도시는 주로 일본인이 집단 거주하는 특수구역으로 부윤은 대부분 일본인이 임명되어 자치적 특권을 누렸다. 1914년 현재 군은 230개, 면은 2,521개로 정비되었으며, 동 · 리에 이르기까지 물샐 틈 없는 행정조직이 정비되었다(서태윤, 1985: 192).

3) 헌병경찰기구

일제는 러일전쟁 때부터 항일 무력 투쟁을 진압한다는 명목으로 한국 내 보안경찰 기능에 관여하기 시작하더니 점차 일반 행정 및 사법경찰에도 직접 개입했다. 이 시기의 헌병경찰제가 구축되기까지의 경위는 다음과 같다.

첫째, 을사조약 체결 이후 합병 이전까지는 경찰 업무가 다음과 같이 3원화되어 있었다. 즉 ① 경무고문계, ② 통감부경찰계(이사청[理事廳] 경찰 포함), ③ 외무성 경찰계(영사 재판권에 의함)이다. 이와같이 산만하던 것이 을사조약으로 통감부가 설치되자 통감 휘하의 군사령관으로 하여금 군사와 경찰을 통일적으로 장악케 함으로써 일원화를 기했다.

둘째, 합방조약의 체결 직전인 1910년 6월 24일에 한국 경찰권 자체가 위임됨에 따라 한국과 일본의 경찰조직을 통감 휘하에 함께 통합시킴으로써 군사경찰인 헌병과 민간의 보통경찰이 완전히 합일된 오로지 헌병으로서만 경찰 기능을 수행하는 이른바 헌병경찰 체제가 확립되었다.

이와같이 일단 확립된 헌병경찰제는 합방 후에도 그대로 존속・유지되

[그림 13-5] 헌병경찰 기구(1910. 6.)

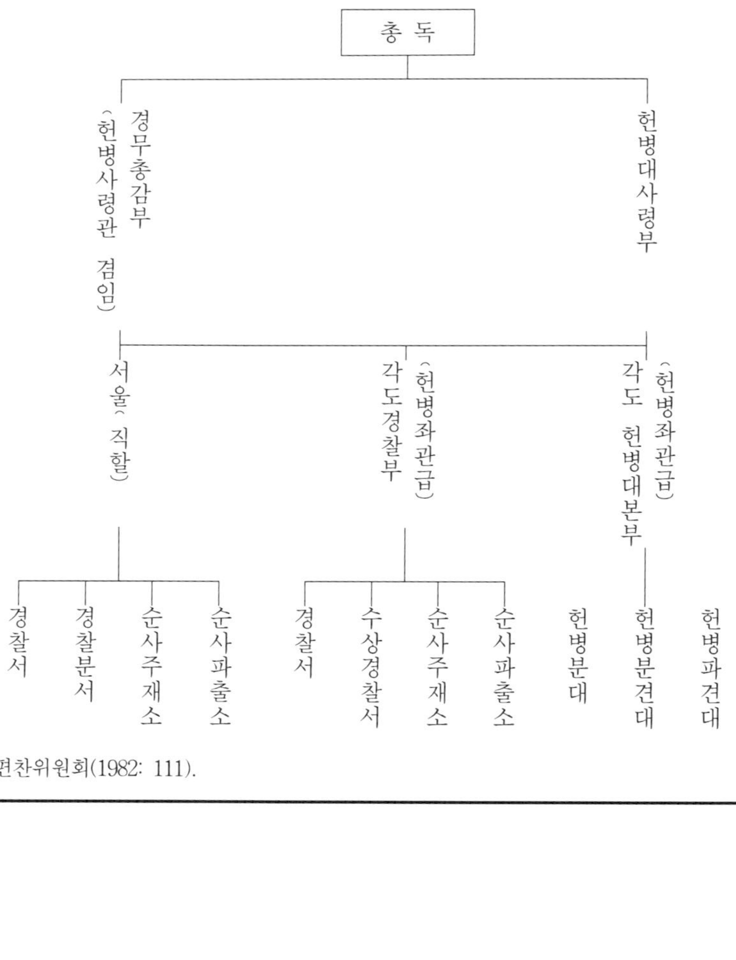

자료: 국사편찬위원회(1982: 111).

었다. 즉 전국에는 2만 명의 헌병과, 무뢰한들로 구성된 2만의 헌병보조원이 배치되었고, 총독 휘하 중앙의 경무총감에는 주한헌병사령관이, 지방의 각 도 경무부장에는 각 도의 헌병대장이 임명되었다. 이 시기의 헌병경찰 체계의 특색은 다음과 같다.

① 헌병경찰이 관장한 기능이 광범해 민간의 경찰이 수행할 직무 외에 일반 행정직원이 담당할 직무도 수행하고 있었다.

② 각 도 경찰부장을 지방장관(관찰사·부윤)의 막료로서 조직상 편제하면서도 중앙의 경무총감의 직접적인 지휘 감독을 받게 함과 아울러 지방장관의 업무 수행을 감시하게 함으로써 강력한 중앙집권적 경찰 체제의 성격을 유지했다(김운태, 1985: 143-144).

2 제 2 기(1919 ~ 1931년)

1) 중앙행정기구

1919년 8월 20일 조선총독부 관제를 개정해 같은 날짜로 시행함으로써, 근본적인 행정 제도의 개혁이 이루어졌다. 일제는 무력에 의한 탄압보다는 한민족의 회유 내지 동화가 민족 말살의 지름길이라 하여 식민 통치의 제2단계 조치를 감행했다. 그리하여 종래 육해군 대장으로 제한했던 총독의 임명 범위를 확대해 문관도 임용할 수 있도록 했다. 또한 총감에게 부여되었던 육·해군의 통솔권을 삭제해 "안녕과 질서의 보지(保持)를 위해 필요하다고 인정할 때는 조선에 있는 육해군 사령관에게 병력 사용을 청구할 수 있다"라고 개정했다. 그리고 총독부 중앙조직을 개편해 부제를 국제로 격하시켜, 내무·재무·식산·법무의 4국과 종래의 내무부에 소속되었던 학무국을 독립시키고, 경무총감부를 경무국으로 개편해 6국으로 했다. 또한 총독관방의 총무·토목·철도의 3국을 총독 직속의 부로 개편해 서무·토목·철도의 3부로 했다. 이리하여 총독부의 중앙행정조직은 6국 3부로 개편되었다.

그리고 경찰 제도의 변경이 있었는데 그것은 매우 중요한 의의를 가진다.

3·1운동 후 한국에 대한 무단 지배에 허점을 느낀 일제는, 그 합리적 지배를 위해 이른바 문화정치를 제시했다. 헌병의 병력을 경찰의 주력으로 사용하던 헌병경찰 제도를 외형상 일반경찰 제도로 변모시켰다. 독립적이던 경무총감부와 각 도의 경무부를 폐지하고, 총독부 직속에 경무국을, 도지사 밑에 경찰부를 두어 경찰권을 도지사에게 이양했다. 그리고 각 부·군에는 경찰서를 설치해 경시와 경부로써 그 장을 삼았으며, 경부 밑에 경부보를 신설했다. 그리고 1부·군 1경찰서, 1면 1주재소를 설치했다.

그러나 이와 같은 무단통치 체제의 문화통치 체제로의 전환은 외면적이고 가식적인 정책일 뿐 근본적인 면에서는 오히려 합방 이후 10여 년 간의

[그림 13-6] 조선총독부의 중앙행정 기구표(1919. 8. 현재)

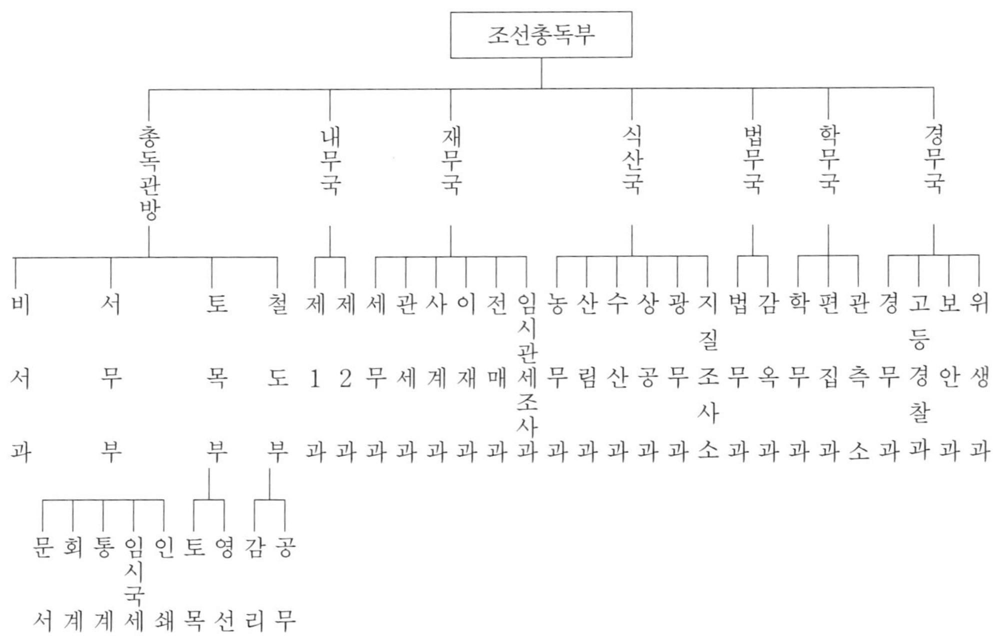

자료: 정시채(1986a: 433).

무단통치에 못지않은 무서운 압박과 수탈의 연속이었다. 또한 도지사가 도 경찰부를 통제하게 되었으나, 경찰 제도는 전체적으로 독립되고 집권화되어 있었다. 다만 행정과 경찰의 이원적 모순을 시정한 데 불과했다(서태윤, 1985: 191-192).

2) 지방행정기구

총독부 관제 개혁과 동시에 1919년 8월 20일 지방 관제도 개정되어, 종래의 중앙집권제가 완화되고 지방분권화가 실시되어 도지사의 권한이 확대되었다. 개정된 지방 관제의 중요한 내용은 다음과 같다.

① 도장관을 도지사로 개칭한다.

② 각 도의 경무부를 폐지하고, 그 대신 각 도지사로 하여금 경찰권을 행사하게 했다. 그 밑에 3개 부를 두고 도사무관으로써 그 부장에 보임했다.

③ 1부·군 1경찰서, 1면 1주재소의 기준에 따라 각 부·군에는 경찰서를 설치하고, 경부·경시로써 그 장에 보임했다.

1920년 7월에는 부제와 면제를 개정해 부협의회원을 관선제에서 민선제로 하는 한편, 면장의 자문기관으로 '면협의회'를 두었으며, 또한 도지방비령(道地方費令)을 제정·공포하여 도지사의 자문기관으로 '도평의회(道評議會)'를 두었다. 그러나 이들 협의회와 평의회는 단순한 자문기관으로 불과했으므로 지방자치 제도는 실시되지 못했다(정시채, 1986a: 433-434).

[그림 13-7] 조선총독부의 지방행정 기구표(1919. 8. 현재)

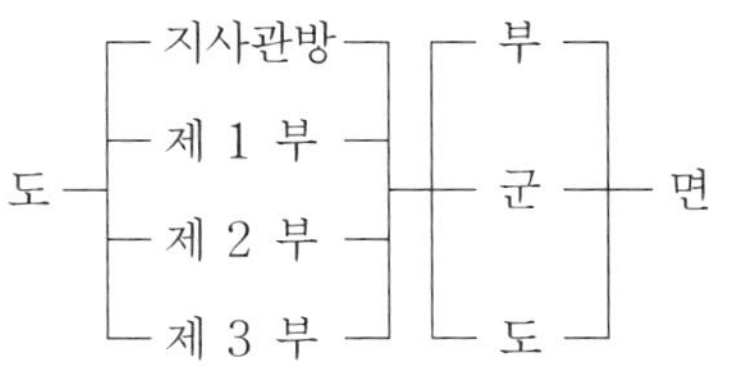

자료: 정시채(1986a: 441).

3 제 3 기(1931 ～1945년)

1) 중앙행정기구

1930년대에 들어와서 일제는 한국을 거점으로 하여 대륙 침략 정책을 전개했다. 1931년 9월 18일에는 만주사변을, 그리고 1937년 7월 7일에는 중일전쟁을 도발했다. 그들은 한국을 침략전쟁 수행을 위해 병참기지화해

[그림 13-8] 조선총독부의 중앙행정 기구표(1935. 12. 현재)

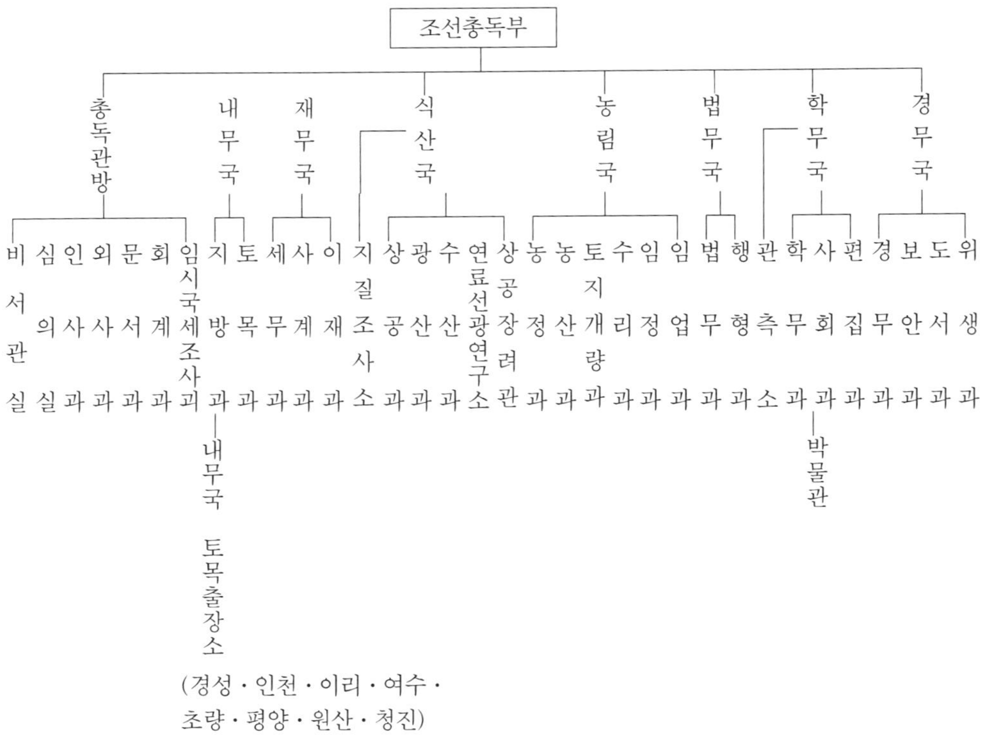

자료: 총무국 행정관리국(1980: 86).

나갔다.

그리하여 행정 제도 역시 그들의 경제적 착취를 비롯한 인적·물적 동원 체제 확립에 유리하도록 개편해 나갔다. 그러므로 당시의 행정 제도는 한국에서의 행정의 개선 및 발전과 한국민의 복지 증진을 위해서가 아니라, 그들의 식민지 정책의 수행을 위한 단순한 하나의 수단에 불과했으므로 행정 제도의 안정을 기하지 못하고, 그들의 통치에 편리하도록 수시 개정했다(정시채, 1986a: 442).

[그림 13-9] 조선총독부의 중앙행정 기구표(1945. 8. 현재)

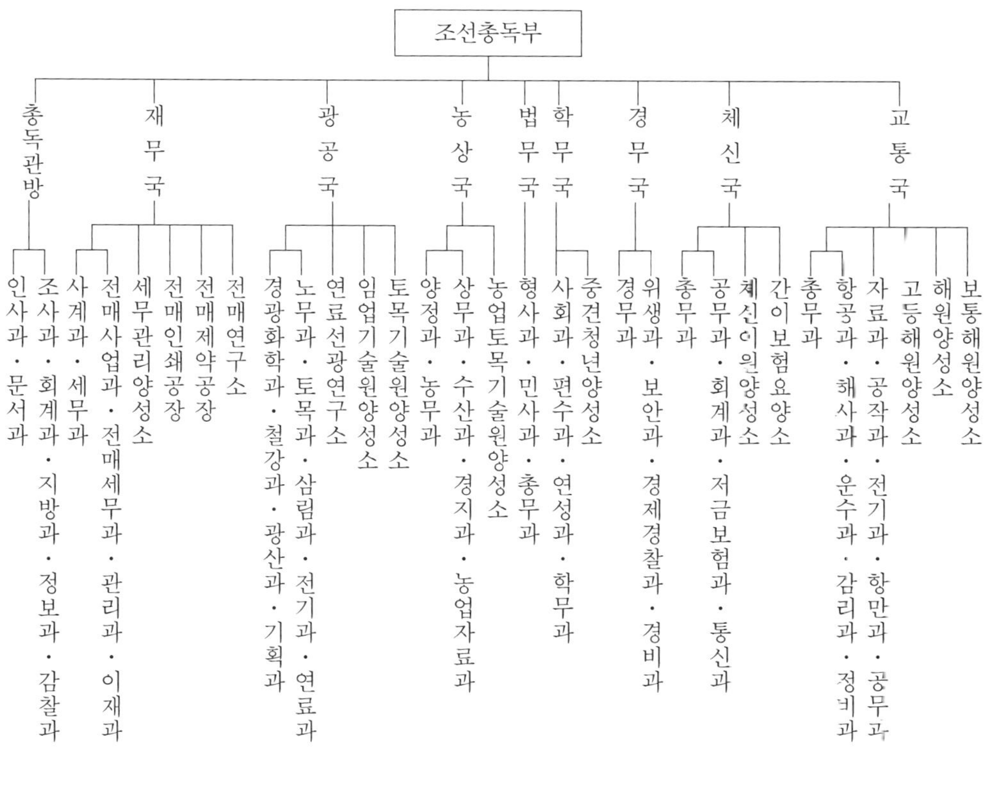

자료: 박문옥(1980: 178).

[그림 13-10] 조선총독부의 지방행정 기구표(1943. 12. 현재)

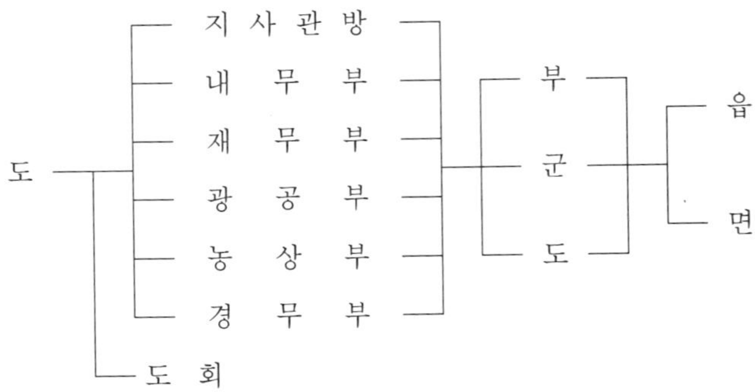

자료: 정시채(1986a: 441).

2) 지방행정기구

1930년 12월 1일에는 '부제(府制)'의 개정, '읍·면제'의 제정, 그리고 '도제(道制)'가 새로이 제정·공포되었고, 1931년 4월 1일부터 시행되었다. 그리하여 종래의 도·부·읍의 자문기관인 도 평의회·부-읍 협의회를 의결기관으로 했고, 도·면·읍에 법인격을 부여했다. 그러나 도제는 부·읍·면 제도가 확립한 후에 실시하기로 하여 1933년 4월 1일부터 시행되었다. 이와같이 부·읍·면제를 비롯해 도제가 실시됨으로써, 일제 식민 통치 시대의 지방 관제가 확대되어 8·15해방시까지 계속되었다.

제 4 절 행정정책 및 관리

1 제 1 기(1910 ~ 1919년): 무단통치의 구축기

군사적 압력과 간계에 의해 한일 합방을 달성한 일제는 법치주의의 너울을 쓴 총독 독재의 통치 체제를 형성하고, 일본 제국주의를 위한 식민지 경영에 착수했다. 물론 이러한 과정의 이면에는 한반도를 에워싼 제국주의 열강들의 흥정과 타협이 이루어져 있었음을 간과할 수 없다.

일제의 무단적 통치 체제는 식민지의 영구화와 수탈, 일본인 우위주의, 헌병경찰 체제, 민족 분열 정책 등을 목적과 수단으로 하여 정치행정의 여러 제도를 재편하고, 경제와 산업을 일본에 예속시키는 작업을 추진해 나갔다. 여기에서는 일제가 무단통치의 강압기에 내건 정책들을 고찰하기로 한다.

1) 헌병경찰제의 실시

(1) 조선총독부의 설치

1910년 한국을 합방한 일제는 통감부를 폐지하고 총독부를 설치해 한국 통치의 전권을 장악했다. 데라우치 마사타케(寺內正毅) 이하 역대 총독은 현역 육해군 대장으로 임명해 헌병경찰제를 실시했다. 총독부에는 5부(총무·내무·탁지·농상공·사법)와 9국을 두고, 그 직속기관으로 중추원·경무총감부 등이 있었는데, 무단통치의 중심 기구는 헌병경찰 제도의 본거지인 경무총감부였다.

(2) 헌병경찰제의 수립

총독부 산하의 경무총감부에는 일본 헌병사령관으로 경무총감을 두고, 헌병과 경찰을 합해서 헌병경찰제의 우두머리로 삼았다. 경무총감 밑에는 각 도의 경무부장이 있고, 그 아래 경찰서와 헌병분대가 있어 한국인을 지배·통치했다. 이들 헌병경찰은 형사령·보안법·집회취체령 등을 통해 민족운동의 탄압, 첩보 수집, 재판, 삼림, 우편의 취체, 징세, 일본어의 보급 등 광범한 권한으로 탄압과 약탈을 자행했다.

(3) 한국인에 대한 정치적 탄압

일제는 언론·집회를 금지시키고, 총독부에 비협조적이고 반대하는 사람들을 불령선인(不逞鮮人)이라 하여 불온 인물로서 검거·투옥했다. 여기서 뜻있는 인사들은 만주·시베리아·미국·중국 등지로 망명했고, 국내에서는 지하운동으로 일제에 항거했다. 특히 1910년 안명근(安明根)의 데라우치 마사타케 암살 미수사건으로 신민회(新民會) 간부 윤치호(尹致昊)·양기탁(梁起鐸)·이승훈(李昇薰) 등 105인을 투옥한 105인사건은 일제의 통치적 탄압상을 잘 말해 주고 있다.

그러나 이러한 탄압과 병행해 일제는 아부하는 원로·관료들에게는 작위와 은사공채(恩賜公債)를 주고, 늙은 유생에게는 상치은금(尙齒恩金)을 각각 지급했으니, 이것은 탄압 속에서의 회유정책을 시도한 이중적인 식민정책이라 할 것이다(변태섭, 1977: 561).

2) 한국 산업 및 경제의 예속화를 위한 기반 조성

합방 이전부터 이미 농어촌에 대한 고리대업, 원료와 상품과의 부등가(不等價) 교환 등의 원시적 자본주의 방식에 의해, 또는 산림·광산의 강제불하와 같은 무력적 방식에 의해 조선에 대한 약탈과 착취를 자행해 오던 일제는 합방을 계기로 조선을 완전히 수중에 장악케 되자, 전국적 규모로 제도화되고, 지방 말단까지 침투하는 일원적 권력 집중 체제를 구축함과 동시에 본격적으로 산업·경제면에서 기반을 조성하기 시작했다.

그러나 아직 본국에서의 자본주의가 충분히 성장하기 이전이므로, 본국에서마저 부족한 자본의 한국 유입을 막고, 한국에서의 자본 성장을 억압할 필요가 있었다. 또한 아직 자본주의 체제로서 조선을 지배·약탈할 여건이 못 되는 이상, 조선을 원시적인 농업경제 체제로 방치 또는 재편성해 항구적인 원료 공급기지 또는 상품 판매시장으로 만듦으로써 식민지적 약탈을 용이하게 하고, 나아가서 본국의 자본주의 성장에 기여할 필요가 있었다(김운태, 1984: 152-153).

(1) 토지 조사사업의 실시

① 목 적

1910~18년간에 실시된 토지 조사사업의 목적은 첫째, 토지 소유제의 근대화를 꾀하려는 것이었다. 즉 우리 나라는 고대 이래 토지 국유화 원칙으로 전근대적 토지 소유제가 계승되었으므로, 그 봉건적 소유제를 타파하려는 노력의 표시에서 조사사업을 실시했다.

둘째, 토지의 약탈을 위한 일제의 시책이었다. 우리 나라의 토지가 그 면적·경계·소유가 불분명하고 모호했으므로, 새로운 토지 제도에 의해서 소유나 경계가 불명한 토지나 국유지는 몰수할 수 있게 한 것이다. 또한 토지의 소유권을 명백하게 함으로써 매매를 통해 토지를 합법적으로 겸병할 수 있게 했다.

셋째, 토지 귀족이나 양반의 회유책을 실시했다. 신고자의 토지 소유권을 인정하는 것이어서, 많은 토지를 갖고 있는 전직 관료·귀족·지주 등을 회유하려는 정책에서 기도된 것이라 하겠다.

② 경 과

1910년에 토지조사국이 설치되고 1912년에 토지조사령이 발표되어 2,050만 원의 경비와 9년간의 시간을 허비해 진행되었다. 그 방법은 모든 지주는 일정한 기간 안에 주소·성명·소유지의 면적 등을 써서 토지조사국에 신고하도록 했다. 그러나 무지한 많은 농민층은 복잡한 법령을 몰랐고, 더욱이 교통상 불편과 토지 약탈의 우려로 신고하지 않은 경우가 많았다. 때문에 신고하지 않은 땅은 총독부에 약탈되어 총독부는 한국 최대의 지주가 되었다.

③ 결 과

많은 토지가 신고되지 않았다는 이유로 빼앗겨 국유지가 되었고, 그 일부가 동양척식회사(東洋拓植會社)나 일본인에게 불하되었다. 이로써 한국인의 토지 소유 형태가 변화되어 1919년에는 자작 겸 소작(39%)과 소작(38%)이 큰 비중을 차지하고, 지주(3%)는 극히 적어지게 되었다. 나아가서 농민의 영세화가 촉진되어 농민은 거의가 소작농으로 전락되었고, 그 생활의 빈궁은 더욱 촉진되어 화전민·유민 또는 망명의 길을 떠나게 되었다(변태섭, 1977: 561-562).

(2) 산업의 독점과 민족자본의 말살

① 동양척식회사의 설치

합방 이전인 1908년에 한국의 경제를 독점·착취하기 위해 설치된 동양척식회사는 일종의 국책회사였다. 이것은 일제의 정치적 후원으로 전국에 광범한 토지를 소유해 5할 이상의 소작료와 2할 이상의 고리대를 받으며, 일체의 한국 산업을 독점했다. 이는 한국 농민을 착취하던 일제의 경제적 침략의 원흉으로서 한국민의 원한의 적이 되어 항전·피격의 대상이 되었다.

② 산업과 교통시설의 독점

조선총독부에는 전매국·철도국·통신국 등이 있어 모든 산업과 교통·통신을 장악했다. 인삼·담배와 어업을 독점했고, 벌채를 자행했으며, 광상(鑛床)을 독점 채굴했다. 일본 상품의 판매와 한국 자본의 억제는 회사령이 허가제로 되면서 더욱 가중되었으며, 사업의 정지·폐쇄를 임의로 할 수 있게 했다. 그것은 상업·교역의 수단인 교통·통신 시설의 독점에서 더욱 강화될 수 있었다.

③ 민족자본의 말살

일본의 경제적 진출은 이미 대한제국 시대의 회사령의 발표와 동양척식회사의 활동으로 더욱 촉진되었고, 1909년 한국은행의 설치로 그를 뒷받침해 주었다. 즉 한국은행은 1905년에 설치된 제일은행을 계승해 중앙은행이 되었는데, 1911년에 조선은행으로 바뀌었으며, 1918년에는 조선식산은행을 두어 지방에 둔 금융조합과 함께 한국 경제를 지배했다. 또한 1911년에 회사의 설치를 허가제로 한 회사령이 강화됨으로써 민족자본을 말살시켰다. 당시에는 이미 미쓰이(三井)·미쓰비시(三菱) 등 일본 재벌이 진출했으며, 일본의 식량 공급지가 된 한국 실정은 1911년에 일본인의 회사가 85개였고, 한국인이 세운 것은 9개였음을 보더라도 당시의 상황을 알 수 있다(변태섭, 1977: 562-563).

(3) 식민지 재정 체계의 구축

일제의 통치 목표가 이미 식민지 약탈에 있는 이상 그들이 제도화시킨 재정 기구가 외면상 아무리 근대화되고 잘 정비된 것이라 하더라도 그것은 어디까지나 그들 자신을 위한 것이었다.

첫째, 합방된 그 해에 '조선총독부 특별회계에 관한 건'을 발표해 새로운 회계 제도를 수립했다. 이에 의하면, 조선총독부의 회계는 특별로 하고 그 세입 및 일반회계의 보충금을 가지고 그 세출에 충당한다고 했으며(제1조), 그에 대한 수입과 지출에 관한 규정은 칙령에 의하여 결정한다고 했다(제2조). 이것은 차후 한국의 재정은 일본 정부 예산 내에 특별회계의 일부로 편입되고, 그 수입 및 지출은 천황의 칙령에 의거해 행한다는 뜻이다. 따라서 이후 한국의 재정은 일본의 재정에 완전히 흡수되어 그 수입과 지출도 한국 국민의 의사와는 추호도 관계 없이 행해지게 되었다.

둘째, 일반회계로부터 보충금을 배제하려는 목적에서 '독립재정회계'·'재정자영의 방침'을 세웠다. 이에 의하면, 본국에서 오는 보충금을 1914년부터 5개년 간에 걸쳐 매년 체감해 1919년에는 완전히 독립시키는 것이었다. 이를 위해서 세원을 비롯해 각종 수입 원천을 확대해 나갔다. 그 결과 한국 국민의 조세 부담은 가중되었다. 이와같이 일제는 재정 자립의 명목으로 한국 국민을 수탈했다. 결국 그들의 재정정책의 기본 방향은 식민지 재정 체계를 구축하는 데 있었다(김운태 외, 1985: 159-160).

3) 민족의 저항

일제 총독부에 의한 무단 통치는 한국인의 반일사상에 불을 지른 결과가 되었다. 그리고 토지 조사사업에 따른 경제적 착취는 그 어느 때보다도 반일 감정을 촉발시키기에 충분한 것이었다. 이 때 바로 일본인에 의해 유폐되어 있던 고종의 별세는 일본인에 의한 독살설까지 유포되어 인심은 극도로 동요되고 있어 항일시위운동의 폭발은 필연적인 단계에 도달했다. 한편 일부 망명 독립운동가들은 간도와 연해주 일대에서 교육과 훈련을 통해 독립운동을 조직화·무장화했다.

연해주의 이상설(李相卨)은 대한광복군정부(大韓光復軍政府)를 세우고 독립군을 조직해 무력항쟁을 계속했고, 상해의 김규식(金奎植) 등도 항일운동을 조직해 점차 거족적인 독립운동을 추진했다. 그러던 중 1919년 파리 강화회의에서 미국 대통령 윌슨(T. W. Wilson)은 전후의 국제 평화와 질서를 유지하는 방안으로서 14개조를 제시한 바 있는데, 그 안에 민족자결주의(民族自決主義)를 내세웠다. 이 민족자결주의는 곧 전승국의 논리로서 패전국의 식민지에만 적용된 모순을 안고 있었으나 그것이 우리 민족에게는 큰 고무와 자극을 주었다. 피압박 민족의 자결권을 되찾자는 민족의 염원은 고조된 항일 감정과 쉽사리 결속될 수 있었으며, 그것이 3·1운동이었다. 이 3·1운동은 거족적 항일민족운동이며 평화적 시위운동이었으나, 일제의 무력에 의해서 막대한 한국인의 출혈을 강요한 채 진압되었다. 그것은 일제의 총칼에 의한 무자비성 앞에 맨손의 시위운동이 성공될 수 없었으며, 더욱이 중심 세력을 갖지 못한 비조직성과 전승국인 일본의 국제적 지위가 높다는 국제 정세의 불리로 실패하고 말았다.

그러나 그 운동이 비록 실패했으나, 일제로 하여금 한국 통치가 강압적인 방법으로는 불가능하다는 것을 깨닫게 하여 이른바 문화 통치를 가져오게 했고, 또 한국인의 투쟁 방법에도 변화를 가져와 대한민국 임시정부(大韓民國臨時政府)를 낳게 했다.

또한 3·1운동은 단순한 항일운동만이 아니라, 민족의 독립 의사와 자주성을 기초로 한 민족 의식의 정당한 표시였고, 민족의 항일·독립사상에 밑거름이 되게 한 민족 정기의 표시였다. 그것은 온 국민에게 민족적 일체감을 심어 주었고, 갑신정변·독립협회 이후의 근대화의 개념을 민족운동과 가장 숭고한 근대적 민족운동이 되었다. 나아가서 3·1운동은 국난과 위기에서 국가·민족의 수호자로서의 정신적 지주가 되었고, 한국의 근대화와 국민 단결의 사상적 바탕이 되었다(변태섭, 1977: 566-568).

2 제 2 기(1919 ~ 1931년): 문화통치의 표방기

일제의 무단적 통치는 거족적인 3·1운동의 기점으로 좀더 오묘한 통치기술을 도입하게 되었다. 즉 무단 통치가 내포하고 있던 불만 요소들에 대해 정치·행정상의 제도를 몇 가지 완화하는 등, '문화정치(文化政治)'를 도입하는 척했다. 그러면서 동시에 민족을 자체 분열시켜 독립에의 의지를 분산시킴으로써 통치의 목적을 원활히 달성하려고 책동했던 것이다. 나아가 '일시동인(一視同仁)'·'내선일체(內鮮一體)'와 '조선독립 불능론'·'사이비 행복론'을 앞세워 세뇌 공작과 회유 공작을 강화해 나갔다.

이러한 일제의 기만적 통치가 우리 민족의 번영과는 거리가 멀어 경제적 수탈은 더욱 심해지고 정치적 탄압은 더욱 오묘해졌으며, 이에 따른 민족의 저항도 조직적으로 전개되었다(김운태 외, 1985: 162).

여기에서는 일제의 문화 통치의 표방기에 내건 정책을 고찰하기로 한다.

1) 행정상의 개혁

일제는 문화 통치를 표방하고 다음과 같은 허위적인 행정개혁을 실시했다.

첫째, 총독직의 문관에의 개방과 제복·대검(帶劍)의 폐지이다. 조선총독의 임용자격 제한을 철폐해 새로이 문관 출신자도 임용될 수 있게 함과 동시에 총독에 대한 병권의 위임을 해제해 종전의 군대 통솔권을 군대 사용권으로 외견상 격하시켰다. 그리고 위화감을 주는 관리·교원의 제복·대검을 폐지했다. 그러나 이는 어디까지나 권력의 모습을 미화시키고 심리적 압박감을 완화함으로써 반일 감정을 무마해 보자는 데에 지나지 않으며, 이 중 총독직의 문관에의 개방은 한번도 실현되지 않았다.

둘째, 헌병경찰 체제에서 보통경찰 체제로의 변형이다. 종래는 군사경찰인 헌병이 보통경찰 업무까지도 담당했다. 그러던 것을 헌병으로 하여금 본래의 임무인 군사경찰만을 담당케 했고, 지방경찰은 보통경찰에 위임했기 때문에 외관상으로는 헌병경찰 체제에서 보통경찰 체제로 변형되었다. 그러나 그 위임이란 것이 종래 헌병이 호적 사무, 우편 업무, 관세 업무, 그리고 위생 업무 등과 같은 잡다한 사무를 맡아 온 것을 넘겨 준 것이 지나지 않았으며, 언제든지 민간의 치안 유지에 개입할 수 있음은 변함없었다. 오히려 헌병이 그 본래의 업무로 돌아감으로써 군사경찰의 수가 늘어난 셈이며, 종래 헌병의 보통경찰 업무를 대행하기 위해 보통경찰이 새로이 설치되었으므로 전반적으로 탄압 기능은 오히려 강화되었다.

경찰력의 증강은 주로 하급경찰(순사보·헌병 보조원)인 지방경찰의 대폭 증원으로 나타났으며, 그와 병행해 1부·군 1경찰서주의와 1면 1주재소주의가 채택되었다. 이와같이 양적인 면에서의 증가를 기했을 뿐만 아니라, 질적인 면에서도 숙련도를 향상시키고 경찰 설비를 확충했다. 그리하여 문화 통치하의 보통경찰이 점차 종전의 무단 통치하의 헌병경찰 이상으로 그 위력을 발휘하게 되었다. 결과적으로는 전국에 걸쳐 더욱 강화된 경비・탄압 체제가 확립된 것이다.

셋째, 권력 집중의 완화이다. 우선 총독부 중앙행정조직에 관해 종래의 내무・탁지・상공・사법의 4부를 내무・재무・식산・법무의 4국으로 개정하고, 여기에 종래 내무부에 부속되어 있던 학무국을 총독 직속으로 승격시키고, 또 종래 독립기관인 경찰총감부를 경무국으로 개편했다. 동시에 총독관방에 속해 있던 총무・토목・철도 3국을 3부로 개정함으로써 결국 중앙행정조직은 6국 4부로 재편성되었다. 이와같이 종래의 부를 국으로 개편함으로써 총독을 정점으로 하는 계선(系線)상의 예속성을 강화시켜 행정의 신속성과 통일성을 기했으며, 이는 각 국・과의 분과 업무를 정리해서 극히 중요한 사항 외에는 가급적 국・과장의 전행(專行)을 위임하는 것과 동일한 취지에서 파악된다. 즉 신속성과 통일성을 기하기 위해서 한편으로는 아래로 권한을 위임하면서 다른 한편으로는 총독의 의사가 민감하게 반영되고, 명령이 신속하게 전달되도록 하기 위해 예속성을 강화한 것이었다.

또한 권력의 중앙 집중성을 완화해 한때 지방장관으로부터 회수한 바 있는 경찰권과 지방관리 임면권을 되돌려 줌으로써 더욱 효과적이고 신축성 있는 지방 지배 체제를 구축했다. 즉 각 도의 경무부를 폐지하고 대신 도지사에게 경찰권을 장악케 하여 도지사는 그의 명령으로 3개월 이하의 징역과 100만 엔 이하의 벌금을 과할 수 있게 했다. 그리하여 유사시 반일운동을 도지사의 재량으로 효과적이고도 신속하게 탄압할 수 있게 했고, 또 하급관리에 대한 인사권을 회복시켜 주어 그 지방 실정에 정통한 한국인 앞잡이를 하급관리로 고용케 함으로써 효과적인 치안 유지와 경제・재정상의 수탈을 기했다.

이와같이 권력 집중의 완화는 한국민의 투입 기능과는 전혀 관련됨이 없이 오로지 탄압・감시・착취를 강화하기 위해 전국적으로 물 샐틈 없는 통치망을 구축하는 데 그 목적이 있었다.

넷째, 관직의 개방과 관리의 차별 대우의 철폐이다. 사이토 총독은 기회 있을 때마다 한국인 관리의 임용 확대와 처우 개선을 내걸었다. 그러나 한국인 관리의 임용 사항은 종전에 비해 그리 변화되지 않았다. 총독부 내의 한국인 관리의 수는 1918년에 전체의 39.5%였던 것이 1920년 말에는 38.5%로, 다시 1925년도에는 35.6%로 격감했다. 1920년도의 관공리 총원 수의 증가는 3·1운동 이후 헌병경찰 제도의 폐지와 보통경찰의 신설에 따른 경찰관의 증원 때문이며, 1925년도의 증원은 1921년 이래 시행된 지방제도의 개정으로 부·군·면 등 지방관서의 기구 확장과 하급관리의 증원에 따른 것이었다. 이로 볼 때 사이토 총독이 부임 초 약속한 한국인 관리의 임용 확대는 하나의 선전 구호에 지나지 않았다.

임용된 부서도 무단 통치의 강압기에 비해 별다름이 없었으며, 오히려 사정은 악화되어 갔다. 즉 중앙과 지방, 그리고 상·하급을 가리지 않고 모든 관청의 기관장은 모두 일본인이었으며, 심지어 무단 통치의 강압기에는 특별한 경우를 제외하고는 한국인에 한했던 군수까지도 점차 일본인으로 대체해 갔다.

한편 일제는 3·1운동이 터진 직후 조선인 관리의 잇단 직무 이탈, 독립운동 가담 등으로 인해 한때 통치조직이 거의 마비되다시피 하여 혼이 난 경험이 있기 때문에, 한국인 관리의 이탈과 배반을 막고, 일본에 충성케 하기 위해 이들에 대한 응급 회유책을 강구했다. 즉 1919년 3월에 한국인 장교의 봉급 인상을 발표하고, 5월에 한국민으로부터 증오의 대상이 되어 오던 한국인 순사·순사보·헌병 보조원·간수 등에 대해서도 당분간 임시특별수당을 지급한다고 발표했다. 그리고 1919년 6월에는 총독부 및 소속관서의 모든 관리에게도 임시수당을 확대 적용한다고 했으며, 10월에는 그때까지의 '조선인 문관의 신분 및 급여에 관한 규정'을 폐지하고, 본봉에 관한 한 일단 민족적 차별을 없앴다고 했다.

그러나 이와 같은 여러 조치에도 불구하고 한국인 관리에 대한 차별 대우는 여전했다. 그와같이 본봉의 차이를 없앤 뒤에도 민족 간 급여액 차이의 가장 큰 이유는 일본인 관리의 대부분이 고위직을 점하고 있었기 때문이다. 또한 통계와는 별도로 일본인 관리에게는 본봉의 6할에 해당하는 가봉(加俸)과 사택료가 지급되었고, 거마비(車馬費)와 여비에서도 큰 차이가 있었기 때문에 한국인 관리에 대한 차별은 무단 통치의 강압기와 별로 나아진 것이 없었다.

다섯째, 그 밖에 지방분임(分任)주의나 사무간소화 정책, 그리고 재래의 관습 존중 정책도 한국인을 위한 것이 아니라 오히려 통제하기 위한 조치였다. 즉 그들은 지방분임주의를 내세웠으나, 이는 한민족의 복리와는 하등의 관련도 없었던 것으로 도지사를 비롯한 지방장관의 재량·권한을 회복시켜 줌으로써 유사시에 신축성 있게 대처를 한 것이었다. 그리고 법령을 간소화하고 사무 처리를 신속히 한다고 했으나 이것 또한 구호에 지나지 않았다. 그것은 지방관청의 정기 보고 감소에 그치는 등 한국민의 복리와 봉건적인 반상(班常) 의식, 연장자에 대한 존경 감정, 지주제 등을 되살림으로써 양반·연장자·지주 등을 조정해 간접적으로 서민·청년층·농민 등을 각기 통제하기 위한 것이었다.

2) 일제의 회유·분열정책

3·1운동은 어느 한 계층에 국한된 것이 아니라 거족적인 독립 투쟁이었다. 이에 일제는 전면에서는 각종 문화적인 시정의 약속, 그리고 '일시동인'·'공존공영'·'내선일체' 등의 선전 문구로써 한국민의 눈과 귀를 현란케 하고, 그 후면에서는 통일된 반일 민족전선을 분열시키기 위해 온갖 수단을 다 동원했다. 즉, ① 한민족의 계층적·경제적 대립의 이용 및 조장정책, ② 친일분자의 육성 및 반일 저항조직 내에로의 침투·혼란 정책, ③ 친일단체의 조직 및 이용정책, ④ 지식인의 매수정책, ⑤ 참정권·자치권의 부여를 미끼로 한 분열정책, ⑥ 이왕가(李王家)의 이용정책 등을 들 수 있다.

3) 한국 식민지 정당론의 주장 및 교육

제국주의자들은 그들의 식민지에 대한 통치 권력을 정당화하려고 한다. 그리고 나아가서는 식민지 민족의 주체성을 말살시키고 그 민족을 항구적으로 예속시키려고 한다. 그 민족의 주체성을 말살시키기 위한 방법으로 정치적인 의식교육을 시행한다. 일제도 이에서 예외는 아니었다. 그리하여 그들은 지방 유력자에 대한 선전교육을 했다. 그리고 총독부 내에 정보위원회를 설치해 국내의 독립운동에 관한 정보를 수집하고 또한 정치 선전을 담당하도록 했다. 그러나 이러한 방법은 효과를 거두지 못하고 오히려 한국민의 반발만 사게 되었다. 그러자 그들은 관료와 경찰, 친일 지주, 지식인 등을 총동원해 대대적인 선전 활동을 전개했다. 그 주된 내용은 다음과 같다.

첫째, 사이비 행복론을 주장했다. 그것은 한국이 일제의 식민지가 되었기 때문에 한국민은 조선조 말의 지배 계급의 착취에서 벗어날 수 있었고, 또한 그들에 의해 철도·항만시설을 비롯한 근대적 시설을 구축할 수 있게 되었다는 것이다. 그러나 1920년대 들어 일본의 자본과 상품이 국내를 휩쓸고 산미(産米) 증산계획의 실시로 농촌이 파산해 유랑민이 줄을 잇는 사태가 심해져 감으로써 일제의 선전은 허구임이 드러나게 되었다.

둘째, 일선불가분론(日鮮不可分論)과 공존공영론을 주장하고 나왔다. 그들은 일제의 한국 식민지화는 동양 평화를 위해 불가피한 것이었고, 또한 일본에게는 물론 한국에게도 이익이 된다고 말했다. 이것이 3·1운동 후에는 인종적·문화적 전통이 같다는 데에 바탕을 둔 '일선불가분론'이나 백인의 동점(東占)에 대항키 위해 두 민족이 뭉쳐야 한다는 숙명적 공동체론으로 탈바꿈했다. 그것은 3·1운동 이전에는 민족적인 것을 인정하지 않다가 3·1운동으로 크게 타격을 받게 되자 일단 민족적인 것을 인정하기로 한 것을 의미한다. 그리고 민족적인 것은 인정하되 다른 각도에서 좀더 실질적으로 한국을 식민화하려는 술책으로 만들어 낸 선전 구호였다.

셋째, 조선독립 불능론을 주장했다. 그것은 ① 민족성이 저열하기 때문에 복종밖에 모른다. ② 한국은 일찍이 독립해 본 적이 없다. ③ 한국인은 독립할 능력이 없다. ④ 국제적 환경과 일본의 강력한 힘이 한국의 독립을 허용하지 않는다는 것이었다.

이들 주장도 어떤 실증적 또는 논리적 근거를 바탕으로 했던 것은 물론 아니었으며, 그들의 식민 통치를 억지로 합리화시키려는 허구적인 선전 구호였다.

4) 참정권의 문제와 지방자치 제도

일제는 원래 한국 지배의 기본 방침에서 한국의 영토와 국민을 철저히 예속·동화시켜 한국을 마치 4국(國)·9주(州)와 같은 지위에 놓으려고 했다. 1910년대의 일제의 무단 통치의 강압기에는 참정권 또는 자치권 문제는 거론하지 않았다. 그러나 1920년대에 들어와서는 변화가 있었다.

첫째, 일제는 3·1운동을 통해 한국민의 독립에 대한 열망이 엄청나게 크다는 것을 인식하게 되었다. 그것은 그들의 식민정책을 위해서는 분산시켜야 한다고 생각했다. 그 분산 방법으로 그들은 참정권과 자치권 문제를 제시했다.

둘째, 윌슨의 민족자결주의 선언을 계기로 하여 구미의 제국주의 각국은 어떤 방식으로든 식민지에 대해 저마다 참정권을 부여했다. 일제도 이러한 국제적 조류를 외면할 수만은 없었던 것이다.

셋째, 그들이 내세운 '일시동인'·'내지연장주의'·'내선일체' 등의 구호를 호도하기 위해서는 한국인의 정치 참여 문제를 거론하지 않을 수 없었다.

그리하여 일제는 1920~1924년에 걸쳐 일진회를 비롯한 친일파들을 사주해 매년 일본에 대해 참정권 청원운동을 벌이게 했다. 그리고 일본에서도 한국민의 정치 참여에 대한 논의가 있었다. 즉 한국민에게 참정권을 허용할 것인가의 문제와 허용한다면 일본 의회에 조선 대표를 참여시키는 방식을 택할 것인가, 아니면 조선총독 밑에 조선 의회를 구성하게 할 것인가 하는 문제가 논의되었다.

그러나 이 문제에 대한 논의는 얼마 가지 않아 식어 버렸다. 그것은 일제가 한국인의 독립운동이 누그러져 간다고 생각했으며, 1919년의 파리강화회의 및 1921년의 워싱턴군축회의를 계기로 국제 정세가 그들에게 유리하게 전개된다고 인식했기 때문이다. 또한 일제는 만약 한국민에게 참정권을 허용해 주면 그것은 머지않아 한국의 독립으로 이어진다는 위기 의식을 가지고 있었다. 그리고 한국민의 참정권 허용에 인색했던 것은 그들의 권위주의적 정치문화도 크게 작용했을 것이다.

이와 같은 상황 속에서 1920년에 자문기관이 설치되었을 뿐이었다. 그러나 이 자문기관은 알맹이 없는 유명무실한 것이었으며 온갖 구속과 제약이 따랐다. 그리고 이러한 자문기관 설치로는 한국민의 독립에 대한 관심을 분산시킬 수가 없었다. 즉 일부 친일파를 제외하고는 한국민 모두가 오로지 독립만을 염원했던 것이다.

그리하여 1929년 8월에 재차 조선총독에 임명된 사이토 마코토는 한국 대표를 일본 의회에 파견하는 방식과 조선총독 아래 조선 의회를 개설하는 방식을 병행하는 구상을 일본 내각에 제시했다. 그러나 일본의 재야와 정계에서는 이 구상을 거부했다. 그 후 시일을 끌다가 정세가 다급해짐을 깨닫고 만들어 놓은 것이 1930년의 의결기관 제도(議決機關制度)였다. 이 의결기관은 1920년의 자문기관보다는 약간 개선된 것이었으나, 의결기관의 본질이 많이 제거되어 있었다.

5) 일본 자본의 한국 진출 촉진

합방기에 일제는 경제적으로 한국 경제를 좌지우지할 만큼 자본이 형성되지 못했다. 그리하여 그들은 한국에서의 독자적인 자본주의 성장을 억눌러야 하겠다는 방침으로 회사령(會社令)을 합방 직후 공포해 한국인의 회사 설립 및 운영을 방해했다. 회사령에는 회사의 설립에는 허가를 요건으로 했고, 일단 설립된 회사일지라도 총독의 명령 또는 미풍양속에 위배되면 그것을 취소할 수 있게 되어 있었다. 따라서 그 회사령은 그들의 자의에 의한 해석 폭이 넓었던 것이다.

그러나 제1차 대전을 겪으면서 일본에 잉여자본이 형성되자, 이것을 식민지 한국에 수출하려고 했다. 그리하여 무단 통치기의 회사령을 철폐하고 회사 설립에는 허가는 필요 없고 단순히 신고만으로 가능하도록 완화시켰다. 그러나 신문·금융업 등 특수한 중요 업종에 대해서는 여전히 허가제를 적용했으며, 한국 민족자본의 발전을 저지했다. 일제는 이러한 회사령의 철폐와 병행해 1920년 8월에는 관세 제도를 개혁했고, 또 1928년에는 은행령을 공포해, 민족은행의 설립을 사실상 규제했고, 일본은행에 편입하는 것을 장려했다.

이와 같은 여러 가지 조치로 인해 민족 산업은 성장이 억압되거나 일본 자본에 예속되어 갔다. 반면 일본의 자본과 상품은 한국 진출에 아무런 제약을 받지 않게 되었을 뿐만 아니라 총독부의 적극적인 보호를 받았다.

그리하여 회사의 수·자본금·업종 등의 여러 면에서 일본의 기업은 많은 발전을 한 반면 한국의 기업은 상대적으로 현격하게 축소되었다(김운태, 1984: 162-190).

6) 산미증식 계획의 실시

한국의 미곡은 일본의 식량으로서 주요한 지위를 점하고 있었는데, 특히 제1차 세계대전 후 일본 자본주의 발전에 따라 식량 문제의 해결이 필요하게 되었다. 바로 1918년에 일본에서 미가(米價)가 폭등해 쌀 소동이 일어나 일제는 긴급한 식량 문제를 한국의 미곡으로 해결하려고 했다. 산미(産米) 증산계획은 1920년으로부터 1934년까지 15년간 토지 개량, 수리시설 개선, 미곡 품종 및 농업 방법의 개혁을 통해서 연간 92만 석의 쌀을 증산하려는 계획이었다. 그러나 결과는 계획의 반 정도에 그치고 말았다. 1920년도의 생산량은 1,270만 석이었는데, 1933년에는 1,630만 석으로 증가했을 뿐이었다. 그러나 일본으로의 수출량은 증가해 1920년도에 185만 석이던 것이 1933년에는 870만 석으로 늘어나게 되었다. 이 계획으로 증산된 쌀은 반 이상 강탈되어 군산·목포 등지에서 일본으로 수출되었다.

이렇게 하여 한국에서는 쌀이 부족하게 되어, 만주산 조·수수·콩을 수입해 충당했다. 따라서 한국 농민은 쌀을 재배만 했지 강탈당하고 먹지 못했다.

이 계획의 추진으로 농업 형태에도 변화가 생겼다. 즉 미작(米作) 중심의 단작형(單作型)이 실시되어 농업 방법은 단일화되는 나쁜 결과를 가져왔다. 동시에 이 계획은 토지·농업 방법·농업시설 등의 개량을 추진했으나, 결과적으로는 농민의 영세화를 촉진시켰다. 그리하여 1930년도에는 한국 농민의 거의 80%가 소작과 자작 겸 소작이 되었다. 그리고 농민들의 이농이 촉진되었고, 그것은 유민·화전민·이민으로 나타났다. 또한 농민들은 일본인 지주에 대한 소작 쟁의(小作爭議)를 벌여 경제 투쟁을 전개하게 되었다. 당시 일본인 지주들은 정조법(定租法: 풍흉[豊凶]에 관계 없이 일정액 징수)·집조법(執租法: 예상 수확고의 징수)·타조법(打租法: 전 수확고의 반액 징수) 등으로 수확량의 40~90%를 착취해 갔다(변태섭, 1977: 563-564).

7) 민족의 저항

1910년 한일합방 이후 일제의 정치적·경제적 착취는 한국인의 민족 항쟁을 유발시켰다. 이러한 한국인의 반항이 먼저 3·1운동으로 나타났으며, 그 후 국내외에서 계속적인 항일운동이 전개되었다. 그 중에서 해외의 투쟁은 임시정부의 활동과 무장독립군의 항쟁이 대표적이며, 국내의 투쟁은 6·10만세운동·광주학생운동 등의 시위운동과 소작·노동쟁의 등의 경제 투쟁 및 문화 투쟁으로서 언론·국어·국사운동을 들 수 있다.

(1) 대한민국 임시정부의 조직과 활동

1919년 3·1운동 이후 애국지사들이 해외로 망명케 되었고, 그들 망명 정객들이 중심이 되어 상해 프랑스 조계에 임시정부를 세우게 되었다. 이것은 좀더 조직적인 항일운동의 필요성과 독립운동의 새로운 전개를 바라는 국민의 열망 속에서 탄생한 것이다. 임시정부는 당시 국내외의 항일 투사들의 총본산이었고, 이것은 외국에서의 주권의 회복이라는 민족적 사명을 띠고 있었다.

임시정부는 한국의 망명정부로서 독립군을 직·간접으로 도와 주었고, 언론과 외교를 통한 항일운동의 통일적인 지휘탑이 되었으며, 한국민의 상징적인 구심 역할을 했다. 특히 연통제(聯通制)란 조직을 바탕으로 본국의 국민과 연결망을 가지고 항일운동을 지도한 것은 주목할 만한 일이었다.

(2) 무장독립군과 해외독립단체의 활동

3·1운동을 전후해 만주로 망명한 항일 투사들은 의병 출신과 결합되어 독립군과 군정부(軍政府)를 조직해 항일운동을 전개했다. 그 중에서 북간도(北間島)의 국민회(國民會)와 임시정부 산하의 북로군정서(北路軍政署)·서로군정서(西路軍政署) 및 신흥무관학교(新興武官學校) 등이 가장 큰 항일단체였다. 그러나 실제로 만주에서의 독립 투쟁은 이러한 독립단체 산하의 독립군(獨立軍)의 활동이 가장 두드러졌으며, 1920년의 봉오동(鳳梧洞)전투와 청산리(靑山里)전투는 그 중에서 대표적인 승리였다.

만주에서는 독립군이 각기 분산되어 활동하고 있었다. 이들이 더욱 조직적으로 활동할 수 있게 하기 위해 1925년에는 각 지역별로 참의부(參議府:

서간도)·정의부(正義府: 남만주)·신민부(新民府: 북간도) 등 3단체로 통합했다. 1927년에는 다시 군민회의(軍民會議)로 3단체가 통합되었다. 그러나 러시아와 일본의 책동으로 그 기능을 발휘하지 못했다. 이 밖에도 의열단(義烈團)·애국단(愛國團)·흥사단(興士團)이 항일운동(抗日運動)을 했다.

(3) 항일시위운동

① 6·10만세운동

이 운동은 1926년 6월 10일 순종(純宗)의 장례일에 일으킨 항일시위운동이다. 3·1운동 이후 항일사상은 더욱 고조되었고, 일제의 탄압 속에서 민족 의식은 날로 강화되었다. 1926년 4월에 순종이 돌아가자, 그의 죽음에 대한 애통은 일제에 대한 커다란 반발심으로 표현되어 장례의 행렬을 따르던 많은 군중들이 학생들의 주도하에 만세시위운동을 일으켰다. 이 운동은 전국적인 확대가 봉쇄되었으나, 일제의 탄압에 신음하던 민족의 분노를 드러낸 것이다.

② 광주학생운동

6·10만세운동 이후 반일 감정과 민족의식은 더욱 고조되었고, 신간회(新幹會)를 통한 국민의 자각은 날로 높아지고 있었다. 1929년 11월 3일 광주(光州)에서 일본 학생의 한국 여학생 희롱사건을 계기로 학생 간의 충돌이 발생했으니, 이것이 광주학생운동이다. 이 운동은 삽시간에 전국적으로 확대되어 일제 타도를 외치고 전국 194 학교에서 5만 4천 여 명이 참가했고, 구속된 학생 수는 1,642명이나 되었다. 이 운동은 특히 신간회의 도움으로 확대되고 당시 만연되어 가는 사회운동으로서의 성격을 띠었으며, 3·1운동 이후 최대의 학생운동이라 하겠다.

(4) 항일단체의 활동

① 신간회의 활동

3·1운동 이후 일제의 탄압으로 조직적인 항일운동이 어려워졌고, 또한 국내에서 사회주의운동이 일어나게 됨으로써 항일운동을 위해 1927년에 민족 진영을 중심으로 좌우가 합작해 신간회를 만들었다. 이 단체는 민족 단일체로서 한국민의 정치적·경제적 각성과 민족의 단결을 굳히고 기회주

의를 부인한다는 강령을 내걸었다. 이것을 일제가 허가해 준 것은 한국인의 민족운동을 좌·우 세력으로 견제하기 위해, 또는 비밀결사를 통한 지하운동을 막기 위한 것이었다. 그러나 계속적인 일제의 억압과 좌우 대립으로 결국 1931년에 해체되었다.

② 근우회와 대동단의 활동

1928년에는 신간회의 부녀단체로서 근우회(槿友會)가 조직되었다. 이 회는 여성의 지위 향상과 그 계몽을 위해 노력했으며, 측면으로는 항일운동을 도와 주었다. 그 밖에 대동단(大同團)이 있었으며 항일운동을 했다.

(5) 항일 의거

항일단체의 지시라든가, 또는 개인적인 의분에서 항일 폭력 의거가 잇따랐다. 1919년 강우규(姜宇奎)는 사이토 총독을 암살하려 했으나 실패했으며, 1923년에는 의열단(義烈團)의 김상옥(金相玉)은 종로경찰서에 폭탄을 던졌다. 1924년에는 김지섭(金祉燮)의 이중교(二重橋) 폭파사건이 있었다.

(6) 경제적 항일 투쟁

① 소작쟁의(小作爭議)

1910~18년간에 걸쳐 시행된 토지 조사사업은 많은 농민이 토지를 잃게 만들었다. 그리고 1920~33년간에 걸쳐서 추진된 산미증산 계획은 소작농을 격증시켰다. 1930년 당시 한국 농민은 46.5%가 소작농이었으며, 정조법·집조법·타조법 등을 이용한 착취가 가해지고 있었다. 이들은 부재 지주인 일본인에게 생산고의 절반을 소작료라는 명목으로 바쳐야 했다. 더구나 비료대·수세 등의 새로운 부담이 가해지고 있었다. 이에 일본인 지주의 횡포와 소작권 박탈에 항거해 소작료의 인하를 요구하는, 이른바 소작쟁의가 일어났다.

② 노동쟁의(勞動爭議)

한국의 값싼 노동력을 바라고 일본의 대기업들이 진출해 광공업이 발전함에 따라 노동쟁의가 급격히 증가되었다. 즉, 1912년에는 6건에 참가 인원 1,573명이던 것이 1921년에는 36건에 3,403명, 1926년에는 81건에 5,984명으로 격증했다.

노동쟁의는 임금 인상을 요구하며 일어나는 경우가 가장 많았으나, 점점 단체교섭권의 부여, 8시간 노동제의 실시 등을 요구하는 경우가 늘어났다. 그리고 항일민족운동의 일부로서 점차 전국적으로 보편화되어 갔다. 결국 노동쟁의는 일제하의 경제적 항일운동과 사회운동이라 하겠다.

③ 물산장려회(物産奬勵會)

일제의 경제적 착취와 민족자본 말살정책에 자극된 한국 국민은 여러 가지 형태로 항일운동을 전개했다. 소작·노동쟁의와 같은 사회운동도 있었으나, 또 한편으로는 일본어 배척, 일본 상품의 불매 운동도 일어났다. 이러한 상황에서 나타난 물산장려회는 국산품 장려·소비 절약·금주 단연운동 등을 목표로 한 민족자본 옹호단체였으며, 일본 자본 배척을 위한 경제적 각성단체였다.

물산장려회는 1920년 평양에서 조만식(曺晩植) 등이 발기한 것으로 외화배척·외래품 배격·자급자족을 위한 경제적 자립을 목적으로 한 경제적 독립운동이었다. 이 운동은 전국적으로 호응을 받아 1923년에 창립 총회를 열었고, 그 후 민족운동으로 전개되었다. 그러나 일제의 탄압과 좌익 분자의 책동으로 활동에 차질을 빚기도 했다. 그렇지만 그 후 신간회의 설립과 더불어 이 운동은 다시 추진되었고, 1931년 해체될 때까지 항일 경제 투쟁을 계속해서 벌였다.

(7) 문화 항일투쟁

① 언론·잡지를 통한 투쟁

1920년에는 동아일보와 조선일보가 발행되었다. 이어 시대일보와 중외일보도 발행되었다. 동시에 『개벽(開闢)』·『신천지(新天地)』·『신생활(新生活)』·『조선지광(朝鮮之光)』 등의 잡지도 발간되었다. 이들은 모두 국민에게 자유민주 사상·민족 의식·한글 보급 등에 노력했다. 이들 언론기관은 민족의 대변기관임을 자각하고, 민족의 의사 표시에 용감했다. 특히 문화보존운동·한글 보급 및 문맹 퇴치운동은 민족 의식의 보급과 국민의 지식 함양에 크게 공헌했다.

② 국어를 통한 투쟁

1921년에는 조선어연구회(朝鮮語硏究會)가 창립되었고, 1931년에 조선어학회(朝鮮語學會)로 그 이름을 고쳤다. 이곳에서는 기관지 한글을 통해 한글맞춤법통일안·국어사전 편찬 등의 학문적 활동에 주력했고, 한편으로 한글의 보급과 국어의 보호라는 민족운동도 전개했다.

③ 국사를 통한 투쟁

국어운동과 때를 같이하여 구한말 이래로 계승되어 온 민족사관이 크게 발전되었다. 이 민족사관은 항일운동의 학문적 배경이 되었다. 이것은 국어운동과 함께 가장 큰 문화적 항일운동이었다.

④ 연예 활동을 통한 투쟁

1923년에는 토월회(土月會)가 지방 순회의 극단과 함께 농민의 계몽과 항일운동에 큰 업적을 남겼다. 영화의 나운규(羅雲奎), 음악의 홍난파(洪蘭坡)는 민족예술을 통해 민족혼을 고취시켰으며, 방정환(方定煥)의 소년운동도 곧 민족 각성의 표현으로서 이들은 이 방면에서 항일운동을 전개했다(변태섭, 1977: 573-578).

3 제3기(1931~1945년): 민족 말살정책의 강행기

1930년대 세계적 대공황은 전 세계의 정치·경제적 질서와 일본제국 내의 정치·경제적 질서를 개편하게 했다. 이 과정에서 일제는 독점자본과 군부가 결탁해 군국주의 노선을 걷게 되었고, 이에 따라 식민지 정치·행정도 종래의 기만적인 탈을 벗어던지고 군국주의에 부합하는 방향으로 노골화했다.

이러한 일본 군국주의가 만주사변(1931년)·지나(支那)사변(1937년)을 일으키고, 급기야 태평양전쟁을 도발함에 이르러서는 전쟁물자의 동원을 위해 한반도를 병참기지화했고, 이에 따른 인적·물적 수탈은 극에 달하게 되었다. 여기에서는 일제가 민족 말살정책의 강행기에 내건 정책을 고찰하기로 한다.

1) 강압적 지배 체제의 구축

일제는 대륙 침략전쟁이 장기화되고, 태평양전쟁을 계기로 전세가 불리해져 가는 가운데, 더욱 거세지는 국내외 한국인의 반일 해방 투쟁에 대해 신경질적인 반응을 보이면서 반일운동의 탄압을 강화했다.

① 1936년 12월부터 '조선사상범보호관찰령'을 공포해 치안유지법 위반자로서 기소 유예·가출옥·만기 출옥 등의 처벌을 받은 자들의 사상 활동을 취체(取締)하고, 일거 일동을 감시했다.

② 1937년 7월에 '조선정보위원회'를 설치해 정보 수집·계몽·선전 등의 업무를 담당케 하는 한편, 저명인사에 대한 세밀한 정보를 수집케 했다.

③ 1941년 2월에 '조선사상범예방구금령'을 공포해 전향하지 않는 민족주의자들을 구속해 사회로부터 격리시켰다.

④ 군사 기밀 외에 외교·재정·경제상의 기밀을 유지하기 위해 1941년 5월에 '국방보안법'을 공포하고, 이어 12월에 '조선임시보호령'을 공포해 전시하 언론·출판·집회·결사의 초비상적 통제를 가했다.

⑤ 패전을 바로 앞두고 '조선국민의용대'를 조직해 방공·수송 등의 군사 업무를 보조하게 했다. 이의 총사령관은 총독이 겸하고 도지사가 사령관을 겸했으며, 그 하부조직으로서 애국반을 각 지역 단위와 직장 단위에 편성했다.

⑥ 관·민·학생이 혼연일체가 되어 난국을 극복할 것을 목적으로 하는 이른바 '국민총력노선연맹'을 결성해 이를 각 도·부·읍·면의 지역 단위와 관공서·기업·학교 등 각 분야에 확대 편성했다.

⑦ 부족한 전쟁 인력을 보충하기 위해 징병·징용뿐만 아니라, 각종 지원병 제도를 마련해 이 땅의 수많은 장정들을 전쟁터로 끌어갔으며, 근로보국대·여자 정신대(挺身隊)가 편성되어 이름모를 탄광이나 공장·전장에 끌려가 돌아오지 않은 사람이 수없이 많았다.

이와같이 일제는 전쟁의 막바지에 접어들어 불리한 전세를 만회하려고 최후의 발악을 했으며, 신경질적인 탄압을 자행하는 한편, 이 땅의 인적·물적 자원을 최대한 동원해 수탈했다(김운태 외, 1985: 194-195).

2) 병참기지화 정책의 추진

(1) 공업화정책의 배경

1929년의 경제 공황이 일본에도 파급되어 경제적 위기가 닥쳐왔다. 특히 전체주의의 등장과 함께 대륙 침략의 전주곡으로서 만주사변(1931년), 국제연맹의 탈퇴(1933년), 중일전쟁의 도발(1937년) 등으로 일제는 전시경제 체제를 실시하게 되었다.

종래 반(反)공업정책을 쓰던 일제가 1926년에 회사령을 계출제도 바꾸어 일본 자본 침투의 관문을 텄고, 1926년에는 수력전기회사와 흥남비료공장을 세워 일본 재벌의 침투를 가능케 했다. 더구나 세계 공황 이후의 난국 타개와 대륙 침략을 위한 병참기지화 정책으로 한국의 공업과 광업을 발전시키고, 군수공업을 위한 경제 시책이 필요했다.

(2) 군수·화학공업의 발전

일본의 군수공업의 발달에 따라 1930년대 초에 절대적이던 식료품 공업은 1930년 후기에는 화학공업으로 전환되었다. 따라서 화학공업을 비롯해 금속무기를 위한 군수공업과 중공업이 강조되어 농공(農工) 병진 속에서의 중공업은 광업의 발달과 함께 적극 추진되었다.

(3) 광업의 발달

침략 전쟁 수행에 이용되는 무기의 제작을 위해 광업 개발이 촉진되었다. 종래 석유·기계 유입을 위한 재원으로서 금이 가장 중시되었으나, 1940년 이후에는 철·석탄·중석 등의 중요성이 높아졌다. 1930~44년까지 15년간에 금은 10분의 1로 줄었으나, 철은 6배로, 석탄은 8배로 늘었고, 중석은 750배로 증가되었다. 그리고 이러한 공·광산물의 수송·약탈을 위해 교통·통신 시설을 확충시켰다.

(4) 공업화정책의 결과

1930년대 이후의 한국의 공업·광업의 개발은 결과적으로 일본의 대륙 침략을 위한 병참기지화정책의 기반이 되었고, 일본의 미쓰이(三井)·미쓰비시(三菱) 등 재벌의 침투를 가능케 했다. 따라서 민족자본은 말살되어 일본의 그것에 비해 5%에도 미치지 못하는 결과를 초래했다. 더구나 공장과 광산의 발생으로 많은 농민이 노동자가 되어 1931년에 14만이었던 것이 1943년에는 73만 여 명으로 급증했다. 이들은 일본 노동자의 반이라는 열악한 임금으로 장시간 혹사를 당했다. 그리하여 이른바 노동쟁의라는 경제투쟁을 일으켰다(변태섭, 1977: 564-565).

3) 민족 말살정책의 강행

(1) 배 경

제2차 세계대전의 발발은 일제로 하여금 군수공업과 광산정책의 강행을 북돋우어 주었고, 전황이 장기화됨으로써 일본은 인적·물적 자본의 부족에 허덕이게 되었다. 일제는 전시경제로 한국의 경제를 재편성했으나 점차 전황이 불리하게 전개되자, 인적·물적 동원은 물론 한국인을 말살하려는 마지막 정책을 강행했다. 이것이 이른바 민족 말살정책이었다. 그것은 내선일체라는 구호 속에서 한국을 일본화하고, 한국민을 제2차 세계대전의 제물로 삼으려는 것이었다.

(2) 내 용

① 강제적인 물적 징발

일제는 중일전쟁을 일으킨 1937년 이후 국민총동원이란 명목으로 전쟁에 필요한 물자 조달에 광분케 되었다. 즉 일제는 강제로 식량을 공출케 하고 식기까지 포함한 금속기 징발 및 군사시설을 위한다는 삼림의 벌채 등 강제적인 물적 징발에 혈안이 되었다.

② 강제적인 인적 동원

1937년 이후 대륙전쟁의 발발로 병력이 부족하게 되자 결국 한국인의 인적 동원을 불가피하게 만들었다. 근로보국대·학병·징용의 이름으로 청년·학생들은 전선으로, 장년들은 공장·광산으로 끌고 갔으며, 드디어 1942년에는 징병제를 실시해 수많은 희생을 강요했다.

③ 민족 말살정책

일제는 이러난 인적·물적 착취에 반발하는 한국인을 억압·동화하는 정책이 필요했다. 우선 한국인을 일본에 동화시키기 위해 내선일체와 일선동조론을 제창했고, 황국신민의 서사를 강요했으며, 신사 참배, 정오의 묵도, 국민복의 보급에 철저한 노력을 경주했다. 또한 일제는 한국 문화를 말살하기 위해, 1938년에 신교육령을 반포하고 중등학교 교과목에서 한국어를 삭제했으며, 한국인의 한국어 사용도 금지했다. 1940년에는 동아·조선일보를 폐간시켰고, 1941년에는 한글로 된 문예지까지 폐간시켰다. 1942년에는 민족운동이란 명목으로 조선어학회사건을 일으켜, 이윤재(李允宰)·최현배(崔鉉培) 등 간부들를 투옥하고 조선어학회를 해산시켰다.

그리고 창씨개명이라 하여 한국인의 성과 이름을 일본식으로 고쳐 지구상에서 한국인의 존재를 말살코자 했다. 그러나 이러한 민족 말살정책을 비롯한 일제의 악랄한 식민 통치는 결국 한국인의 강렬한 반대에 부딪쳐 스스로 패망을 자초하는 원인이 되었다(변태섭, 1977: 565-566).

4) 민족의 저항

1931년 만주사변이 일어나고, 이듬해 일제의 괴뢰국인 만주국이 수립되자 만주 지방에서 독립군의 활동은 큰 타격을 받게 되었다. 이 때 일부의 독립군은 일제의 침략에 대항하고 있던 반만(反滿) 중국군과 연합 작전을 전개하기도 했다. 그러나 어려움이 많았기 때문에 결국 중국 대륙이나 연해주로 흩어지게 되었다.

한편 중일전쟁이 일어나자 중경(重慶)으로 이동했던 대한민국 임시정부는 일제와의 일대 결전의 시기에 대비해 각지의 무장 독립군을 모아 광복군(光復軍)을 창설했다(1940년). 이 광복군에는 만주와 연해주에서 활동하던 독립군과 각지에서 독립운동을 전개하고 있던 한국 청년, 그리고 일본군에 강제로 징병되었다가 탈출한 사람들이 가담했다. 또한 1938년에 결성되어 중국 각지에서 일본군에 항전하고 있던 조선의용대(朝鮮義勇隊)도 광복군에 편입되었다.

광복군은 1941년 임시정부가 대일·대독 선전포고를 발표하면서 연합군과 함께 대일전쟁에 참가했다. 이 때 광복군의 활동은 일본군과의 직접적인 전투 이외에도 대적 선전, 포로 심문, 선전 전단의 작성, 암호문 해석 등 다양했으며, 특히 그 일부는 미얀마·인도전선에까지 파견되어 영국군과 연합전선을 전개하기도 했다.

이와같이 한민족이 직접 일본군과의 전투에 참가했다는 사실은 연합국 측으로 하여금 한국의 독립 문제에 대해 관심을 갖게 하는 중요한 계기가 되었다. 일제의 패망이 가까워지자 광복군은 본국에 직접 진입하기 위해 국내정진군(國內挺進軍)을 편성하여 특수훈련을 실시하고, 1945년 9월에 국내에 진입할 계획까지 세웠으나 일제의 패망으로 실현되지 못했다.

이러한 독립운동의 무력 항쟁과 병행해 국내외에서는 애국 열사들이 무력 수단에 의한 항일 투쟁을 전개했다(변태섭, 1987: 493-494).

제 5 절 행정의 특징

1 통치구조의 이질적 양면성

일제 식민지 통치 시대는 한국 행정사에서 국가적 정통성의 상실인 동시에 민족적으로는 주체성의 위기였다고 하겠다. 따라서 일제 시대는 민족 주체성의 위기를 극복하려는 민족사회적 기반과 그 위에 외래의 침략적 통치 질서를 강압적으로 구축하려는 통치구조의 이질적 양면성을 내포하고 있었다(김운태 외, 1985: 127).

2 직접 지배 방식

일제는 통감부 시대 때부터 중앙행정 관서에 차관 이하 다수의 일본인 관리를, 일부 도에 도장관 이하 다수의 일본인 관리를 배치했다. 그리고 합방 이후에는 사정이 허용되는 한 중앙관서와 지방관서를 막론하고 그 중요한 직위에는 일본인 일색으로 채우려고 했다.

이러한 직접 통치 인사정책은 3·1운동 이후 문화 통치기에도 계속 강화되었다. 이 시기의 토지조사 실시, 문화통치기의 산미 증산계획과 더불어 병행된 일본인의 대거 이주책 등도 또한 자국민에 의한 식민지배 정책으로 파악한다. 이러한 직접 지배정책은 관리의 등용면에서 특히 두드러진다. 즉 한국인의 경우는 종전의 친일 귀족이나 친일 관료들마저도 정치·행정상의 참여가 배제되었으며, 설사 중앙관서나 일부 도에 한국인 고관이 등용되고 있다 하더라도 실권이 없는 명목상의 직위만을 점하고 있었으며, 일본인 부하의 철저한 감시를 받았다.

이와같이 일제는 중요한 관직을 일본인만으로 채웠으며, 그 대우에서도 민족 차별이 심했다. 그리고 이 시기부터 적극 추진·장려되는 일본열도로부터의 이민정책과 더불어 오로지 자국민에 의한 식민 통치, 즉 직접 지배 체제를 구축했다(김운태, 1984: 147-149).

3 총독의 독재행정

1) 식민지 통치의 독재권 부여

식민지 조선의 통치에 관한 한, 성격상의 특성으로 말미암은 몇 가지 사항을 제외하고는 모든 사항이 총독의 독재에 의해 수행되었다. 내각 총리대신을 경유해 천황에 상진(上奏)한다고 형식상 규정하고 있으나, 실질적으로는 내각 총리대신의 간섭을 받지 않았으며, 또 규정상으로도 총리대신과 동등한 지위에서 천황에 직속했던 것이다.

천황이 일일이 총독의 상진하는 사항을 통찰할 수 없는 이상 조선 통치에 관한 사항은 거의 전적으로 총독에게 일임됨은 명백했다.

2) 백지 위임의 입법권 부여

조선총독의 입법권, 즉 위임명령으로서의 제령(制令)과 집행명령으로서의 부령(府令)을 비교해 보면 문제가 되는 것은 후자보다 전자이다. 오늘날 위임명령은 비록 대통령령이라도 국민의 권리 침해를 막기 위해 국회에서 구체적으로 범위를 정해 위임받는다. 영(令)이 발해진 뒤에라도 그 영이 헌법이나 법률, 그리고 수권법에 위배되는 경우에는 국회가 위임을 취소할 수 있고, 또 사법부에 의해 위헌·위법의 판단을 받기도 하는 것이 상례이다.

그러나 총독의 제령의 경우는 규정상 내각 총리대신을 경유해 천황의 재가를 얻는다고 규정하고 있으나, 내각 총리대신의 경유는 형식에 지나지 않았다. 또 천황이 일일이 살피는 것도 아니었고 규정상 국회의 간섭을 받지 않게 되어 있었다. 따라서 총리대신이나 천황의 간여도 거의 받지 않는, 그야말로 백지위임이며, 국회를 대신하고 있는 것이었다.

3) 행정 집행상의 독재

조선총독은 행정 집행상에서 독재를 하고 있었다. 당시 일본의 천황도 행정 절차상의 제한을 받았다.

천황은 헌법에 의거해 통치권을 총람하고 제국의회의 협찬을 얻어 입법권을 행사하며, 국무에 관한 천황의 명령에는 국무대신의 부서(副署)가 필요하다는 등 천황의 권력 행사는 여러모로 제한받고 있는 데 대해 조선총독의 권력은 조선 통치에 관한 한 이러한 제약을 받지 않았다.

게다가 본국 천황의 경우 국민의 참정권에 의해 그 권력 행사가 적어도 법리상으로는 제한받고 있었으나, 조선총독의 경우 식민지 조선의 국민은 참정권이 없으므로 법리상으로도 이러한 제한을 예상할 수 없는 것이었다.

이와 같은 총독의 강대한 권한은 기본적으로 식민 통치라는 특수한 목적에서 연유했다. 일제가 조선을 이른바 제국 판도의 일부로 하고, 일시동인·내지 연장주의를 표방한 이상 본국 헌법을 당연히 그들의 새 영토인 조선에도 적용해야 했다. 그리하여 헌법과 법률에 의해 총독의 권리 행사가 제약되고, 동시에 조선 국민에게도 일본 본토 국민과 같은 자유와 권리가 부여되며, 이를 부당히 침해하는 권력 행사는 헌법과 법률에 의거해 구제될 수 있어야 했다. 그럼에도 불구하고 그들은 소위 조선의 특수 사정이란 말로 민족 간의 차별을 합리화시키려 했다. 더욱이 이 특수 사정이라는 말은 모호한 것으로 어떤 때는 사회적인 의미에서 이민족이라는 특수성이 고려된 경우도 있으며, 또 어떤 때는 경제적인 의미에서 조선의 척도가 저급하다는 특수성이 고려된 경우도 있었다. 그러나 이와 같은 고려는 지엽적인 구실에 불과했고, 사실은 일제의 오랜 숙원인 침략주의 정한론(征韓論)이 구체화된 것이다(김운태, 1984: 151-152).

4 외관상의 근대화

한민족에 대한 일제의 식민 통치는 민족국가적 정통성과 민족적 주체성과 같은 가치에 본질적인 상처를 입혔으나, 역사의 발전 과정에서 일제 식민 통치 시대는 그 시대적 성격으로 보아, 외관상이나 전통적 질서에서 근대적 질서에로의 이행이라는 의미를 띠고 있음도 부정할 수는 없다.

그러나 일제의 통치는 우리 민족의 의식에 심각한 충격과 영향을 주었으며, 이것이 해방 후의 우리 정치·행정의 발전 과정에 결정적인 저해 요인으로서 영향을 미치고 있다(김운태, 1984: 200-201).

5 민족의 저항

1910년 한일합방 이후 일제의 정치적 탄압과 경제적 착취는 한국인의 민족항쟁을 유발시켰다. 이러한 한국인의 반항이 먼저 3·1운동으로 나타났으며, 그것은 1919년에 일어난 최대의 항일민족운동(抗日民族運動)이었다. 이것은 윌슨(T. W. Wilson)의 민족자결주의 때문에 일어난 것이 아니라, 일제의 무단 통치에 반대한 민족적 항거(抗拒)였으며, 33인만의 운동이 아니라 거족(擧族)적인 민족운동이었다. 이와같이 3·1운동의 중요성은 곧 민족의식을 과시한 항일운동이었다는 데 있으며, 그로 인해 임시정부가 생겼으며, 소위 문화정책이 실시케 되었다는 점과 임시정부를 통한 주권(主權)이 계승되었다는 점을 간과해서는 안 될 것이다.

3·1운동 이후 국내외에서 계속적인 항일운동이 전개되었다. 그 중에서 해외의 투쟁은 임시정부의 활동과 무장독립군의 항쟁이 대표적이었다. 그리고 국내의 정치 투쟁으로는 6·10만세운동과 광주학생운동이 대표적이며, 경제 투쟁으로는 소작·노동쟁의를 들 수 있다. 또한 문화 투쟁으로서 언론·국어·국사운동을 전개했다.

그리고 일제의 식민정책의 본질은 정치적 탄압과 경제적 수탈에 있었지만 그들은 민족문화와 교육에 대해 많은 탄압을 가해 왔다. 그러나 그러한 탄압에도 불구하고 민족교육을 실현해 나간 지사(志士)들이 많이 있었다. 그것은 농민을 대상으로 하는 문맹퇴치운동(文盲退治運動)과 중농층·부유층을 위한 민주대학설치운동(民主大學設置運動)으로 나타났다. 이것도 항일민족운동의 일환으로 생각해야 할 것이다(변태섭, 1977: 560-584).

제14장 대한민국 임시정부의 행정

제1절 행정환경

1 3·1운동의 배경

국권의 침탈 이후 한국 민족의 독립운동은 일제의 잔학한 무단 통치하에서도 비밀결사의 활동을 통해 꾸준히 전개되었을 뿐만 아니라, 해외 각지에서도 활발한 독립운동이 전개되었다. 이러한 국내외의 독립운동은 개항 이후 일제의 침략에 항거하면서 추진해 온 민족운동의 연장이라고 할 수 있다.

개항 이후의 위정척사(衛正斥邪) 사상은 1890년대 중반부터 의병운동으로 나타났고, 개화사상은 갑신정변·갑오개혁·독립협회로 이어져 애국계몽운동으로 확산되었다. 한편 19세기 이래 산발적으로 발생했던 각지의 농민 봉기는 민족종교로 성장한 동학과 결부되면서 혁명적 성격을 강하게 띠어 동학혁명으로 발전했다. 이는 당시 민중 의식의 성장과 궤를 같이한다. 이와같이 한말의 민족운동은 전통 사회의 기본 구조에서 비롯된 각 계층의 이해에 따라 각각 그 주장과 방법 및 방향이 일치하지 못한 채 다양하게 전개되고 있었다.

그러나 1910년 이후에는 국권 상실이라는 공동의 운명에 직면해 독립을 달성해야 한다는 하나의 목표가 형성되면서 점차 계층 간의 구별과 이해를 초월한 전 민족적인 운동으로 발전해 나갔다. 이와 같은 역사적 흐름이 3·1운동의 중요한 배경이 되었다. 그리고 한민족이 자체적으로 독립을 위한 노력과 기반을 강화하고 있을 때, 마침 제1차 세계대전이 끝나고 전후 처리를 위한 파리강화회의에서 윌슨(T. W. Wilson) 미국 대통령의 민족자결주의(民族自決主義)가 발표됨으로써(1918년) 한국의 독립운동을 크게 고무시켜 주었다(변태섭, 1987: 467-468).

2 3·1운동의 전개

3·1운동은 민족 대표 33인에 의해 작성된 독립선언서(獨立宣言書)의 발표와 더불어 시작되었다. 일부에서 독립청원서(獨立請願書)로 하자는 의견이 있었음에도 불구하고 독립선언서가 작성·발표된 것은 3·1운동이 거족적 독립운동으로 전개되는 데 큰 힘을 발휘했다.

민족 자존(民族自存)의 정권과 인류 평등의 대의를 천명한 이 독립선언서는 일본의 가혹한 식민 통치에 대한 보복적 행위를 선동하는 것은 아니었다. 그러므로 공약(公約) 3장(章)에 나타나 있는 바와 같이 자유적 정신을 발휘하되 배타적 감정에 흐르지 말며, 최후의 1인 최후의 1각까지 민족의 의사를 쾌히 발표하며, 질서를 존중하여 광명정대하기를 기했다. 즉 평화적인 운동을 계획했던 것이다.

그러나 이 평화적인 시위운동을 일본은 무력으로 탄압했다. 일본은 헌병과 경찰뿐만 아니라, 육·해군까지 동원했다. 맨주먹의 평화적인 시위 군중을 향해 총탄을 쏘아댔다. 당시 승전국의 하나인 일본이 차지하는 국제적인 지위가 높았기 때문에 이러한 비인도적인 탄압정책에 대한 맨주먹 투쟁에도 불구하고 한국인의 주장은 열강(列強)의 지지를 받지 못하는 형편이었다.

3・1운동은 종교단체와 교육기관을 통해 행해졌다. 그러나 이들은 중개의 역할을 했을 뿐이며 강력한 통일된 조직을 갖지 못했다. 그리고 해외의 독립운동도 여러 인사들에 의해 개별적으로 진행되고 있었다. 3・1운동 직후에 수립된 임시정부도 국내외에 여럿이 있을 정도였다. 그러나 독립운동을 추진하는 데는 이를 총지휘할 수 있는 본거(本據)를 필요로 했고, 이러한 요구에 부응해 통합된 임시정부(臨時政府)의 수립이 모색되기에 이르렀다(이기백, 1984: 402-405).

3 대한민국 임시정부의 성립

대한민국 임시정부가 성립하게 된 사상적 배경은 일제하 한민족이 전개한 최대 규모의 항일 투쟁이었던 3・1운동에서 찾아볼 수 있다. 이 운동은 일제 치하에서 살던 2천만 한민족은 물론, 중국・러시아령(露領)・미주・하와이・일본 등지에서 나라를 잃고 생존해 온 2백만 교포들도 함께 참여한 거족적인 민족운동이었다.

이와같이 독립을 위한 한민족의 의지는 자연히 조직적인 국가 차원의 독립 투쟁을 갈망하게 되었다. 이러한 민족의 여망에 따라 한인 독립 투사들은 독립운동을 위한 정부 수준급의 최고통치기관인 자주정부 수립에 착수하게 되었다.

이러던 중 독립운동가들은 항일 투쟁의 목적 달성을 위해 수개 처에서 비밀지하단체를 동시에 수립했다. 그것은 대한국민회(大韓國民會: 露領), 조선민국임시정부(朝鮮民國臨時政府)(안), 상해임시정부(上海臨時政府), 신한민국정부(안)(新韓民國政府), 한성정부(漢城政府) 등이다. 이 중 사실상의 정부조직에 착수한 것은 대한국민의회, 상해임시정부 및 한성정부였다. 이 3개의 임시정부는 4개월여 동안 진통을 겪고 난 후 1919년 9월에 상해(上海)의 대한민국 임시정부(大韓民國臨時政府)가 개헌의 형식으로 대한국민의회(러시아령)을 흡수하고, 한성정부와 통합함으로써, 단일의 독립운동 추진 기구로서 그 통일성이 확립되었다.

이렇게 하여 성립된 대한민국 임시정부는 1945년 11월 광복된 조국에 환국할 때까지 27년 동안 한민족의 정신적 대표기관으로서 그 지위를 유지해 왔고, 그것은 동시에 전민족의 혁명 총지도기관적 지위를 누려 왔다.

임시정부는 중국령 프랑스 조계(租界)에서 조국에 환국할 때까지 전후 5차에 걸쳐 임시헌법을 제정 또는 개정하고, 1941년의 건국강령(建國綱領)을 포함하면 도합 7개의 임시헌법을 가지게 되었다. 따라서 정부 형태도 정치적 상황의 변천에 따라 집정관 총재제(執政官總裁制), 대통령제, 국무령제(國務領制), 국무위원제(國務委員制), 주석제(主席制), 주석·부주석제로 변경되었다(김영수, 1980: 69-70).

제 2 절 행정 주체 및 이념

1 임정의 지위 및 목적

1) 한민족의 대표적 지위

대한민국 임시정부가 수립된 사상적 배경은 3·1민족운동에서 그 정신적 기원을 찾을 수 있다. 3·1민족운동의 정신적 기반은 개항(1876년 강화도조약) 이래의 민족주의 사상임을 알 수 있다. 즉 개항 당시 불평등조약에 대한 유생들의 반대 상소운동에서 시작해, 군제 개편에 따른 군졸들의 저항을 거쳐 일제 침략 세력의 확대에 따른 동학농민군의 봉기로 나타났으며(1894~1895년), 일제에 의한 민비 시해의 만행(1896년)과 강제적인 단발령(斷髮令)의 공포는 전국 유생들의 무력항쟁을 일으키게 했다.

그 후 1905년의 통감부 설치에 이은 일제의 주권 침해가 노골화되자 전국적으로 의병이 봉기했으며, 그 주도 세력은 유생·사졸(士卒)·농민이었다. 이러한 의병 투쟁은 치열한 저항 끝에 결국 실패했으나 후일 좀더 조직적인 민족운동의 기반을 마련한 셈이다. 이러한 역사적 기반 위에 3·1민족운동은 민중 그 자체가 중심이 된 민족적 운동이었고 민족적 대중 동원이었다. 그리고 그것은 이미 형성된 민중 의식의 존재를 전제로 하는 것이었다.

그리하여 3·1운동에 의한 민족의 의지는 조직적인 국가적 차원의 국권회복을 위한 투쟁을 요구하게 되었고, 독립운동을 위한 최고 통치기관이 필요했다. 그 결과 독립지사들은 정부 수립에 착수하게 되었다.

이와같이 한민족의 민족정신의 결정이 3·1독립정신이었다면 대한민국 임시정부와 그 헌법은 3·1독립정신의 산물이다. 그러므로 3·1민족운동의 결과로 탄생한 임정(臨政)의 질서는 왕정복고가 아닌 자유와 민주라는 근대적 국가 기본 질서로 나타나고 있다.

그 후 대한민국 임시정부는 환국할 때까지 전후 5차의 개헌을 통해 헌정질서를 유지해 왔고, 정치 체제도 대통령제, 국무령제, 국무위원제, 주석제, 주석·부주석제로 정부 형태를 달리 하면서 그 지위를 이어왔다. 따라서 3·1민족운동 이후의 민족적 주체성은 임정을 정점으로 한 독립운동에서 보장되어 왔다고 할 수 있다.

2) 국가적 정통성의 상징

일반적으로 우리 민족사 속에서 일제 36년을 가리켜 "국가(國家)는 사라졌어도 민족(民族)은 살아남아 지킨 역사"라고 설명하고 있다. 이 때 민족사 속에서 사라졌던 것은 국가적 정통성(正統性)이었던 데 반해 민족사 속에서 살아남아 민족사를 지켰던 것은 민족적 주체성(主體性)이었다. 우리의 경우 민족사의 광복은 사라졌던 국가적 정통성을, 살아남은 민족적 주체성을 다시 찾아 세우는 역사적 회복 과정이라고 하겠다.

임정은 1919년 4월 상해에서 수립된 후 해방된 조국에 귀국할 때까지 27년 동안 단일한 독립운동 추진체이며, 한민족의 정신적 대표기관으로서 그 지위를 유지해 왔다. 따라서 임정이 독립운동 과정 중에서 존재했다는 사실만으로도 한민족사에서 중요한 가치를 지니는 것이라 하겠다(김영수, 1980: 183-185).

2 지도 체제의 변형과 성격

통합된 '임정(臨政)'은 군주의 지도 체제로부터 순수한 민간, 즉 국민국가의 민주공화적(民主共和的) 지도 체제로 전환되었다. 이는 민주정치사의 획기적인 것으로서 1880년대 급진 개화파 인사들이 주장한 국민국가의 염원이 이 시기에 와서 달성되었다고 평가할 수 있다.

'임정' 27년사의 헌정적 지도 체제는 1919년 정부 수립 이후 대통령 지도제(1차 개헌: 대통령 중심, 1919년)→내각책임 지도제(2차 개헌: 국무령 중심, 1925년)→집단지도제(3차 개헌: 국무위원 중심, 1927년)→주석 지도제(4차 개헌: 주석 중심, 1940년)→주석·부주석 지도제(5차 개헌: 주·부주석 중심, 1944년)로 특징 있게 변천되어 1945년 8월까지 의회 중심적 합의제로 운영·지도해 왔다.

1) 대통령 지도제

1919년 9월부터 1925년 4월까지 대통령 지도제(大統領指導制)가 실시되었다. 통치상의 문제점이 없었던 것은 아니지만, 이승만을 대통령으로 하는 대통령 중심제 체제가 구축되어 있었다.

독립운동 세력의 대동 단결을 위해서 실시한 단일 민주정부의 통합은 대통령 중심 지도 체제와 그 이념으로 구체화되어 국내외의 독립운동을 통제하고 수렴할 제도적 장치가 마련된 셈이었다. 비록 일제 강점하에 있었지만, 우리의 독립지사는 민주공화제를 시행해 의연히 세계사적인 시각에 따라 강력한 지도 원리가 채택·시행되었던 것이다.

2) 내각책임 지도제

1925년 4월부터 1927년 3월까지는 내각책임 지도제(內閣責任指導制)가 실시되었다. 대통령제가 실시되었지만 대통령 중심제는 실제 운영면에서 많은 문제점을 가지고 있었다. 즉 민주헌정이 실시되었음에도 불구하고 지도자 간의 갈등·마찰·상이한 주장 등의 문제가 대두되어 지도 체제에 수정이 불가피해졌다. 더욱이 내각은 내각대로, 대통령은 대통령대로 임지에 부임하지 않은 가운데 상호 언성만 높아갈 뿐 능률적인 행정이 진행되지 못하는 어설픈 실정에 있었다.

이같이 대통령제와 내각 간의 거리와 이념상의 차이 등으로 혼선이 일어나자 제2차 개헌을 통해 국무령제인 내각책임 지도제가 적합할 것이라는 여론에 따라 1925년 4월 제2차 개헌을 했다. 그리하여 국무령제인 내각책임제로 전환되었다. 이 시기에는 김구(金九) 등이 임정을 이끌면서 혼란을 극복하고 국내외의 독립운동의 통제적 사명을 띠면서 운영해 나갔다.

3) 집단 지도제

1927년 3월부터 1940년 10월까지 14년간은 집단 지도제(集團指導制)가 실시되었다. 1인에게 책임을 지우는 국무령 지도 체제는 불합리하다고 하여, 국무를 총괄하는 국무위원제인 집단지도 체제를 채택해, 이동녕(李東寧)·김구(金九) 등 10여명이 집단지도자로서 14년간 '임정'을 통치했다. 임정은 유랑하는 가운데서도 중국 정부의 협조를 얻어 활기를 되찾았다. 1935년 중국의 가흥(嘉興)을 기점으로 재정비하고 한국 광복전선을 구축함으로써 전시 체제로 전환했다.

4) 주석 지도제

1940년 10월부터 1944년 4월까지 주석 지도제(主席指導制)가 실시되었다. 주석 지도제는 제4차 개헌에 의해 이루어진 것으로서 그 때 주석은 김구였다. 제4차 개헌의 동기는 임시정부 행정부의 지위를 향상시키고 김구의 영도력을 막강하게 제도화시키려는 의도에 있었다.

만주사변(1931년)과 중일전쟁(1937년) 등으로 정부가 피난을 거듭하는 동안 재정적인 곤란을 겪었다. 그 때 김구가 장제스(蔣介石) 정부로부터 재정적 원조를 받게 되었는데, 그것을 계기로 김구의 세력은 확대되어 갔고, 이동녕-김구 시대를 형성하게 되었다. 그런 가운데 1940년 3월 기강(綦江)에서 이동녕이 급성폐렴으로 사망했다. 그리하여 장제스의 절대 지지와 항전 태세 정비의 내부적 필요에 의해서 김구를 고정 주석제의 지도자로 추대했다.

이러한 정치적 상황 아래서 한국국민당(韓國國民黨: 김구), 한국독립당(韓國獨立黨: 조소앙[趙素昂]), 조선혁명당(朝鮮革命黨: 이청천[李靑天])의 3당이 발전적으로 해체된 뒤 새로이 한국독립당(韓國獨立黨: 한독당)을 결성했다(1940년 5월). 이것은 그 당시의 당세로 보아 양당이 김구의 한국국민당에 합류했다고 보는 것이 더 정확한 표현일 것이다.

이리하여 이 당은 임시정부의 유일당이 되었으며 김구의 지도권 확립에 합의를 본 것이라 하겠다.

5) 주석 · 부주석 지도제

1944년 4월부터 1945년 11월 환국할 때까지 주석·부주석 지도제(主席·副主席指導制)가 실시되었다. 1941년 태평양전쟁이 발발하자 임정은 중국에 더 밀착해 군사적 활동을 적극적으로 전개시켜 나갔다. 외교적으로는 1943년 장제스가 참석한 카이로회담에서 한국 독립안이 가결되어 독립에 대한 시기와 조건이 성숙한 상태에 이르게 되었다.

이와같이 한국의 독립 기운이 조성되자, 1944년 4월 5차 개헌에 따라 주·부주석 연석 책임지도제로 전환됨으로써 더 실질적인 민주 방식에 의한 합의지도 체제가 채택되었다. 김구·김규식(金奎植) 등 20여명의 단일 민주(民主) 팀이 광복 때까지 임정을 이끌었다(이현희, 1987: 248-249).

제 3 절 행정 제도

1 초기의 3개 임시정부

3·1독립선언 이후에 독립 투쟁을 위한 조직적 저항단체의 하나로서 정부급의 임시정부가 수개 처에 수립되었다. 그러나 사실상 정부조직에 착수

한 것은 대한국민의회(러시아령), 대한민국임시정부(상해) 및 한성정부였다.

1) 한성정부

한성정부(漢城政府)는 독립추진단체로서 다른 두 임시정부와는 달리 그 준비 과정에서는 지하조직이었던 만큼 그 성립 절차의 전모를 알 수 있는 기록이 드물고 단편적인 기록들이 부합되지 않는 점이 있다.

전국 13도 대표로 구성된 국민대회 명의로 조직된 이 한성정부의 조직은 7부 1국과 평정관(評政官) 18명으로 구성되었다. 그리고 상해정부의 수반(首班) 이승만(李承晩)이 여기서도 집정관 총재(執政官總裁)로 추대되었다. 중국 상해(上海)에서 이미 대표자가 모여 임시정부를 수립한 지 10일 만인 4월 23일 한성정부를 발족시켰다. 한성정부의 기구와 그 명단을 보면, 집정관 총재, 국무총리 외에 7부와 다시 노동국과 참모부를 두는 대통령 중심제를 채택하고 있다. 그리고 군무부 외에 참모부를 설치하고 있는데, 이는 독립 투쟁의 목표 달성을 위한 무장 투쟁의 중요성에 유인한 것이라 하겠다.

또한 의정원 의원 대신에 평정관(評定官) 제도가 있는데 그 성격은 잘 알 수 없다. 그러나 당장 정부 수립의 선포가 급선무였던 당시의 사정으로 미루어 볼 때 이는 의회의 성격을 띠었다기보다는 집정관 총재 또는 내각의 자문기관으로 구성된 것이라 하겠다.

또한 행정부 각 원 명단과 함께 파리강화회의에 참석할 국민대표를 지정한 것은 역시 파리강화회의에 대표를 파견해 민족자결주의(民族自決主義)의 원칙에 의한 한국의 독립을 주장하는 것이 당면한 임무라고 생각했기 때문이다. 그리고 정부 수립도 그런 의미에서 시급하다고 국민대회 대표자들이 인정하고 있었다고 하겠다.

특기할 점은 한성정부는 국내에서 조직된 임시정부인데, 집정관 총재를 비롯한 정부 각 부처장·차장은 한 명도 국내 인사를 배정하지 않았다는 것이다. 이것은 일본의 무단통치로 인해 국내에서는 독립운동이 불가능하기 때문에, 정부는 국내에서 조직하지만 실제 활동은 해외에서 해야 한다고 생각하고 있었기 때문이다. 이러한 한성정부의 형태는 대통령 중심제에 가까운 집정관 총재제라 할 수 있다.

[그림 14-1] 한성정부의 조직

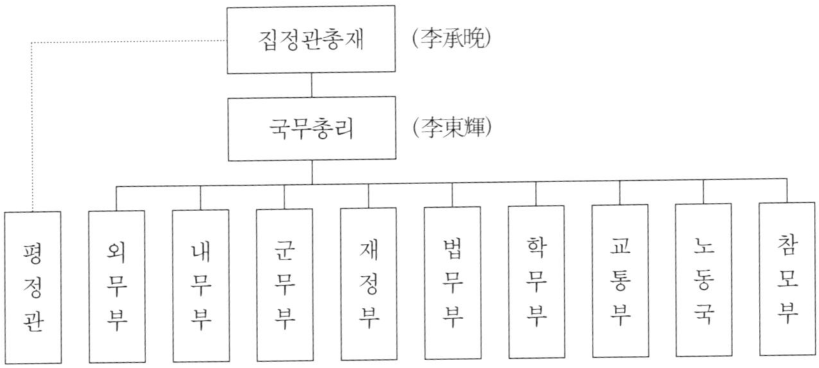

자료: 총무처 행정관리국(1980: 75).

2) 대한국민 의회

러시아령(露領)과 북간도・서간도에 흩어져 있던 독립운동가들은 1919년 3월 블라디보스톡 한인촌에서 집회를 가지고 독립선언을 선포하고 대한국민 의회(大韓國民議會)를 구성했다.

대한국민 의회는, 상해의 대한민국 임시정부와 서울의 한성정부가 약식으로나마 임시헌장(憲章) 또는 약법(約法)을 제정한 데 비해서, 5개조의 간단한 결의안만 채택했다. ① 한국 민족의 자주 독립 주장, ② 한・일 합병조약의 부인, ③ 국제연맹의 참가와 한국의 독립 승인 요구, ④ 한국 독립운동의 실정을 세계에 선전, ⑤ 일본에 대한 혈전(血戰) 포고 등으로 되어 있다. 이는 그 당시 가장 영향력이 컸던 이동휘(李東輝)의 무단적 경향과 함께 무력 항쟁이 가능했던 입지 조건의 결과였다. 그리고 이 결의안은 전 조문 수가 5개조로 구성된 간략한 기본법이고, 그 내용에서도 국가의 통치조직과 작용에 관한 국가기본법으로서는 상당히 미비하다. 따라서 결의안은 독립 투쟁을 위한 조직적 저항운동단체의 기본법적 성격을 띠고 있다.

러시아 대한민국 의회의 각료 명단은 다음과 같다. 대통령 손병희(孫秉熙), 부통령 박영효(朴泳孝), 국무총리 이승만(李承晩). 탁지(度支) 총장 윤

[그림 14-2] 대한국민 의회의 조직

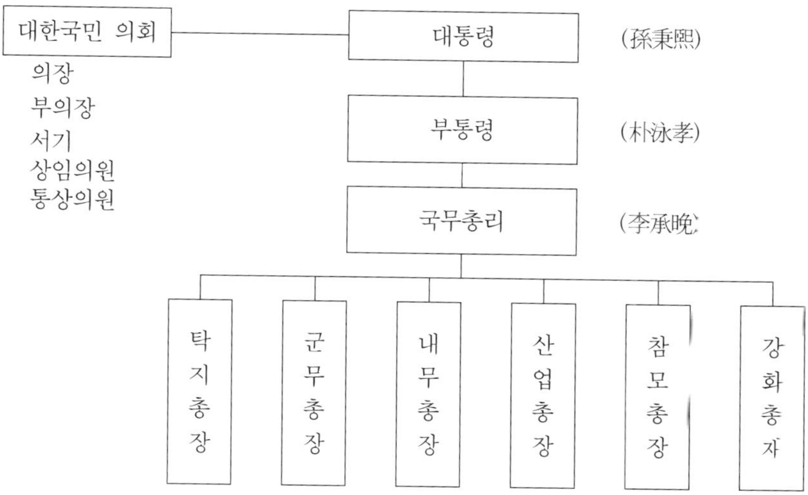

현진(尹顯振), 군무(軍務) 총장 이동휘(李東輝), 내무총장 안창호(安昌浩), 산업총장 남형우(南亨祐), 참모총장 유동열(柳東悅), 강화대사(講和大使) 김규식(金奎植) 등이다.

이 정부에서는 학무·법무·교통 등의 각료 선임이 없었는데, 그것은 그러한 업무가 긴급한 것이 아니었기 때문이다. 그러나 다른 정부에서는 볼 수 없는 산업총장을 설치한 것과, 군무총장 이외에 따라 참모총장제를 두고 있는 것은 공산혁명 후의 소련 정권의 영향과 무력 항일전을 주장하던 현지 독립운동 지도자들의 주장이 많이 반영되었기 때문이라고 하겠다.

또한 각부 장관의 명칭이 상해나 한성과 같이 총장으로 되어 있는 것은 신해혁명(辛亥革命) 후의 중국 정부의 명칭을 따른 것이다. 러시아에서 조직된 이 국민의회의 정부 각료도 러시아 주재자들에 중점을 두지 않고 널리 국내외의 유능한 인물 중에서 선정했다. 대한국민 의회는 당시 노만(露滿) 국경지대에서 본국진공(本國進攻)을 위해 의용군을 조직하고 있던 구(舊)대한제국 육군 참령(參領) 이동휘의 후원회 같은 인상이 짙던 조직이었다. 따라서 이 행정부가 기능을 발휘한 흔적은 거의 없다. 이 정부는 대한

국민 의회가 입법기관으로 기능하고 있었던 독립 추진 단체였으며, 형식적으로는 대통령 중심제라 하겠다. 이 정부가 민주공화제를 채택한 것은 3·1운동의 민중 의사를 정치적으로 표현하는 것이다. 이 정부는 이동휘가 1919년 9월 상해의 통합임시정부의 국무총리에 취임함으로써 상해정부에 흡수되었다.

3) 상해임시정부

미국 및 프랑스에 독립청원서를 제출하고, 러시아·일본 등 각지로 청년 동지를 파견해 거족적인 독립운동을 계획하던 상해 방면의 독립운동 지사들도 1919년 3월 하순부터 임시정부 수립을 계획하고 있었다. 즉 일본에서의 2·8독립선언과 국내에서의 3· 1독립선언이 있은 후 이에 호응하는 국내외의 많은 독립운동 지사들이 프랑스 조계(租界)인 상해로 모여들었다. 그것은 독립 지사들이 자유로운 활동을 할 수 있었기 때문이다.

이러한 활동은 그 후 더욱 활발하게 추진되어 갔으며, 상해에는 임시정

[그림 14-3] 상해임시정부 조직

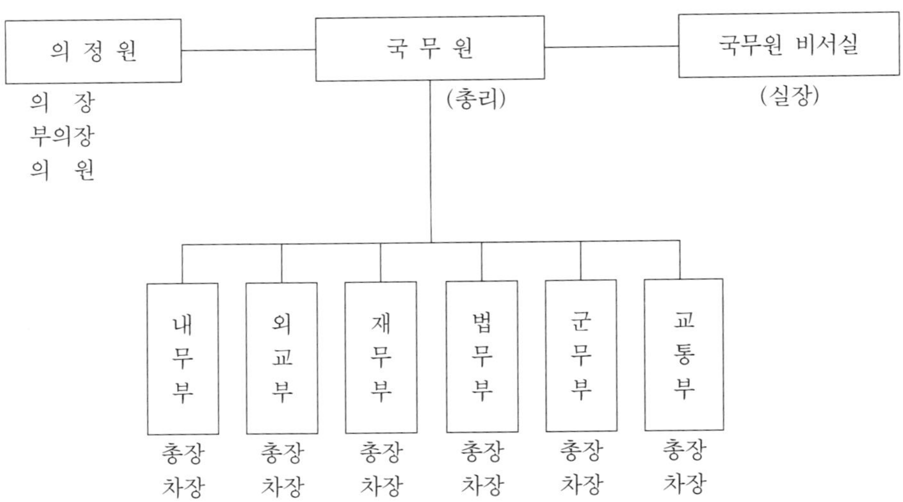

부 수립의 기운이 고조되어 갔다. 드디어 1919년 4월 10일부터는 상해의 프랑스 조계 금신부로(金神父路)에서 1천 여 명의 한인 대표들이 모여 토의 끝에 임시 의정원(議政院)을 구성했다. 의장에 이동휘를 선출하고, 국호(國號)를 대한민국(大韓民國), 연호(年號)는 대한(大韓)으로 결정했으며, 행정부 조직과 대한민국 임시헌장 10개조와 헌장선포문, 선언문, 그리고 정강(政綱) 6개조를 통과시켰다.

국무원 선거에서는 국무총리에 이승만을 추대하고, 6부의 총장과 차장, 국무원 비서실장을 선출한 뒤, 1919년 4월 13일 정식 공포되었다.

이렇게 하여 수립된 것이 상해에 수립된 대한민국 임시정부였으며, 임시정부 중에서는 가장 잘 짜여진 정부기구를 설치했다. 이 때 제정된 임시헌장은 3·1운동이 언급된 전문(헌장선포문)과 본문 10개조로 된 간략한 것이지만, 그것은 민주주의 원리에 입각한 한국 최초의 기본법적 성격을 가진 헌법이라 하겠다. 그 내용은, ① 민주공화제(民主共和制) 채택, ② 의정원(議政院) 중심의 권력구조, ③ 국민의 평등권 보장, ④ 국민의 자유권 보장, ⑤ 국민의 선거권과 피선거권 보장, ⑥ 국민의 의무 규정, ⑦ 국제 평화 애호와 국제연맹 가입, ⑧ 구황실(舊皇室)에 대한 우대, ⑨ 생명형·신체형·공창제(公娼制) 폐지, ⑩ 국토 회복 후의 국회 소집에 관한 것으로 되어 있다.

헌장 제2조는 "대한민국은 임시정부가 임시 의정원의 결의에 의하여 이를 통치함"이라고 규정하고 있는데, 이는 입법부에 해당하는 의정원이 행정부보다 우위에 있다는 점을 밝힌 것이다. 사실상 의정원은 국정의 최고 정책결정기관으로 운영되었다.

따라서 정부 형태는 대통령제가 아니라 내각책임제를 취했으며, 국무원은 국무총리 1인, 6부의 총장과 차장 각 1인, 합계 13명으로 구성되었다. 각료는 임시 의정원에서 선출했다. 국무총리는 3명의 후보를 추천한 후 무기명 비밀투표를 통해 선출되었다. 각 부의 총장과 차장도 임시의정원에서 선출했다(김영수, 1980: 69-94).

2 대한민국 임시정부: 제1차 개헌(대통령중심 지도제)

1) 임시정부의 통합과 성격

3·1독립선언 이후에 독립 투쟁을 위한 조직적 저항단체의 일종으로서 정부급의 임시정부가 수개 처에 수립되었으나, 사실상 정부조직에 착수한 것은 대한민국 의회(大韓國民議會[露領]), 대한민국 임시정부(大韓民國臨時政府[上海]) 및 한성정부(漢城政府)였다. 이와같이 러시아령, 상해 및 한성의 임시정부 수립은 독립운동의 분산과 혼선을 가져오고, 대외적으로 민족의 단결과 통일을 의심받게 되었으므로 당연히 임시정부들의 통합이 요청되었다. 그리하여 1919년 9월 상해의 임시정부가 개헌의 형식으로 대한국민의회를 흡수하고, 상해임시정부를 한성정부 형태로 개조해 그 법통을 계승하는 형식으로 개헌 절차를 밟아 통합하게 되었다(김영수, 1980: 195-196).

통합 정부인 대한민국 임시정부는 1919년 9월 11일 대한민국 임시헌법을 제정·공포했다. 전문(全文) 58조로 되어 있는 이 헌법은 전문(前文)에서 동 정부가 3·1독립선언을 계승하고 있음을 강조하고 있다. 그리고 제1장 강령은 대한민국의 주권 행사는 헌법의 범위 내에서 대통령에게 위임한다고 규정하고 있다. 그리하여 정부 형태가 종래의 내각책임제에서 대통령중심제로 변형되었다. 또한 이 헌법에서 획기적인 것은 입법권은 의정원(議政院)이, 행정권은 국무원(國務院)이, 사법권은 법원이 행사할 것을 규정해 삼권분립(三權分立)의 원칙을 도입했다는 점이다.

그런데 이 헌법은 주권 행사는 대통령에게 위임하되 행정권은 국무원에서 행사한다는 특이한 제도를 규정하고 있었다. 즉 대통령은 국가를 대표하고 정부의 수반으로서 정무를 총람(總覽)하며, 육·해군 통수권, 관제 및 관규제정권, 관리임명권, 법률안제출권, 긴급명령권 등의 권한을 가지지만, 행정권을 행사하는 국무원과는 유리되어 있다. 즉 국무원의 구성은 국무총리와 각부총장으로 되어 있으며, 국무원 구성에서 대통령에 관해서는 명문

규정이 없다. 또 국무원(國務員)의 임명에서도 대통령은 임명권을 가지고 있으나 반드시 의정원의 임명 동의를 얻도록 규정되었다. 그뿐만 아니라 의정원은 대통령과 국무원에 대한 탄핵권을 가지고 있었다. 그리하여 대통령의 권한 행사에서는 많은 제약을 받았다. 그것은 권력의 집중보다는 분산을 추구했기 때문이다(유종해 외, 1987: 208-210).

2) 중앙행정기구

제1차 개헌으로 구성된 통합정부 형태는 상해정부의 의정원 중심제(의원내각제)에서 한성정부 형태로 개조되었기 때문에 대통령제 정부 형태를 형식상 취하면서도 의원내각제의 요소를 많이 가미한 대통령제라 할 수 있으나, 실제로는 의원내각제의 요소를 많이 내포하고 있던 절충식 정부 형태였다(김영수, 1980: 108).

대한민국 임시정부는 1919년 11월 5일 관제를 제정해 정부 기구를 확정했다. 대통령 직할기관으로는 대본영(大本營)·참모부·군사참의회·회계검사원을 두었다. 국무원의 수반은 국무총리로 되었고, 직속기관으로 서무국·법제국·전계국(銓稽局)을 설치했다. 그리고 그 밑에 7부(部) 1국(局)을 두었는데, 그것은 내무·외무·군무·법무·학무·재무·교통 등의 부와 노동국이다(유종해 외, 1987: 208).

3) 지방행정기구

(1) 연통제의 실시

상해에서 출범하기 시작한 대한민국 임시정부의 초기 구국운동은 국내외를 연결하는 비밀조직인 교통국과 연통제(聯通制)의 상설기구를 설치하는 것이었다. 교통국은 교통부의 산하기관이고, 연통제는 내무부의 산하기관이라는 차이점을 가지고 있었다.

연통제는 지방행정기관으로서 '임정(臨政)' 군자금의 수납 및 통신 업무·기밀 연락·정보 교환 등을 일괄해 관장했다. 동시에 거류민단을 조직해 일제 침략에 정면으로 항거했다. 연통제는 1919년 7월 임시 연통제령이 공포되면서 본격적으로 업무가 개시되었으며, 많은 활동을 했다. 연통제의 조직과 활동은 다음과 같이 정리할 수 있다. ① 연통제는 1919년 7월 설치된 이래 1921년 말 까지 줄기차게 국내외를 연결 운영했다. ② 경상남북·충남·제주를 제외한 모든 지역에서 그 조직을 발견할 수 있다. ③ 만주 지방에는 별도로 총판부를 설치 운영했다. ④ 이들 조직은 임정에 대한 선전·통신·연락, 그리고 자금 수합, 밀정 보고, 친일파 총살, 근거지 확보에 기여했다. ⑤ 요원 중에는 사립학교 교사·학생·전도사·승려 등 지식인이 상당수 있었으며, 그들은 자발적으로 참여했다.

[그림 14-4] 대한민국 임시정부의 조직

도행정 기구

- 독판
  - 참사 4명(비서실장·내무·재정·경무사장)
  - 경감 2명
  - 기수 약간명
  - 통역 약간명
  - 통신원 약간명
  - 경호원 약간명
  - 참의 7명

부·군 기구

- 군감 / 부장
  - 참사 1명
  - 장서 약간명
  - 경감 1명
  - 기수와 통역은 필요할 때 둔다.
  - 통신원 약간명
  - 경호원 약간명
  - 참의 5명

면의 기구

- 면감
  - 조원 약간명
  - 협의원 3명

자료: 총무처 행정관리국(1980: 77-78).

(2) **교통국의 설치**

교통국(交通局)은 교통부의 산하기관이다. 이는 통신기관으로 정보의 수집·검토·교환·연락 등 통신 업무에 치중하는 한편 비밀독립운동자금의 수발 업무도 담당했다. 1919년 5월 임시정부는 신의주 건너 만주의 안동(지금의 단동)에 교통부 안동지부를 설치했다. 교통부 안동지부는 임시정부 초창기부터 국내 정보를 수집·검토해 통신하고 교환하면서 독립운동을 의한 연락지로서의 임무를 충실히 이행했다.

안동 교통지부의 기관조직은 [그림 14-5]와 같다.

한편, 교통국은 1군에 1국, 교통소는 1면에 1개소를 원칙으로 하여 숙의 끝에 설치했다. 교통국의 주요한 임무는 임정의 자금 조달과 통신 연락, 독립운동에 헌신할 의식 있는 인물을 발굴하는 데 있었다(이현희, 1987: 69-85).

[그림 14-5] 안동 교통지부의 기관 조직

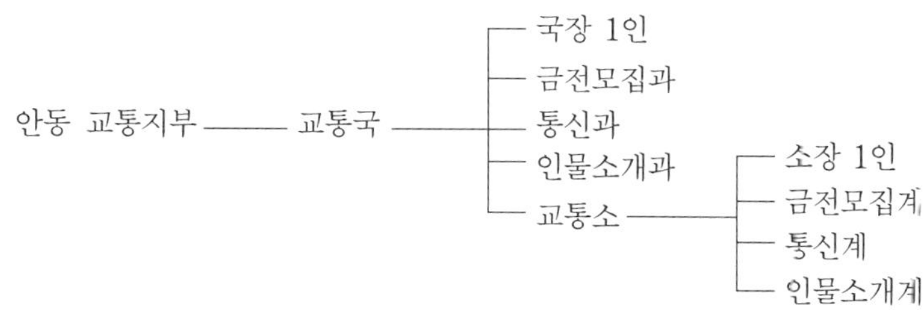

3 대한민국 임시정부의 개헌 과정

1) 제2차 개헌과 국무령 중심 지도제

임정의 이승만 대통령은 대통령 재임 6년 동안(1919~25년) 상해(上海)에는 불과 6개월간만 체류했다. 그는 대통령이라는 공식 명칭을 가지고 미국에 거주했기 때문에 상해의 국무위원과의 의견 대립과 언쟁이 자주 일어났었다. 특히 독립운동을 추진하면서 더없이 중요한 재정 문제로 물의를 일으켰다. 이승만은 그 당시 군자금의 주요 공급처였던 하와이·미주 지역의 재정을 외교활동비 명목으로 과감하게 사용했다.

1925년 3월 23일 의정원에서 이승만 대통령을 탄핵했다. 또한 동시에 정부가 제안한 국무령 지도제인 내각책임제의 제2차 개헌안이 통과되었다. 제2차 개헌안은 모두 6장 35조로 구성되어 있었다. 주요 내용은 전문(前文)이 없어졌다는 것이며, 대통령제가 폐지되고 국무령(國務領)이 최고통수권자가 되는 내각책임제가 되었다는 것이다. 대통령과 국무원(國務員)을 통합해 국무원(國務院)을 구성하고 있었다(이현희, 1987: 304-305).

1925년 개정된 제2차 개정 임시헌법과 그 정부 형태는 독립운동을 추진해 나가는 데 당시 임시정부의 형편에 맞도록 현실화한 것이었다고 하겠다. 임시정부의 정부 형태는 국무령과 국무원으로 조직된 국무회의의 결정으로 행정과 동법을 총괄하게 하고(제4조), 임시 의정원에 책임을 지며(제5조), 또한 임시 의정원은 국무령 및 국무원의 위법 또는 범법 행위에 대해 심판처벌한다(제26조 제4항)는 규정으로 보아 국무령 중심의 의원내각제라 할 수 있으나, 단지 정부가 의정원을 해산시킬 수 있는 규정이 없다.

또한 삼권분립 이론상 법원이 독립되어야 하지만 여기서는 국무회의가 행정과 사법을 총괄하게 하고 있으나(제4조), 이것은 독립운동 지도라는 일종의 비상계엄 행정과 같은 활동이 필요한 임시정부의 독특한 현실적 규정이었다.

그리하여 그 정부 형태(제2차 개헌)는 본질적으로 위기에 대처하기 위한 임시정부로서 의원내각제의 요소가 강한 국무령제(國務領制)라 할 수 있다. 개정 헌법은 1925년 7월 7일부터 효력을 발생했는데(제35조), 그 날부터 임시 의정원은 신내각 조직에 대한 인물난으로 상당히 곤란을 겪었다(김영수, 1980: 127-128).

2) 제3차 개헌과 국무위원 중심 지도제

2차 개헌의 국무령 지도 체제는 국무령의 사임과 자퇴로 인해 난관에 봉착하게 되었다. 그리고 김구(金九)가 1926년 12월에 국무령에 취임한 후부터는 대통령과 별반 차이가 없어졌고, 다수의 의견이 반영되지 못한다는 비난이 나왔다.

그리하여 다시 개헌해 집단지도 체제인 국무위원제(國務委員制)를 채택하게 되었다. 1927년 4월에 제정된 임시 개헌은 5장 50조로 구성되어 있었고, 2차 개헌을 현실적으로 보완시켰다. 즉 한 개인이 담당하는 대통령·국무령을 폐지하고 국무위원이 집단적으로 국무를 총괄하고 책임을 지는 집단지도 체제로 바꾸었던 것이다.

그리고 이 때에는 초정부적 성격을 가진 단일 정당의 출현을 요구하고 있었다. 그리하여 1927년에는 한국유일독립당촉성대회 각지역대표연합회가 개최되었다. 이 때 국내에는 신간회(新幹會)·근우회(槿友會)·신정회(新政會)가 설립되었는데, 이는 소련이나 국민당의 당을 중심으로 한 정치적 성공에서 영향을 받았다. 이러한 바탕 위에서 1929년 상해에서 한국독립당(韓國獨立黨)이 조직되었으며, 이는 임정의 기본이었다.

이 3차 개헌은 1927년부터 1940년까지 14년간 지속되었다. 이 14년간은 27년간의 임정 기간의 절반에 해당하는 기간이다. 그러나 이 때도 실질적인 안정기는 아니었다. 이 시기는 만주사변 이후 하나의 이동기(移動期)라 하겠다. 즉 상해(上海)에서 항주(抗州, 1932년), 진강(鎭江, 1935년), 장사(長沙, 1937년), 광주(廣州, 1938년), 남해유주(南海柳州, 1938년), 기강(綦江, 1939년), 중경(重慶, 1940년) 등지로 피난의 이동 시기였다(이현희, 1987: 305-306).

제3차 헌법 개정에서는 국무령제를 없애고 완전히 회의체의 국무위원 집단지도제로 정부를 개조했다. 그런데 새 헌법의 정부 형태는 오늘날 공산국 내의 일반적인 정부 형태인 회의정부제보다 오히려 스위스의 집정부제와 그 형태가 유사했다. 대한민국의 최고 권력은 임시 의정원에 있다고 규정했다(제2조). 그리고 임시정부는 국무위원으로 조직한 국무회의의 결의로써 국무를 총괄하며(제28조), 국무회의에 주석(主席)이 있기는 하지만 이는 국무위원이 호선하되 아무런 특권이 없다(제36조)고 규정했다. 따라서 이것은 주석에겐 아무런 실권이 없는 집정부제라 하겠다. 제3차 개헌으로 등장한 이동녕(李東寧) 내각은 집단지도 체제로 정비되었지만 안팎으로부터 심한 타격을 받았기 때문에 임시정부의 침체를 만회할 수 없었다(김영

수, 1980: 305-306).

3) 제4차 개헌과 주석 중심 지도제

1940년에 개헌을 하게 된 주요 동기는 행정부의 지위를 향상시키고, 민간 지도자 김구(金九)의 영도력을 강화시켜 좀더 적극적이고 실제적인 광복운동을 전개시키는 데 있었다. 이것도 역시 중국 장제스(蔣介石) 정부의 지도 체제를 수용한 기구 개편이었다. 5장 42조의 헌법의 중요한 변경의 주안점은 국무위원회의 주석(主席)이 국가원수의 지위를 확보해 강력한 지도력을 행사할 수 있게 하기 위한 것이다. 3차 개헌에서는 당을 중심으로 한 집단지도제를 주석 중심의 지도 체제를 변형시키는 것이 주된 내용이었다(이현희, 1987: 306).

그리하여 대한민국 임시약헌(約憲)(1940. 10. 9.)에서 규정된 정부 형태는 의원내각제의 요소가 가미된 주석제(主席制) 정부 형태라 할 수 있다. 즉 임시정부는 의정원의 선거에 의해 구성되도록 하고 국무위원 주석과 행정각부의 부장은 의정원에 대해 책임을 지도록 하고 있으나(제34조), 국무위원회 주석에게는 강력한 권한을 부여하고 있었다(제27조). 따라서 그것은 순수한 의원내각제는 아니지만 그 요소가 많이 가미된 주석제 정부 형태였다.

동시에 대한민국 임시정부 수립 이래 임시 헌법 또는 임시약헌의 가장 큰 특색은 의정원 중심제(議政院中心制)라는 데 있다. 그리고 이 약헌에서는 주석의 권한은 정부를 대표함(제27조 3항)이라 규정하고 있는데, 이는 과거 통합 헌법(제1차 개헌)의 대통령 권한인 국가를 대표함에는 이르지 못하나, 국무령 시대(제2차 개헌)의 국무회의 대표(제5조)보다는 강하다고 하겠다. 결국 제4차 개헌은 김구의 주도력을 제도화하기 위한 개헌이었다(김영수, 1980: 151-152).

4) 제5차 개헌과 주석·부주석 중심 지도제

1941년 태평양전쟁이 발발하자 임정은 중국에 더욱더 밀착해 군사적 활동을 적극적으로 전개시켜 나갔다. 외교적으로는 1943년 장제스가 참석한 카이로회담에서 한국독립안(韓國獨立案)이 가결되어, 독립에 대한 시기와 조건들이 성숙되어 있었다. 그리고 이러한 새로운 정치적 상황에 효율적으로 적응할 수 있는 정부 형태가 요구되었다. 그리하여 1944년 4월 제5차 개헌을 했다. 5차 개헌은 7장 60조로 구성되었고 임정 27년사 중 가장 방대한 내용을 담고 있었다.

5차 개헌의 특징은 1차 개헌과 같이 전문(前文)이 실려 있다는 것이다. 그런데 1차 개헌의 전문(前文)은 3·1독립선언문의 내용과 동일한 것으로서 일본으로부터의 독립을 위한 자유와 평등의 원칙이 주장되고 있었다. 그러나 5차 개헌의 전문(前文)에서는 세계사 속에서의 한민족의 위치와 3·1 민주혁명을 통한 독립과 진보를 위한 과감한 구체적 내용이 담겨져 있었다. 따라서 5차 개헌에서는 전(全)역사적 과정에서 국가와 민족에 대한 새로운 의미를 제시해 주었다.

5차 개헌의 주요 골자는 주석의 권한 강화와 부주석제의 신설이었다. 주석의 권한 중 외교·국방 문제 담당자인 부주석을 두어 주석을 돕고, 주석의 유고(有故)시에는 그 직무를 대행하도록 했다. 이는 독립운동의 결속과 역량을 집중시키자는 지도 체제의 강화라고 하겠다.

또한 사법 업무의 한계와 기능을 분리시켜 삼권 분립의 민주공화국의 기본 체제를 회복시켜 놓았다. 그리고 광복운동자의 개념을 명문화시켜 독립운동자의 특권과 함께 변절을 억제시키려고 했다. 결국 5차 개헌은 주·부주석 지도체(主·副主席指導體)의 단합을 이루려고 한 것이었으며, 그에 대한 의지와 결의가 표현되어 있었다 (이현희, 1987: 307-308).

5차 개헌에서는 행정부를 국무위원회와 행정연석회의로 구분했다. 국무위원회(國務委員會)는 의정원에서 선출되는 국무위원으로 구성되었고, 정책 결정기관으로서(제30조) 의정원에 대해 연대 책임을 지도록 했다 (제38조). 행정연석회의(行政連席會議)는 주석이 추천하고 국무위원회에서 임면하는 각 부장들로 구성되었고 정부의 정책을 집행하는 행정 업무를 관장하고 있었다. 국무위원회는 주로 독립운동의 영수들인 노장파로 구성되었고 권력회의라고 했다. 반면 행정연대회의는 현실적인 행정실무자인 소장파로 구성되었고, 기술(技術)회의라고 했다. 이와같이 행정부는 이원 구조로 형

[그림 14-6] 주·부석 지도 체제의 정부조직 상황(1944~45년)

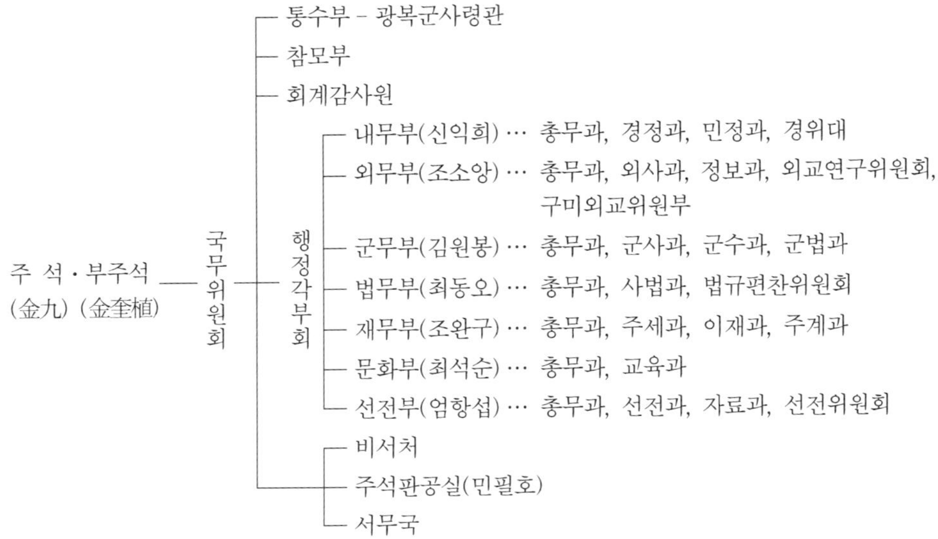

자료: 이현희(1987: 154).

성되어 있었다.

종전에는 행정부가 내무·외무·군무·법무·재정 등 5부로 구성되어 있었다. 여기에 문화·선전의 2부를 증설했고, 동시에 각 부의 장은 국무위원 이외의 인물 중에서도 선임할 수 있게 했다. 그리하여 행정부는 종전에 비해 크게 확장되었다.

그런데 5차 개헌에서는 의정원은 국무위원 주석 및 부주석과 국무위원을 선거하도록 되어 있고(제17조 6항), 그리고 이들에 대해 불신임권을 갖고 있었으나(제23조), 반면에 행정부는 의정부를 해산할 수 있는 권한을 규정하고 있지 않았다. 따라서 이러한 정부 형태를 순수한 의원내각제라고 할 수 없겠지만, 의원내각제의 요소가 강한 주·부주석제 정부 형태였다고 하겠다(김영수, 1980: 177-178).

제 4 절 행정정책 및 관리

상해 임정이 세워질 무렵에 국내에는 6개의 임정이 수립되었거나 수립될 단계에 있었다. 그 뒤 최종적으로 3개의 정부가 각기 독자성을 띠고 출발했다. 그러나 한 국가 아래 정부가 3개나 난립되어 있다는 것은 대외적으로 체면이 손상되는 일이었다. 그리하여 6개월의 세월을 소비하면서 가침내 상해를 거점으로 하여 3개 처의 대표가 협의를 거쳐 대한민국 임시정부라는 단일 통합의 민주공화국을 수립했다.

그 후 임정은 27년 동안 조국의 광복을 위해 끈질기게 노력했다. 한국 독립운동의 핵심 중추 기구였던 임정은 8개 부문으로 형성된 정책을 수립해 적극적으로 추진했다. 이러한 임정의 8개 부문의 정책은 곧 한국 독립운동의 기본 정책이기도 했다.

1 내정정책

연통제와 교통국을 설치해 국내외를 면밀하게 연락하도록 했다. 그리하여 정보 교환, 기밀 탐지, 군자금 조달, 연락망 확보, 독립운동자의 계보 파악 등의 독립운동사업을 강력하게 추진했다.

대적(對敵) 관계에서는 일본 통치의 거절 및 시위운동, 납세 거절, 소송 거부, 관공리(官公吏)의 퇴직, 일본의 연호와 기장(旗章)의 폐지, 일화(日貨)의 배척, 일본 법령의 폐지, 국내외 감사대 파견 등의 정책을 추진했다. 임정은 국제적인 인식하에 초기의 정통 국가로서의 기능을 발휘했다.

2 교통정책

통신기관 및 체전부 사용, 항해업 추진, 무선전신 사용, 국내 정보 탐지

분석, 기차 선박 고용 등을 들 수 있다.

3 교육정책

오늘날까지 계속 연결되고 있는 남녀의 의무교육 실시를 비롯해 민족 의식의 고취를 위한 교과서 편찬, 관리 양성, 유학생 파견, 기술 습득, 서적 간행 등이 중요 정책이었다.

4 군사정책

국외의 용병 모집 훈련, 국내의 용병 모집, 사관학교 설립, 비행기(공수단) 대대 편성, 외국 사관학교에의 유학, 전시 긴급 기술학교, 군수품 수입, 군사용 식량 비축, 군사 선전원 파견, 군 법규 제정 등을 추진했다.

5 외교정책

선전 사무의 확장, 선전원 파견, 정당·교회 등 각 단체 이용, 극동 거류 미국인 이용, 한·중 친목회 조직, 국내외 조사원 파견, 세계 정세 심사 분석, 여론조사, 각국 정계의 한국에 대한 정보 탐사, 일본에 특사 파견, 일본의 태평양정책 및 군사계획 탐사, 러시아·영국·프랑스·이태리·독일·몽고 등에 교섭원 파견, 일·미 전쟁 촉진, 외국 차관교섭, 국제연맹과의 교섭, 신흥 약소국과의 교섭, 구미위원부 설치, 각종 국제 규모의 회의에 대표 파견 등이 중요한 외교정책이었다.

6 재정정책

군자금 조달, 미주 하와이의 송금 루트 확보, 인구세·애국금·의연금의 수합, 공채 발매, 공채 발매인에 대한 상여, 임시 소득세 납부, 외국 차관, 실업 및 금융기관의 설치 운영, 예산 결산 제도의 활용, 공금의 사용화(私用化) 억제 등이 주요 재정정책이었다.

7 문화정책

언론 활동의 활성화, 종교 활동의 활성화, 사료(史料)의 편찬 및 출판, 실학에 대한 자료 정리, 의식 개혁, 근검 절약의 기풍 조성, 과학 기술과 문화의 창달, 한글의 보급 장려, 영토 의식의 확고화, 전통문화의 창조적 계승 등이 주요 문화정책이었다.

8 사법정책

보통법원과 특별법원의 설치 운영, 임시감옥 설치, 민·형사법의 편찬, 세계 사법 제도에 대한 조사, 중앙심판처 설치 운영 등이 주요 사법정책으로 되어 있었다(이현희, 1987: 299-301).

제 5 절 행정의 특징

1 대동 단결의 정신이 구현된 합의정부

3·1독립운동을 전후해 6개의 임시정부가 수립되어 있었다. 이들 임시정부들은 통합 정부 수립의 필요성을 자각하고 통합 정부 수립 작업에 착수했다. 이 때 통합 원칙은 국내 13도(道)의 대표로 성립된 한성정부의 법통성을 계승한다는 것이었다. 이 때 한성정부·상해정부·러시아정부가 통합되는 과정은 상호 협조적이고 합헌적이었다. 당시에 서로 상이한 조건을 가지고 있었음에도 불구하고, 그것을 고집하지 않았다.

그 때와 같이 상호 협조적이었고 자기의 주장을 고집하지 않았던 때도 흔치 않았다. 상해정부와 러시아령정부가 다 같이 국내에 있는 한성정부에 조건 없이 통합될 수 있었던 것은 바로 우리 민족의 대동(大同) 합류의 정신이 실제로 구현되었기 때문이었다.

2 최초의 공화주의 정부 체제

대한민국 임시정부는 우리 역사상 최초의 공화주의 정부(共和主義政府)였다. 임정을 수립케 한 배경과 저력은 3·1민주혁명과 그 정신사적 기반에서 찾을 수 있는데, 이는 2·8선언에서 주장한 신(新)국가 건설의 열망에서 단서를 찾아야 할 것이다. 3·1정신은 곧 임정을 탄생시켜 정통정부로서의 의미와 민중 역사의 승리로 기록될 수 있다.

임정은 군주제에서 과감히 탈피·전환해 민주공화제를 채택했고, 이 땅에 민주주의 역사를 실질적으로 뿌리내리도록 했다. 시종 민주 헌법을 기초로 한 삼권분립 형태의 정부를 형성했다(이현희, 1987: 312).

1919년 대한민국 임시헌법(통합헌법)과 1944년의 대한민국 임시헌장(제5차 개헌)에서는 근대 입헌주의적 헌법의 면모도 발견할 수 있다. 그 헌법의 특징으로는 ① 3·1독립정신, ② 삼균(三均)주의, ③ 국민 주권, ④ 자유권 보장, ⑤ 삼권분립 제도, ⑥ 의회 제도, ⑦ 법치주의, ⑧ 성문 헌법 등을 들 수 있다. 특히 임시정부의 각 단계의 헌법에서 전문(前文)이 있는 것에는, 현행 헌법의 전문에 이르기까지 반드시 3·1독립정신을 삽입해 우리 민족의 건국 정신임을 밝히고 있다. 그리고 그것은 3·1정신의 역사적 산물인 대한민국 임시정부와 그 헌법이 오늘날 대한민국의 정신적 기원임을 입증하는 것이다(김영수, 1980: 214-215).

3 의회주의적 정부 운영

처음 3개 처의 임정이 단일화되는 과정에서 그 통합 기준으로 제시된 것이 의회가 구성되어 있는 곳이 중심이 되어야 한다는 것이었다. 그리고 당시 그것은 누구나 부인할 수 없는 상식에 해당되었다. 그 후에도 개헌 문제를 발의하고 심의했던 곳이 입법부인 의정원이었다.

5차에 걸친 임정 지도 체제의 변형도 의정원에서 정식 절차를 밟아 결정했다. 그리고 5회에 걸친 개헌을 발의·토론·표결할 때마다 60여명에 달하는 의정 의원이 거의 전원 참가해 순수하고 진지한 자세로 임했다.

4 민주행정의 수행

임정은 우리 나라 역사상 최초의 공화주의 정부이며 또한 3·1운동의 정신을 계승해 수립되었다. 그리고 항일 독립운동의 정신적 지주가 된 단일 정부였다는 점에서 한민족의 정통성을 갖고 있었다.

임정 27년간에는 5차에 걸친 개헌이 있었고, 정부 형태도 처음의 대통령 중심 지도 체제에서 마지막의 주석·부주석 지드 체제에 이르기까지 5회의 변형이 있었다. 그러한 변화 속에서도 변함없이 민주 절차에 의한 정치·행정이 정상적으로 시행되었다. 이것은 특기할 만한 일이었다. 그리고 내정·교통·군사·교육문화·재정·사법 등의 행정을 폭넓고 균형 있게 운영하고 발전시켰다는 것도 임정의 장점이었다(이현희, 1987: 383-386).

참고 문헌

국내 문헌

고문숙(1984), 대한국국제연구(단국대대학원 석사학위 논문).

고병익(1983), 한국 근대화의 기점 문제, 『한국사의 반성』(신구문화사).

———(1984), 『동아시아의 전통과 근대사』(삼지원).

국사교재편집회(1983), 『한국근세사개론』(창문각).

국사편찬위원회(1974), 『한국사 11』(탐구당).

금장태(1984), 『동서교섭과 근대한국사상』(성균관대출판부).

김규정(1983), 『신고 행정학원론』(법문사).

김영수(1980), 『대한민국임시정부헌법론』(삼영사).

김영호(1985), 실학의 재평가, 『한국사의 재조명』, 독서신문사 편(민성사).

김운태(1969), 영역과 방법, 『한국행정학회보』 3.

———(1981), 『조선왕조행정사(개정판)』(박영사).

———(1984), 『조선왕조행정사(근대편)』(일조각).

——— 외(1984), 『한국정치론』(박영사).

남도영(1984), 『한국사』(법정학회).

동서철학연구회 편(1985), 『동서철학입문』(창학사).

박동서(1978), 행정학 연구의 현황과 평가, 『한국정치학회보』 12.

———(1978), 행정학 연구의 이상과 평가, 『한국행정학회보』 12.

———(1981), 『한국행정론』(법문사).

——— 외(1982), 『비교행정론』(박영사).

박문옥(1980), 『신한국정부론』(신천사).

———(1980), 『행정학(5정판)』(신천사).

박연호(1982), 『인사행정신론』(법문사).

———(1981), 『행정학신론』(박영사).

박응격(1984), 『행정학강의』(박영사).
박종홍(1976), 『철학개론』(박영사).
반윤홍(1986), 『조선시대사논강(論講)』(교문사).
백완기(1982), 『한국의 행정문화』(고대출판부).
변태섭(1977), 『한국사요론(개정판)』(삼영사).
———(1983), 고려의 정치제도와 권력구조, 『한국사의 전개』(동성사).
———(1987), 『한국사통론』(삼영사).
서태윤(1985), 『한국정부조직론』(박영사).
송병기(1985), 『근대한중관계사연구』(단국대출판부).
신용하(1975), 개화정책, 『한국사』 16(국사편찬위원회).
———(1987), 『한국근대사회연구』(일지사).
안병만(1985), 『한국정부론』(다산출판사).
오세덕(1976), 조선조 집권적 관료지배 체제의 권력구조상의 견제와 균형 관계, 윤근식 외, 『현대정치와 관료제』(대왕사).
유명종(1981), 『한국사상사』(이문사).
유원동(1984), 『한국실학 개념』(정음문화사).
유종해 외(1987), 『한국행정사』(대영문화사).
윤내현(1998), 『한국열국사연구』(지식산업사).
윤사순(1984), 『동양사상과 한국사상』(을유문화사).
이광린(1970), 『한국개화사연구』(일조각).
이기백(1983), 한국사의 시대 구분 문제, 『한국사의 전개』(동성사).
———(1983), 『민족과 역사』(일조각).
———(1983), 『한국사학의 방향』(일조각).
이동식(1983), 『한국인의 주체성과 도』(일지사).
이상백(1984), 『이조 건국의 연구』(을유문화사).
이우성(1983), 실학연구 서설, 『실학연구입문』, 역사학회 편(일조각).
이을호(1983), 『다산학입문』(중앙일보사).
———(1986), 『한사상의 묘맥』(사연사).
이현희(1982), 『한국근대사의 모색』(이우출판사).
———(1987), 『3·1독립운동과 임시정부의 법통성』(동방도서).
정시채(1986a), 『한국행정제도사』, 법문사.
———(1986b), 『한국사요론』, 삼영사.
조계표(2004a), 『신행정학』,(대영문화사).
진단학회 편(1970), 『한국사(고대편)』(을유문화사).
차문섭(1973), 『조선시대 군제연구』(단국대출판부).

천관우(1970), 한국실학사상사, 『한국문화사대계 Ⅳ(종교・철학사』(고대 민족문화연구소).
최창규(1981), 『한국의 사상』(서문당).
한기언(1983), 『한국교육사』(박영사).
한영우(1983), 『정도전사상의 연구』(서울대출판부).
———(1983), 『조선전기사회경제연구』(을유문화사).
———(1983), 『조선전기사회사상연구』(지식산업사).
한우근(1976), 『한국통사』(을유문화사).
———(1987), 『한국통사(개정판)』(을유문화사).
현상윤(1982), 『조선유교학사』(현음사).
황산덕(1982), 『막스 베버』(서문당).

『경국대전』 권1, (경인문화사 영인, 1972).
『경국대전』 권4, (경인문화사 영인, 1972).
『고려사』 권75, (아세아문화사 영인, 1972).
『대전회통』 권1, (경인문화사 영인, 1972).
『대전회통』 권2, (경인문화사 영인, 1972).
『대전회통』 권4, (경인문화사 영인, 1972).
『목민심서』(여유당전서), 5
『문종실록』 권8,
『비변사담록』 (국사편찬위원회, 1960).
『성종실록』
『세조실록』 권28.
『세조실록』 권39.
『세종실록』
『영조실록』 권71.
『정종실록』 권4
『조선경국전』 상, (경인문화사 영인, 1972).
『증보문헌비고』 권186 3(경인문화사, 1972).
『증보문헌비고』 권201, (경인문화사 영인, 1972).
『태조실록』 권1
『태조실록』 권4.
『태종실록』 권7.
『3・1운동 50주년기념논집』(동아일보사, 1978).
『정부조직변천사』(총무처, 1980).

『현대한국사』(국사편찬위원회, 탐구당, 1982).

국외 문헌

大谷愛人 外(1982), 『現代論理學の諸問題』(東京 : 慶應通信).
源了圓(1982), 『文化と人間形成』(東京 : 第一法規版株式會社).

찾아보기

ㄱ

ㅇ

저자 소개

장동희

〈학력 및 경력〉

- 중앙대학교 대학원(행정학박사)
- 서울대학교 행정대학원(행정학석사)
- 동국대학교 법정대학 졸업(법학사)
- 현, 단국대학교 법정대학 교수

〈저서 및 논문〉

- 『정약용의 행정사상』(일지사, 1986)
- 『한국행정사』(법문사, 1988)
- 「정약용의 교육행정사상」 외 다수

최종연

〈학력 및 경력〉

- 단국대학교 대학원(행정학박사)
- 단국대학교 행정대학원(행정학석사)
- 한국방송통신대학교 졸업(행정학학사)
- 현, 한국도시문화연구소 소장
- 현, 한국행정사학회 부회장
- 현, 단국대학교 정책과학연구소 부소장, 연구교수
- 순천대학교, 선문대학교, 단국대학교 행정학과 및 정책경영대학원 외래교수
- 고려대학교 보건대학원, 법무부연수원 외래교수

〈주요 논문〉

- 「지방의회와 자치단체장의 상호관계에 관한 연구」(1989, 단국대학교)
- 「성남시의 신 · 구시가지 주민 간의 갈등에 관한 연구」(1997, 단국대학교)
- 「한국 도시의 정체성에 관한 연구」(1998, 한국정책학회)
- 「도시개발과 갈등관리정책」(1998, 미래문화사)
- 「국회의원의 윤리성에 관한 연구」(2000, 국회윤리특별위원회)
- 「도시계획조례의 문제점과 개선 방안」(2000, 서울특별시)
- 「정약용의 인사행정에 관한 연구」(2006, 한국행정사학회) 외

한국 행정사의 이해

펴낸날 / 제1판 제1쇄 2007년 2월 28일
지은이 / 장동희 · 최종연
펴낸이 / 임춘환
펴낸곳 / 도서출판 대영문화사
주소 / 서울 용산구 청파동 1가 178-2 ㊐ 140-869
등록 / 1975년 12월 26일 제3-16호
전화 / (02)716-3883, (02)714-3062
팩시밀리 / (02)703-3839
우체국 온라인 / 011353-02-009106

ISBN 978-89-7644-236-9

〔값 20,000원〕